THE
LIBRARIAN'S
HANDBOOK

图书馆员手册

王子舟　主编

国家图书馆出版社

图书在版编目（CIP）数据

图书馆员手册 / 王子舟主编 . — 北京：国家图书
馆出版社，2023.9（2025.7 重印）
　　ISBN 978-7-5013-7737-4

　　Ⅰ . ①图… Ⅱ . ①王… Ⅲ . ①图书馆员－手册 Ⅳ .
① G251.6-62

中国国家版本馆 CIP 数据核字（2023）第 007723 号

书　　名　**图书馆员手册**
　　　　　TUSHUGUANYUAN SHOUCE
著　　者　王子舟　主编
责任编辑　邓咏秋
封面设计　云水文化

出版发行　国家图书馆出版社（北京市西城区文津街 7 号　100034）
　　　　　（原书目文献出版社　北京图书馆出版社）
　　　　　010-66114536　63802249　nlcpress@nlc.cn（邮购）
网　　址　http://www.nlcpress.com
排　　版　北京旅教文化传播有限公司
印　　装　北京科信印刷有限公司
版次印次　2023 年 9 月第 1 版　2025 年 7 月第 3 次印刷

开　　本　710mm×1000mm　1/16
印　　张　29
字　　数　485 千字
书　　号　ISBN 978-7-5013-7737-4
定　　价　125.00 元（平装本）

编写成员

主　　编：王子舟

参编人员：邱奉捷　张晓芳　刘绍荣　谢运萍

　　　　　孙慧明　尹培丽　张　歌　王申罡

献给所有图书馆员：

将"追求职业卓越"当作自己的信仰，

你的人生就有了为之奋斗的目标。

目　录

第一章 图书与图书馆

第一节 图书是什么

一、图书的定义

汉语"**书**"本义是书写、记述，转化为名词就有了图书的意思。"图书"一词，是由古代"河图洛书"简化而来的。中国历史传说中最早的书有"河图""洛书"，如战国时期的《周易·系辞上》载："河出图，洛出书，圣人则之。"后世学者解释说黄河有龙马负图而出，伏羲依其画八卦；洛水有神龟载书而出，大禹依其定九畴。西汉时期，人们将"河图""洛书"简化为"图书"一词，用来指称文书与书籍。英语"书"（book），在古英语中拼写为 boc，来源于古代日耳曼语 bokis，原意为山毛榉。该树木的木片可用作书写材料。德语"书"（Buch）与"山毛榉"（Buche）就是同源词。

图书的定义有很多。20 世纪 50 年代，图书馆学家**刘国钧**[①]（1899—1980）给图书下过一个定义："**图书**是以传播知识为目的而用文字或图画记录于一定形式的材料之上的著作物。这个'一定形式的材料'在各个历史时代和各民族是有所不同的。"[②] 这一定义已经过去近七十年了，但是它最初提出的时候就考

---

① 刘国钧,字衡如。江苏南京人。1920 年毕业于金陵大学哲学系,留校图书馆工作。1922 年赴美国威斯康星大学哲学系留学,加修图书馆学课程。1925 年获哲学博士学位后回国,历任金陵大学图书馆馆长兼文学院教授、国立北平图书馆编纂部主任、国立西北图书馆馆长、北京大学图书馆学系教授兼系主任等,著作主要有《中国图书分类法》《图书馆学要旨》《图书馆目录》《中国书史简编》等,为中国著名的图书馆学家。

② 刘国钧.中国书史简编[M].北京:高等教育出版社,1958:2.

1

虑到了对未来图书载体发展的适应性，因此现在也不过时，依然是现有图书定义中较为严谨、准确的定义。

二、图书的种类

图书的种类是很多的，我们可以从不同角度将图书划分为不同类别。如从时间历史的角度可以划分为古籍、现代图书；从著述类型的角度可以划分为著作、论文集、工具书、学术报告、学位论文等；从体裁内容的角度可以划分为小说、诗歌、戏剧、史传、地图、摄影等；从符号表现的角度可以划分为图画书（绘本）、文字书、立体书、玩具书、盲文书等。由于图书是人造物，它较之自然界的某个物种的类型更为丰富，而且处于不断发展变化之中。例如现在的儿童读物，除了图画书、立体书、玩具书，还出现了一些翻翻书、洞洞书、异型书、抽拉书、布书，等等。因此，给图书分类，有时比为自然界的植物、动物、矿物等某个物种的分类还复杂。图书分类法也渐渐发展成为图书馆学中复杂、严密的重要学科分支。

我们通常提到元典、经典的概念，是从内容价值的角度对图书进行分类而形成的。

元典（classics，scripture）是指不同文明社会在**"轴心时代"**（Axial Age，即公元前 6 世纪前后早期文化繁兴时代）产生的原创性、奠基性、典范性的著作[①]。先秦时期，"元"有"始""首""本"等含义；"典"为放在几案上受尊崇的书籍。西方与元典概念类似的是经典（classics），如希腊的《荷马史诗》；另一相近概念是圣典（scripture），如希伯来的《旧约全书》。在中国先秦时期，《诗》《书》《礼》《乐》《易》《春秋》这**"六经"**，以及《论语》《庄子》《老子》等一些作品都具有"元典"性质[②]。元典的特征之一，就是它奠定了人类理性或价值的某些基础，并成为后世诸多注释、解说文本的母体。

经典（canon）是指有典范性（创立了一种范式）、耐久性（流传经久不衰）、渗透性（如被选摘入教科书或广被引用等）的作品。经典比元典的范围要大，元典是经典的一部分。在中国西汉时期，《诗》《书》《礼》《易》《春秋》被人奉为学习的五部主要经典，简称"五经"。在西方，经典最早是指那些早

---

①② 冯天瑜.中华元典精神[M].上海：上海人民出版社,2014:1-9.

期创作的、有影响的基督教神学文本，后在世俗作品中指被赋予优势地位的文学或其他类型的文本，它们对各自民族文化"伟大传统"的叙述，代表了特定文化的核心价值[①]。

三、图书的功能

图书的功能是记录知识、传递知识。这两个基本功能在不同的历史阶段发挥出了不同的社会效用。从书籍的产生到现在，**图书的社会效应**主要有以下三种：提升人类思考能力、体现社会权力、创造生活方式[②]。

（1）提升人类思考能力。从知识的历时传递角度看，知识传递方式经历了三个历史阶段：口耳相传时期、书写印刷时期、电子媒介时期。在口耳相传时期，知识的传递主要靠面对面的在场交流，有时空的苛刻局限；在书写印刷时期，知识传递主要靠"意符"的再现，它使知识的不在场交流成为可能。人们可以在不同时空里、不受外界干扰地理解知识文本，并且能够反复阅读，这就带来了省力化和怀疑主义，促进了人们批判性思考的发展。

（2）体现社会权力。图书的生成受到若干程序的筛选、控制和再分配，其传播是由上至下单向性的，正好与政治权力的影响、扩散的单向性相一致。记录知识的图书显然也就具有了表征、体现权力的社会效用。唐代学者魏徵等在《隋书·经籍志》中言，经籍（图书）可以"经天地，纬阴阳，正纪纲，弘道德，显仁足以利物，藏用足以独善"，"其王者之所以树风声，流显号，美教化，移风俗，何莫由乎斯道？"[③]这实际就是在强调图书是一种治世工具，具有政治教化作用。

（3）创造生活方式。图书创造出了人们的一种生活方式：阅读。我国古代崇尚的"耕读"（如耕读之家、耕读社会），就是对阅读作为一种生存发展方式的极简化的肯定。而且，随着阅读行为的扩张，当代社会的"阅读"业已超越了图书的范畴。这就像后现代社会学者福克斯（Fuchs, S.）和瓦德（Ward,

① ［澳］安德鲁·米尔纳，杰夫·布劳伊特.当代文化理论［M］.刘超，肖雄，译.南京：江苏人民出版社，2018：210.

② 王子舟.图书馆学是什么［M］.北京：北京大学出版社，2008：243-246.

③ ［唐］魏徵，令狐德棻，等.隋书：卷三十二·经籍志一［M］.北京：中华书局，1973：第4册，903.

S.）所言，大量的阅读使文本领域从业者相信阅读的力量是巨大的，整个世界都可看成文本，都可变成语言一类的东西，都可以进行解构①。

四、研究图书的相关学问

研究图书的学问有很多，主要有校雠学（目录学）、文献学、图书馆学、图书史（书籍史）、阅读史等。

校雠学是我国古代在校理图书、编制书目实践中慢慢形成的学问。"**校雠**"二字就出于汉代刘向等人校理图书的实践活动中。东汉应劭解释刘向《别录》中出现的"校雠"概念时说："一人读书，校其上下，得谬误为'校'；一人执本，一人读书，若怨家相对，故曰'雠'也。"②古代的校雠学涵盖图书版本考订、文字校勘、图书辨伪、撰写提要、分类编目、古籍辑佚等内容。近现代以来人们也用目录学称之。西方将校理图书的学问单独称为**图书学**（science of books），而将编制书目的学问叫作**目录学**（bibliography）。

文献学是在西方现代科学影响下建立起来的学术领域，其内容不仅包括了古代的校雠学，研究对象也从图书扩展到包括期刊、报纸、未公开出版物、手稿、书信资料等，研究范畴涵盖文献的载体、类型、生产、分布、计量、交流、利用、发展等。

图书史（书籍史）是从历史的角度揭示图书产生和发展变化过程及相关文化现象的学科③。如果将图书看成一个生命体，那么文本特征、物质形态、阅读活动就是图书生命的三要素④。文本特征关联到了作者，物质形态关联到了出版者，阅读活动关联到了读者。看似图书史研究者在关注书，其实他们更为关注或研究的，是书这一媒介后面的作者、出版者、读者及其相互之间的关系。一本书能牵动一个体系，能反映出一个社会的某些特征，这也恰是图书史

---

① [美]乔治·瑞泽尔.后现代社会理论[M].谢立中,等译.北京:华夏出版社,2003:16.
② [南朝梁]萧统.文选:卷六·魏都赋[M].[唐]李善,注.影印清胡克家刻本.上海:上海书店,1988:上册,86.《文选》李善注引此条,尾缺"故曰'雠'也"四字,特以《太平御览》补入.见:[宋]李昉,等.太平御览:卷六一八·学部一二·正谬误[M].影印宋本.北京:中华书局,1960:第3册,2776.
③ 图书馆·情报与文献学名词审定委员会,编.图书馆·情报与文献学名词[M].北京:科学出版社,2019:222.
④ 戴联斌.从书籍史到阅读史:阅读史研究理论与方法[M].北京:新星出版社,2017:12.

的诱人之处。在这里，**阅读史**作为图书史的一个分支，它研究的是读者与文本的互动方式，以及这一互动产生了某种意义的过程。阅读史可以俯瞰读者世界（读者社群），也可以关注读者个体，通过人们的阅读行为来说明一个文化现象。

图书馆学关照的是如何将各种文献组织起来形成一个供人利用的文献资源体系。由于文献的内在本质是知识，所以也可以说图书馆学就是研究知识集合的学科。在图书馆学课程体系里，文献学、图书史等都是其重要内容。现代图书馆学作为一门学科，它包含了古代的校雠学和现代的文献学、目录学、图书史内容，换言之，图书的研究是图书馆学的一个主要分支领域。

第二节　图书馆是什么

一、图书馆的定义

"**图书馆**"是外来词。法语的 bibliothèque、英语的 library，分别源于希腊语 βιβλιοθήκη（拉丁化拼写为 biblintheca）和拉丁语 librarium。古希腊语"图书"βιβλίον（biblion）是由"纸莎草"βύβλος（byblos）一词转变而来的。biblion 一词加箱子等有容器含义的词尾 θήκη（theke），就构成了表达图书容纳物的复合名词 bibliotheke，最终被用来指称图书馆。现今德语 Bibliothek、俄语 библиотека、西班牙语 biblioteca 等"图书馆"的称谓，均可上溯至希腊语。拉丁语 librarium 的词根是 liber，原指树木内皮，因其可用作书写材料，便有了图书之意。中世纪把图书存放处的书橱称为 librarium。后来这个词进一步演化，形成了现代英语的 library（图书馆）[1][2]。

汉语"图书馆"来源于日本的"圖書館"。日本在明治十年（1877）东京大学法理文学部图书馆使用了"圖書館"一词。此前文部省 1872 年 9 月在东

---

① ［法］弗雷德里克·巴比耶.书籍的历史［M］.刘阳,等译.桂林:广西师范大学出版社,2005:2.

② ［日］石塚正民.图书馆通论［M］.抚顺市图书馆学会编译组,译.沈阳:辽宁省图书馆学会,1984:1.

京汤岛开设的图书馆称"書籍館"。这样，明治初期日本的图书馆就有了两种称呼，最初多称"書籍館"，到了 19 世纪 90 年代，"圖書館"这一称呼开始普及；1899 年随着《图书馆令》的颁布，"圖書館"这一称谓固定下来[①]。1946年后，随着汉字新字体的通行，"圖書館"在日本开始写为"図書館"[②]。受日本影响，晚清时期我国将英语的 library、法语的 bibliothèque 也翻译为"圖書館"，简化字流行后统称"图书馆"。

图书馆已成为一个学术术语。**图书馆定义**有很多，如《**不列颠百科全书**》称："图书馆，传统上是指用于阅读或学习的书籍的集合，或保存这种集合的建筑物或房间。""自 20 世纪中叶以来，图书馆已经发展成为一个影响深远的信息资源和服务主体，甚至不需要建筑物。计算机、电信和其他技术的迅速发展，使人们可以在任何有计算机和电话连接的地方，以多种不同的形式存储和检索信息。"[③] 美国《图书馆完全手册》认为："图书馆是指各种形式的资源的集合，它的特点是：（1）由信息专业人员或其他专家组织起来的；（2）提供便捷的实体资源与数字资源、书目查询及知识访问；（3）提供有针对性的服务和项目；（4）以服务各种受众的教育、信息或娱乐需求为使命；（5）以激励个人学习和推动整个社会进步为目标。"[④] **捷克共和国图书馆和信息专业人员协会**则认为："图书馆是收集、储存和向社会所有成员传递信息的公共、民主机构。图书馆依靠提供和编制有利于提升公众教育、研究和文化水准的文献信息，支持经济和社会的发展；通过服务于当地社区而成为所在地的文化和教育中心，来促进个人和整个社会生活水平的提高。"[⑤] 网络版《**中国大百科全书**》说，图书馆是"收集、整理、保存文献资料和其他信息资源并向读者提供利用的科

① 図書館ハンドブック編集委員会，編.図書館ハンドブック［M］.5 版.東京:日本図書館協会,1990:1.

② 顾烨青.日语"図書館"词源考[J].大学图书馆学报,2019(5):109-120.

③ Library［EB/OL］.Britannica（2017-05-13)[2021-04-09].http://www. academic. eb.cnpeak.com/levels/collegiate/article/library/106477.

④ EBERHART G M. The whole library handbook 4: current data, professional advice, and curiosa about libraries and library services[M]. Chicago: American Library Association, 2006:2.

⑤ Association of Library and Information Professionals of the Czech Republic. Code of ethics of Czech librarians[EB/OL]. IFLA websites[2021-11-21]. https://www.ifla.org/wp-content/uploads/2019/05/assets/faife/codesofethics/czech-republic.pdf.

学、文化、教育机构。在数字化网络时代，也可以把图书馆定义为社会记忆（通常表现为书面记录信息）的外存和选择传递机制"①。

二、图书馆的类型

图书馆类型（library type）是由图书馆性质、任务、服务对象不同而形成的图书馆体系类别。现代图书馆制度形成的标志之一，就是每个国家都孕育出了不同类型或体系的图书馆。图书馆已然成为国家教育、文化的有机部分，一种代表现代文明的社会事业，图书馆员也成为一种被人认可的社会职业。

西方国家的图书馆类型主要有六种：**国家图书馆**（national library）、**学术图书馆**（academic library，主要是高校与研究机构图书馆）、**公共图书馆**（public library）、**学校图书馆**（school library，中小学图书馆）、**专门图书馆**（special library，如法律图书馆、医院图书馆、企业图书馆、博物馆附属图书馆等）、**私人图书馆**（private library）或**教会图书馆**（church library）②③④。

我国的图书馆类型主要有国家图书馆、公共图书馆（包括官办、民办面向社会公众服务的图书馆）、**大学图书馆**、**科研图书馆**（科研院所图书馆）、**中小学图书馆**、专门图书馆（如盲人图书馆、版本图书馆、佛教图书馆、监狱图书馆）等六种类型。西方国家的教会图书馆在我国还不多见，但是**宗教图书馆**（如灵隐寺云林图书馆、兰州穆斯林图书馆等）目前属于专门图书馆范畴。而杭州图书馆在西湖天竺三寺景区内创办的杭州图书馆佛学分馆（天竺路317号），同时具有专门图书馆和公共图书馆双重性质。此外，《中华人民共和国公共图书馆法》（简称《公共图书馆法》）把国家图书馆作为一种特殊的公共图书馆来看待。

---

① 图书馆（Library）[EB/OL].中国大百科全书[2022-10-12]. https://www.zgbk.com/ecph/words?SiteID=1&ID=77803&Type=bkzyb&SubID=45705.

② 陈素,编译.图书馆的类型[J].图书馆学研究,1991(4):95-96.

③ ARNS J W. Libraries[M]// MCDONALD J D, LEVINE-CLARK M. Encyclopedia of library and information sciences. 4th ed. London, New York: CRC Press, 2018: Vol. 4, 2762-2767.

④ Library[EB/OL]. Britannica (2017-05-13)[2021-04-09]. http://www. academic. eb.cnpeak.com/levels/collegiate/article/library/106477.

三、图书馆的功能

1. 图书馆功能

图书馆功能可分为基本功能、衍生功能。**图书馆基本功能**是保存社会记忆、传播人类知识。首先，保存社会记忆的组织机构有多种，如文化遗址、博物馆、展览馆、档案馆、纪念馆等，但图书馆是人类的**社会大脑**（social brain），在保存社会记忆中起着主要作用。其次，图书馆传播人类知识的方式有两种：历时的传承（在不同历史时间内传承）与共时的传播（在某一静态时间内传播）。此外，在当今数据、信息泛滥，信息污染逐步成为公害的时代，图书馆还将逐步生成一个优控人类知识的基本功能，即对知识文本进行选择，将对人类理性有重要价值的知识文本收藏在长期保护体系之中。图书馆是人类思想、知识精华的筛选器，知识必须经过选择才能形成优质的知识集合。当然这种选择的合理性是与专业视角、自由意志、客观态度密不可分的。

除了这些基本功能外，**图书馆衍生功能**（或称**图书馆职能**）也有许多，如社会教育功能、文化交融功能、民主引导功能、社区支持功能、休闲娱乐功能，等等。具体到每个图书馆而言，因各自类属性质有所不同，其衍生功能会有所侧重或差异，如国家图书馆具有保存本国及世界文献、编制国家书目、推动出版品国际交换等功能，公共图书馆具有担负社会教育、保存地方文献、提供休闲娱乐等功能，大学图书馆具有支持学生学习、为师生提供科研服务的功能。而那些办在乡村里的图书馆，除了社会教育、休闲娱乐功能外，它还有一个能够培育乡土认同感的特殊功能。一个美好的乡村图书馆建起来，能留住乡愁，甚至带动乡村精神面貌发生改变。

2. 图书馆社会效用

图书馆基本功能在不同的历史时代，对社会作用的着力点有所不同，它是根据社会需要动态变化的。所以，不同时代图书馆功能体现出来的**图书馆社会效用**（也可以表述为社会价值）也有差异。当代社会的图书馆社会效应主要有以下几种[①]：

（1）终身学习的平台。图书馆是支持终身学习的最佳场所，它不仅能提供各种载体的资料以支持人们正规和非正规的学习，还能免费地提供学习的设

---

① 王子舟. 图书馆学是什么[M]. 北京:北京大学出版社,2008:272-275.

施，帮助学习者有效地利用知识资源，接受社会教育。图书馆提供的社会教育不仅是终身的教育，而且是自动的教育、自修的教育、穷人的教育、全面的教育。

（2）文化融合的水库。各种知识文本在图书馆里汇集、共处，它们的思想观点是相向开放的而不是相向封闭的。图书馆能够引导我们从自身封闭的文化出发，超越古今和地域的差别去接触不同性质的文化，通过这些不同性质的文化去探寻人类存在的某些本质的东西。

（3）开放的公共知识空间。图书馆本质上是一个人们可以自由出入的、开放的**公共知识空间**。图书馆与其他公共知识空间形式（如学校、博物馆、现代传播媒介等）有着完全不同的特质，它承载着公共空间的永恒记忆的意义和价值。它允许表达各种思想的知识文本平等地进入公共知识空间，给人的体验与其他公共知识空间给人的体验有所不同。

（4）社会民主的推进器。千万种知识文本汇聚在图书馆里，它们没有贵贱之别，相互平等。人们走进图书馆，无论年龄、性别、种族、肤色、宗教、语言、国籍、地位等方面有何差异，图书馆都力图提供平等的服务，消除歧视。此外，图书馆还能体现自由精神，通过自由选择知识（自主选择馆藏）来向公众提供广泛多样的思想和见解，为建立和维护一个信息灵通、知识多元的民主社会作出重要的贡献。

第三节　图书馆为什么是公益性的

图书馆具有公益性属性是由两个基本原因导致的：其一，图书馆是人类公共需求的产物；其二，图书馆的基本属性为公共物品。

一、图书馆是人类公共需求的产物

人类需求可以分为**私人需求**（个体需求）和**公共需求**（群体需求）。个体行为的目的，主要是追求私人需求的满足与个人利益的最大化；群体行为的目的则是追求群体需求的满足与公共利益的最大化。有时私人需求只有转化为公共需求，每个个体的利益才能得到充分的满足与实现。特别是在有些事务上，如抵御自然灾害或异族入侵、在市场中按公平原则进行交易、通过教育获取知识得到自身发展等，这些都不是个人可以独自完成的，必须借助社会整体的力量或依赖他人合作。而个体的私人需求转化为群体的公共需求，一般是通过迭加（如个体抵御自然灾害诉求的汇合）、博弈（如共同建立公平交易原则）等方式来实现的。公共需求的产物一般都具有公共、公益性质。

如何将社会存量知识得以有效记忆与传播，便于人类后代继承与使用，这是早期人类经过"迭加"而形成的一种公共需求。在这种公共需求的推动下，人类靠群体的力量发明了脑外记忆的装置——书籍，使得知识的传递突破了时空的局限。尤其重要的是，人类依靠群体的力量还发明了一种利用这些脑外记忆装置建成的保存社会记忆的社会大脑——图书馆，所以图书馆也就具有了公共的属性。

满足人类公共需求的事物一般由代表群体的公共权力机构来提供。人类早期的图书馆都是由公权机构建立的，一经产生就具有公共性质。如我国古代商周时期的图书馆就设在王室之宗庙。西方古代亚历山大城在**托勒密三世**（Ptolemy Ⅲ Euergetes，公元前246—公元前221）时期，也曾在城中的萨拉贝姆神庙专门建立了一座皇家图书馆。这些早期的图书馆都是由公共权力机关兴办的。

二、图书馆的基本属性为公共物品

满足人类公共需求的事物（包括服务）被称为**公共物品**。公共物品是与私人物品相对应的一个经济学概念。满足个人需要的物品或服务一般称为私人物品，如购买的一件衣服、一场演出的戏票等。私人物品有效用上的可分割性（衣服从卖场里被购买者拿走，或戏院的某个座位指定你占用）、消费上的竞争性（紧俏服装卖得快，或紧俏演出会一票难求）、受益上的排他性（你买的衣服或戏票只供你本人消费，别人不可以）等性质。而满足社会公共需求的公共物品则恰恰相反，它具有效用上的非分割性、消费上的非竞争性、受益上的非排他性以及外部收益性等特点。

在现代社会中，国防、环保、天气预报等都是纯公共物品。客观知识（如思想、见解、科学定律）也属于公共物品。客观知识的公共物品性质，决定了专门以提供客观知识为己任的图书馆及其服务也成为一种公共物品。为什么这样说呢？①人们在消费（阅读）客观知识过程中，是在保证文本完整且不会减少的前提下进行的，在效用上没有分割性；②客观知识的内容虽经多人阅读却并未损耗消失，因此，每增加一个人的边际消费，其边际费用为零，消费上也不具有竞争性；③一些人消费客观知识时也不会减少或影响他人消费其内容，受益上不具有排他性。

公共物品的价值通过免费使用才能得以实现。换言之，免费使用是由公共物品的本质属性决定的。其成本是由全体纳税人来承担的，即政府出资承担运行成本。图书馆作为公共物品，也必须通过免费使用来实现其价值。图书馆的运行成本也是由全体纳税人来承担的，通常以政府投入来体现。当然，社会个体出于公益情怀创办免费服务的民间图书馆，自己承担了运行成本，那么这样的图书馆也同样具有了公益属性。

作为公共物品，图书馆及其服务满足人类的实际需求大多为精神上的。因此美国图书馆学家**杰西·谢拉**[①]（Jesse Hauk Shera, 1903—1982）曾称图书馆是一个人文主义的事业[②]。根据**"恩格尔定律"**（Engel's Law），当一个社会人均收入较低时，消费总支出中用于食物和必需品部分的比例就高，用于奢侈品及精神物品部分的比例就低；但随着收入的提高，前者的比例会逐步下降，后者的比例会逐步上升。因此，当人们实际收入不断提高，人们对公共物品的需求也会不断提升，因为公共物品往往不属于生活必需品。在未来的知识社会里，满足人类基本物质生活的私人物品的消费规模将保持相对稳定，而公共物品（包括图书馆）的消费规模却会不断扩大，需求结构也会不断丰富，需求质量也将不断提高。这也是随着中国经济发展，图书馆事业逐步获得社会各界重视的主要原因。

---

① 谢拉，美国图书馆学芝加哥学派的代表人物之一，1944年获芝加哥大学图书馆学哲学博士学位，后任芝加哥大学图书馆副馆长。1947年起执教于芝加哥大学图书馆学研究生院。1952年起，任凯斯西储大学图书馆学院院长。他长期从事图书馆学研究和教育活动，在图书馆学原理、知识组织、文献控制、西方图书和图书馆史方面的研究都取得了成就。著有《图书馆学教育基础》（1972）、《图书馆学引论》（1976）等。

② SHERA J H. Introduction to library science[M]. Littleton, Colorado: Libraries Unlimited Inc, 1976: prologue, 9-10.

第四节　中国一共有多少座图书馆

一、公共图书馆数量[①]

根据《中国文化文物和旅游统计年鉴2022》，2021年末全国县级及以上公共图书馆共有3215个。公共图书馆从业人员为59 301人，图书等文献总藏量为126 178.02万册，阅览室座席数为134.4万个。全国平均每万人公共图书馆建筑面积为135.51平方米，全国人均图书藏量0.89册，全年全国人均购书费1.57元[②]。

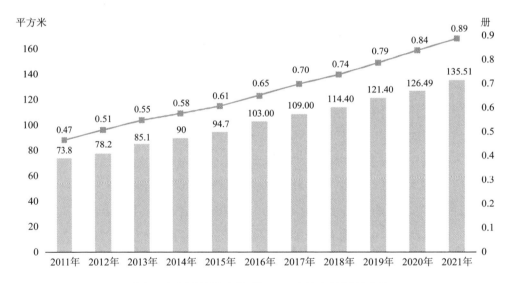

图1-1　2011—2021年全国公共图书馆人均资源情况

图片来源：中华人民共和国文化和旅游部2021年文化和旅游发展统计公报[EB/OL]. 文化和旅游部政府门户网站（2022-06-29）[2023-04-26]. https://zwgk.mct.gov.cn/zfxxgkml/tjxx/202206/t20220629_934328.html.

---

① 这部分数据感谢国家图书馆研究院邱奉捷搜集整理。

② 中华人民共和国文化和旅游部，编. 中国文化文物和旅游统计年鉴2022[M]. 北京：国家图书馆出版社,2022: 29-40.

另据统计，2021 年末，全国已有 2636 个县（市、区）建立了图书馆总分馆制①，分馆数量为 43 603 个②。故县及县级以上的公共图书馆，加上这些分馆，全国公共图书馆数量超过 4.6 万个。

二、大学图书馆数量

根据教育部公布的《全国高等学校名单》（2022 年），截至 2022 年 5 月 31 日，全国高等学校共计 3013 所（未包含港澳台数据）。其中普通高等学校 2759 所，含本科院校 1270 所、高职（专科）院校 1489 所；成人高等学校 254 所③。这些学校都有图书馆或分馆（资料室），有的还因有多个校区而有多个图书馆，故高校图书馆（包括分馆、资料室）应该不低于 3 万个。

三、科研图书馆数量

目前中国科学院共拥有 12 个分院、100 多家科研院所、3 所大学（其中之一是与上海市共建的上海科技大学），平均每个单位有 1 个图书馆，中国科学院图书馆不少于 115 个。中国社会科学院有 1 个总馆、18 个分馆。除台湾、香港、澳门以外的 31 个省区市均有社会科学院，每个社会科学院都有图书馆总馆、分馆。故全国社会科学院图书馆接近 600 个。全国科研图书馆以科学院、社会科学院两大研究机构系列为主干，再加上其他系统科学研究机构的图书馆，总量应该不少于 1000 个。

四、中小学图书馆数量

根据《中国教育概况——2020 年全国教育事业发展情况》，2020 年，全国共有义务教育阶段学校 21.1 万所，其中普通小学 15.8 万所，初中阶段学校 5.3 万所。全国共有高中阶段学校（含普通高中、成人高中、中等职业学校）

---

① 中华人民共和国文化和旅游部.2021年文化和旅游发展统计公报[EB/OL].文化和旅游部 政府门户网站（2022-06-29)[2023-04-26]. https://zwgk.mct.gov.cn/zfxxgkml/tjxx/202206/t20220629_934328.html.

② 中华人民共和国文化和旅游部. 中国文化文物和旅游统计年鉴2022[M].北京:国家图书馆出版社,2022:45.

③ 中华人民共和国教育部.全国高等学校名单:2020年[EB/OL].教育部政府门户网站[2023-06-10]. http://www.moe.gov.cn/jyb_xxgk/s5743/s5744/A03/202206/t20220617_638352.html.

2.5 万所。这些学校基本上也都配有图书馆（室），故全国中小学、中等职专等图书馆（室）应该有 23.6 万个[①]。

此外，2007 年以来国家在全国乡村创办了 60 万个农家书屋（但 70% 以上没有发挥正常作用），2015 年以来民间乡村图书馆、城市公共阅读空间也在逐步兴起。国家机关、社会组织、工会、军队等也有许多图书馆。因此，综合已有数据以及未计入行业、领域图书馆的规模，估计全国正常运行的图书馆（室）数量应该在 65 万—70 万个。

第五节　国外图书馆举隅

一、气势恢宏的图书馆遗址——塞尔苏斯图书馆

位于土耳其濒临爱琴海岸附近伊兹密尔省的**塞尔苏斯图书馆**（Library of Celsus），是古希腊、罗马历史名城以弗所（Ephesus）古城废墟中最美丽的建筑之一，该图书馆建于公元 135 年的罗马帝国时期，根据遗址中的一则献词，可以确定其为小亚细亚罗马统治者塞尔苏斯（Tiberius Julius Celsus Polemaeanus）的儿子阿奎拉（Tiberius Julius Aquila Polemaeanus）继任后，为纪念父亲而修建的，并将父亲陵墓安放其中[②]。

塞尔苏斯图书馆藏书籍约 1.2 万卷，是亚历山大图书馆、帕加马图书馆之后第三大古代著名图书馆。亚历山大图书馆遗址已经荡然无存，帕加马图书馆遗址仅有地基依稀可辨，唯有塞尔苏斯图书馆遗迹保留得较为清晰，经过修复后可显现原貌的恢宏景象。图书馆外观为两层楼，有三个入口。正面墙壁上有四尊女神雕像，分别是 "Sophia"（象征智慧）、"Arete"（象征勤勉）、"Ennoia"（象征思想）和 "Episteme"（象征学识）。图书馆正面朝东，上午容

---

① 中国教育概况：2020 年全国教育事业发展情况 [EB/OL].教育部政府门户网站（2020-08-31）[2021-04-10]. http://www.moe.gov.cn/jyb_sjzl/s5990/202111/t20211115_579974. html.

② ［英］坎贝尔，著；普赖斯，摄影.图书馆建筑的历史 [M].万木春，张俊，译.杭州：浙江人民美术出版社,2016:47-54.

易接收到最好的自然光。图书馆内部似乎是一个整体的空间，墙壁上排列着放书的壁龛，这些壁龛建在近 1 米高的石台上。石台环绕房间的三面墙壁，起到了与阅读空间隔开的作用①。

图 1-2　以弗所古城中的塞尔苏斯图书馆

顾晓光 摄

二、久负盛名的大学图书馆——博德利图书馆

牛津大学是英国最古老的大学，拥有世界第一流的图书馆——**博德利图书馆**（Bodleian Libraries）。该图书馆拥有约 90 英里长（145 公里）长的书架，收藏数百万册书籍和地图、数十万份手稿和大量音乐作品，是英国第二大图书馆（仅次于伦敦的大英图书馆）。从 1610 年就成为英国法定的呈缴本图书馆，保障了图书馆藏书稳定增长。

博德利图书馆的藏书可以追溯到 14 世纪，那时学校圣玛丽教堂的一个展厅里存放了一些抄本书籍供学生阅读。1320 年伍斯特教区主教托马斯·科巴姆向牛津大学捐赠一批手稿，就放在此处。1447 年格洛斯特公爵汉弗莱把自

① ［英］坎贝尔，著；普赖斯，摄影.图书馆建筑的历史［M］.万木春，张俊，译.杭州：浙江人民美术出版社，2016：47-54.

己的手稿、藏书捐赠给牛津大学，于是牛津大学于 1488 年将神学院大楼的上层改建为**汉弗莱公爵图书馆**（Duke Humfrey's Library）。该馆后遭损毁。到了 1598 年，外交家托马斯·博德利（Thomas Bodley, 1545—1613）捐赠大量经费与图书，用来重建牛津大学图书馆，安装了一系列书柜，这些书柜是英国现存最古老的书柜。恢复重建的这个图书馆被命名为博德利图书馆，并于 1602 年正式开放。此后博德利增建了"艺术角"（Arts End）和方厅等。1634 年，神学院的另一头又建成了一座大厅，为了纪念捐资建造该厅的慷慨律师约翰·塞尔登（John Selden,1584—1654）而被称为"塞尔登角"（Selden End）①。

由于藏书的增加，馆舍不敷使用。1737 年至 1748 年，牛津大学利用约翰·雷德克利夫（John Radcliffe，1650—1714）捐资又在博德利图书馆旁边建了一座巨大的圆形圆顶图书馆，这座耸立细长穹顶的巴洛克建筑被命名为**"雷德克利夫密室"**（Radcliffe Camera）。1939 年至 1940 年间贾尔斯·吉尔伯特·斯科特爵士设计的新馆**韦斯顿图书馆**（Weston Library）落成。现在博德利图书馆馆舍由三幢建筑构成：居中的是老博德利图书馆，为一个四合院建筑；在它的两侧分别是圆形的雷德克利夫密室和方形的新博德利图书馆即韦斯顿图书馆②③。新馆和旧馆用地下通道连接，大量藏书也安置在地下书库。

1935 年，中国学生钱锺书在英国牛津大学留学，曾昵称博德利图书馆为"饱蠹楼"④。根据博德利图书馆的条例，所有读者入馆必须做一次类似于读者守则的声明，即大声宣读**博德利读者誓词**（The Bodleian reader's oath）。该誓词还印在文创产品上，并被翻译成一百多种语言，读者可用自己的母语做出承诺⑤。其中的现代汉语誓词是这样的："我特此保证对本图书馆所有或保存的任何书籍、文件及其他财产，不携带出馆，不任意涂写，不以任何形式损坏；不

---

①③ ［法］纪尧姆·德·洛比耶,摄影；［法］雅克·博塞,撰文.世界上最美最美的图书馆[M].任疆,译.北京：北京大学出版社,2019：139-148.

② History of the Bodleian Libraries[EB/OL]. Bodleian Libraries[2021-06-26]. https://visit.bodleian.ox.ac.uk/plan-your-visit/history-bodleian.

④ 杨绛.《钱锺书手稿集》序[M]//杨绛文集：第三卷·散文卷.北京：人民文学出版社,2004：下册,35-39.

⑤ The Bodleian reader's oath[EB/OL]. Bodleian Libraries[2021-06-30]. https://bodleianlibs.tumblr.com/post/159530533035/the-bodleian-readers-oath.

在馆内吸烟、点火。我保证遵守本馆的一切规则。"而古汉语繁体誓词则为："余謹保證不擅自竊取或污損本圖書館內之任何書籍與文件，而於本館之一切財物，亦復如是。於館內不為火燭之事，亦不於其內吸煙，並恪守本館之一切規則。"①

三、藏书量最多的图书馆——美国国会图书馆

美国国会图书馆（Library of Congress）位于华盛顿特区的国会山上，由三座大楼构成，分别以不同的美国总统名字来命名：面向国会大厦的是 1897 年落成的托马斯·杰斐逊主楼（Thomas Jefferson Building），其后南侧的是 1938 年启用的约翰·亚当斯大楼（John Adams Building），北侧的是 1981 年开放的詹姆斯·麦迪逊大楼（James Madison Memorial Building），总面积达 34.2 万平方米②。

美国国会图书馆是 1800 年由总统**约翰·亚当斯**（John Adams, 1735—1826）创办的，1814 年在第二次英美战争中被英军摧毁。后来，退休的**托马斯·杰斐逊**（Thomas Jefferson, 1743—1826）总统将其珍藏的 6487 册图书转让给了国会，为国会图书馆充实了馆藏。1851 年初，国会图书馆藏书已有 5.5 万册，但当年 12 月 24 日的一场大火烧毁了藏书 3.5 万册。之后国会图书馆在修复残书的同时，又大力收集图书③。1870 年根据版权法，开始要求所有版权申请者将两份作品送交图书馆。随着图书数量的快速增长，1886 年新馆（即今杰斐逊主楼）被批准建造，馆舍平面为"田"字形，总建筑面积为 3 万平方米，设计为意大利文艺复兴时期的风格。1897 年 11 月 1 日新馆建成后正式开放④。

美国国会图书馆大厅从大理石地板到彩色玻璃天花板有 22.5 米高，大理石柱子、楼梯、马赛克和绘画使这座建筑成为美国乃至世界最美丽的公共建筑之一，充分展现出新兴的美利坚合众国不输于欧洲大陆帝国的文化豪情。中

---

① 中文誓词由牛津大学赛克勒图书馆（Sackler Library）的图书馆助理杰米·科普兰（Jamie Copeland）2021 年 7 月 2 日在回复本书参编者之一尹培丽咨询时提供，在此鸣谢。

②④ History of the Library of Congress[EB/OL]. Library of Congress[2021-11-12]. https://www.loc.gov/about/history-of-the-library/.

③ 钱江.美国首都华盛顿：迈向新世纪的都城[M].上海：复旦大学出版社,1997:141.

央部位的八角形主阅览室，地面到穹顶高达 50 米，八根大理石柱上静立着八座高达 3 米的女性石雕像，全部出自著名雕刻家之手，静穆又慈爱地守候着读者。她们分别代表宗教、商业、历史、艺术、哲学、诗情、法律与科学，象征着文明和理性的源泉①。

图 1-3　美国国会图书馆主阅览室

顾晓光 摄

如今美国国会图书馆保存文献 1.71 亿余件，包括 470 种语言的 4000 多册图书和其他印刷品，超过 7400 万份的手稿②。中文部藏有中国古籍善本 5000 多种，中国地方志 4000 多种共 60 000 余册，《永乐大典》41 册，《古今图书集成》2 套，以及一些古地图、太平天国书籍等③。美国国会图书馆正式聘用的员工已达 3200 多名，每个工作日会收到约 15 000 件物品，经过筛选将其中

---

① ［日］X-Knowledge，编著.世界梦幻图书馆［M］.朝阳，译.北京：新星出版社，2015：160.

② General information［EB/OL］. Library of Congress［2021-11-12］. https://www.loc.gov/about/general-information/.

③ 李华伟.李华伟文集［M］.广州：中山大学出版社，2011：下册，1236-1243.

10 000 件收入馆藏中[①]。

四、颇具代表性的公共图书馆——纽约公共图书馆

纽约公共图书馆（New York Public Library）是美国最大的公共图书馆，位于曼哈顿第五大道和 42 街路口。图书馆主楼是一座宏伟的大理石建筑，大门有两只守卫的石狮（名叫"坚忍"与"刚毅"）。该馆从 1895 年的设计开始，历经 16 年的建设，花费 900 万美元，终于 1911 年 5 月 24 日落成开放，开放当天约有 3 万—5 万名纽约居民涌入[②]。

纽约公共图书馆的设计特点是书库在下，阅览室在上。8 层书库的顶上是中央阅览大厅[③]，长 90.5 米，宽 23.8 米，高 15.5 米，高大的屋顶上有彩绘的天空云图和天使，四周是开放式书架，中间有长型阅览桌，可容纳 490 名读者阅览（如今可容纳 624 名）。当时图书馆藏书已达百万册，书架总长 120 公里，堪为世界之最[④]。经过一百多年的发展，纽约公共图书馆现在仍是世界上最大的公共图书馆之一，作为纽约公共图书馆系统的中心研究图书馆，拥有 88 个社区分馆，分散于曼哈顿区（40 个）、斯塔顿岛区（35 个）和布朗克斯区（13个），另外还有 4 个学术研究中心[⑤]。其藏品包括纸质书籍、电子书、DVD 等，大约有 5600 多万件，并按照 100 多个主题进行了组织，同时还订购了数百个数据库。平均每年接待超 1800 万的读者以及数百万的在线访问用户，还面向读者提供 55 000 个免费服务项目[⑥]。

[①]　General information[EB/OL]. Library of Congress[2021-11-12]. https://www.loc.gov/about/general-information/.

[②][⑥]　History of the New York Public Library[EB/OL]. New York Public Library[2021-11-13]. https://www.nypl.org/help/about-nypl/history.

[③]　现称罗斯阅览室（The Rose Main Reading Room），是用桑德拉·罗斯和弗里德里克·罗斯捐资于 1998 年装修后重新命名的。

[④]　[英]坎贝尔,著;普赖斯,摄影.图书馆建筑的历史[M].万木春,张俊,译.杭州:浙江人民美术出版社,2016:251-252.

[⑤]　About our locations[EB/OL]. New York Public Library[2021-11-13]. https://www.nypl.org/about/locations.

图 1-4　纽约公共图书馆罗斯阅览室

顾晓光 摄

五、体积最小的图书馆——微型免费图书馆

微型免费图书馆（Little Free Library，LFL）指的是挂在社区墙壁或柱子等物体上或独立放置的一种开放的、供人免费借阅的小书屋或小书箱，有人形象

地称之为"**迷你图书馆**"或"**鸟巢图书馆**"。最早是由美国威斯康星州哈迪逊地区（Hudson, Wisconsin）的中学教师**托德·博尔**（Todd Herbert Bol，1956—2018）创造的。2009 年，托德·博尔为了纪念已逝的母亲——一位热爱读书的教师，在自家院子门口安置了一个小木屋，尺寸为 24 厘米 × 24 厘米 × 30 厘米，里面放入母亲生前喜爱的书本，希望能带动更多的人热爱读书。小木屋上有"免费图书馆"（Free Library）的标名，并附一条"**带走一本书，留下一本书**"（take a book, leave a book）的标语①。他的邻居和朋友都很喜欢，所以他又建造了几个这样的小木屋迷你图书馆送给了大家。不久，越来越多的小木屋在哈迪逊地区出现，如"故事小屋""人类栖息地""社区之家"等，虽然名称和造型各异，但是这些微型免费图书馆都遵循着一个理念：免费取阅，自愿留赠。

后来威斯康星大学的布鲁克斯（Rick Brooks）教授与博尔合作，将微型免费图书馆发展成为一项社会公益事业。2010 年，它不仅有新的名称"Little Free Library"，还有了统一的标识牌和序列号。这项公益项目还向社会公布了自己仿效卡内基的新目标，即在 2013 年建设超过 2509 所微型免费图书馆，提出了"分享好书，将社区聚集在一起"的使命②。他们还建立起网站推广微型免费图书馆，并提供不同款式且能防风雨的木书箱，售价从 250 美元到 600 美元不等。截至 2020 年，全球 100多个国家、地区注册的微型免费图书馆已超过 10 万家③。中国从

图 1-5　纽约罗切斯特的一处微型免费图书馆

图片来源：HANSON M. 57 Jaw-dropping Little Free Libraries[EB/OL]. Little Free Library [2022-10-15]. https://littlefreelibrary.org/57-jaw-dropping-libraries/.

①②　The history of Little Free Library[EB/OL]. Little Free Library[2014-06-18]. http://littlefreelibrary.org/ourhistory/.

③　The history of Little Free Library [EB/OL]. Little Free Library[2021-06-26]. https://littlefreelibrary.org/ourhistory/.

2011 年也开始陆续出现微型免费图书馆[①]。

第六节 美丽的图书馆建筑空间

空间是生活的框架。每个图书馆空间都有一种喻义，或是暗示，或是昭示。每个时代的文化精华都会通过图书馆空间留下自己的印记，同时展示出时代的精神风格。

一、神圣的殿堂

最早的图书馆大多与祭祀的神庙在一起，或者说早期图书馆多是**神庙图书馆**。管理图书馆的书史是神职人员，他们负责人神之间的沟通，记录神谕，是最早识字释字的人。文字以及由文字记载而成的书籍也是神圣的，所以，保存书籍、档案的场所也就具有了神圣性，具有了崇高的社会形象[②]。后世图书馆通常也通过自身的建筑来体现图书馆的这种神圣性，试图让人进入图书馆，就感知到自己走入了一个神圣的殿堂。

位于捷克首都布拉格西部的佩特任山下有一个斯特拉霍夫修道院（Strahovský Klášter，捷克语）。修道院里的**斯特拉霍夫图书馆**（Strahov Library），由两座巴洛克风格的神学分馆和哲学分馆组成，分别建于 17 和 18 世纪。图书馆内陈列的书架是由胡桃木精做的，穹顶的壁画色彩鲜艳，内容丰富。神学分馆书架顶上的每组壁画以智慧、知识、教育为主题，宣示信仰必须建立在知识基础之上；哲学分馆穹顶的壁画则描绘了"人类智慧发展"，上帝被众多天使和哲人、学者、科学家围绕，展示出早期知识与智慧创造的巨大成就。斯特拉霍夫图书馆堪称融信仰、知识、艺术为一体的圣殿[③]。

---

① 王子舟,王一帆,丁娜."迷你图书馆"何以风靡全球？[J].图书馆,2015(5):10-16.

② 王子舟.图书馆学是什么[M].北京:北京大学出版社,2008:280.

③ Strahov Library – Theological Hall, Philosophical Hall (Strahovská knihovna) [EB/OL]. The Official Tourist Website for Prague [2021-06-26]. https://www.prague.eu/en/object/places/403/strahov-library-theological-hall-philosophical-hall-strahovska-knihovna.

图 1-6　斯特拉霍夫图书馆中的神学图书馆

顾晓光 摄

二、知识的宇宙

自然是一个浩瀚的宇宙世界，知识也是一个浩瀚的宇宙世界。英国哲学家波普尔（Karl R. Popper，1902—1994）曾将我们的外部存在划分为三个世界：物质世界（世界 1：自然世界）、精神世界（世界 2：人的意识世界）、客观知识世界（世界 3：人类精神产物世界）①。在图书馆界，很早就有杰出的馆长体会到书籍是一个客观知识的世界，他们在图书馆设计与建设中，力图用恰当的空间形式来隐喻知识世界。中国古代曾用"天圆地方"来表达自然世界。图书馆表现知识世界的空间形式，也有"天圆""地方"两种形式。

大英博物馆阅览室（Reading Room of the British Museum）就是用圆形穹顶来象征知识世界的。该阅览室由馆长**安东尼·帕尼齐**（Anthony Panizzi，1797—1879）主持设计建造，1857 年落成。圆形阅览室的半球形圆顶，高

---

① ［英］卡尔·波普尔.科学知识进化论:波普尔科学哲学选集［M］.纪树立,编译.北京:生活·读书·新知三联书店,1987:409-410.

106 英尺（32 米），直径 140 英尺（43 米）①，材料使用了混凝土、玻璃等当时先进的建材，装有供暖和换气设施。书架皆为铁制，全部连起来可绵延 40 公里。座位呈放射状摆设，中央平台是管理员坐席，保障视野能够全覆盖。历史上许多学者、名流、政治家等来过这里读书、研究，如卡尔·马克思、列宁、柯南·道尔、狄更斯、萧伯纳、弗吉尼亚·伍尔夫等②。

图 1-7　设计师斯米尔克（Smirke）绘的大英博物馆阅览室

图片来源：Sir Anthony Panizzi[EB/OL]. Britannica[2022-10-21]. https://www.britannica.com/biography/Anthony-Panizzi.

　　德国西南部的**斯图加特市图书馆**（Stadtbibliothek Stuttgart，德语）是用方形来体现知识世界的。该馆位于该市米兰广场（Mailänder Platz），外观如巨大的白色魔方，地下有两层，地上有九层，占地面积 3201 平方米，由韩国出生的德国建筑师恩英毅（Eun Young Yi, 1956—　）设计并于 2011 年 10 月 21日建成开馆。建筑采用立方体的形态，每边长度为 45 米。书廊大厅是一个五层楼的中空立方结构，四周由书架围合成。自然光从大面积的天井顶部散落进来，凸显出空间的开放、明快，也使馆藏书籍一览无余，给人以沉浸在知识天

---

　　①　吴以义.海客述奇:中国人眼中的维多利亚科学[M].上海:上海科学普及出版社,2004:133.

　　②　[日]X-Knowledge,编著.世界梦幻图书馆[M].朝阳,译.北京:新星出版社,2015:41.

地之间的感受。内部交通以螺旋形排列在阅读区之间，走廊在顶部玻璃屋顶天光的透射下显出流动感[①]。

图 1-8　斯图加特市图书馆书廊大厅
顾晓光 摄

三、自学的场所

当代图书馆也是人们的**学习共享空间**（learning commons，LC）。这个空间里不仅有提供咨询的服务台、畅通的 Wi-Fi 环境、数字技术支持的显示屏、便捷的扫描和复印设备，还有各种不同的研讨空间、个人研究室（包括各种个人学习仓），以及休闲区域。图书馆为读者提供的服务，不是以印刷读物是否丰富为目标，而是以用户感受为目标，看图书馆是否有助于提高读者学习、研究的效率，让他们感到愉悦。

位于荷兰首都阿姆斯特丹中央车站旁的**阿姆斯特丹公共图书馆**（Openbare Bibliotheek Amsterdam，荷兰语），于 2007 年落成使用，楼层有十层，总面积为 28 500 平方米。图书馆的空间以白色为基调，加上落地窗的配合，显得明

---

① 　Yi Architects. Stuttgart City Library[EB/OL]. ArchDaily (2020-02-29)[2021-07-08]. https://www.archdaily.cn/cn/office/yi-architects.

亮洁净。不同区域的局部设计添加了不同的灯光及摆设，还提供了方便直坐、卧躺、倚靠等不同姿势的座位。人工照明以**间接光**（indirect light）为主，让人看书、看屏幕会更舒适。胶囊式的**个人学习仓**，等于在公共空间里植入了私人空间，特别适合求静的读者，让他们能不受干扰地默默读书。

图 1-9　阿姆斯特丹公共图书馆里的个人学习仓

图片来源：GIULIO MARZULLO. Oba–openbare Bibliotheek Amsterdam[EB/OL]. Divisare (2018–09–15)[2021–07–10]. https://divisare.com/projects/395620-jo-coenen-giulio-marzullo-oba-openbare-bibliotheek-amsterdam.

四、休闲的胜地

随着智能技术的发展，人类将从为了生计而繁重劳作中解放出来并获得更多的自由。亚里士多德说："人的本性谋求的不仅是能够胜任劳作，而且是能够安然享有闲暇。这里我们需要再次强调，闲暇是全部人生的惟一本原。假如两者都是必需的，那么闲暇也比劳作更为可取，并是后者的目的，于是需要思考，闲暇时人们应该做些什么。"[①] 图书馆是人类休闲的最佳场所之一。人们有

---

① ［古希腊］亚里士多德,著；苗力田,主编.亚里士多德全集:第九卷·政治学[M].北京:中国人民大学出版社,1994:273.

时间来这里充实自己的精神生活，能体会到休闲的意义与人生的幸福。

2021 年 4 月在海南省海口市世纪公园海滨新落成的**海口云洞图书馆**，建筑面积为 1380 平方米，通过一体白色"云洞"的造型，展现出多维时空隧道的概念，将城市与海岸、现实与想象连接在了一起。读者来到图书馆，通过阅读得到精神上的愉悦，同时身心也应该得到放松、休憩。

图 1-10　可以通过孔洞看天、望海的云洞图书馆

顾晓光 摄

五、交流的平台

当代图书馆建筑空间，基本上都会包含报告厅、研讨室、展览区等空间区域。在图书馆这样的公共知识空间里，人不仅可以与文本世界进行对话，也能够进行人与人之间的沟通与交流。

2017 年 4 月落成并正式开馆的甘肃省**敦煌市图书馆**，主体四层，建筑面积 7300 平方米，设少儿区、阅览区、借阅区、书吧、影视资料室、少儿 3D数字体验区、研讨室、自修室、古籍资料室、老年阅读区、视障阅览区、地方文献资料室、报告厅和咨询处等 14 个功能区。其中书吧面积 152 平方米，放置 3000 多册最新出版图书、时尚杂志，同时提供咖啡、茶品、饮品等服务，集图书销售、读书交流、以书会友和举办小型沙龙于一体[①]。

图 1-11　敦煌市图书馆"书吧"里的读书会活动

图片来源：敦煌市图书馆关于举办第三十五期"裸读时光"分享交流活动的通知[EB/OL]. 搜狐网（2020-05-11)[2021-07-11]. https://www.sohu.com/a/401258428_120057551.

第七节　图书馆的未来

预测未来图书馆时，从整体上对其作出一个准确描述是比较困难的。但分析得出图书馆的不同因素，再从这些因素来预测图书馆的未来，就会变得相对容易一些。如同我们购买房子，通常是对房子的面积、楼层、结构、朝向、地段、交通、环境等多种因素分析、比较之后，才能做出最终的决断。图书馆的未来发展，我们可以从馆藏资源、空间布局、检索系统、技术应用（智能技术）、馆员职能、服务方式、生存状态等方面进行探讨。

---

①　敦煌市图书馆概况[EB/OL].敦煌市图书馆（2020-05-11)[2021-07-11]. http://dhssztsg.mh.libsou.com/page/18085/show.

一、馆藏资源

首先，图书馆馆藏资源形态以前是以纸质文献收藏为主，但随着数字资源的增多，或通过购买，或来源于自生，馆藏的数字资源会逐步增加，并占据越来越大的比例。其次，未来馆藏资源的类型除了有专藏（专门文献的收藏）、普藏（各类普通文献的收藏），还会有混藏（文献、文物、非遗品等）。再次，图书馆中的数字资源，要走记忆资料（数字化的档案、文献、非物质文化遗产作品等）一体化保存的发展道路，即许多图书馆有可能既是图书馆，也是美术馆、档案馆或博物馆。

二、空间布局

首先，图书馆的体积有大有小，大的图书馆建筑面积可达十几万平方米，小的只有不到 1 平方米，如微型免费图书馆。其次，图书馆空间设计呈出"唯美＋生态＋体验"的趋势，亦即不仅追求审美价值，而且讲求低碳环保，同时还希望给读者带来良好的体验感觉等。再次，或许将来图书馆空间的功能会从一维（仅提供书刊借阅）转向多维（如书刊借阅与购买，提供茶饮、住宿等）。不过，无论什么样的图书馆建筑空间，人们主要还是因书籍（包括纸质与电子的书籍）而来，所以书籍是定义图书馆建筑与空间的核心要素。雨果（Victor–Marie Hugo, 1802—1885）曾就印刷书籍流行担心地说"书籍将消灭建筑"[①]，但近年却出现了"建筑将消灭书籍"症候，而这个症候转变为趋势的话，书籍在图书馆中仅作为点缀而存在，则意味着图书馆建筑与空间的核心要素正在沦丧。

三、检索系统

图书馆检索系统实现了资源、管理、服务三位一体，纸质与数字资源元数据整合后的一站式检索，PC 和移动端一致的门户服务。此外，国际图书馆

---

① ［法］雨果.巴黎圣母院［M］.陈敬容,译.北京:人民文学出版社,1982:211.

联合检索系统，如 WorldCat[①] 等也会逐步整合世界各地图书馆书目数据，实现跨语言检索，以及文献的远程传输。**"下一代"图书馆目录**（next-generation library catalogs）将开发交互功能，鼓励用户参与并在内容上做更多的事情，如做各种标记、笔记、评论、链接、索引、引用、版本考释、评定等级、买卖转让、创建标签云、查找作者的电子邮件地址、与合作者讨论等[②]。未来的图书馆检索系统甚至能够完成知识碎片化重组，推送知识"半成品"，实现深度知识发现。

四、智能技术

未来智能技术将在图书馆广泛使用。智能技术将由易到难，先替代馆员的"腿"，再替代馆员的"手"，最后替代馆员的"脑"。代替"脑"，是一个长期过程，也是一个不完全过程，因为资深馆员的专业智慧是无法替代的。一个了不起的图书馆，不仅要有优质的馆藏资源，要有优质的服务能力，还要有专家学者坐镇馆里。智能技术的应用将把图书馆带向智慧图书馆的方向，未来图书馆不但向人们推送文献，还能推送多样化的知识信息，帮助解决读者提出的各种问题，而且手段与方法也越来越便捷。

五、馆员职能

图书馆员的社会角色就是为不确定的知识与不确定的读者建立起确定关系。随着图书馆的变化，未来馆员的社会角色可以具体化为以下几种：（1）善于交流的知识经纪人，即替知识与读者双方寻找"交易"机会并促成"交易"成功；（2）社区居民的知识主管，设法保存社区记忆，促进地方性知识发展；（3）博学敏捷的知识咨询师，为读者解决各种疑难问题；（4）某一领域的知识鉴赏家，成为某个领域专家，并能对领域内的事务进行正确的研判；（5）业余

---

① WorldCat是联机计算机图书馆中心（Online Computer Library Center, OCLC）的在线编目联合目录，是世界最大的联机书目数据库。总部设在美国的俄亥俄州。世界各地读者可以通过WorldCat搜索100多个国家、近9000家图书馆的书籍、期刊、视音频等的书目信息和馆藏地址。

② Top tech trends for ALA[EB/OL]. Mini-Musings (2008-06-18)[2021-11-12]. http://infomotions.com/blog/2008/06/top-tech-trends-for-ala-summer-08/.

自修的学习辅导员，能帮助孩子、老人，以及特殊群体（如盲人）获取信息知识；（6）大众读书的阅读推广人，能够向大众及时推荐有价值的图书资料 [①]。

六、服务方式

无论是形式还是内容，图书馆服务都会呈现新变化：（1）开放时间上增加错时、延时开放，以保障更多的读者能够自由地利用图书馆；（2）服务形式是"阵地服务＋活动服务"，即服务项目或活动种类越来越多，馆内常规服务与馆外延伸服务双轮齐驱；（3）服务深度方面，在书刊借阅、资料查询的基础上，还可以对文献资源、知识数据进行挖掘、分析，为组织或个人提供有价值的情报信息；（4）服务内容跨界交叉，多方合作，即图书馆利用自身公益性公共空间的优势，开展各类公益讲座、展览、演示、培训等。

七、生存形态

未来的图书馆世界甚至还将出现新物种，丰富图书馆事业的阵容。如2015 年以来在中国兴起的社区公共阅读空间，有"图书馆＋书店""图书馆＋咖啡屋""图书馆＋民宿"等多种创办模式，呈现出跨界组合、业务混搭的特点。这种"**跨界图书馆**"的产生，实现了图书馆与其他社会实体功能上的交叉互借。未来图书馆会增加功能，提供新的服务内容。如通过现场手工操作，来提升读者对隐性知识的体验；应用**虚拟现实**（virtual reality，VR）技术和**增强现实**（augmented reality，AR）技术，增加隐性知识的服务；读者可以在"元宇宙"（metaverse）里借阅图书馆书籍，而所有的书本的内容都可远程查阅。

---

① 　王子舟.图书馆学是什么[M].北京:北京大学出版社,2008:329-333.

第二章　图书史与图书馆史

第一节　古代图书载体、装帧的变迁

一、中国古代图书载体、装帧演进过程

1. 文字的产生

中国图书是用表意文字写出来的。据秦汉文献记载，**汉字**是黄帝史官**仓颉**发明的。西汉的《淮南子·本经训》称，汉字发明时"天雨粟，鬼夜哭"[①]。至今陕西白水县史官镇、河南虞城县古王集乡等多地，还有历史上遗存下来的仓颉墓与庙，各自表示仓颉是他们那里的人。从考古发现来看，距今6000多年前，新石器时代仰韶文化（彩陶文化）时期西安半坡遗址，及其稍后的大汶口文化中的山东莒县遗址等，出土的陶器上就已经有了简单的**陶文符号**，这被学术界认为是汉字的起源。而仓颉被认为是规范文字并使其定型的人。

文字的发明，让信息知识能够记载下来并进行更大时空范围的传递，使得人们的知识能代代相传，以几何级增长，每一代都不必从头重来。人类于是脱离动物界，踏上了文明之旅。后来人们探讨世界各民族文明发展史，便以开始使用文字作为一种文明发端的主要标志。

2. 简帛及形制

将文字记载在专用于书写的材料上，就形成了图书。先秦时期《墨子·贵义篇》言："古之圣王，欲传其道于后世，是故书之竹帛，镂之金石，传遗后

---

① 刘文典.淮南鸿烈集解[M].冯逸,乔华,点校.2版.北京:中华书局,2013:上册,302.

世子孙，欲后世子孙法之也。"① "书于竹帛"即谓图书载体是竹片和缣帛，这是已知的中国最早的图书载体。

经过剖析、**杀青**②的狭长竹片称"简"，将简用细绳编连起来称"册"，故后人将竹简制成的书籍称为"**简册**"（亦称"简策"或"简牍"，即包含了木片为载体的"札""牍"等）。西周初年的《**尚书**》（"尚"同"上"，"尚书"就是上古之书的意思）记载周公给殷商遗民的告示中有一句话："惟殷先人，有典有册，殷革夏命。"③这说明殷商时期社会已经流行简册。汉字"册""典"就是简册的象形文字。《说文解字》言："册，𠕋，……象其札一长一短，中有二编之形。凡册之属皆从册"；"典，𠔓，五帝之书也，从册在丌上，尊阁之也。庄都说，典，大册也"④。意思是说，"册"字就像中间用绳子将一根根竹简编连起来；"典"字就像将册放置在大几案上的样子。竹简容易腐烂，因此直到目前我们还没有发现出土的殷商简册。出土发现的最早简册是春秋战国时期的。帛书能容纳更多的文字，携带便利。然而丝织品较之简册珍贵，尚不能替代简册成为主要的书写材料。现在能见到最早的帛书，是 1942 年长沙子弹库战国中晚期墓葬出土的楚帛书与帛画。人们将简册、缣帛书籍流行的阶段称作"简帛时期"。

近代以来，殷人占卜用的大批刻辞甲骨被出土发现。这些刻有文字的甲骨是作为殷王朝档案保留下来的，还不是供人们阅读的书籍，所以不能说是最早的图书。最早的图书还是简帛。

三坟五典

中国历史传说中最早的书除《河图》《洛书》外，还有《三坟》《五典》《八索》《九丘》。《左传·昭公十二年》载楚灵王称，左史倚相"是

---

① ［清］孙怡让.墨子间诂［M］.孙启治,点校.北京：中华书局,2001：下册,444.

② "杀青"指古人制作竹简,先用火烤出竹的水分,以防止虫蠹；再刮去青皮,方便书写吸墨。后来引申为作品完成或书籍定稿。

③ 金兆梓.尚书诠译：多士篇［M］.北京：中华书局,2010：315.

④ ［汉］许慎.说文解字［M］.影印清陈昌治刻本.北京：中华书局,1963：48,98.

良史也，子善视之，是能读《三坟》《五典》《八索》《九丘》"①。故后世著述多用"坟典"一词指代书籍。这些书到底是些什么书，和传世文献有什么关系，到现在还是很有争议的一个话题。

这些传说中的书籍并不妨碍后世学者文人作为典故来使用。如清朝才子袁枚（1716—1798），乾隆四年（1739）进士，后做过江宁（今南京）知县。他曾在江宁城西郊小仓山购建一处别墅，名为"随园"，以辞官自居。园内亭阁错落、清流洄洑，竹木遮阴，许人免费出入，皇族贵臣、贩夫走卒慕名而至者甚众。其南楼山房上有集句楹联曰："此地有崇山峻岭，茂林修竹；是能读三坟五典，八索九丘。"②

先秦时期**简册尺寸**还没有统一的规制。秦汉时期简册的宽度大致为 0.5 至 1 厘米。长度根据文献种类有所不同，按照**遣册**（又称"遣策"，指随葬物品的清单）、文书、图书、律令等类别来看，其长短规制是存在的。一般诏书律令长三尺（约 67.5 厘米），儒家经书长二尺四寸（约 56 厘米），书信文书等长一尺（约 23 厘米，所以书信在古代又被称为**"尺牍"**，牍指被剖开的木片，宽度可容纳几行字）③。

无论是简册，还是帛书，早期的图书装帧形式是**卷轴装**，即用轴将有文字的书写面卷起来的形制（帛书也偶见有折叠装的形制）。秦汉时期，图书的计数单位用"篇""卷"，东汉班固编的图书目录**《汉书·艺文志》**就记载某书多少"篇"或某书多少"卷"，而且用"篇"多，用"卷"少，晚清、近代学者解释说，"篇"带竹字头，用于简册的计数，而"卷"用于帛书的计数④⑤⑥。当代学者则认为，"篇"是记录图书内容单元的计数单位，而"卷"则是竹简

① 杨伯峻,编著.春秋左传注[M].北京:中华书局,1981:第4册,1340.

② 于静.南京历代名园[M].南京:南京出版社,2017:112.

③ 中国大百科全书总编辑委员会《中国历史》编辑委员会,中国大百科全书出版社编辑部,编.中国大百科全书:中国历史[M].北京:中国大百科全书出版社,1994:276.

④ [清]金鹗.汉唐以来书籍制度考[M]//阮元,手订.诂经精舍文集:卷十一.北京:中华书局,1985:第2册,339-340.

⑤ [清]王颂蔚.《藏书纪事诗》序[M]//[清]叶昌炽.藏书纪事诗.上海:古典文学出版社,1958:序,1.

⑥ 马衡.中国书籍制度变迁之研究[J].图书馆学季刊,1926,1(2):199-213.

编联成册的一种形制单位，如《汉书·艺文志》记载《尚书》古文经四十六卷，而班固自注言："为五十七篇"，就是指《尚书》内容有五十七篇，图书形制为四十六卷[①]。但是后来"篇""卷"逐渐脱离载体形态，作为图书内容单位划分的功能逐渐加强，二者的差异也就模糊了，出现混用的状况。

图 2-1　居延出土的汉简兵物账簿《永元器物簿》（局部）

图片来源：翰诺书法.居延汉简甲编 1，永元器物簿，高清大图带释文 [EB/OL].搜狐网（2021-04-29）[2023-05-08]. https://www.sohu.com/a/463585202_120789127.

3. 纸书及形制

纸（纤维水悬浮液在一个细筛网上所形成的粘连状薄片）发明于我国西汉时期。东汉后期开始流行，简册、缣帛等书写材料渐渐被纸张替代。因为纸张幅面宽大、轻便，也容易上墨书写，随着造纸工艺的提升，它越来越受人欢迎。西晋傅咸（239—294）的《纸赋》曾赞美纸："夫其为物，厥美可珍。廉方有则，体洁性贞。"[②]从东晋末年桓玄下令境内用纸到如今，纸张一直是图书的主要载体材料。图书的装帧直到唐朝，主要还是卷轴装，用绳带扎绑，再插上标有书名或卷次的牙签。不同类的书，用不同品质的轴、带、签来区分。如唐代集贤院所写四部书籍，"其经库书钿白牙轴黄带红牙签，史库书钿青牙轴缥带绿牙签，子库书雕紫檀轴紫带碧牙签，集库书绿牙轴朱带白牙签，以为分

---

①　陈梦家.汉简缀述[M].北京:中华书局,1980:305.

②　[晋]傅咸.纸赋[M]//[清]严可均.全上古三代秦汉三国六朝文·全晋文·卷五十一.北京:中华书局,1958:第3册,1752.

别"①。六朝隋唐时期，图书写本一般十卷为一帙。**书帙**是包裹图书的包袱皮，也称书衣。书帙上一般会写上书名或加上标签等。

及至唐代后期雕版印刷术发明，册页装的图书开始逐渐取代卷轴装，最终成为图书的主要装帧形制。**册页装**是将有字的书页叠齐后，用糨糊或纸捻、丝线等从一侧将其装订起来的形制。它是为了克服卷轴装阅读时舒卷不便的弊端而产生的。卷轴装向册页装过渡的阶段出现过梵夹装、经折装、旋风装、粘页装、蝴蝶装、缝缋装（缝缀装）等图书形制。**梵夹装**是贝多罗树叶制成的梵文写经或仿这种形制而成的纸版写经，每叶写经都是单张，然后将所有经叶按顺序摞在一起，中间打两个孔，两面再加上夹板，从孔洞穿绳将夹板绑在一起。**经折装**是长幅纸张反复折叠而成的图书形制，规避了梵夹装书上有洞眼的弊端，也克服了卷子舒卷不便的缺点，最早也来源于佛教，现在许多碑帖、菜谱等还在用经折装。**旋风装**（又称龙鳞装），以带轴的长纸作底，将写好的每叶按顺序自右向左先后错落叠粘上。阅读时，其叶宛如旋风，又状如鱼鳞有序排列。

图 2-2　梵夹装《甘珠尔》

图片来源：国家图书馆，编 . 文明的守望：古籍保护的历史与探索 [M]. 北京 : 北京图书馆出版社，2006:106.

粘页装（包括蝴蝶装）、缝缋装（缝缀装）、包背装、线装等图书装帧形式出现在唐末、五代以后，基本上属于册页装的形制了。**粘页装**是用糨糊将书页粘连在一起的形制。**蝴蝶装**将有文字的纸面朝里对折，再依中缝用糨糊将书页粘贴在另一包背纸上。翻阅时版心在内，四周朝外，状如蝴蝶的两翼。**缝缋装**（缝缀装）是将书页在其折缝处用线缝缀起来的，已经属于线装的初级形式了，如旅顺博物馆所藏日本大谷探险队存放的敦煌写本《坛经》（全称为《南宗顿教最上大乘摩诃般若波罗蜜经六祖惠能大师于韶州大梵寺施法坛经》）就

---

① 　宋本大唐六典 : 卷九 [M]. 影印古逸丛书三编本 . 北京 : 中华书局，1991:181.

是缝缋装，从该写本题记可确认为后周显德五年（958）抄写、缝缀而成的。**包背装**则是对蝴蝶装的一种改进形制，蝴蝶装因版心向内，翻书时有时会看到有字的一面，有时看到无字的一面，影响阅读，于是后人发明出了版心向外、用纸捻穿孔固定书脊的包背装。明《永乐大典》、清《四库全书》就是包背装。将纸捻穿孔装订改为丝线装订，并且丝线露在书脊外部，就是**线装**形制了。在宋代雕版印刷术普遍应用后，我国古籍的基本**书籍制度**就以线装书为主了。

图2-3 包背装的《四库全书》

文献来源：浙江图书馆藏文澜阁《四库全书》。图片来源：浙江图书馆，编.张宗祥先生纪念画册[M].北京：国家图书馆出版社，2015: 106.

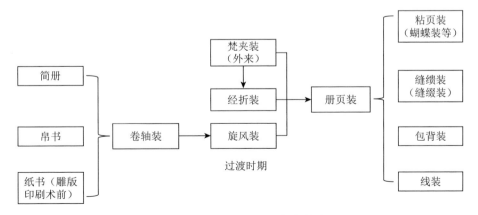

图2-4 中国古代书籍制度演进过程

二、外国古代图书载体、装帧演进过程

1. 泥版、纸莎草书及形制

外国古代最早的图书载体是泥版和纸莎草。泥版的使用主要在两河流域的古巴比伦（在今伊拉克境内）。人们用芦管或木棒制成的带有斜尖的笔，在泥版上摁出楔形文字，经过焙烧或晒干，就成了**泥版书**。如苏美尔—巴比伦的创世史诗《**吉尔伽美什**》，大约于公元前 7 世纪被收藏在尼尼微的亚述巴尼拔图书馆里（位于伊拉克摩苏尔），19 世纪中叶被考古学者在图书馆遗址中发现。全书由 12 块泥版组成，约有 3600 行文字，现在复原后能见到的约 2000 行。内容讲述了"三分之二是神，三分之一是人"的英雄吉尔伽美什的史传故事[①]。

而在尼罗河流域的古埃及，最早的图书载体是纸莎草。**纸莎草**（Cyperus papyrus）是莎草科水生植物，习性与芦苇相近，其茎实心，呈三棱形，高约 2 米，顶部为修长的叶子和扇形的花簇。古埃及人曾用纸莎草茎搓制绳索、席子，遮盖屋顶，编成小船等。而将纸莎草的皮削去，把内茎截为 30—40 厘米的长条，再切成薄片，浸泡数日，横直平铺一层，竖直铺压一层，经过锤压、晾干、打磨等程序便成为**莎草纸**。当地人叫它"帕努司"（拉丁文 papyrus），英文"paper"（纸）即源于此。不过，它还没有像真正的中国抄纸那样呈现完全的纤维解离状态[②]。公元前 3000 年古埃及就有了用莎草纸写成的书籍。

莎草纸书籍的装帧形式主要为卷轴装，称**书卷**（volumen）或**卷轴**（scroll），如古埃及公元前 16 世纪出现的超度死者用的《**亡灵书**》（*Book of the Dead*，又译为《死者之书》《死亡之书》），内容有经文、咒文、祷文、颂歌以及画像等，一般写在宽度为 15—45 厘米的纸莎草长卷上，放置于死者棺木之中[③]。公元三四世纪，随着罗马帝国分裂切断了纸莎草进入欧洲的路线，羊皮纸逐渐流行，但至少 5 世纪时莎草纸还被用作图书载体，直到 13 世纪还常被用于制作证书或典礼手稿等[④]。

---

① 吉尔伽美什：巴比伦史诗[M].赵乐甡,译.南京:译林出版社,1999:355.

② [加]G. A. 斯穆克.制浆造纸工程大全[M].曹邦威,译.2版.北京:中国轻工业出版社,2001:1.

③ 金寿福,译注.古埃及《亡灵书》[M].北京:商务印书馆,2016:导言.

④ [法]弗雷德里克·巴比耶.书籍的历史[M].刘阳,等译.桂林:广西师范大学出版社,2005:19.

图 2-5　莎草纸制成的《亡灵书》（约公元前 1600 年，埃及国家博物馆藏）

图片来源：M·辰.别错过！世界上最著名的古埃及珍宝（中）[EB/OL]. 搜 狐 网（2016-08-28）[2021-07-17]. https://www.sohu.com/a/112447535_437102.

图 2-6　写于公元 100 年的欧几里得《几何原本》莎草纸残页

图片来源：[英] 维奥莱特·莫勒.火种：人类文明的最初成果如何在七个城市之间传承 [M].郝静萍，译.杭州：浙江文艺出版社，2021：图 4.

2. 羊皮书及形制

公元前 2 世纪，羊皮纸发展起来并开始逐渐取代莎草纸。**羊皮纸**（parchment，还包括牛皮等其他动物皮）经过鞣制而成，色白纤薄，有柔韧性，两面都能书写，还可以折成或裁成册页，保存寿命也比莎草纸长。用皮革做书写材料的历史也很悠久，但开始流行主要是在帕加马。据罗马历史学家**老普林尼**（Pliny the Elder，23 或 24—79) 的《自然史》记载，由于埃及的托勒密王（King Ptolemy）禁止莎草纸出口，**帕加马**（Pergamum，今土耳其之Bergama) 的统治者欧迈尼斯（Eumenes）不得不完善了用动物皮制成的羊皮纸工艺，用羊皮纸代替莎草纸。因为帕加马也是希腊化时期的文化中心，有一个藏书20万册的图书馆，有较大的用纸量需求[①]。最初的羊皮纸书籍也以卷轴形制为多。

大约在公元3世纪，西方的图书装帧形式兴起**册子本**（codex，又译为"古抄本"，将两面书写的长方形书页装成的书籍）。当然，册页的装帧形制，不仅来源于羊皮纸书籍，也与古日耳曼人用山毛榉树皮做书籍载体、古罗马人发明将多块蜡板装订起来做成书有关，这些书籍都是册页形式的。庞贝（Pompeii）古城出土的古罗马女子的一幅壁画，她一手拿着笔，一手拿着蜡版书，被考古学家命名为《萨福》(Sappho，古希腊女诗人）。

图 2-7　庞贝古城手持笔和蜡板女子的壁画（约公元 55—76 年，现存意大利拿坡里考古博物馆）

图片来源：书的起源一：庞贝城的谜样女子 [EB/OL]. 豆 瓣 网（2019-01-06）[2021-07-17]. https://www.douban.com/group/topic/130848299/.

在公元211年至217年间，古罗马法学家**乌尔比安**（Domitius Ulpianus，约170—223）讨论有关遗赠物的问题时，他提到要对作为遗赠物之一的书（libri）进行界定，否则哪些算书哪些不算书就没有依据了。他认为：写了文字的纸草卷子与册页本子，都应该算书；而未写上文字的纸草卷子或册页本

① ［英］基思·休斯敦.书的大历史：六千年的演进和变迁[M].伊玉岩,邵慧敏,译.北京:生活·读书·新知三联书店,2020:18-24.

子，就不属于书了①。3 世纪罗马时期圣彼得和圣马可里努斯一个地下墓穴曾出土一幅画，画面上一位男子手里就捧了一部翻开的册页形制的图书②。甚至埃及开罗的科普特博物馆至今还保留着一些 4 世纪《拿戈玛第经集》（*Nag Hammadi library*）等莎草纸册子本③。在印刷术出现前的欧洲，这种册页形制的古抄本是最主要的书籍形式。修道院僧侣们辛勤地抄写图书，使得大量古典文献得以保存和传播。早期的 codex 中，包括了许多用药、法律等内容，因此 codex 除了古抄本、书籍的含义，也含有药典、法典的含义。

3. 纸书及形制

西方使用纸张和唐天宝十年（751）大唐与大食（阿拉伯）之间发生的**怛罗斯**（Тараз，哈萨克语，今属哈萨克斯坦）之战有关。在那场战争中，被阿拉伯人俘虏的唐朝战俘中有造纸的工匠，他们将中国的造纸术带到了阿拉伯世界。这一说法最早是 1887 年奥地利的阿拉伯史研究家卡拉巴塞克（Joseph Karabacek) 提出的，他引用 10 世纪阿拉伯文文献说，纸是由战俘们从中国传入**撒马尔罕**（Samarqand，今属乌兹别克斯坦）的，并成为撒马尔罕人的一种重要贸易品④。纤维纸比莎草纸质优，比羊皮纸易得，因此很快就在阿拉伯世界传播开来，被广泛用作书籍的载体。不过，欧洲在古登堡发明铅活字印刷术以前，书籍的生产方式主要是抄写，对于廉价书写材料的需求数量不大，羊皮纸是主要的抄写材料。印刷术的发明使得书籍的批量生产成为可能，纸张的需求才大了起来，从而使纤维纸张得到了普及⑤。

无论是羊皮纸，还是纸张的册子本，其抄写、装帧在中世纪以来都是很受重视的，因为那些以记载神学内容为主的书籍，在世俗社会中是备受人们崇敬的，同时书的册页形制也为进行彩色装饰以及插图提供了便利条件。修道

---

① ［英］C.H. 罗伯茨，T.C. 斯基特. 册子本起源考［M］. 高峰枫，译. 北京：北京大学出版社，2015：43-46.

② ［英］C.H. 罗伯茨，T.C. 斯基特. 册子本起源考［M］. 高峰枫，译. 北京：北京大学出版社，2015：图版6.

③ ［法］让-皮埃尔·马艾. 从埃及到高加索：探索未知的古文献世界［M］. 阿米娜，陈良明，李佳颖，译. 北京：生活·读书·新知三联书店，2015：20-26.

④ 潘吉星. 中国造纸史［M］. 上海：上海人民出版社，2009：504.

⑤ ［美］卡特. 中国印刷术的发明和它的西传［M］. 吴泽炎，译. 北京：商务印书馆，1957：117.

院的抄书修士使用了首字母插图、彩色纹饰，甚至用金银、珠宝来装饰图书封面。如美国摩根图书馆（The Morgan Library）收藏的来自瑞士圣加尔修道院（Abbey of St. Gall）的一部 9 世纪末的抄写装饰成的牛皮纸**福音书**（Gospel Book），其做工精致令人叹为观止①。

图 2-8　9 世纪末镶嵌金银珠宝的福音书及其封面和封底（成书于 9 世纪末，美国摩根图书馆和博物馆收藏）

第二节　中国古籍版本与分类

现行**古籍**（ancient books）的定义有两种：①广义的古籍统指古人所著图书，而不论其出版年代的早晚。②在中国，古籍指 1912 年中华民国成立以前抄写、出版的图书，但民国时期出版的古人所著的线装图书，通常也被视为古籍②。

一、古籍的版本

版本是指一种书在不同时期或用不同生产方式（如抄写、刻印等）生成的文本形态。在简帛时代，人们在图书整理过程中已经意识到了版本问题，如汉代将图书校雠过程中使用的底本称为"本"，这是产生于图书整理实践、最早

---

①　Gospel Book [EB/OL]. The Morgan Library & Museum[2021-07-18]. https://www.themorgan.org/manuscript/76874.图 2-8 来源于该网址。

②　图书馆·情报与文献学名词审定委员会,编.图书馆·情报与文献学名词[M].北京:科学出版社,2019:224-225.

被使用的一个版本名词。"本"是个指示字，本义是指树根。《说文解字》曰："本，木下曰本。从木，一在其下。"[1] 后引申出"根本""原本"等含义。到了南北朝时期，纸张得到广泛使用，书籍的抄写越来越方便，一书多本也成为普遍现象，书籍的版本名称就开始大行其道了。如佛教的译经书目以及《高僧传》中，已经使用"梵本""胡本""异出本""正本""误本"等[2]。南北朝时期的颜之推的《颜氏家训》一书，其卷六《书证》篇在谈到书籍时，也使用了"江南本""河北本""俗本""古本""旧本"等。古籍版本名称繁复难述，现择其要者分述如下。

1. 偏重描述形成工艺特征的版本名称

手工书写而成的书籍被称为写本、钞本、稿本等。晚唐雕版印刷术发明以前，书籍都是手写出来的，雕版印刷流行后，手写书籍渐渐减少。宋代叶梦得《石林燕语》说："唐以前，凡书籍皆写本，未有模印之法，人以藏书为贵。"[3] 版本学界习惯称唐以前的书籍版本均为**写本**（handwritten copy），而宋元以后的手写书籍为**钞本**[4]（copied manuscript，俗作抄本），如宋钞本、元钞本、明钞本等，还有旧钞本、精钞本、影钞本（照原本字迹、版式摹写的本子）、内府钞本（宫廷里抄写的本子）等。另外名家手写传抄的书籍一般多称写本，僧俗道士或写经生（抄写经书为业者）抄写的佛、道经典等，称作**写经**而不称抄经[5][6]。**稿本**（manuscript）一般是作者成书的底稿，还可以细化为初稿、修改稿与定稿三种。

① ［汉］许慎.说文解字[M].影印陈昌治刻本.北京：中华书局，1963：118.

② 王子舟.佛教对古代图书发展所做的贡献[J].江苏图书馆学报，1988(1)：49-54.

③ ［宋］叶梦得.石林燕语：卷八[M].［宋］宇文绍奕，考异；侯忠义，点校.北京：中华书局，1984：116.

④ "钞本"之"钞"，本义为手指叉取东西，许慎《说文解字》十四上："钞，叉取也"；徐铉校曰"今俗别作抄"。在雕版印刷术发明以前，钞书意为选择或节录书籍。吕思勉曾言："钞字之义，今古不同。今云钞者，意谓誊写，古则意谓摘取。故钞书之时，删节字句，习为固然。"（吕思勉.两晋南北朝史：下[M].天津：天津社会科学院出版社，2019：386.）雕版印刷术流行后，"钞本"的"摘取"之意逐渐弱化不显了。

⑤ 李致忠.古籍版本知识500问[M].北京：北京图书馆出版社，2001：382.

⑥ 唐以前佛教中"抄经"一词仅指摘录佛经。南朝梁释僧祐《出三藏记集》曰："抄经者，盖撮举义要也。昔安世高抄出《修行》为《大道地经》，良以广译为难，故省文略说。及支谦出经，亦有《字抄》。此并约写胡本，非割断成经也。而后人弗思，肆意抄撮，或棋散众品，或瓜剖正文。既使圣言离本，复令学者逐末。竟陵文宣王慧见明深，亦不能免。"（［南朝梁释］僧祐.出三藏记集[M].苏晋仁，萧炼子，点校.北京：中华书局，1995：217-218.）

通过印刷工艺形成的书籍，有刻本、活字本、拓本等。**刻本**（wood-block edition），指雕版印刷而成的图书，也称**刊本**、**椠本**、**镌本**等，按照刻印时间可分为**初刻本**、**重刻本**、**递修本**①等；按照印刷工艺可分为**朱印本**、**蓝印本**、**套印本**等；按照成版形式可分为**影刻本**、**百衲本**；按照尺寸大小可分为**巾箱本**、**袖珍本**等；按朝代可分**五代刻本**、**宋刻本**、**元刻本**、**明刻本**、**清刻本**；按年号可分为**宋绍兴本**、**元大德本**、**明洪武本**、**清嘉庆本**等；按地域可分为**蜀本**、**浙本**、**闽本**（建本、麻沙本）、**江西本**，外国的**高丽本**、**和刻本**（日本刻印古籍）等；按刻印者可分为**官刻本**、**家刻本**（家塾本）、**坊刻本**（书肆、书坊、书铺的刻本），其中官刻本中又可细分出如**监本**（国子监刻本）、**殿本**（武英殿刻本）、**局本**（官书局刻本）等多种类型；按内容加工程度可分为**批点本**、**校本**、**增补本**等。

《百衲本二十四史》

"**百衲本**"（patched edition）是借用僧人百衲衣（由许多不同布块补缀而成）之名，指以各种不同版刻的残缺善本书（或页）辑补拼合而成的书本；"**二十四史**"是清乾隆皇帝钦定的称谓，指从《史记》到《明史》一共二十四部历朝编纂的纪传体史书，它们被认为是"正史"。民国十九年（1930）至二十六年（1937），商务印书馆张元济广搜汇聚了"二十四史"不同时期刻印的善本，并利用这些善本影印出来一套完整的"二十四史"。其中不乏宋元善本，如《史记》选用宋黄善夫家塾本，《汉书》选用宋景祐刻本，《晋书》则以几种宋刻本配齐，南北朝七史均用宋眉山七史本，《隋书》《南史》《北史》用元大德刻本，《旧唐书》用宋绍兴刻本，《新唐书》用宋嘉祐刻本，《旧五代史》世无传本而用《永乐大典》中辑出的本子。宋、辽、金三史均用元至正刻本；《元史》用明洪武刻本；《明史》用清乾隆武英殿刻本。因选用的各种版本来

---

① "递修本"指一书版片经过两次及两次以上修补而重新刷印出来的书本。参考：李致忠.古籍版本知识500问[M].北京：北京图书馆出版社，2001:396.如南宋绍兴年间蜀中眉山地区所刻的"眉山七史"，其版片在元、明递有修补，所刊之书被称为"宋眉山刻元明递修本"。

源多样，一种书中残缺处又由许多版本相互补缀而成，有如僧人的"百衲衣"，故得此名。1958年商务印书馆又据初版出版了一套全24册的缩印本。

活字本（movable type edition），指用以泥、木、铜、锡、铅等为材质做成的活字印制成的书本。北宋时，毕昇发明了**泥活字**，用以印刷书籍[①]。元代王祯发明**木活字**，并印刷了他从政地的《旌德县志》[②]。现存最有代表性的木活字印制的书籍，是清乾隆年间内廷武英殿用枣木活字开印的《**钦定武英殿聚珍版丛书**》134种2300多卷。当时造出了25万余枚枣木活字，乾隆皇帝因"活字版"之名不够雅驯，故赐名为"**聚珍版**"[③]。**铜活字**本最有代表性的是清雍正年间内廷印制的大型类书《古今图书集成》。该书每部正文有10 000卷，装订成5020册。当时仅印了64部。现海内外尚存20余套[④]。

拓本（rubbing edition），指用纸和墨从石碑、画像砖及青铜器、陶器、玉器等器物上拓印下来的文本。通常从器物上拓印下来的谓之"**拓片**"，为方便临摹、习字、欣赏以及收藏而将其装裱成册页的称"**拓本**"。拓印有"**传拓**"和"**摹揭**"[⑤]两种不同的复制方法。传拓又分平面传拓和全形拓。**平面传拓**是对碑碣、墓志、刻石、古钱币等器物上的文字、图形、纹饰等的平面复制。**全形拓**又称"**器物拓**""**立体拓**"，是对立体器物上的文字图形进行拓印，出现在清乾嘉以后，立体感强[⑥]。

2. 偏重描述流传、价值特征的版本名称

俗本（popular version），指世间流行较广且校刻不精的版本。如《颜氏家训》卷六"书证"篇说"陈"字："《论语》曰：'卫灵公问陈于孔子。'《左

---

①　[宋]沈括.梦溪笔谈:卷十八·技艺[M].影印元刊本.北京:文物出版社,1975.

②　[元]王祯.东鲁王氏农书译注[M].缪启愉,译注.上海:上海古籍出版社,1994:762.

③　[清]金简.武英殿聚珍版程式·御制题武英殿聚珍版十韵有序[M]//陶湘,编.书目丛刊.窦水勇,校点.沈阳:辽宁教育出版社,2000:275.

④　卢子扬.殿版铜活字《古今图书集成》的流传与保护[D].天津:天津师范大学,2017:30.

⑤　"拓"是用纸墨从器物上捶拓文字和图形,一般所得副本是黑底白字,阳刻的会呈白底黑字;而"揭"则是以纸覆在书法墨迹上勾摹,所得本是白底黑字,也称"揭本"。历史上有"唐摹宋拓"的说法,意为唐时摹揭之风较盛,宋以后则流行传拓。

⑥　陈宁.古籍修复与装裱[M].杭州:浙江摄影出版社,2017:188-189.

传》：'为鱼丽之陳.'俗本多作阜傍車乘之車。"①

善本（good edition of ancient books），指内容校勘精审或具有文物性的古籍②。1978 年国家组织人力编纂《中国善本书总目》时，将善本选择标准确定为"**三性九条**"。"三性"指要具有历史文物性、学术资料性和艺术代表性。"九条"是对"三性"的具体化：①元代及元代以前刻印、抄写的图书（包括残本与零页）；②明代刻印、抄写的图书（版本模糊，流传较多者除外）；③清代乾隆及乾隆以前流传较少的印本、抄本；④太平天国及历代农民革命政府所印行的图书；⑤辛亥革命前在学术研究上有独到见解或有学派特点，或集众说较有系统的稿本，以及流传很少的刻本、抄本；⑥辛亥革命前反映某一时期、某一领域或某一事件资料方面的稿本，以及流传很少的刻本、抄本；⑦辛亥革命前有名人学者批校、题跋的印本、抄本；⑧在印刷上能反映我国印刷技术发展，代表一定时期印刷水平的各种活字本、套印本，或有较精版画的刻本；⑨明代印谱，有特色或有亲笔题记的清代集古印谱、名家篆刻的钤印本③。其中把善本的时间下限定在清乾隆六十年（1795）。

珍本（rare edition），指在学术或艺术、文物方面价值高的珍贵稀见的书本。不仅包括有价值的古籍，也囊括有价值的民国时期文献，其时间范畴比善本宽泛。珍本的确定尚无统一的标准，常因人因文献而异。图书馆或其他文献收藏机构对所藏珍本文献都进行重点保存，一般只提供复制品，借用原件须经特许④。

此外还有"孤本""秘本"。

孤本（unique copy）指举世无双的书本。国内仅存的可称"海内孤本"，国内外仅存的可称"海内外孤本"。如山西省祁县图书馆收藏的南宋绍定二年（1229）刻本《昌黎先生集考异》十卷，就是海内外孤本。

秘本（treasured private copy of a rare book）指秘不示人的本子。

---

① ［北齐］颜之推，撰；王利器，集解.颜氏家训集解［M］.增补本.北京：中华书局，1993:432.

② 黄永年.古文献学讲义［M］.上海：中西书局，2014:140.

③ 武汉大学图书情报学院.中国图书情报工作实用大全［M］.北京：科学技术文献出版社，1990:170-171.

④ 图书馆·情报与文献学名词审定委员会，编.图书馆·情报与文献学名词［M］.北京：科学出版社，2019:225.

二、古籍的分类

中国古代西汉时期，**刘歆**（约公元前 53 年—公元 23 年）在皇家图书馆整理图书、编制目录《七略》时，将当时整理成定本的简帛书籍分为六大类："六艺略""诗赋略""诸子略""兵书略""数术略""方技略"。"略"有界域、要点的意思。《七略》到了唐代以后就失传了，幸赖《汉书·艺文志》有所保留。因为东汉班固编的《汉书·艺文志》，就是以当时刘歆等编纂的《七略》为底本，取其大要而成，基本保留了《七略》的原貌。根据《七略》的分类法，当时图书被分为六大类，三十八小类[①]：

"**六艺略**"收录经传等书籍，包括"易、书、诗、礼、乐、春秋、论语、孝经、小学"等，共九类书籍。

"**诸子略**"收录诸子"九流十家"的书籍，有"儒家、道家、阴阳家、法家、名家、墨家、纵横家、杂家、农家、小说家"等十类，属于六经派生的流裔，多为私人著述。

"**诗赋略**"收录诗辞歌赋的书籍，有"屈原赋之属、陆贾赋之属、荀卿赋之属、杂赋、歌诗"等五类。

"**兵书略**"收录"兵权谋、兵形势、兵阴阳、兵技巧"等四类兵法书籍。

"**数术略**"收录"天文、历谱、五行、蓍龟、杂占、形法"等六类书籍。

"**方技略**"收录"医经、经方、房中、神仙"等四类书籍。

可以看出，这是一种以内容性质为主、兼顾形式的图书分类方法。其**六分法**的划类标准不是同一的，如"六艺略"是以图书价值（属于经典的）为划分标准的，"诗赋略"是以文本体裁为划分标准的，"诸子略"细分的依据是各学派特征，"兵书略"又是按照图书内容设类，"数术略"按内容将天文历法、占卜等放置一处，"方技略"按内容又偏重医学养生。可以看出，这完全是一种经验主义的图书分类方法，即哪类书重要，或哪类书多，或哪类书内容特征明显，就为其划分出一类来。

到了唐代，唐初贞观年间（627—649）官修史书，**魏徵**（580—643）、令狐德棻等人，参考了前朝的皇家图书馆书目，在贞观十五年（641）至显庆

---

① ［汉］班固.汉书:卷三十·艺文志［M］.［唐］颜师古,注.北京:中华书局,1962:第6册,1701-1781.

元年（656）编纂出了一部藏书分类书目，并将其收录在《隋书》中，这就是著名的**《隋书·经籍志》**，该书目共有四卷，收录典籍 6520 部，56 881 卷[①]。反映了梁、陈、北齐、周、隋五朝的皇家图书馆藏书的基本状况。《隋书·经籍志》将图书分为四大部类："经""史""子""集"，再附"道经""佛经"二部。每部类之下再分小类，共有四十个小类。这种分类方法被后人又称为**四部分类法**。其各部类情况如下[②]：

"**经**"收录当时所认定的经典，有"易""书""诗""礼""乐""春秋""孝经""论语""谶纬""小学"等十类，著录图书共 627 部，5371 卷，加上亡佚之书，合为 950 部，7290 卷。

"**史**"收录历史等书籍，有"正史""古史""杂史""霸史""起居注""旧事""职官""仪注""刑法""杂传""地理""谱系""簿录"等十三类。著录图书 817 部，13 264 卷，加上亡佚之书，合计 874 部，16 558 卷。

"**子**"收录诸子各学派人物著作，有"儒""道""法""名""墨""纵横""杂""农""小说""兵""天文""历数""五行""医方"等十四类。著录图书 853 部，6437 卷。

"**集**"收录个人或群体诗文集，有"楚辞""别集""总集"三类。著录图书 554 部，6622 卷，加上亡佚之书，合计 1146 部，13 390 卷。

以上共四部四十类，共载录存书 3127 部，36 708 卷；亡书 1064 部，12 759 卷。合计 4191 部，49 467 卷（此为原书所载数字，与实际统计得数不符）。后又附道经、佛经两类，仅记总部、卷数而无具体书目：

"**道经**"收录"经戒""饵服""房中""符箓"四类。载有图书 377 部，1216 卷。

"**佛经**"收录"大乘经""小乘经""杂经""杂疑经""大乘律""小乘律""杂律""大乘论""小乘论""杂论""记"十一类。载有 1950 部，6198 卷。

《汉书·艺文志》《隋书·经籍志》都有类序（包括部类序、小类序），阐明本部类或小类的源流、性质等，彰显了"辨章学术，考镜源流"的中国目录学优良传统。《隋书·经籍志》还记载了图书的存亡，以及存书的版本情况，

---

① 书目中所载总部数、卷数，与各部类的实际部、卷数加总数据有差误。具体考释可见：黄槐能.《隋书·经籍志》著录数量旧说指误[J].江苏图书馆学报,1997(6):39-40.

② ［唐］魏徵,令狐德棻,等.隋书·经籍志[M].北京:中华书局,1973:第4册.

因此兼具知见目录、版本目录的性质。《隋书·经籍志》由六分法变为四部分类法，依然不出经验主义的范式，即以图书性质为主，兼顾形式。这种范式下产生的分类方法对官府藏书的发展有较大的适用性。如随着历史著述数量的激增，"史"就逐步上升为一大部类；而"诗赋"的文献量没有显著的扩充，就将其与不断增长的个人别集、众人总集合并为一大部类"集"部。

四部分类法一直沿用至中国古代社会末期。清代乾隆年间官方编纂大型丛书《四库全书》产生的总目也是用四部分类法。"四库"之称即来源于"四部"。**纪昀**（1724—1805）负责纂修的**《四库全书总目》**（亦称《四库全书总目提要》，或简称《四库提要》）写定于乾隆五十四年（1789），共 200 卷，分"经""史""子""集"四部类、四十四小类、六十七个子目，小类、子目较之《隋书·经籍志》更为详赡该备。《四库全书总目》收录清乾隆以前我国重要的古籍 3461 种 79 309 卷，附录又收入存目 6793 种 93 551 卷。

清末民国之交，随着现代出版业的发展、西方现代学科专业书籍的传入，新式的以科学内容为分类依据的《杜威十进分类法》也随之传入中国。从此新式图书分类法不断面世。中国古籍的分类，就以《四库全书总目》的分类体系为最终的范本了。

第三节　最早的工具书

一、中国最早的字词典

中国最古的字书相传是周宣王的太史作的**《史籀篇》**十五篇，"籀"（zhòu）是"读"的意思，是周时史官教学童的课本，用大篆写成[1]。但这部书在《汉书·艺文志》记载时已经散失六篇，隋唐时彻底亡佚。

中国现存第一部真正意义的字典是东汉许慎编的**《说文解字》**。**许慎**（约58—约147），字叔重，曾在皇家图书馆**东观**参加过图书整理工作。该书共

---

① ［汉］班固. 汉书：卷三十·艺文志［M］. ［唐］颜师古，注. 北京：中华书局，1962：第6册，1719-1721.

十五卷，收 9353 字、重文（异体字）1163 个，共 10 516 个字，为汉字建立了
540 个部首，释字时先列小篆写法，讲本义，再讲字形、字音，如对"简"的
解释是："簡，牒也，从竹，间声。"有时还有描写和叙述，如对"册"的解释
是："冊，符命也，诸侯进受于王也，象其札一长一短，中有二编之形。凡册
之属皆从册。"对"典"的解释是："典，五帝之书也，从册在丌上，尊阁之也。
庄都说，典，大册也。"对舟的解释是："舟，船也。古者共鼓、货狄刳（kū）
木为舟，剡（yǎn）木为楫，以济不通。象形。凡舟之属皆从舟。"[1]讲字的本
义，有助于阅读和理解先秦古籍的用字，而分出部首则奠定了后世字典、辞书
的编纂范式。《说文解字》的出现标志中国古代文字学、字典学的正式成立。

　　《说文解字》较好的读本为许慎撰、徐铉校定《说文解字》（影印清陈昌治
本，中华书局 2013 年），该书附有音序、笔画检字表。

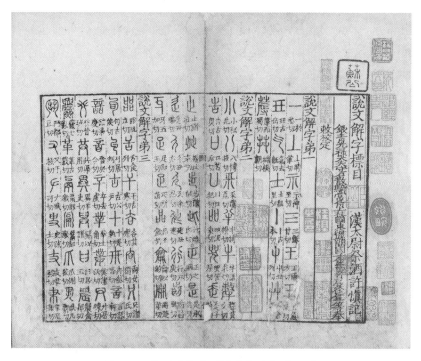

图 2-9　宋刊元修本《说文解字》十五卷

现藏国家图书馆

---

① ［汉］许慎.说文解字[M].［宋］徐铉,校定.影印清陈昌治本.北京:中华书局,
2013:90,42,94,173.

在《说文解字》之前，战国西汉之际已有人编纂出古代第一部按义类编排的收录语词和百科名词的综合性辞书《**尔雅**》，"尔"有昵、近的意思，"雅"与"夏"通，有义、正的意思，故"尔雅"有"五方之言不同，皆以近正为主"的含义①。该书作者不详。《汉书·艺文志》有著录，云"《尔雅》三卷二十篇"②，现存十九篇，收词语和专有名词2091条，词4300个。词语的排列按释诂、释训、释亲、释宫、释器、释乐、释天、释地、释丘、释山、释水、释草、释木、释虫、释鱼、释鸟、释兽、释畜等义类排序，前三篇是普通词典，后十六篇类似百科名词辞典，如《释诂》言"如、适、之、嫁、徂、逝，往也"；《释亲》言"父为考，母为妣"；《释器》言"简谓之毕，不律谓之笔"（郭璞注："蜀人呼笔为不律也"）；《释草》言"笋，竹萌"③。《尔雅》的最大贡献是保留了故训资料，用当时常用词来解释古语和方言，标志着中国训诂学的建立；其分类法逻辑清楚，检索方便，被后世辞书、类书所仿。后世书目将《尔雅》列入经部，亦足见对其之重视。

《尔雅》较好的读本有晋郭璞注、宋邢昺疏、王世伟整理《尔雅注疏》（上海古籍出版社2010年）；晋郭璞注《尔雅》（影印宋刊本，中华书局2016年），该书后附有索引，方便查考。

与《尔雅》类似的还有一部东汉刘熙编的《**释名**》。作者刘熙，字成国，东汉灵、献帝时期北海（今山东）人，他在自序中言："夫名之于实，各有义类，百姓日称而不知其所以之意。故撰天地、阴阳、四时、邦国、都鄙、车服、丧纪，下及民庶应用之器，论叙指归，谓之《释名》，凡二十七篇。"④该书在语词分类上借鉴了《尔雅》，对1710个词作出了语源解释，具体方式是：先列出一个字，然后用一个同音或近音的字来释义。卷六中的《释书契》专释笔、砚、墨、纸、板、奏、札、简等诸多名词含义，如言："笔，述也，述事而书之也。""纸，砥也，谓平滑如砥石也。""简，间也，编之篇篇有间也。"

① ［清］王先谦.释名疏证补［M］.影印光绪丙申本.上海：上海古籍出版社,1984: 17, 208, 314, 404.

② 陈国庆,编.汉书艺文志注释汇编［M］.北京：中华书局,1983:87.

③ ［晋］郭璞,注；［宋］邢昺,疏.尔雅注疏［M］.王世伟,整理.上海：上海古籍出版社,2010:261.

④ ［清］王先谦.释名疏证补［M］.影印光绪丙申本.上海：上海古籍出版社,1984:3.

卷六中的《释典艺》专解三坟、五典、经、纬、图、谶、《易》、《礼》、《尚书》、《春秋》、《国语》、《尔雅》、《论语》、律、令、诏、论等图书、文体名词，如言："《尚书》，尚，上也，以尧为上始而书其时事也。""《易》，易也，言变易也。"①《释名》为中国古代第一部探索事物得名缘由的语源学专著。

《释名》较好的读本为清王先谦《释名疏证补》（影印光绪丙申本，上海古籍出版社 1984 年），此书的注解文字颇多；还有汉刘熙《释名》（影印明嘉靖翻宋本，中华书局 2016 年），该书虽为白文（没有注解文字），但书后附有索引，方便查考。

西汉时还有一部扬雄编的《**輶轩使者绝代语释别国方言**》（简称《**方言**》，"輶轩使者"是指周秦从事方言和风俗调查的官员，"绝代语"即古代语，"别国方言"即各地方言)，它是中国第一部比较方言词汇的专书。**扬雄**（公元前 53—公元 18）字子云，成都人，王莽时曾在天禄阁做过校书工作，他常年调查记录方言，最终编成此书。原书十五卷，约九千字，现存十三卷，正文 11900 余字，可能经过后世改定增删。每条先举一些各地方言中的同义词，然后再用一个常用词解释。《方言》一书明确提出了"通语"（又称凡语、总语、通义等，接近今"普通话"）概念，为后人了解汉代"普通话"提供了宝贵材料，如："忦、俺、怜、牟，爱也。韩郑曰忦，晋卫曰俺，汝颍之间曰怜，宋鲁之间曰牟，或曰怜。怜，通语也。"②

《方言》较好的读本有周祖谟《方言校笺》（中华书局 1993 年）；汉扬雄撰、晋郭璞注《方言》（影印宋李孟传刻本，中华书局 2016 年），该书亦为白文，书后附有索引，方便查考。

《说文解字》《尔雅》《释名》收有大量与书籍相关的字词及解释，从中可了解上古书籍制度的诸多情况。扬雄在西汉天禄阁、许慎在东汉东观皆从事过校书工作，由此可见皇家图书馆丰富的文献能对编纂字词工具书提供很大支持与帮助。

二、中国最早的类书

类书（leishu, a class of works combining the characteristics of encyclopedias

---

① ［清］王先谦.释名疏证补[M].影印光绪丙申本.上海：上海古籍出版社,1984:249-320.

② ［汉］扬雄.方言[M].［晋］郭璞,注.北京：中华书局,2016:3.

and concordances）指辑录历代典籍中各个门类或某一门类的资料，按类别或按字韵编排，便于查找和征引资料的工具书^①。我国的类书历史悠久，品种繁多，大致有百科知识类和辞藻典故类两种类书。

1. 最早的类书

最早的类书是三国时期魏文帝曹丕（187—226）指示，由王像、刘劭、缪袭、桓范、韦诞等人编纂的《**皇览**》，唐代已经失传。《三国志·魏书·文帝纪》云：“帝好文学，以著述为务。自所勒成垂百篇。又使诸儒撰集经传，随类相从，凡千余篇，号曰《皇览》。”^②此后历代朝廷相继仿效，纠员编修类书。如唐有《初学记》《艺文类聚》《白孔六帖》等，宋有《太平广记》《太平御览》《册府元龟》《文苑英华》“**四大类书**”，明清有《永乐大典》《古今图书集成》等，纂修之风，绵延不绝。

现存最早的类书是隋末虞世南主持编纂的《**北堂书钞**》。虞世南（558—638）在大业年间（605—618）任隋秘书郎时，在秘书省收集藏书中的典故、诗文，分类编排而成此书，供作文采摭辞藻之用。书名中“北堂”为秘书省后堂，是知该书成于此处。《隋书·经籍志》载《北堂书钞》有一百七十四卷^③，今传本一百六十卷。内容类分为帝王、后妃、政术、刑法、封爵、设官、礼仪、艺文、乐、武功、衣冠、仪饰、服饰、舟、车、酒食、天、岁时、地等十九部，部下再分小类，共八百五十一个子目。在每一类目里，一般把典籍中有关的材料汇集在一起，每一事摘出一句，然后以小注的方式说明文句出处、原句上下文内容^④。今传本所引隋代以前之旧籍多已亡佚，故在古籍辑佚、校勘上很有价值。明代以来皆手录传抄，至明万历二十八年（1600）始有陈禹谟校刻本。清光绪十四年（1888）南海孔广陶据传写本校注刊行，即“南海孔氏三十有三万卷堂校注重刊影宋本”，这是目前能看到的最好版本。

---

① 图书馆·情报与文献学名词审定委员会，编.图书馆·情报与文献学名词[M].北京：科学出版社，2019:225.

② ［晋］陈寿.三国志：卷二·文帝纪[M].［南朝宋］裴松之，注.北京：中华书局，1959：第1册，88.

③ ［唐］魏徵，令狐德棻，等.隋书：卷三十四·经籍志三[M].北京：中华书局，1973：第4册，1009.

④ ［隋］虞世南.北堂书钞[M].［清］孔广陶，等校注.北京：中国书店，1989.

2. 最大的类书

我国古代部头最大的类书是明永乐年间由明成祖朱棣先后命**解缙**（1369—1415）、**姚广孝**（1335—1418）等主持编纂的《永乐大典》，起于永乐元年（1403），终于永乐六年（1408），初名《文献大成》，后明成祖亲自撰写序言并赐名《永乐大典》。全书正文 22 877 卷，目录 60 卷，共计 22 937 卷，分装 11 095 册 1095 帙，约有 3.7 亿字。全书收录内容包括经史子集百家，包括天文、地理、人伦、制度、名物、释道、医卜、杂家等各种典籍资料八千余种，内容排序依照《洪武正韵》的韵目，"用韵以统字，用字以系事"①。即在一个字下，将各类书籍中与该字有关资料，整段、整篇或整部地抄入编排起来。汇集史料之多，堪为历史之最。许多元代以前书籍因大典抄录方得以保存传世。

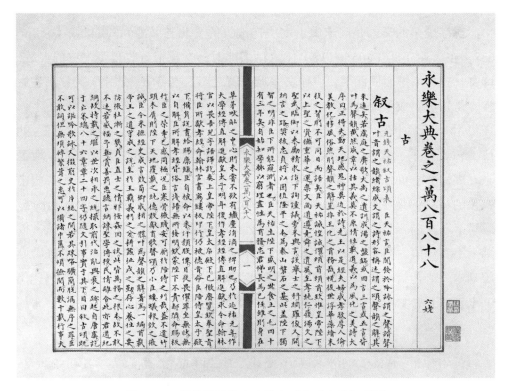

图 2-10　明代馆阁体内府抄本《永乐大典》书页

现藏国家图书馆

---

① ［明］姚广孝，等.《永乐大典》凡例［M］//永乐大典.缩印本.北京:中华书局,1986:第10册,1-4.

《永乐大典》为钞本，开本阔大，高 50.02 厘米，宽 29.8 厘米。书页用白棉纸，有手绘朱丝栏，四周双边，版心有红鱼尾。装帧用黄绢硬面包背装，极为考究。初被放置在南京文渊阁的东阁，后移至北京宫内文楼（今宏义阁），最终不知去处。嘉靖时明世宗为防不测，抄副本一套，别贮皇史宬，雍正年间又转存翰林院。清咸丰十年（1860），英法联军侵占北京，烧毁了皇家园林圆明园，也劫走了不少《永乐大典》。光绪二十六年（1900），八国联军入侵北京，大典亦再次遭劫。此外，火灾、偷窃亦使大典损失不少。今仅存 430 多册、800 余卷，主要散落于世界多国的三十多个公私藏家之中[①]，中国国家图书馆共收藏《永乐大典》224 册，占存世的一半以上。

1986 年中华书局缩版影印《永乐大典》797 卷，16 开本，精装 10 册；2004 年国家图书馆出版社完成了中国大陆所藏全部 163 册《永乐大典》的影印出版。这两种本子是《永乐大典》重印中较好的读本。前者多收存卷，可供学术研究；后者留真，可供观摩赏析。

现存部头最大的类书，是清代朝廷组织编纂的**《古今图书集成》**。原名《古今图书汇编》，始于康熙四十年（1701），印刷完成于雍正六年（1728），历两朝二十八年。康熙年间由**陈梦雷**（1650—1740?）主纂，后因贬谪，雍正初年改为蒋廷锡等董理编校。正文有 10 000 卷，目录 40 卷；分为 520 函，5020 册，合 1.6 亿字。装帧用洒金黄蜡笺书衣，黄绫包角。半页 9 行，行 20 字。全书内容分类由汇编、典、部三级构成，共有 6 汇编、32 典、6117 部，每部之中又列汇考、总论、图、表、列传、艺文、选句、纪事、杂录、外编等 10 个项目[②]。汇编的类序遵循天、地、人、物、事依次展开，有历象编、方舆编、明伦编、博物编、理学编、经济编六大类，囊括百科，聚拢万象。所录资料多将原书全段或整篇、整部抄入，并注明出处。

该书于雍正四年（1726）以铜活字排印，附图则以木雕版印制。用纸为开化纸、太史连纸，细软洁白。时仅印六十四部（另印样书一部），于宫内文渊阁、皇极殿、乾清宫等各贮一部，并将一部分颁赐给少数王公重臣。到乾隆编纂《四库全书》和修建南北七阁时，才按需颁赏四库七阁，以及南方献书藏书

---

① 张升.《永乐大典》流传与辑佚新考[M].北京:社会科学文献出版社,2019:442-443.

② 裴芹.古今图书集成研究[M].北京:北京图书馆出版社,2001:142-143.

家等。现国内尚存铜活字版《古今图书集成》11 部，收藏在国家图书馆、中国科学院图书馆、甘肃省图书馆、陕西省图书馆、徐州市图书馆和湘潭大学图书馆等处。

《古今图书集成》后又有多次印刷，如光绪十四年（1888）的扁铅字本，光绪二十年（1894）的石版影印本，1934 年上海中华书局胶版缩印本等。缩印本将原书 9 页缩为 1 页，校勘精细，字迹清晰，是迄今最通行、最精善的本子[①]。

图 2-11 《古今图书集成》书册

图片来源：齐秀梅.《钦定古今图书集成》[EB/OL]. 故宫博物院 [2021-08-09]. https://www.dpm.org.cn/ancient/hall/142216.html.

类书是我国古代特有的一种工具书。类书与西方的百科全书相同之处是，二者都囊括了百科知识，并可供人检索查阅。不同之处主要在于：百科全书是撰述，即把全部知识分成不同专题由专家来编写，然后按字母次序排列；而类书是纂集，即将历代典籍中各个门类或某一门类的单元知识资料辑录出来，再按照部类、子目来排列。类书种类除了有百科性质综合性的，还有专科性的，如唐代编纂的《**法苑珠林**》一百卷，就是佛教类书；宋代编纂的《**云笈七签**》一百二十卷，就是道教类书。

---

① 《古今图书集成》[EB/OL].故宫博物院[2021-08-08]. https://www.dpm.org.cn/court/culture/161330.html.

第四节　中国古代藏书活动

据历史文献记载，周朝史官曾执掌藏书。著名的思想家**老子**（姓李，名耳，字聃，生卒年不详）就做过当时的"守藏室之史"[①]，负责典籍的收藏管理。又因藏室在殿柱之下，又被人称为"柱下史"[②]，是知周朝已经有收藏图书的场所及专门的司职人员。春秋战国时期及秦代，朝廷官府也都富有藏书。中国古代藏书最早出现在官府中，后来逐步出现了私家藏书、寺观藏书、书院藏书几大类型。其中官府藏书居于主流地位。

一、官府藏书

西汉时期宫廷中的图书被称为**"秘书"**，意即闭藏于禁中受尊崇的珍贵图籍。东汉时期，桓帝设置了专门掌典图书的职官**"秘书监"**。唐代专门藏书的官府机构称**"秘书省"**，人们简称为**秘阁**或**秘府**。"秘"初写作"祕"，《说文解字》说："祕，神也。从示，必声。"[③] 左边的"示"，本义是祭案，故汉字中凡带"示"部首的字一般都与神灵、祭祀有关，如神、社、祝、祖等；右边的"必"是表示读音。因有双声语转关系，"祕"与"闭"通，南唐徐锴曰："祕不可宣也，祕之言闭也。"[④] 西汉时期收藏于禁中的书被称为**"中书"**或**"秘书"**，收藏于外府各职官单位的书被称为**"外书"**。

我国第一次大的图书馆文献收藏、整理高潮是在西汉时期。汉惠帝四年

---

① 《史记·老子韩非列传》载老子为"周守藏室之史也"，唐代司马贞的《史记索隐》解释："藏室史，周藏书室之史也。"见：[汉]司马迁.史记:卷六十三·老子韩非列传[M].[宋]裴骃,集解;[唐]司马贞,索隐;[唐]张守节,正义.点校本二十四史修订本.北京:中华书局,2013:第7册,2589-2590.

② 《史记·张丞相列传》载秦朝张苍，"秦时为御史，主柱下方书"。又云："张苍乃自秦时为柱下史，明习天下图书计籍。"《史记索隐》解释："周秦皆有柱下史，谓御史也。所掌及侍立恒在殿柱之下，故老子为周柱下史。今苍在秦代亦居斯职。"见：[汉]司马迁.史记:卷九十六·张丞相列传[M].[宋]裴骃,集解;[唐]司马贞,索隐;[唐]张守节,正义.点校本二十四史修订本.北京:中华书局,2013:第8册,3225-3226.

③ [汉]许慎.说文解字[M].影印陈昌治刻本.北京:中华书局,1963:8.

④ [南唐]徐锴.说文解字系传[M].影印道光祁刻本.北京:中华书局,1987:3.

（公元前 191），朝廷废除了秦朝的挟书禁令，大收篇籍。到了汉武帝元朔五年（公元前 124），武帝命丞相公孙弘广开献书之路，又"建藏书之策，置写书之官，下及诸子传说，皆充祕府"①。西汉官府藏书分布，禁中有**兰台、延阁、广内、秘室**，以及未央宫的**石渠阁、天禄阁、麒麟阁**等藏书地，外府则有**太常、太史、博士**职掌的藏书等②。汉成帝河平三年（公元前 26），鉴于秘府之书多有亡散残缺，成帝下诏使谒者陈农求遗书于天下，委任光禄大夫**刘向**（公元前 77—公元前 6）总领书籍整理工作，在天禄阁、石渠阁广收禁中内外的同书异本，对其进行校雠。刘向负责校经传、诸子、诗赋类书，步兵校尉任宏负责校兵书，太史令尹咸负责校数术，侍医李柱国负责校方技。每校完一书，由刘向条其篇目，撮其旨意，写成**叙录**（即今提要），连同定本上奏皇帝。刘向去世后，其子刘歆承父之业，继续整理藏书，并编出了一个藏书目录《七略》，记载了当时朝廷大致 1.3 万卷藏书的书名、卷数等③。

　　第二次大的图书馆文献收藏、整理高潮是在隋代。隋文帝开皇三年（583）秘书监**牛弘**（545—610）上表请开献书之路，收集天下图书。朝廷"分遣使人，搜访异本。每书一卷，赏绢一匹，校写既定，本即归主。于是民间异书，往往间出"④。至开皇九年（589）隋文帝平定陈朝后，又收其所蓄图书，于是经籍渐备。隋炀帝即位后，据宋代王应麟《玉海》："隋西京**嘉则殿**有书三十七万卷，炀帝命秘书监柳顾言等诠次，除其重复猥杂，得正御本三万七千余卷，纳于东都**修文殿**。又写五十副本，简为三品，分置西京、东都宫省官府。其正御书皆装翦华绮，宝轴锦标。于观文殿前为书室十四间，窗户褥幔，咸极珍丽。"⑤又《隋书·经籍志》载："秘阁之书，限写五十副本，分为三品：上品红琉璃轴，中品绀琉璃轴，下品漆轴。于东都**观文殿**东西厢构屋以贮之，东屋藏甲乙，西

　　① ［汉］班固.汉书:卷三十·艺文志[M].［唐］颜师古,注.北京:中华书局,1962:第6册,1701.

　　② 王子舟.两汉图书馆史概述[J].内蒙古图书馆工作,1987(1-2):35-40,42.

　　③ ［汉］班固.汉书:卷三十·艺文志[M].［唐］颜师古,注.北京:中华书局,1962:第6册,1701,1781.

　　④ ［唐］魏徵,令狐德棻,等.隋书:卷三十二·经籍志一[M].北京:中华书局,1973:第4册,908.

　　⑤ ［宋］王应麟,辑.玉海:卷五十二·艺文·书目·隋嘉则殿藏书[M].影印清光绪九年浙江书局刊本.南京:江苏古籍出版社;上海:上海书店,1987:第2册,985.

屋藏丙丁。又聚魏已来古迹名画，于殿后起二台，东曰妙楷台，藏古迹；西曰宝迹台，藏古画。又于内道场集道、佛经，别撰目录。"① 由此可知，隋炀帝时，西京（今西安）、东都（今洛阳）的皇家藏书数量、质量甚为可观。

第三次大的图书馆文献收藏、整理高潮是在唐代。唐代接收隋朝藏书有14 466 部、89 666 卷②。武德、贞观年间，朝廷收购、访求图书，又置书手抄写，篇卷滋多。唐代官府藏书机构主要有秘书省（又称为"外阁"，相当于今国家图书馆），皇室藏书机构**弘文馆**、**史馆**、**崇文馆**、**司经局**、**集贤殿书院**等（又称为"内库"，主要供皇家阅览）。秘书省藏书分正本（整理出的定本）、副本（依正本抄写的复本）、贮本（以最好抄本做保存本）。贞观年间，弘文馆藏书盛时有书 20 万卷③。开元七年（719）唐玄宗"诏公卿士庶之家，所有异书，官借缮写。及四部书成，上令百官入**乾元殿**东廊观书，无不骇其广"④。是知东都洛阳皇宫乾元殿内藏书甚富。开元九年（721），左散骑常侍元行冲（653—729）奏上殷践猷、毋煚等人依照整理过的藏书修撰的藏书目录《**群书四部录**》200 卷，该书目分经、史、子、集四部，不仅有总序、类序，各书还有提要。后来毋煚又对其进行修订、压缩（删去图书提要），成 40 卷本，著录图书 3060 部，51 852 卷。另附有佛道经录 2500 余部 9500 余卷⑤。唐代东西两京都有藏书，尤其唐玄宗开元年代，"凡四部库书两京各一本，其本有正有副。共一十二万五千九百六十卷，皆以益州麻纸写"⑥。

宋、元、明、清各代朝廷都较为重视藏书。宋代官府藏书机构主要是"**三馆秘阁**"，即指宋太宗太平兴国二年（977）诏有司在汴京（今开封）仿唐制建设的**昭文馆**（唐时称弘文馆）、**集贤院**、史馆"三馆"（建成后赐名为"**崇文院**"），以及后来在崇文院里又增建的"秘阁"（主要收藏真本、书画作品）。

———————

① ② ［唐］魏徵，令狐德棻，等.隋书：卷三十二·经籍志一［M］.北京：中华书局，1973：第4 册，908.

③ 傅璇琮，谢灼华，主编.中国藏书通史［M］.宁波：宁波出版社，2001：上册，190.

④⑤ ［后晋］刘昫.旧唐书·经籍志［M］//［后晋］刘昫，［宋］欧阳修，等.唐书经籍艺文合志.上海：商务印书馆，1956：2-8.

⑥ ［后晋］刘昫.旧唐书·经籍志［M］//［后晋］刘昫，［宋］欧阳修，等.唐书经籍艺文合志.上海：商务印书馆，1956：384.

时人也简称之"馆阁"①。三馆建成之初，藏书有正副本八万卷②。神宗元丰五年（1082）改制，"三馆秘阁"改为秘书省。此外，朝廷禁中**太清楼**、**玉宸殿**也富有藏书；**龙图阁**、**天章阁**、**宝文阁**、**显谟阁**、**徽猷阁**等分别存放宋太宗及其后各帝王之遗留之御书、图籍等。南渡以后，南宋在临安（今杭州）又重建了秘书省。元代设秘书监，典藏书籍。又有**兴文署**、**奎章阁**等，既典藏书籍又雕印图书，集藏书、出版于一体。

图 2-12 太清观书图（宋画，现存台北故宫博物院）

图片来源：宋人景德四图［EB/OL］.台北故宫博物院［2023-09-11］. https://digitalarchive.npm.gov.tw/Painting/Content?pid=14462&Dept=P.

太清观书图

自从北宋太宗赵光义亲登秘阁观览藏书之后，各朝帝王临幸馆阁观书、赐宴侍臣就成了重要文化活动。此画为北宋时作，以俯瞰视角描绘了景德四年（1007）三月真宗赵恒召辅臣于太清楼观赏皇家藏书的活动。绢本，设色。图上太清楼有两层，每层为七间，均有环廊；重檐歇山顶，

---

① ［宋］叶梦得.石林燕语：卷二［M］.［宋］宇文绍奕，考异；侯忠义，点校.北京：中华书局，1984:24.

② ［宋］吴处厚.青箱杂记：卷三［M］.李裕民，点校.北京：中华书局，1985:28-29.

斗拱栏杆，清晰可见。人物众多，神态各异，栩栩如生。该图生动再现了宋真宗观书会的场面与细节。画幅左有题字称，真宗与辅臣"观太宗圣制御书及新写四部群书。真宗亲执目录，令黄门举书示之。凡太宗圣制诗及墨迹三百七十五卷，文章九十二卷；四部书二万四千一百九十二卷。过水亭放生池，又东至玉宸殿，盖退朝宴息之所。中施御榻，帷帐皆黄缯，无文彩饰。殿中聚书八千余卷。上曰：'此惟正经史屡校定者，小说它书不预。'历翔鸾、仪凤二阁眺望，命坐置酒。上作五言诗，从官皆赋"。

明代以**翰林院**代替秘书监，其他藏书处所还有南北文渊阁、**皇史宬**（侧重藏档案）、南北**国子监**（侧重出版图书）等。清代官府藏书处所，在内廷主要有**文渊阁**、**昭仁殿**（收藏宋、金、明等"天禄琳琅"善本）、**武英殿**（侧重印书）、**内阁大库**（以档案资料为多）、皇史宬等，外廷则主要有翰林院、国子监等。乾隆四十六年（1781）《**四库全书**》修成，同时仿照天一阁形制，在北方建四阁即文渊阁、**文溯阁**（盛京故宫）、**文源阁**（圆明园）、**文津阁**（承德避暑山庄），各藏一套四库书，供皇室阅览；又在南方建三阁即**文汇阁**（扬州）、**文宗阁**（镇江）、**文澜阁**（杭州），各藏一套四库书，主要供江浙士子研习誊录，后人简称之"**四库七阁**"。今七阁四库书仅存四套，文渊阁书在台北（故宫博物院），文溯阁书在兰州（甘肃省图书馆），文津阁书在北京（国家图书馆），文澜阁书在杭州（浙江图书馆）。余皆毁于战火。

总之，古代官府藏书有内廷、外阁两个系统。内廷藏书服务于皇家，且地点分散；外阁则多在秘书省等专门藏书机构。历代朝廷颇重视藏书整理、抄写（刻印）与编目，有力地保存了中华历史记忆，传承了中华文化传统。

二、私家藏书

战国以前图籍主要由史官等掌管，官师合一，私门无著述[①]。后来列国纷争，礼崩乐坏，官师分离，学流民间，私门开始出现著述，也出现了私人藏书

---

① ［清］章学诚,著；王重民,通解.校雠通义通解[M].上海：上海古籍出版社,1987:1.

家。《庄子·天下篇》记载"惠施多方，其书五车"①，《战国策·秦策》说苏秦夜晚翻书，"陈箧数十"②，说明宋国人**惠施**、洛阳人**苏秦**家中富有藏书。

两汉时期，一些王公贵族、朝廷学者，也成为藏书家。如西汉河间献王**刘德**"修学好古，实事求是。从民得善书，必为好写与之，留其真，加金帛赐以招之。繇是四方道术之人不远千里，或有先祖旧书，多奉以奏献王者，故得书多，与汉朝等。是时，淮南王安亦好书，所招致率多浮辩"③，是知淮南王**刘安**也富有藏书。东汉时**蔡邕**（132—192）"有书近万卷"，精通书法、辞章、音律④。史载曹操接见蔡邕女儿蔡文姬时问道："闻夫人家先多坟籍，犹能忆识之不？"蔡文姬答："昔亡父赐书四千许卷，流离涂炭，罔有存者。今所诵忆，裁四百余篇耳。"⑤

魏晋南北朝时的藏书家逐渐增多。曹魏**王修**"有书数百卷"⑥，蜀国**向朗**"积聚篇卷，于时最多"⑦；西晋**张华**"家无余财，惟有文史溢于机箧。尝徙居，载书三十乘"⑧，**范蔚**"家世好学，有书七千余卷。远近来读者恒有百余人，蔚为办衣食"⑨；东晋**裴宪**、**荀绰**"家有书百余帙，盐米各十数斛而已"⑩，**王恭**（？—约398）"家无财帛，唯书籍而已，为识者所伤"⑪。南北朝时期，南朝宋之**谢弘微**、**褚渊**，齐之**王俭**、**崔慰祖**，梁之**任昉**、**张缵**，陈之**许亨**、**江总**，都是藏书博富者，有的超过万卷，如**任昉**（460—508）"家虽贫，聚书

---

① 刘文典.庄子补正[M].赵锋,褚伟奇,点校.北京:中华书局,2015:下册,891.

② [汉]刘向,集录.战国策:卷三·秦一·苏秦始将连横[M].上海:上海古籍出版社,1978:上册,85.

③ [汉]班固.汉书:卷五十三·景十三王传第二十三[M].北京:中华书局,1962:第8册,2410.

④⑥ [隋]虞世南.北堂书钞:卷一百·艺文·藏书[M].[清]孔广陶,等校注.北京:中国书店,1989:385.

⑤ [南朝宋]范晔.后汉书:卷八十四·董祀妻传[M].[唐]李贤,等注.北京:中华书局,1965:第5册,2801.

⑦ [晋]陈寿.三国志:卷四十一·向朗传[M].[南朝宋]裴松之,注.北京:中华书局,1959:第3册,1010.

⑧ [唐]房玄龄,等.晋书:卷三十六·张华传[M].北京:中华书局,1974:第4册,1074.

⑨ [唐]房玄龄,等.晋书:卷九十一·范平传[M].北京:中华书局,1974:第8册,2347.

⑩ [唐]房玄龄,等.晋书:卷三十五·裴秀传[M].北京:中华书局,1974:第4册,1051.

⑪ [唐]房玄龄,等.晋书:卷八十四·王恭传[M].北京:中华书局,1974:第7册,2186.

至万余卷，率多异本"①。这时期，私人藏书之价值观也有所建树。如北魏**李谧**（484—515），家有藏书且卷无重复者，达四千余卷，每曰："丈夫拥书万卷，何假南面百城。"②北齐**颜之推**（531—590）家多藏书，他在《颜氏家训》中对子孙说："若能常保数百卷书，千载终不为小人也。"③

到了隋唐五代时期，通过文献查考到的藏书家至少有 119 人。其中长安、洛阳两京地区有 66 人，占到了 55.5%；万卷以上的藏书家 14 人，占万卷藏书家总数 29 人的 48.3%④。这些藏书家主要有四类：其一，曾在秘阁或内廷藏书机构中供职的人，如隋代**许善心**，唐代**虞世南**、**颜师古**、**韦述**、苏弁、韦处厚、柳公绰、蒋乂等；其二，许多喜爱藏书的皇室宗亲或诸王，如唐韩王**李元嘉**、琅邪王**李冲**，唐睿宗李旦第四子**李范**，五代吴越国主钱镠三子**钱传瑛**、孙子钱文奉，吴越末代国主钱俶养子钱惟治、次子钱惟演等；其三，地方刺史等地方官吏，如隋代淄州刺史**公孙景茂**，唐代岐山刺史**元行冲**、绵州刺史**李素立**、濠州刺史杜兼、魏州大都督府长史田弘正、遂州刺史李繁等⑤。隋唐的私人藏书文化也相当成熟，如兵部尚书**柳公绰**（765—832）家富藏书，至其子**柳仲郢**（?—864）时，"家有书万卷，所藏必三本：上者贮库，其副常所阅，下者幼学焉"⑥。仲郢二子柳珪后成文学家，四子柳玭官至御史大夫。**柳玭**（?—895）家中的藏书依然各藏三本保持不变，由此可见柳家通过藏书来维系家风之不坠。

宋辽金元时期，由于雕版印刷术普及，各地刻书业发达。书籍较之以往成为易得物，于是藏书家较之过去又有增加，藏书卷数也有所增长。北宋时期的**王溥**、**范雍**、**江正**、益王**赵元杰**、**宋绶**与宋敏求父子、欧阳修、曾巩、王钦臣、昌王赵宗晟、荣王赵宗绰、叶梦得、赵明诚与李清照夫妇等，南宋时期的**郑樵**、**晁公武**、**李焘**、尤袤、**郑寅**、**陈振孙**、周密、周晋等，辽、金的元好

① ［唐］姚思廉.梁书：卷十四·任昉传［M］.北京：中华书局，1973：第1册，254.

② ［北齐］魏收.魏书：卷九十·逸士·李谧传［M］.北京：中华书局，1974：第6册，1938.

③ ［北齐］颜之推，撰；王利器，集解.颜氏家训集解：卷三·勉学［M］.增补本.北京：中华书局，1993：148.

④ 傅璇琮，谢灼华，主编.中国藏书通史［M］.宁波：宁波出版社，2001：上册，228-238.

⑤ 傅璇琮，谢灼华，主编.中国藏书通史［M］.宁波：宁波出版社，2001：上册，226-228.

⑥ ［宋］欧阳修，宋祁，等.新唐书：卷一六三·列传八十八·柳公绰［M］.北京：中华书局，1975：第16册，5025.

问，元代的**张雯**、**赵孟頫**、张文谦、张炤等，都是藏书名家。其中不乏藏书七八万卷者，如北宋荣王**赵宗绰**，藏书多达七万卷；元代的**庄肃**"性嗜书，聚至八万卷"①。虽然版刻书籍已经通行，但是许多藏书家还愿意通过手抄、精校来保留善本。如北宋**宋敏求**（1019—1079）继承父亲宋绶之藏书，不断增益，藏书量达三万卷。所藏书皆经过三五遍校雠，并缮写别本，以备出入。校雠名言"校书如扫尘，一面扫，一面生"②就出自其父之口。又，他家图书允许传抄，士大夫喜读书者多居住其侧，竟致东京（今开封）春明坊他家周围的房租高出其他地方一倍③。南宋藏书家**尤袤**（1127—1194）的藏书大多为抄录而成，他自己不仅勤于抄录、校勘，还让家人参与抄书。还说书籍"饥读之以当肉，寒读之以当裘，孤寂而读之以当友朋，幽忧而读之以当金石琴瑟也"④。所著《**遂初堂书目**》一卷，是中国现存最早的一部记载版本的私藏书目。两宋时期私人藏书家多有藏书目录传世，如晁公武的《**郡斋读书志**》、陈振孙的《**直斋书录解题**》传至今日，均为古代目录学之要籍。

明清两代万卷藏书家不可胜数，且书多者可达几十万卷，私人藏书活动达到鼎盛。此时缙绅之士多构楼以储藏书，并赋楼名以喻志。明代著名的私家藏书楼有昆山叶盛**菉竹堂**、宁波范钦**天一阁**、常熟毛晋**汲古阁**、常熟赵琦美**脉望馆**、山阴祁承㸁**澹生堂**、会稽钮石溪**世学楼**、江阴李如一**得月楼**等。如明末常熟**毛晋**（1599—1659，字子晋，以字行）的汲古阁，藏书多时有八万四千册，宋元善本甚多。其收书不吝重金，时有"三百六十行生意，不如鬻书丁毛氏"的谚语⑤。毛晋藏书、校书、刻书，延名士进行校勘，开雕经史百家之书多达六百余种，因校勘精审，用纸优良，世人以为善本。有《**汲古阁校刻书目**》一卷传世。后来子承父业，毛晋五子**毛扆**（1640—1713，字斧季）仍继续藏书、刻书。进入清代，知名藏书家有增无减。乾嘉时期，扬州马裕**丛书楼**、杭州汪启淑**开万楼**、吴县周锡瓒**水月亭**、海宁陈鳣**向山阁**等，因藏书丰富而远近

---

① ［清］叶昌炽.藏书纪事诗：卷二[M].上海：古典文学出版社，1958：60.

② ［宋］沈括.梦溪笔谈：卷二十五·杂志二[M].影印元刊本.北京：文物出版社，1975.

③ ［宋］朱弁.曲洧旧闻：卷四[M].丛书集成本.上海：商务印书馆，1936：32.

④ ［宋］杨万里.诚斋集：卷七八·益斋藏书目序[M].影印明影宋钞本//《四库提要著录丛书》编纂委员会，编.四库提要著录丛书.北京：北京出版社，2010：集部099册，051.

⑤ 汲古阁校刻书目·汲古阁主人小传[M]//陶湘，编.书目丛刊.窦水勇，校点.沈阳：辽宁教育出版社，2000：238.

闻名。吴县藏书家**黄丕烈**（1763—1825）专嗜宋版书而将藏书室名为"**百宋一廛**"（意思是宋版书多），海宁藏书家**吴骞**（1733—1813）则称自己的藏书处为"**千元十驾**"（意思是元版书多）[①]。及至晚清，私人藏书大家仍群星闪烁。山东聊城**杨以增**的**海源阁**，江苏常熟**瞿绍基**的**铁琴铜剑楼**，浙江杭州**丁申**、**丁丙**兄弟的**八千卷楼**和浙江吴兴**陆心源**的**皕宋楼**，被世人称为**晚清四大藏书家**[②]或**晚清四大藏书楼**。可惜皕宋楼之 15 万册藏书于 1907 年被日本岩崎氏买走，连舶而东，尽归于静嘉堂文库。

　　古代历朝藏书家的共同特点是读书致用，许多藏书家学识渊博，成就了学问家或文学家，如汉代蔡邕精书法、音乐并善辞赋，北齐颜之推《颜氏家训》、北宋宋敏求《唐大诏令集》至今传世。历代著名私人藏书家中，在图书馆任职或参与文献整理的人数不少，如汉代刘向、扬雄都曾校书于石渠天禄；南北朝时王俭、任昉，隋唐时许善心、虞世南、颜师古、韦述等，他们曾任职秘书省，参加过藏书整理，甚至编制出藏书目录，为中华历史文化的传承做出过卓越贡献。

三、寺观藏书

　　佛教、道教藏书也是古代藏书的一个重要分支。其藏书处所主要在佛教寺院或道教宫观之中。

1. 寺院藏书

佛教传入中国的时间是在两汉之交。《三国志·魏书·东夷传》注引《魏略·西戎传》曰："西汉哀帝元寿元年（公元前 2 年），博士弟子景卢受大月氏王使伊存口授《浮屠经》"[③]，这是学术界认同的佛教入传之记载。

　　寺院藏书始于东晋，当时佛教藏书处所主要有襄阳**檀溪寺**、庐山**东林寺**等[④]。东晋名僧**道安**（312—385）曾在襄阳檀溪寺整理佛经，"诠品新旧，撰为

　　①　傅璇琮,谢灼华,主编.中国藏书通史[M].宁波:宁波出版社,2001:下册,854-858.

　　②　缪荃孙.《善本书室藏书志》序[M]//[清]丁丙.善本书室藏书志(外一种).杭州:浙江古籍出版社,2016:第 1 册,1-2.

　　③　[晋]陈寿.三国志:卷三十·东夷传[M].[南朝宋]裴松之,注.北京:中华书局,1959:第 2 册,859.

　　④　王子舟.佛教藏书起始考[M]//武汉大学学报编辑部,编.研究生论文集:武汉大学学报社会科学论丛.武汉:武汉大学学报编辑部,1987:257-264,256.

经录"①，为檀溪寺建立了佛教藏书，所撰藏经目录即《综理众经目录》（已亡佚）。另一名高僧**慧远法师**（334—416）在庐山东林寺也"翘勤妙典，广集经藏"②，其处也有藏书。不过此时寺院藏书数量还不多。

六朝隋唐寺院藏书处所通常称"**经藏**"，如南朝萧齐时，僧祐（445—518）在建康**建初寺**、**定林上寺**（在今南京）"造立经藏，搜校卷轴"③。僧祐还根据这些藏经编出了藏书目录《**出三藏记集**》十五卷，这是现存最早的佛教藏书目录，从其著录佛经的阙、存状况进行统计，建初寺、定林上寺经藏至少有藏书1373部，2837卷④。僧祐的弟子、文学家刘勰曾经帮助定林上寺编制过经藏目录。北朝时期，北魏太武帝拓跋焘太平真君七年（446），北周武帝宇文邕建德三年（574），有两次灭佛事件发生。受其影响，北方出现了石窟佛寺收藏石经的活动，以为这样就不怕水、火以及人为破坏而能长久保存佛经了。如北齐时**鼓山佛窟寺**的刻经（在今河北邯郸响堂寺）、**涿鹿山石经堂**的刻经（在今北京房山云居寺），前者佛经是整部整部地刻在石窟的墙壁上，后者则将佛经整部整部地刻在石板上贮存起来。尤其是石经堂刻经，从隋至明，历经千余年，秘藏了大小经版14 278块，镌刻佛经有1122部3572卷⑤，如今已成为佛经版本、书法艺术研究的宝藏。

随着译经、抄经事业的繁盛，寺院藏书在隋唐五代达到了鼎盛。隋开皇元年（581）隋文帝诏官写一切经，置于京师诸大都邑寺内，而又别写藏于秘阁，"天下之人，从风而靡，竞相景慕，民间佛经多于六经数十百倍"⑥。隋代京师**大兴善寺**，为当时译经、写经中心。仁寿二年（602）寺中高僧大德"披检法藏，详定经录"⑦，所编《众经目录》收录单本、重翻、别生（于大部中抄出别

---

① [南朝梁释]慧皎.高僧传：卷五·释道安[M].汤用彤，校注.北京：中华书局，1992：179.

② [南朝梁释]慧皎.高僧传：卷一·僧伽提婆[M].汤用彤，校注.北京：中华书局，1992：37.

③ [南朝梁释]慧皎.高僧传：卷十一·释僧祐[M].汤用彤，校注.北京：中华书局，1992：440.

④ 王子舟.公元五至六世纪：南北朝佛教藏书（上）[J].内蒙古图书馆工作，1991(3-4)：32-36,46.

⑤ 王巍，主编.中国考古学大辞典[M].上海：上海辞书出版社，2014：595.

⑥ [唐]魏徵，令狐德棻，等.隋书：卷三十五·经籍志四[M].北京：中华书局，1973：第4册，1099.

⑦ [隋]《众经目录》序[M]//[清]严可均.全上古三代秦汉三国六朝文·全隋文·卷三十五.北京：中华书局，1958：第4册，4235.

行）、贤圣集传、疑伪等五类经本 1707 部 4311 卷[①]。这还不包括未译的梵夹。入唐以后，京师**大慈恩寺**富藏佛经梵本，京师**西明寺**经藏有**内典**[②]3000 余卷，五台山**金阁寺**经藏阁有经 6000 余卷，庐山东林寺藏内外经典达万卷，洛阳龙门**香山寺**藏 5270 卷[③]，这些寺院藏书皆名震一时。唐五代时期，沙洲（今敦煌）莫高窟一带的**龙兴寺**、**开元寺**、**报恩寺**、**三界寺**、**净土寺**、**乾明寺**诸寺均富有藏经。20 世纪初莫高窟**藏经洞**（即现第 17 号洞窟）被发现藏有六万件左右经卷图籍，这些文献就来源于当地各寺藏书。其中有一卷唐代咸通九年（868）的《**金刚般若波罗蜜经**》印本（现存英国国家博物馆），证明雕版印刷术在唐代已经成熟。

把佛教经典分经、律、论，再抄集成一套大型丛书，唐以前被称为"众经""一切经"，唐以后被称为"藏经""**大藏经**"等。唐玄宗开元十八年（730），长安西崇福寺沙门智升据本寺经藏藏书，编制了一部书目《**开元释教录**》二十卷，收录经本 480 帙 1076 部 5048 卷。由于这个佛经目录蒙敕入藏，即也成大藏经之一种，故各地寺院均依此经目来抄写大藏经。有了佛经入藏目录之定本，标志汉文佛教大藏经体系已成熟完善。

宋元明清时期，译经事业逐渐衰落，但雕版印经则带来各地寺院大藏经的普遍收藏。宋代刻印的大藏经主要有《开宝藏》《崇宁藏》《毗卢藏》《圆觉藏》《碛砂藏》（皆现简称，下同），辽朝刻印了《契丹藏》，金朝则刻有《赵城金藏》，元朝刻有《普宁藏》《元官藏》，明朝有《初刻南藏》《永乐南藏》《永乐北藏》《武林藏》《万历藏》《嘉兴藏》，清朝有乾隆《龙藏》[④]等。这些大藏经中，《开宝藏》《契丹藏》《元官藏》《初刻南藏》《永乐南藏》《永乐北藏》《龙藏》为官刻，余皆寺院刻印；《开宝藏》《崇宁藏》《毗卢藏》《契丹藏》《元官

---

①③ 傅璇琮,谢灼华,主编.中国藏书通史[M].宁波:宁波出版社,2001:上册,258-264.

② "内典"在当时指佛教经典。佛教经典之外的书,称为"外书"。隋唐寺院藏书,以内典为主,但也收藏外书。如白居易就将自己的一份诗文集保存在龙门香山寺。

④ 清雍乾时内府刊刻的大藏经,每函首册刻有御制蟠龙碑形的牌记,故后世人们俗称其为"龙藏"。其他大藏经简称,多以刊刻或藏书的年代、地点名之。

藏》等已散亡，仅存零本，其余则流传至今，有的还是足本[①]。但刻经之经版，只有《龙藏》经版尚存放北京房山云居寺，其余皆亡毁[②]。这一时期寺院藏书数量多、质量也讲究。如北宋海盐**金粟山广惠禅院**（又称金粟寺，在今浙江海盐县澉浦镇茶院村）藏经万余卷，专用"**金粟山藏经纸**"[③]抄写而成；五台山灵鹫峰上的**文殊寺**曾藏有宋太宗敕赐的大藏经共 5 千余卷，皆用金银书写[④]。山西赵城县**广胜寺**收藏的《赵城金藏》，初刻有 6980 卷，纸墨精良，屡经战火劫难，抗日战争时只余 4957 卷，为避日军劫掠，辗转藏匿，最终入藏国立北平图书馆（今国家图书馆）。辽代西京（今山西大同）下华严寺内建有**薄伽教藏殿**，沿墙排列木雕结构重楼式藏经壁橱 38 间，有斗拱勾栏，镂空图案。殿后壁中央还有彩虹式拱桥连接左右壁橱，桥上凌空建有五间天宫楼阁，犹如云端琼楼。这是目前我国现存最古、艺术价值最高的寺院藏书书橱体系。

2. 宫观藏书

道教兴起于中国本土，道教经书属于自生，非由外传入，是随本土道教发展而逐渐增多的。隋唐时期，道教经书数量也不大。《隋书·经籍志》记载隋末官府收藏的佛经有 1950 部 6198 卷，道经 377 部 1216 卷[⑤]。道教经书最早多为道士收藏，如西晋**郑隐**，南朝宋**陆修静**、北魏**寇谦之**、南朝齐**陶弘景**，均藏有道书。逮及道教宫观兴起，尤其得益于隋唐两代皇帝支持宫观的建造，各地宫观数量有所增加。唐代从开国至中和四年（884），所造宫观 1900 余所，度道士 15 000 余人[⑥]。宫观收藏道经也成为时尚。北周**通道观**藏道书 8030 卷，隋

---

① 汉文大藏经之外,藏文也有刻本大藏经,分为《甘珠尔》(佛语部)、《丹珠尔》(论疏部)两大部分。"珠尔"(vdyur)是翻译的意思。"甘"(bkav)是命令、教导的意思,"丹"(bstan)是解释佛说的意思。见:王尧.当代名家学术思想文库·王尧卷[M].沈阳:万卷出版公司,2010:294,493.

② [释]觉真.《大藏经》的历史源流与判定[M]//北京文物与考古:第五辑.北京:北京燕山出版社,2002:159-167.

③ 简称"金粟笺",宋代纸名。约造于宋代治平元年至元丰年间(1064—1085),原料以桑皮为主,内外加蜡研光使硬,用黄檗糯染而发黄。纸质厚重,精细莹滑,久存不朽,专门供金粟山等处著名寺院刻印藏经之用。

④ 王河.两宋时期佛寺藏书考略[J].江西社会科学,1997(9):56-60.

⑤ [唐]魏徵,令狐德棻,等.隋书:卷三十五·经籍志四[M].北京:中华书局,1973:第4册,1091-1095.

⑥ [唐]杜光庭.历代崇道记[M]//[清]董诰,等编.全唐文:卷九三三.影嘉庆缩印本.北京:中华书局,1983:第10册,9713-9721.

图 2-13　辽西京（今大同）下华严寺薄伽教藏殿内两层藏经壁橱一角

来源：＃山西的古建筑有多绝＃海内孤品～华严寺辽代小木作［EB/OL］.山西大同华严寺微博（2022-07-01）［2023-05-18］. https://m.weibo.cn/u/5653953981?topnav=1&wvr=6&topsug=1&jumpfrom=weibocom.

朝**玄都观**也广有藏书，唐代长安**太清宫**不仅有藏书，还于太和二年（828）将经目刻成了《唐太清宫道藏经目录碑》[①]。亳州太清宫（今河南鹿邑东）、浙江天台山**桐柏观**专建藏室以藏道书。开元年间唐玄宗诏令搜访道书，抄纂成藏，即仿佛教大藏经编辑成道教大藏经，该道藏目录名《三洞琼纲》，依三洞、四辅、十二类的分类体系，收录道经 3744 卷（有说 7300 卷），并令京师**崇玄馆**缮写后分送各地采访史，让各地宫观传抄[②]。

宋辽金元时期，先后有多次道藏修校、刊补，如宋真宗时命王钦若主修校道藏，并编出目录《宝文统录》，收书 4359 卷；稍后又由张君房主持增补，成《**大宋天宫宝藏**》4565 卷，并抄出七藏以进朝廷；宋徽宗时编出《**政和万寿道藏**》5481 卷，并镂制经版，刊出全藏[③]。道藏有全藏刊本以《政和万寿道

---

① 陈国符.道藏源流考［M］.新修订版.北京：中华书局，2014:92,102.

② 陈国符.道藏源流考［M］.新修订版.北京：中华书局，2014:100-101.

③ 陈国符.道藏源流考［M］.新修订版.北京：中华书局，2014:108-110,113.

藏》为始，其后金、元刻印道藏，悉以此为蓝本。金代章宗时编刻《**大金玄都宝藏**》6455卷，元代初年全真道士宋德方主持编刻《**玄都宝藏**》7800余卷。上述这些《道藏》历经兵火早已不存。宋代收藏道藏及藏书较多的宫观，北宋主要有东京（今开封）的**太一宫**、**建隆观**、**祥源观**，亳州太清宫，茅山**元符万宁宫**、天台山桐柏观，南宋主要有临安（今杭州）**太乙宫**、大涤山**洞霄宫**、仙居县**凝真宫**、望春山**蓬莱观**、庐山**太平兴国宫**、龙虎山**上清正一宫**、崇仁县**善修观**、武当山**五龙灵应宫**等[①]。金代中都**天长观**（今北京白云观西）不仅收藏有《政和万寿道藏》，还搜访遗经，编纂、雕刻出道教大藏经《大金玄都宝藏》602帙6455卷，并专设藏经楼收藏各类道书[②③]。宋末元初，南方道观多未遭兵燹毁坏，故诸多南宋道观藏书入元以后仍沿袭其旧而存在。

明代历朝皇帝都尊崇道教，组织人力编纂出道教大藏经《**正统道藏**》和《**万历续道藏**》。两部正、续《道藏》按三洞、四辅、十二类分类，以千字文为函目，共收道经520函5485卷，是古代最后一部道教大藏经，也是目前存世的唯一一部道藏。《正统道藏》于正统十年（1445）雕印完毕，正统十二年（1447）颁赐天下宫观。清代因皇家不尊崇道教等原因，很少有道藏的结集、刻印活动，仅有《道藏辑要》《道藏续编》等丛书行世。明清各地藏书宫观有北京**白云观**、保定府唐县**清虚宫**、宣化府赤城县**灵真观**、兖州府邹县**白云宫**、太原府阳曲县**玄通观**、蒲州永济县**通玄观**、江宁府冶山**朝天宫**、江宁府卢龙山**卢龙观**、苏州府城**玄妙观**、扬州府仪征县**玄妙观**、南昌府南昌县**妙济万寿宫**、潼川府三台县**佑圣观**等[④⑤]。一些名山道观，如华山**太虚庵**、龙虎山**大上清宫**、崂山**太清宫**、恒山**九天宫**等，也都藏有道藏。

四、书院藏书

书院是民间发展起来的古代研学场所。因书设院，聚徒讲学。元欧阳玄《贞文书院记》云："唐宋之世，或因朝廷赐名士之书，或以故家积善之多，学

---

① 陈国符.道藏源流考[M].新修订版.北京：中华书局,2014:114-127.

② 陈国符.道藏源流考[M].新修订版.北京：中华书局,2014:127-128.

③ 王河.两宋时期道宫藏书考略[J].江西图书馆学刊,1998(3):50-52.

④ 陈国符.道藏源流考[M].新修订版.北京：中华书局,2014:155-164.

⑤ 康芬,胡长春.明代道教藏书考略[J].江西图书馆学刊,2003(4):83-85.

者就其书之所在而读之，因号为书院。"① 因此，书院起于唐，盛于宋，延绵于元明清。唐时皇家有**丽正修书院**（后改称集贤殿书院），民间书院还不多，有湖南攸县**光石山书院**、河北满城**张说书院**、江西永丰**皇寮书院**等。

书院进入宋代得到快速发展，多时达到 720 所②。北宋初年，庐山**白鹿洞书院**、嵩山**嵩阳书院**、岳麓山**岳麓书院**、商丘**睢阳书院**（宋真宗时改称"应天府书院"），被称为当时"天下所谓四书院者也"③④。此外，衡州（今湖南衡阳）**石鼓书院**、江宁（今江苏句容）**茅山书院**也名重于时。许多书院有名家主持或讲学，如北宋范仲淹之于应天府书院，司马光之于嵩阳书院；南宋朱熹之于白鹿洞书院，陆九渊之于贵溪象山精舍，吕祖谦之于金华丽泽书院等。书院藏书也从数千卷到上万卷不等，如**应天府书院**"聚书数千卷"⑤，东阳**南园书院**藏书3 万卷⑥ 等，像邛州**鹤山书院**藏书 10 万卷⑦ 者则颇为罕见。宋代书院藏书有四个特点：一是藏书内容以儒家经典为主，例如四书、五经等；二是藏书不讲究版本，以能满足教学需要为目的；三是有较强的开放性，不仅师生可借阅，外来访学者亦可阅读抄写⑧。四是部分书院还开始刻书，如金华**丽泽书院**、严州（今桐庐）**钓台书院**、建宁（今建瓯）**建安书院**等都有刻书的记载。

元代书院总数较宋代有减，约有 406 所⑨。不过元代统治者也乐见书院的存在，各地书院也沿袭着宋代规制继续发展。元代书院藏书也出现了一些新特

---

① ［元］欧阳玄.圭斋文集:卷五·贞文书院记[M].影印明成化七年刘釪刻本//《四库提要著录丛书》编纂委员会,编.四库提要著录丛书.北京:北京出版社,2010:集部111册,138.

② 邓洪波.中国书院史[M].增订版.武汉:武汉大学出版社,2013:65.

③ ［宋］吕祖谦.白鹿洞书院记[M]//吕祖谦全集.杭州:浙江古籍出版社,2008:第1册,99–100.

④ 宋人马端临认为石鼓书院为宋初"四书院之一",即宋兴之初,白鹿洞、石鼓、应天府、岳麓,"独四书院之名著"。见:［宋］马端临.文献通考:卷四十六·学校考七[M].上海师范大学古籍研究所,华东师范大学古籍研究所,点校.北京:中华书局,2011:第2册,1339.

⑤ ［宋］马端临.文献通考:卷四十六·学校考七[M].上海师范大学古籍研究所,华东师范大学古籍研究所,点校.北京:中华书局,2011:第2册,1339.

⑥ ［宋］高定子.南园书院记//上海图书馆,编;陈建华,王鹤鸣,主编;顾燕,整理.中国家谱资料选编:教育卷.上海:上海古籍出版社,2013:第15册,645.

⑦ ［宋］魏了翁.鹤山集:卷四一[M].景印文渊阁四库全书本.台北:台湾商务印书馆,1986:第1172册.

⑧ 曹之.中国古代图书史[M].武汉:武汉大学出版社,2015:296.

⑨ 邓洪波.中国书院史[M].增订版.武汉:武汉大学出版社,2013:201.

点。一是许多书院为藏书专门建楼或阁，如杨惟中等建于燕京（今北京）的**太极书院**有藏书楼，朝城（今山东莘县）**雪林书院**有五车楼，岳麓书院有尊经阁等；二是藏书量有增无减，出现了很多藏书万卷的书院，如河南**伊川书院**稽古阁贮书万卷；渤海（今山东滨州）**东庵书院**藏书堂藏书万数千卷，成都府**草堂书院**石室藏书二十七万卷等；三是书院藏书管理更被重视，有些书院专设"司书"主掌藏书，并编有藏书目录，规定了相关管理制度[①]。杭州**西湖书院**藏书、刻书、教学并重，曾一度是南方的出版中心。

明清两代前期朝廷皆不重视书院，书院发展一蹶不振。明清两代中后期，书院受到朝廷的重视，书院藏书又渐渐恢复起来。明代建有书院 1962 个，清代书院最多时达到 4365 个[②]，数量不可谓不多，但书院藏书之盛已不复从前。许多书院藏书内容单一，以经传、理学书籍为主，另外数量上万卷者也越来越少。明代知名书院有长沙岳麓书院、无锡**东林书院**、京师**首善书院**等，清代知名书院有保定**莲池书院**、杭州西湖**诂经精舍**、上海**格致书院**（与英人合办）、江阴**南菁书院**、广州**广雅书院**等。清光绪二十四年（1898），光绪皇帝在百日维新运动中通令书院一律改为学堂，各省遵旨奉行。此后不久，全国大多地区书院更改为学堂。这样，延续千余年的古代书院终于退出历史舞台。明清两代出现了诸多书院志，如《重修岳麓书院图志》《白鹿洞书院志》《虞山书院志》《共学书院志》《白鹭洲书院志》等，这些书院志中都有藏书记载，是了解古代书院藏书发展的重要史料。

第五节　现存最早的古代藏书建筑

中国古代建筑有宫、殿、堂、楼、馆、院、阁、观、台、轩、榭、坊、居、室、斋、亭等众多形式，其中古代藏书处所就曾有"室"（西周的守藏室）、"阁"（西汉的天禄阁、石渠阁）、"观"（东汉的东观）、"台"（东汉的兰台）、"馆"（唐代的弘文馆）、"塔"（唐代慈恩寺塔）、"院"（宋代崇文院）、

---

① 傅璇琮,谢灼华,主编.中国藏书通史[M].宁波:宁波出版社,2001:上册,491-501.

② 傅璇琮,谢灼华,主编.中国藏书通史[M].宁波:宁波出版社,2001:下册,718,975.

"楼"（宋代的太清楼）等称谓。

一、佛教藏书处所——慈恩寺塔

现存最为古老且完整的藏书处所，当属于陕西西安市南部大慈恩寺中的**慈恩寺塔**（Great Wild Goose Pagoda，又称"**大雁塔**"）。

唐代高僧**玄奘**法师（600—664）于贞观十九年（645）从印度回到长安时，带回佛舍利一百五十枚及多尊佛像，还有二十匹马驮负的经、律、论梵本五百二十夹，六百五十七部[①]。他在慈恩寺主持译经与寺务时，奏请朝廷并于永徽三年（652）仿印度王舍城之中僧婆窣堵波[②]式样建造慈恩寺塔，以妥善安置从印度带回的经像、舍利，"其意恐人代不常，经本散失，兼防火难"[③]。该塔位于慈恩寺西塔院，塔身平面是正方形，为楼阁型砖塔。初为五层，武则天时改建为十层，历经沧桑，存留七层，为明万历时加砌砖面重修。今全塔通高 64.5 米，巍峨

图 2-14　1994 年国家邮政局发行的大雁塔邮票

耸立，是现存最早、规模最大的唐代四方楼阁式砖塔。塔内空间宏大，有梯可盘登而上。每层四面各有一个拱券门洞。一层南门东西两侧碑龛嵌有唐太宗李世民撰《大唐三藏圣教序》碑、唐高宗李治撰《大唐皇帝述三藏圣教序记》碑，均为书法家褚遂良楷书，万文韶刻石，为唐代碑刻精品。

永徽六年（655）印度沙门那提（唐称福生）携大小乘经律论五百余夹至

① ［唐释］慧立,彦悰.大慈恩寺三藏法师传:卷六[M].孙毓棠,谢方,点校.北京:中华书局,1983:126-127.

② "僧婆者,唐言雁;窣堵波者,唐言塔",语出:[宋]马永卿.懒真子录:卷二·雁塔故事[M].崔文印,校释.北京:中华书局,2017:80. 又,唐释遁伦曰:"窣堵波者是高显义。犹当此处浮图义也。"即"窣堵波"是高大显要的意思,在此处用来指称塔。语出:[唐释]遁伦,集撰.瑜伽论记:卷十一·之上·论本第四十四·供养亲近无量品[M]//大正新修大藏经.东京:大正一切经刊行会,昭和二年(1926):第42册,549.

③ ［唐释］慧立,彦悰.大慈恩寺三藏法师传:卷六[M].孙毓棠,谢方,点校.北京:中华书局,1983:160.

长安，合一千五百余部，曾被敕于慈恩寺安置[①]，很有可能也放在了慈恩寺塔内。

佛塔本身为一种象征物，用塔藏书，可谓一塔两用。后世佛塔藏经也不乏其例，如建于辽代圣宗时期（983—1031）丰州城北（今呼和浩特市东郊白塔村西南）宣教寺的**万部华严经塔**（因其白色，当地俗称"白塔"），塔高 55.6 米，基座周长 56 米，塔身为八角七级，砖木混合结构，也是楼阁式[②]。一层券门上嵌有石额，汉文篆书"万部华严经塔"六字（现为复制品，原物藏内蒙古博物馆）。塔的平面布局由外壁、内部塔心壁及二者之间的回廊组成，有梯道可上下。回廊正面内侧塔心壁均设龛室，为供奉佛像存放经卷之处。第七层为空室，穹顶为蒙古包帐式，说话有回声。现塔内还随处可见用汉文、契丹小字、女真字、畏吾体蒙古字、八思巴字、古叙利亚字等各种文字书写的历代游人题记[③]。

二、私家藏书处所——天一阁

现存年代最早的私家藏书楼当属浙江省宁波市海曙区的**天一阁**。它是明代曾任兵部右侍郎的**范钦**（1505—1585）辞官回乡于嘉靖四十至四十五年（1561—1566）在宅东建造的，为一排六开间的硬山顶两层重楼式砖木建筑，坐北朝南，前后有窗、有廊。取名"天一"，是借"天一生水"之意，以避火灾。《周易·系辞上》郑玄注中有"天一生水于北""地六成水于北，与天一并"语[④]，故一楼有六间屋室，二楼则一大通间，用书橱隔而为六。现楼前庭院有水池、假山、花园，一派江南园林景色。

天一阁藏书有七万多卷，一部分来源于鄞县丰氏万卷楼残存藏书，一部分为平日与藏书家王世贞等借抄所得，还有一部分则来源于范钦历官江西、广西、福建、云南、陕西、河南、广东等地时的寻访搜购。所藏以明代书籍为主，有诗文集、政书、邸抄、官令、营规、学规、奏议等，其中明代方志、登科录最为齐备。经鸦片战争时英军抢掠、太平天国时小偷盗窃，以及民国时期

① ［唐释］道宣.续高僧传:卷四·京大慈恩寺梵僧那提传[M]//《中华大藏经》编辑局,编.中华大藏经.北京:中华书局,1993:第六一册,550.

② 王巍.中国考古学大辞典[M].上海:上海辞书出版社,2014:619.

③ 孙利中,主编.呼和浩特文物[M].呼和浩特:内蒙古人民出版社,1997:56-58.

④ ［清］李道平.周易集解纂疏[M].潘雨庭,点校.北京:中华书局,1994:580.

失窃千余部古籍事件之后，天一阁留存藏书仅剩 1.3 万余卷，20 世纪末入《中国古籍善本书目》者就有 2188 种[①]。

为了能将藏书传遗子孙，世代相守，范钦立下了"**代不分书，书不出阁**"的遗嘱。他的子孙后来又制定了一系列保护藏书的族规，如阁门和书橱钥匙分房掌管，非各房齐至，不得擅自开锁等。天一阁藏书章中有一枚印文为"子子孙孙，永传宝之"。楼内现在还挂着"烟酒切忌登楼"的大字禁牌。在图书保护方面，天一阁还用芸香辟蠹，英石吸潮等[②]。故天一阁能历十三代人，薪火相传，楼书于今俱在。

清代乾隆皇帝开修《四库全书》时，号召天下藏书士绅捐书，范钦八世孙范懋柱进献了 638 种[③]，得乾隆赏赐《古今图书集成》一部。乾隆又命测绘天一阁藏书楼结构、楼内书橱款式，在国内建造了"南北七阁"，储存《四库全书》，天一阁因此而知名于天下。

图 2-15　天一阁外景

天一阁博物院（1994 年 11 月—2020 年 4 月称"天一阁博物馆"）提供

---

①　天一阁博物馆古籍普查试点工作方案[M]//天一阁博物馆,编.天一阁古籍普查参考手册.天一阁博物馆,2007:44-46.

②　虞浩旭,编著.天一阁[M].北京:文物出版社,2012:64-73.

③　浙江省图书馆志编纂委员会,编.浙江省图书馆志[M].北京:中国书籍出版社,1994:54-56.

第六节　民国时期的知名图书馆

晚清时期，在变法图强运动和西学全面传入的影响下，社会各界呼吁建立新式图书馆，各地也陆续产生了一些新式公共图书馆，如光绪三十年（1904）湖南、湖北在省会成立的公共图书馆。宣统元年十二月十七日（1910年1月27日），学部拟奏《图书馆通行章程》二十条，建议各省限于宣统二年（1910）内一律设立图书馆。该章程旋经皇帝批准，两天后正式颁布[①]。于是国内各省、府、厅、州、县等纷纷筹建图书馆，现代图书馆事业从此进入了一个发展热潮。遗憾的是民国二十六年（1937）日本发动的全面侵华战争，打断了中国现代图书馆事业的正常发展，战后才慢慢有所恢复。从以下图书馆个案的介绍，我们可以一窥当时的历史情况。

一、国立北平图书馆

国立北平图书馆最初名为"京师图书馆"，由清宣统元年（1909）清政府批准筹建，馆舍初设在北京什刹海北岸广化寺，缪荃孙（1844—1919）被任命为监督。民国元年（1912）8月27日京师图书馆开馆接待读者。当年底，该馆藏书除敦煌写经外，有善本、普通书籍5424部，151 475卷，52 326册[②]。后因卑湿僻远等原因，1917年1月京师图书馆又被迁移至安定门内方家胡同清国子监南学旧址。此时该馆已入藏内阁大库残卷、劫后敦煌写经、《永乐大典》残本和文津阁《四库全书》等国家珍籍，加之一年前经教育部批准获得接受国内出版物呈缴本的权利，标志其已开始履行国家图书馆的职能。

1928年北伐战争结束北洋政府统治，南京国民政府大学院改京师图书馆为国立北平图书馆，并以中南海居仁堂为馆址。1929年又与中华教育文化基金董事会属下的北平北海图书馆合并，仍名国立北平图书馆，馆长为蔡元培

---

① 学部奏拟定京师及各省图书馆通行章程折并单[J].政治官报,宣统元年十二月十九日（1910-01-29）(813):5-8.

② 京师图书馆造送书籍数目册[M]//北京图书馆业务研究委员会,编.北京图书馆馆史资料汇编(1909—1949).北京:书目文献出版社,1992:下册,1086-1089.

（1868—1940），副馆长为**袁同礼**[①]（1895—1965）。原北平图书馆馆舍居仁堂为一馆，原北海图书馆馆舍庆霄楼为二馆。1931 年，北海西岸利用美国退还庚款兴建的新馆落成，占地约七十六亩。国立北平图书馆遂迁入新址。新馆外观为中国宫殿式，主殿和两翼庑殿、后殿，用回廊、杰阁连接；重檐庑殿顶，覆绿琉璃瓦。内部则完全是西方式的，有两层玻璃门、转门；饮水设备为美式的；卫生间地面铺绿色六角小瓷砖，阅览室地板用咖啡色橡皮砖铺就，走路不出声[②]。当时图书馆下设两会（购书委员会、编纂委员会）八部（总务、采访、编纂、阅览、善本、金石、舆图、期刊），馆藏书籍逾四十万册（件）[③]。门前街道也改名为"文津街"。

图 2-16　国立北平图书馆旧址，如今是国家图书馆古籍馆

薄丽 摄

[①]　袁同礼（1895—1965），河北徐水人，1923年获纽约州立图书馆专科学校图书馆学硕士学位。1924年回国后，曾在广东大学图书馆、北京大学图书馆、国立北平图书馆等处工作。主持国立北平图书馆馆务的22年间，广罗人才，遍求图书，襄助中华图书馆协会事务。1949年后寓居美国，先后任美国国会图书馆东方部主题编目组职员、斯坦福研究所《中国手册》编纂主任等。他在图书馆学、目录学方面深有造诣，所编《西文汉学书目》（*China in Western Literature: A Continuation of Cordier's Bibliotheca Sinica*，1958）在国际学术界享有盛誉。

[②][③]　邓云乡.文化古城旧事[M].北京：中华书局，2015:190-197.

迁入新馆之后，国立北平图书馆除隶属国民政府教育部管辖，还受中华教育文化基金领导，且图书馆经费来自基金会从退还庚款中拨付，保障了图书馆运行费用的正常开支。国立北平图书馆通过采购、呈缴、捐赠、交换、调拨、寄存等多种渠道搜集文献，延揽天下英才来馆就职，编辑学术期刊，推动专业研究，出版馆藏珍本与学术著作，坚持全年对公众开放（除新年放假 3 天、"双十节"放假 1 天外），面向社会举办各种书刊图片展览等[①]，短短数年就发展为中国藏书最富、业务水准最高的图书馆。当时中华图书馆协会总事务所办公室也设在该馆，协调全国图书馆发展的事务。

1937 年七七事变，日本侵华战争全面爆发，国立北平图书馆馆务中心南移，馆藏珍善本也踏上了流亡的道路，最终浮海寄存于美国国会图书馆。北平留守馆员在沦陷区艰难维持馆务，力图使馆藏损失减至最低限度；而南迁的馆员则在袁同礼馆长的带领下，在昆明设立了办事处，重新办馆。一时形成了南、北两馆的格局。1945 年 8 月，抗战结束，北平光复，国立北平图书馆馆务回迁。1949 年 1 月北平和平解放。不久，国立北平图书馆被新政府接管，改称为**北京图书馆**（英译名 National Library of Peking）[②]。1998 年 12 月 12 日改称为**国家图书馆**（英译名 National Library of China）。

图 2-17 民国时期的袁同礼先生

图片来源：周远.四库全书如何选印？［EB/OL］.文汇客户端（2019-12-19）［2023-04-10］.https://wenhui.whb.cn/third/baidu/201912/19/309689.html.

二、国立清华大学图书馆

国立清华大学是清宣统元年（1909）由清政府外务部、学部会同新设的游美学务处在北京西北郊皇家熙春园旧址上创办的一所留美预备学校，初称游美

---

① 李致忠,主编.中国国家图书馆馆史:1909—2009[M].北京:国家图书馆出版社,2009:62-96.

② 李致忠,主编.中国国家图书馆馆史:1909—2009[M].北京:国家图书馆出版社,2009:155-157.

肄业馆，1911年改称清华学堂，1912年又更名为清华学校。1919年3月，由美国设计师墨菲（Henry Killam Murphy，1877—1954）设计、德国泰来洋行（Telge & Schroeter）承建的图书馆落成。建筑面积2114.44平方米，费银25万元。"分上下二层：下层是办公室，同各教员预备室；上层是阅览室二大间，分中西二部，同时可坐二百二十余人。馆后为藏书库，共分三层，每层列架数十，可容书十万有奇。"①外观仿美国校园建筑，清水红砖墙，青紫斑斓的石板瓦，重点部位用石材，有拱窗、牛腿等装饰。书库内使用进口的钢铁书架、玻璃地板，还安装了升降运书斗；阅览室是软木地面②。落成之日，即惊艳京师。

1928年清华学校更名为国立清华大学，图书馆即称**国立清华大学图书馆**。1931年为扩充馆舍，杨廷宝先生在原图书馆址上设计、扩建了中部大厅及西翼部分，使得原有馆舍变为东翼，珠联璧合，不留痕迹。建筑面积达到了7700平方米，中文藏书15万册，西文藏书4.7万册③。清华大学图书馆管理也重视专业化，早期皆聘留美图书馆学专家来主持馆务，如戴志骞、洪有丰、王文山等相继做过主任（即馆长），当时馆内业务已经达到相当高水平，经常有其他院校图书馆同仁来观摩学习。

1937年七七事变后，北京大学、清华大学、南开大学被迫南迁到云南组成西南联大。北大图书馆的书刊全部沦陷北平，南开的书刊大部分被炸毁，只有少部分被运到昆明，清华大学因1935年就做了准备，事先秘密运出中西文善本和教学用书417箱，其中一部分运到了昆明，故西南联大图书馆的书籍大多来源于清华大学图书馆。但留在重庆北碚的297箱18 852册书刊，还有另一批8606册中文书，在1940年6月24日遭日军轰炸被焚毁，仅剩西文307册、中文2277册（所存古籍因有烧毁痕迹被称"**焚余书**"）④。战争期间日军占领清华大学校园，以图书馆为外科病房，书库为手术室及药库，图书大部分被运到伪

---

① 洪有丰.二十年来之清华图书馆[J].国立清华大学二十周年纪念刊,1931//清华大学校史研究室,编.清华大学史料选编:第1卷·清华学校时期(1911—1928).北京:清华大学出版社,1991:449-465.

② 韦庆媛,邓景康.清华大学图书馆百年图史[M].北京:清华大学出版社,2013:26-27.

③ 清华之发展[J].清华年刊,1937//清华大学校史研究室,编.清华大学史料选编:第2卷(下).北京:清华大学出版社,1991:771.

④ 唐贯方.清华大学图书损失情况表[M]//清华大学校史研究室,编.清华大学史料选编:第3卷(上).北京:清华大学出版社,1994:354-355.

北大（战后又部分收回），故清华大学图书馆藏书前后损失中西文书17.5万余册[①]。抗战胜利后复员，清华大学的馆藏遗失书籍收回大半，1947年藏书已经达到了241 810册（含30 470册期刊）[②]，藏书又渐渐回到了战前水平。

图2-18　建于民国时期的清华大学图书馆老馆

郭家肃 摄

三、上海东方图书馆

东方图书馆是一家出版公司自办的图书馆，始创于1904年，起初是商务印书馆的一个资料室，专供内部人员参考研究用，1909年名为**涵芬楼**。随着商务印书馆出版事业的繁荣发展，张元济于1921年在商务董事会第256次会议上提议，为有益于社会而用公益基金创办一个公用图书馆，得到了董事会同意。不久商务印书馆便决定拨付11万元，在上海闸北宝山路商务印书馆总厂对面购置一块地，兴建馆舍。

1924年3月，五层钢筋水泥新图书馆大楼落成，基底面积430平方米，

---

①　清华大学图书馆历史沿革[EB/OL].清华大学图书馆（2011-08-31）[2012-04-25]. http://lib.tsinghua.edu.cn/about/history.html.

②　清华大学校史研究室,编.清华大学史料选编:第4卷·解放战争时期的清华大学（1946—1948）[M].北京:清华大学出版社,1994:521.

东入口有半圆形石级，南有绿化园地。图书馆底层为商务印书馆编译所办公室；二层为阅览室（100 平方米）、阅报室、办公室；三层移入涵芬楼积年所藏善本，仍称"涵芬楼"，以收藏古籍为要务，还有装订室、本版书保存室；四层为书库；五层收藏报刊、图录、照片等。全馆有书架 370 余个，可容纳40 万册书籍。同年 5 月 3 日，商务印书馆推举高凤池、张元济、鲍咸昌、高梦旦、王云五五人为图书馆的董事，任命**王云五**、江伯训任正副馆长，新馆被命名为**东方图书馆**①。经过编目、分类整理，1926 年 5 月 3 日，东方图书馆作为上海最大公共图书馆正式开馆，开放时间为每日下午 2:00 至 5:00，晚 6:30至 9:30，阅览者只需花两个铜板，就可在开放书架选书阅览②。

东方图书馆经费较为充裕，商务印书馆每年出资 4 万元作为图书馆的购书经费。同时，商务印书馆自己出版的图书每种都无偿送交 3 册给图书馆③。截至 1931 年底，东方图书馆馆藏中外图书 502 765 册，时为上海规模最大，也是全国规模最大的公共图书馆之一④。

1932 年 1 月 28 日，日本发动"一·二八事变"，日本海军陆战队进攻上海闸北，十九路军奋起抵抗。日军不得志，遂于 29 日凌晨从"能登号"航空母舰起飞数架轰炸机轰炸闸北。上午 10 时许，日机向宝山路上的商务印书馆总厂投掷 6 枚炸弹，炸毁印刷所、制造总厂等处。2 月 1 日晨 8 时许，商务印书馆总厂马路对面的东方图书馆，被日本浪人潜入纵火焚烧，火光冲天，纸灰飞扬，直至傍晚。除了 5370 册珍善本事先存于金城银行保险库外，其他馆藏化为灰烬，连 10 里开外的法租界，也随风飘落下焦黄的《辞源》《廿四史》等书籍的残页，张元济家的花园里，都有纸灰掉下来⑤⑥。据 1932 年 2 月 9 日东方图书馆向政府呈报的直接损失报告，仅被焚毁书籍就有 46.3 万册（不包括

---

①　张人凤.智民之师·张元济[M].济南:山东画报出版社,1998:139-140.

②　陈江.东方图书馆:文化宝库和学者的摇篮[M]//商务印书馆一百年（1897-1997）.北京:商务印书馆,1998:94-96.

③　曹冲严.张元济与商务印书馆[M]//吴汉民,主编.20世纪上海文史资料文库:第6辑·新闻出版.上海:上海书店出版社,1999:216.

④　胡道静.上海图书馆史[M]//胡道静,著;虞信棠,金良年,编.胡道静文集·上海历史研究.上海:上海人民出版社,2011:3-106.

⑤　张人凤.智民之师·张元济[M].济南:山东画报出版社,1998:173-175.

⑥　董婷婷.被毁的东方图书馆[N].新民晚报,2007-08-12(B13).

图表、照片），当时的估价达 615.20 万元①。

在今天的上海宝山路 584 号上海市市北职业高级中学，校内一绿地里竖有一块"上海文物纪念地"石碑，此处便是东方图书馆的遗址②。

图 2-19　20 世纪 20 年代的东方图书馆

图片来源：东方图书馆外部摄影［J］.教育杂志，1926，18（6）：插图．

四、云南和顺图书馆

和顺图书馆是一所著名的中国乡村图书馆。1924 年，云南腾冲县和顺乡旅居缅甸的寸仲猷、李清园等爱国青年发起，在和顺倡导社会革新的民间社团组织"咸新社"元老的鼎力相助下，捐款捐书报，在本乡十字街成立了**和顺阅书报社**，时有藏书 2 万多册。1928 年，阅书报社迁入和顺双虹桥畔古庙汉景殿内的咸新社址，经华侨出资扩大充实，改名为**和顺图书馆**。1935 年底图书馆馆务委员会为发展计，集资在汉景殿旧有基础上建造新馆。1938 年落成典礼，文化界知名人士纷纷题词、撰联以贺。新馆舍为传统走马回廊式五开间二

① 　上海市闸北区志编纂委员会，编.闸北区志［M］.上海：上海社会科学院出版社，1998:1250-1251.

② 　孙云.东方图书馆：文化圣殿被疯狂摧毁［N］.新民晚报，2015-06-03(A9).

层木结构楼房，正前面伸出两个半六角亭，楼前是花园，外有三孔平顶西式砖石拱门，额上嵌有李石曾书"文化之津"刻石，正拱门头上悬胡适书"和顺图书馆"木匾，楼、门建筑中西合璧，甚为美观①。此时图书馆藏书已达10万多册，闻名于国内外。

后因日本发动侵华战争，缅甸的华侨经济遭破坏，经费断绝来源，和顺图书馆于1940年前后改为县立，时藏书21 000册，年经费1000元，有主任1人，职员2人。1942年日军入侵腾冲县，图书馆遭到劫掠，馆务被迫中断。抗战结束后馆务才逐渐恢复，但图书已不及建馆时一半。1950年后，因乡亲捐献图书，公社亦拨款购书，并支付工作人员工资，馆务得到延续与发展。1980年，和顺图书馆改民办侨助，并纳入公共图书馆建制，每年由政府拨专款购书，同时修整了馆舍，固定了人员编制②。

如今因有历史、藏书、建筑的独特魅力，和顺图书馆成了腾冲著名的旅游观光景点，2006年6月被公布为全国重点文物保护单位。

图 2-20　走马回廊式五开间二层木结构和顺图书馆主楼

和顺图书馆 提供

---

①　腾冲县人民政府,编.云南省腾冲县地名志[M].铅印本.腾冲:腾冲县人民政府,1982:179.

②　云南省地方志编纂委员会,总纂;云南省文化厅,编撰.云南省志:卷七十三·文化艺术志[M].昆明:云南人民出版社,2002:748.

第七节　西方图书馆小史

古代西方最早的图书馆往往与神庙相伴而生。大约在公元前 3000 年，两河流域苏美尔人的尼普尔城（Nippur，位于今伊拉克中部的希拉城东南）的伊什塔尔女神庙里就有一个图书馆。19 世纪末，考古学家在这个神庙图书馆遗址中找到了约 6 万块楔形文字泥版书，内容有神庙的记载、献给巴比伦国神的赞美歌、祈祷文以及苏美尔人的神话等。后来考古学家还在幼发拉底河口附近的乌尔（Ur，今伊拉克南部）成功挖掘出了 400 多块泥版书及其残片 1000 余片。经鉴定，这是约公元前 3000 年的一座神庙图书馆①。两河流域之外，古埃及十九王朝的拉美西斯二世（Ramesses Ⅱ，约公元前 1279—公元前 1213 年在位）在底比斯城（Thebes，位于今埃及开罗以南约 700 公里的卢克索村）的王宫神庙中设立了一个图书馆，藏书达 2000 卷。藏书室入门处有碑文曰"拯救灵魂之处"②。

早期图书馆与神庙伴生，表明图书馆诞生时就混杂了原始神性的基因。文字记录了神的话语，抄写书籍就是保留神的智慧，故而图书馆就是神的智慧化身；也因此，图书馆具有了被人们崇敬的高尚地位。后世一些酷爱书籍的古代帝王、国君对图书馆表现出极大的热忱，如亚述王朝最后一位君主**亚述巴尼拔**（Ashurbanipal，公元前 668—公元前 627 年在位），少时读过书吏学校，在首都尼尼微（Nineveh，今伊拉克北摩苏尔市的对岸，即底格里斯河东岸库云吉克山岗）皇宫，亲自督建了一座图书馆。亚述巴尼拔派出许多信使、书吏、官员等在全国搜访图书。当时馆藏数量已达 25 000 块泥版书，内容涵盖数学、天文学、地理、动植物、医学、语法，以及王室文书等，几乎囊括了当时的全部学识③。

希腊化时代托勒密王朝在埃及亚历山大里亚建立的**亚历山大图书馆**（Library of Alexandria，建于公元前 295 年），是古代西方最负盛名的图书馆。托勒密一世到三世，都想将亚历山大图书馆建为世界知识中心。他们通过收购、抄写、翻译等手段收集图书，甚至查扣往来亚历山大港商船上的书籍，抄

---

①②③　杨威理.西方图书馆史［M］.北京:商务印书馆,1988:4-12.

写完毕后，将原件保存图书馆，将抄本返还船主①。亚历山大图书馆藏书最多时达 70 万卷。该馆第二任馆长**卡里马科斯**（Callimacchos of Cyrene，公元前约 305—公元前约 240）编的馆藏书目《**皮纳克斯**》（*Pinakes*，又名《**各科著名学者及其著作目录**》）卷帙浩繁，有 120 卷。从现存残片看，书目的大类有修辞、法律、史诗、悲剧、喜剧、抒情诗、历史、医学、数学、自然科学和杂类等，每一类下著者依姓名字母排序，每一姓名之后有著者简介及作品的评述②。可惜该图书馆因两次遭遇战火（公元前 48 年、公元 642 年）而被焚毁殆尽。当时堪与亚历山大图书馆相媲美的另一所图书馆，是位于小亚细亚（今土耳其西部安纳托利半岛）的**帕加马图书馆**，该馆建于公元前 2 世纪，鼎盛时藏书达 20 万卷。托勒密王朝为了阻止帕加马在文化事业上与其竞争，曾严禁向帕加马输出莎草纸，这反而刺激帕加马人发明了质薄色白的羊皮纸③。

古代西方除了王室创办的图书馆，古希腊民间学园图书馆也有悠久的历史。从公元前 4 世纪起，雅典先后建立了四所哲学学

图 2-21 19 世纪德国画家奥·冯·科文（O. Von Corven）绘制的亚历山大图书馆想象图

图片来源：Library of Alexandria[EB/OL]. Encyclopedia Britannica (2022-10-12)[2022-10-14]. https://www.britannica.com/topic/Library-of-Alexandria.

① ［希］康斯坦蒂诺斯·斯塔伊克斯.古希腊图书馆史［M］.刘伟，译.北京：研究出版社，2021：183.

② ［埃及］穆斯塔法·阿巴迪.亚历山大图书馆的兴衰［M］.臧惠娟，译.北京：中国对外翻译出版公司，1996：69.

③ ［美］M. H. 哈里斯.西方图书馆史［M］.吴晞，靳萍，译.北京：书目文献出版社，1989：47-49.

园：柏拉图学园、亚里士多德吕克昂学园、伊壁鸠鲁的花园、之诺的斯多亚学派的学园。这些学园有大量用作教学和研究的藏书。其中最为知名的两个图书馆是**柏拉图学园图书馆**和亚里士多德**吕克昂学园图书馆**①。

中世纪时期，阿拉伯世界清真寺与西欧修道院也都建起了图书馆。11 世纪末阿拉伯的黎波里（Tripoli，在今黎巴嫩西北部），有一座**清真寺图书馆**藏书甚富，仅《古兰经》（不同版本）就有 5 万册之多②。西欧各地的社会教育文化中心是修道院。在修道院中，神学与读写教育合二为一，通常图书室和抄写室也挨在一起。6 世纪古罗马后期政要兼学者的卡西奥多鲁斯（Cassiodorus，约 485—约 580），在意大利南部海岸创办了维瓦留姆修道院，里面设有抄书室和图书室。**维瓦留姆修道院图书室**收藏了荷马、柏拉图、卢西安、亚里士多德、欧几里得、贺拉斯、老普林尼等众多作家的作品，卡西奥多鲁斯还专门为修道士编辑了一部导读手册《**圣俗文献指南**》（*Institutiones divinarum et saecularium litterarum*）；8 世纪德意志的**福尔达修道院图书室**，在圣卜尼法斯（St. Boniface，约 675—754）领导下搜集到了众多书籍，经常在这里抄写书籍的修士就有 40 人，百年后还成为彩饰抄本的制作中心，其抄本除了收藏，还用于与其他修道院进行交换，或作为礼品赠予国王和教皇③。与其同时的英格兰**约克修道院图书室**富有藏书，管理书籍的**阿尔琴**（Alcuin，735—804）以诗的形式编出过一份**馆藏韵律目录**（metrical catalog）④。与中国寺观图书馆以内典为主的藏书特点不同，阿拉伯的清真寺图书馆、欧洲修道院图书馆不仅收藏宗教典籍，还抄写、收藏了大量的诗歌、戏剧、传记、历史专著、地理游记、教科书、文法书乃至古希腊的学术著作，等等。它们在静静的书架上，迎来了文艺复兴曙光的轻抚。

从 12 世纪起，近代大学从欧洲修道院土壤中渐渐萌芽长出，法国巴黎大学、英国剑桥大学、牛津大学等，都开始设置小规模的图书馆，其藏书主要是

---

① ［希］康斯坦蒂诺斯·斯塔伊克斯.古希腊图书馆史［M］.刘伟，译.北京:研究出版社，2021:253.

② 杨威理.西方图书馆史［M］.北京:商务印书馆，1988:50.

③ 王凯.西欧中世纪修道院教育研究［M］.呼和浩特:内蒙古大学出版社，2012:53-55,65,75-76.

④ ［美］E. P. 克伯雷.外国教育史料［M］.任宝祥,任钟印，主译.武汉:华中师范大学出版社，1991:98-99.

靠捐赠和抄写。至文艺复兴（14—16 世纪）时期，学者们对古典文献的兴趣，不仅让修道院珍藏书籍重见天日，也激发了皇室、贵族私人图书馆的成长，最典型的就是佛罗伦萨的**美第奇家族图书馆**，科西莫·德·美第奇（Cosimo de'Medici, 1389—1464）曾雇佣 45 名抄书匠，在 22 个月之内抄出 200 卷图书以充实馆藏[①]。科西莫的孙子洛伦佐（Lorenzo de'Medici, 1449—1492）主管图书馆时，曾派人远赴东方搜购抄本。他每年为图书馆支出的费用合今 375 万美元[②]。此外，教皇尼古拉五世（Nicholas V, 1397—1455）在罗马建的**梵蒂冈图书馆**也在当时富有藏书。教皇年轻时喜欢藏书，熟悉拉丁语和希腊语众多领域的作品，做教皇后又四处访购文献，高薪聘学者翻译书籍，去世前图书馆所藏书籍就达 5000 卷[③]。文艺复兴时期的图书馆藏书，一般都有铁链加锁以防被携走，书要摆在读经台式书桌斜立面上阅读。

15 世纪以后，古登堡活字印刷技术的使用，使得书籍产量增大、价格降低，流通速度加快，促进了欧洲城市图书馆、其他各类型的图书馆产生与发展。宗教改革运动后，许多修道院被关闭，抄本流向大学图书馆、皇家图书馆。**摇篮本**（incunabula，指欧洲 1450 年至 1500 年间活字印刷的书籍）也成为各类图书馆馆藏的重要来源。16 至 18 世纪，图书馆事业最为显著的发展是大学图书馆与国家图书馆的壮大。有的国家图书馆是从皇家图书馆演变而来，如**法国皇家图书馆**在查理五世（1364—1380）时，已成为欧洲各君主国中收藏抄本最宏富者之一。后经历代王室的大力搜集，包括兼并私人藏书、战争掠夺等，图书馆藏书日盛[④]。1617 年法国国王下令实行**呈缴本制度**，国内出版物必须向皇家图书馆交纳两册，1735 年皇家图书馆对群众开放，1792 年更名为法国国家图书馆，到 1795 年时藏书已达 60 万册[⑤]。**英国不列颠博物院**成立

① ［意］韦斯帕夏诺.韦斯帕夏诺回忆录:十五世纪名人传[M].王宪生,译.杭州:浙江大学出版社,2019:217-218.

② ［美］泰勒.天使的品味:艺术收藏的历史[M].王琼,洪捷,赵松宇,译.北京:华夏出版社,2014:53.

③ ［美］威尔·杜兰.世界文明史:卷5·文艺复兴[M].幼狮文化公司,译.北京:东方出版社,1999:下册,437-440.

④ ［美］桑德拉·塞德尔.文艺复兴欧洲社会生活[M].徐波,译.北京:商务印书馆,2016:173.

⑤ 杨威理.西方图书馆史[M].北京:商务印书馆,1988:125-127,149.

于 1753 年，虽然成立时间较晚，但馆藏图书来源于几位著名的藏书家，不乏一批珍善本，加之 1757 年开始实行呈缴本制度，18 世纪末藏书已达 10 万册。进入 19 世纪，英帝国在全世界扩张，建立了大于本土 150 倍的殖民地，并将掠夺来的无数珍宝、书籍运回收藏于不列颠博物院图书部。1866 年图书部藏书就激增到了 100 万册，是当时英国最富有的国家图书馆[①]。

在 18 世纪，会员图书馆也异军突起，成为公共图书馆的先声。**会员图书馆**是会员交纳会费（或入股）购书供大家借阅的自助组织，源于 18 世纪初英国的租借图书馆与租书店。1731 年**富兰克林**（Benjamin Franklin, 1706—1790）在费城创办的费城图书馆公司是美国第一所会员图书馆，加拿大总督弗雷德里克·哈尔迪曼德爵士（Sir Frederick Haldimand, 1778—1786）于 1780 年在魁北克也创办了类似的会员图书馆[②]。英国最著名的会员图书馆是**卡莱尔**（Thomas Carlyle, 1795—1881）于 1841 年建立的**伦敦图书馆**，这家图书馆至今仍在供人们使用，藏书超过百万册，拥有世界各地 8000 多位会员[③]。1850 年，英国颁布了《**公共图书馆法**》（*The Public Libraries Act*），提出人口在 1 万以上的城镇有权建立公共图书馆，并于 1851 年在温切斯特市成立了第一个市公共图书馆[④]。1854 年，美国也在第四大城市波士顿依立法建立了公共图书馆。特别是美国钢铁大王**安德鲁·卡内基**（Andrew Carnegie, 1835—1919）斥巨资在英语世界捐建了多达 2519 座公共图书馆[⑤]，掀起了公共图书馆建设高潮。

进入 20 世纪，世界各国公共图书馆普遍建立，类型多样的图书馆体系最终发育成熟，世界图书馆事业迈进了现代化的发展进程。图书馆事业奠定了人类社会坚实的文化基础。

---

① 杨威理.西方图书馆史[M].北京:商务印书馆,1988:150-160.

② [美]戴尔·古德,主编.康普顿百科全书:文化与体育卷[M].赵景纯,等编译.北京:商务印书馆,2005:75.

③ 李婵,编译.图书馆[M].沈阳:辽宁科学技术出版社,2015:154.

④ 杨威理.西方图书馆史[M].北京:商务印书馆,1988:192-197.

⑤ JONES T. Carnegie Libraries across America[M]. New York: John Wiley & Sons inc, 1997:3.

第三章　图书馆员

第一节　图书馆员职业特点和社会角色

一、图书馆员职业特点

职业是指从业人员为获取主要生活来源所从事的社会工作类别[①]。**图书馆员**（librarian）是图书馆从业人员的统称。在一些国家还指图书馆管理专家，或修毕图书馆学专业课程而被授予馆员资格的人，或管理任何一批文献的人[②]。**图书馆员职业**（librarian profession），也称"图书馆职业"，是以工作性质的同一性或相似性为原则，参考其专业化、社会化、国际水平而划分出来的一个职业类型，它需要经过长期专业学习获得资质，以智力劳动为主，在工作中可行使一定的自由裁量权与判断力，单位时间里产出的成果有时不能标准化衡量[③]。图书馆员在国家职业分类体系中被称为"**图书资料专业人员**"，即："从事图书资料、信息资源收集，整理加工、保存保护以及开发利用的专业人员。"[④] 从就业现象来看，图书馆员职业有以下两个特点。

① 国家职业分类大典修订工作委员会,编写.中华人民共和国职业分类大典:2015[M].北京:中国劳动社会保障出版社;中国人事出版社,2015:12.

② 孟广均.孟广均国外图书馆与情报学研究文选[M].北京:海洋出版社,2017:125.

③ MAACK M N. Toward a new model of the information professions: embracing empowerment[J]. Journal of education for library and information science, 1997,38 (4):283-302.

④ 国家职业分类大典修订工作委员会,编写.中华人民共和国职业分类大典:2015[M].北京:中国劳动社会保障出版社;中国人事出版社,2015:144.

1. 图书馆员是一个女性就业密集的职业

美国罗格斯大学的迪·加里森（Dee Garrison）认为：从 1852 年波士顿公共图书馆聘用第一位女性图书馆员开始，图书馆员职业就加快了女性化的速度，到了 1878 年，波士顿公共图书馆的工作人员有 2/3 为女性[①]。1931 年至 1961 年，在加拿大，女性群体在图书馆中的占比一直处于 80% 左右[②]。而在 1990 年左右的澳大利亚，图书馆员职业中的女性人数占比达到了 85%[③]。

据统计，在美国图书馆员队伍里，1995 年女性占比 83.9%，2003 年女性占比 84.4%。到了 2020 年，在所有图书馆员中女性占 83.2%，在所有图书馆技术员和助理中，女性占 77.5%[④]。而英国图书馆在 2015 年做的统计显示，在图书馆和信息工作者中，女性所占比重为 79%，但收入最高者中有 47% 为男性[⑤]。

在我国现代图书馆草创期间，图书馆的多数成员是男性，女性因受教育程度低，人数在图书馆员中占比并不高，没有超过男性的占比。但是随着女性受教育程度的提高和图书馆事业的发展，女性占比逐步提升。据 1980 年的调查，中国各级公共图书馆共计 1654 所，在 8856 位从业人员中，男性为 4247 人，女性为 4609 人，女性占比为 52%[⑥]。据 1982 年的人口普查统计，全国图书馆事业从业人员合计 24 381 人，其中男性 11 228 人，女性 13 153 人，女性占比

---

① GARRISON D. The tender technicians: the feminization of public librarianship, 1876–1905[J]. Journal of social history, 1972,6(2):131–159.

② BRUCE L D. From library work to library science: forming canadian librarianship, 1920–1960[J]. Partnership: the canadian journal of library and information practice and research, 2019,14(1):1–41.

③ SIMON J. The construction of femininity in discourses of the woman librarian: 1890s to 1940s[J]. The Australian Library journal, 1994,43(4):257–271.

④ Library professionals: facts & figures (2021 FACT SHEET)[EB/OL]. Department for professional employees (DPE)（2021–06–10）[2021–07–08]. https://www.dpeaflcio.org/factsheets/library-professionals-facts-and-figures.

⑤ CILIP. CILIP workforce development strategy 2019–2024[EB/OL]. CILIP websites (2019–11)[2020–11–20]. https://cdn.ymaws.com/www.cilip.org.uk/resource/resmgr/cilip_new_website/research/cilip_workforce_development_.pdf.

⑥ 文化部图书馆事业管理局科教处,北京图书馆图书馆学研究部,编.全国公共图书馆概况[M].北京:图书馆服务社,1982:439.

约为 54%[①]。而高等院校图书馆的女性占比则略高于公共图书馆。1980 年，全国高等院校图书馆 675 所，其中 670 所图书馆的工作人员为 17 297 人，女性 10 647 人，占比为 61.56%[②]。

1995 年，一项针对公共图书馆、高校图书馆、科研图书馆的调查项目显示，在 61 所图书馆中共有馆员 6621 人，其中女性 2679 人，占比为 57.9%[③]。到了 2020 年，根据 1257 所高校图书馆上报的在编工作人员的性别数据，高校图书馆男性工作人员有 13 320 人，而女性在编工作人员总量是 26 956 人，占在编工作人员总数的 66.9%[④]。

美国图书馆协会创始人之一**贾斯汀·温泽**（Justin Winsor, 1831—1897）在 1877 年伦敦英美图书馆员会议上的发言说：在美国图书馆，我们非常重视女性的工作。她们软化了我们的工作氛围，减轻了我们的劳动压力，与我们所做的工作同等重要。当然，如果我们硬要按照现行规则来计算这种劳动，在同等工资条件下，她们的效益不知要比男性好多少倍[⑤]。

1922 年**梁启超**[⑥]（1873—1929）在北京女子高等师范学校的演讲中也曾提到，图书馆是适合女性的职业，"因为女子的精细和诚恳，都是管理图书馆最好的素地。女子在馆管理，能令馆中秩序格外整肃，能令阅览者得精神上无形

---

①　国务院人口普查办公室,国家统计局人口统计司,编.中国 1982 年人口普查资料[M].北京:中国统计出版社,1982:402.

②　张白影,荀昌荣,沈继武,主编.中国图书馆事业十年[M].长沙:湖南大学出版社,1989:178.

③　张树华,董小英.中国女图书馆员的数量、结构及心理状态分析[J].中国图书馆学报,1995(5):64-69.

④　吴汉华,王波.2020 年中国高校图书馆基本统计数据报告[J].大学图书馆学报.2021(4):5-11.

⑤　转引自:GARRISON D. The tender technicians: the feminization of public librarianship, 1876-1905[J]. Journal of social history, 1972,6(2):131-159.

⑥　梁启超（1873—1929），号任公，广东新会人。1923 至 1926 年担任过松坡图书馆、国立京师图书馆、北京图书馆（后改名北海图书馆）的馆长。他对图书馆学、文献学有深入研究。在 1925 年 6 月 2 日中华图书馆协会成立仪式的演说辞中，他提出"建设中国的图书馆学"的命题，呼吁将西方图书馆学这种"新学"与中国传统的校雠学这种"旧知"实现对接，进而发展出中国的图书馆学。受其对图书馆事业热忱感染，二女儿梁思庄（1908—1986）在美国留学时专攻图书馆学，回国后长期任职于燕京大学、北京大学的图书馆，曾任北京大学图书馆副馆长。

之涵养。所以我盼望这种职业，全部分、大部分由女子担任"，"这门职业，我信得过男子一定竞争不过女子"[①]。如今图书馆依然是女性就业密集的领域。大批女性馆员任劳任怨、勤勤勉勉地工作，有力地促进了图书馆职业化发展进程，她们用自己的智慧和独有的女性情怀，为我国图书馆事业的发展做出了突出贡献。

图 3-1　梁启超

图片来源：梁任公先生像［J］.图书馆学季刊，1929，3（1/2）：插页.

2. 图书馆员的薪酬处于社会中等水平

根据美国人口普查局公开的数据，2019 年全美在职工作人员约为 1.3 亿人（不包括自雇人员），平均工资是 4.3460 万美元，平均每小时工资是 20.9美元；美国人平均月收入为 3000 美元[②]。2019 年全职图书馆员的**平均年薪**为 6.192 万美元。图书馆技术员的平均小时工资为 17.76 美元，图书馆助理平均小时工资为 14.34 美元。而且因地区、类型不同，馆员收入也有差异。2019年全职图书馆员平均年薪最高的州是哥伦比亚特区，为 8.7250 万美元；平均年薪最低档州如西弗吉尼亚州，为 4.1540 万美元。2019 年大学和专业学校全职工作的图书馆员平均收入为年薪 6.848 万美元，而中小学图书馆员收入为 6.339 万美元，地方政府（不包括教育系统）聘用的图书馆员收入为 5.606 万美元[③]。这些数据说明美国图书馆员薪酬略高于美国人均月收入，处于社会中等水平。

与美国不同，中国的图书馆员收入略低于社会中等水平。根据国家统计局公布的数据，2020 年全国城镇非私营单位就业人员年平均工资为 9.7379 万元[④]，

---

①　梁启超.我对于女子高等教育希望特别注重的几种学科［M］//饮冰室合集·饮冰室文集之三十八.上海：中华书局，1936：［文集］第 13 册.

②　美国平均工资一个月大约多少钱？［EB/OL］.芥末留学（2020-01-10）[2023-04-03].https://www.jiemo.net/news/show-1279122.html.

③　Library professionals: facts & figures (2021 FACT SHEET)[EB/OL]. Department for Professional Employees (DPE)（2021-06-10）[2021-07-08]. https://www.dpeaflcio.org/factsheets/library-professionals-facts-and-figures.

④　2020年城镇非私营单位就业人员年平均工资97379元[EB/OL].国家统计局(2021-05-19)[2021-11-20]. http://www.stats.gov.cn/xxgk/sjfb/zxfb2020/202105/t20210519_1817689.html.

全国城镇私营单位就业人员年平均工资为5.7727万元[①]，二者的平均数为7.7553万元。而根据中国人力资源和社会保障部发布的2020年企事业薪酬调查结果，在不同职业从业人员工资价位[②]数据中，"新闻出版与文化专业人员"（含图书资料专业人员[③]）的年薪分位值为：3.43万元（10%）、4.47万元（25%）、6.24万元（50%）、9.77万元（75%）、15.59万元（90%）[④]。中位值为6.24万元，说明新闻出版与文化专业人员（含图书资料专业人员）的收入略低于社会中等水平。

薪金待遇不高对图书馆职业的专业化进程、职业忠诚度、职业自治程度乃至社会地位等都会有一定的不良影响。但是，大多数进入图书馆行业的个体，他们除了对薪金待遇有一定的要求，更加看重的是这个职业的社会价值和工作环境。

二、图书馆员社会角色

图书馆员职业扮演着怎样的一种**社会角色**（social role）呢？美国诺丁汉大学教授罗伯特·丁沃尔（Robert Dingwall）指出：职业就是为实践目的提供足够确定性的一种技巧，比如说，律师职业能解决法律纠纷中法律语言的模糊性问题，牧师职业看守着现实世界与极乐世界的两扇大门，工程师职业就是去研究自然物品和人造产品之间转化的不可预测性，医生通过诊断和治疗使人的身体恢复秩序和具有可实现的预期[⑤]。马丁·戴维斯（Martin Davies）称："社

① 2020年城镇私营单位就业人员年平均工资57727元[EB/OL].国家统计局(2021-05-19)[2021-11-20]. http://www.stats.gov.cn/xxgk/sjfb/zxfb2020/202105/t20210519_1817690.html.

② 工资价位是指企事业从业人员在报告期内的工资水平,包括基本工资、奖金、津贴和补贴、加班加点工资和特殊情况下支付的工资等。它在一定程度上体现了劳动力市场价格水平。

③ 国家职业分类大典修订工作委员会,编写.中华人民共和国职业分类大典:2015[M].北京:中国劳动社会保障出版社;中国人事出版社,2015:144.

④ 分职业中类企业从业人员工资价位（2020年）[EB/OL].人力资源和社会保障部官网（2021-11-19)[2021-11-24]. http://www.mohrss.gov.cn/SYrlzyhshbzb/laodongguanxi_/fwyd/202111/t20211119_428286.html.

⑤ DINGWALL R. Imperialism or encirclement?[J]. Society (New Brunswick), 2006,43(6):30-36.

会工作者是社区中润滑人际车轮的维护技工"[①]。

图书馆是组织起来的有序知识集合，其目的是消除知识长期保存和随时利用的障碍，所以图书馆员职业实际上就是知识资源与知识受众之间的"经纪人"。这个"经纪人"所扮演的社会角色，根据丁沃尔以比喻方式的设定，我们可以做出这样的描述：**为不确定的知识与不确定的读者（或者反之）建立起确定关系**。这是我们图书馆人自身对图书馆职业社会角色的理解[②]。

第二节　图书馆员职业精神[③]

职业精神是职业使命、职业责任、职业纪律、职业态度、职业情感、职业作风等相互作用而形成的一种核心价值观。**图书馆员职业精神**也称"图书馆职业精神"，它是在一定历史环境下由图书馆人形成的一种职业信念与价值追求。这种职业信念与价值追求可以感召同事与他人，让人们认识到自己在某些方面所具有的潜能和优秀品质，同时也是指导馆员行为的基本信念。因其反映了图书馆独有的价值取向，呈现了图书馆人特殊的品格，图书馆员职业精神还可以用凝练的语言表述出来，成为人们耳熟能详的语句。如中国图书馆界从 20 世纪 50 年代开始流行的一句话："**为人找书，为书找人**"，就是在长期实践中形成的概括图书馆员职业信念与服务宗旨的话语，它就是被广大图书馆员们认可的职业精神。这句话是对印度图书馆学家**阮冈纳赞**（S. R. Ranganathan，1892—1972）1931 年提出的"**图书馆学五定律**"（书是为了用的、每个读者有其书、每本书有其读者、节省读者的时间、图书馆是一个生长着的有机体）[④]的一种高度精练。如今，我们已经难以找到这句话最早的提出者是谁，很难考证它是怎样渐渐传播开来并被广大图书馆员所认同的。然而正是这样自然而然

①　[爱尔兰]GARRETT P M.社会工作与社会理论[M].黄锐,译.上海:华东理工大学出版社,2015:19.

②　王子舟,吴汉华.图书馆职业的发展前景[J].中国图书馆学报,2008(2):16-23.

③　本节内容主要来源:王子舟,吴汉华.图书馆职业的发展前景[J].中国图书馆学报,2008(2):16-23.

④　[印度]阮冈纳赞.图书馆学五定律[M].夏云,王先林,郑挺,等译.北京:书目文献出版社,1988.

形成的东西才最精辟、最有生命力和感召力。

"为人找书，为书找人"这句朴素的话看似简单，实则寓意深远：它把图书馆职业内容涵盖的三个要素、两个向度给明确出来了。三个要素是：书（知识信息资源）、人（知识信息受众）、找（知识服务方式）；两个向度是：为人找书（顺向业务：基础工作、被动服务）、为书找人（逆向业务：增值工作、主动服务）。

首先，在三要素中，"书""人"是名词，都是实体；"找"是动词，为虚体，具有方法、行为意义。其实"找"中隐含了"图书馆员"这个主语，故"图书馆员"与"书""人"可谓三要素中的三个客观存在的实体事物。但是只有隐蔽了"图书馆员"而使用"找"这个行为动作，这样才能使"书""人"发生联系并产生意义，同时也凸显了"书"（知识）、"人"（读者）的地位与"找"（服务）的价值，因此"找"又是三要素中的核心与灵魂。

其次，在两个向度中，顺向的"为人找书"是指有效提供知识服务，但具有被动服务的特性；逆向的"为书找人"是指有效开发知识资源，具有主动服务的特性。二者是一个互动、互进的过程，它与图书馆知识组织、知识利用的过程有着高度的契合关系。尤其是"为书找人"，即把有用的知识提供给需要它的人，"有用"是相对"需要"而言的，话虽简单但要做好是有难度的，需要馆员有高素养、高学识才能做到。"为书找人"将图书馆员职业的价值与追求境界提炼出来了。

实现知识资源与知识受众之间交互作用的效益最大化是图书馆员职业追求的目标。"为人找书，为书找人"是信条也是格言，它在图书馆员职业中的正确运用，可以成为养成职业本领的座右铭。当然，我们要建立起对此格言、座右铭的心悦诚服，还需要在职业生涯里长期努力实践。就像哲学家迈克尔·波兰尼（Michael Polanyi, 1891—1976）所说：关于打高尔夫球及诗歌的真正格言，可以增加我们对打高尔夫球或诗歌的见识，甚至可能对高尔夫球手或诗人提供珍贵的指引；但如果这些格言企图代替高尔夫球手的技能或诗人的艺术，它们将很快宣告自己的失效。任何对该门技艺不具有良好实践知识的人，他就不能理解，更不能应用格言①。

---

① ［英］约翰·齐曼.可靠的知识：对科学信仰中的原因的探索［M］.赵振江，译.北京：商务印书馆，2003：218.

第三节　献身图书馆事业的理由

2005 年 4 月和 2008 年 3 月，我国知名网络社区"天涯社区"的"时尚咨询"板块先后出现两位年轻人提出的帖子："大家说如果不考虑收入前途，最想做什么职业？""如果生活没有任何压力，你会选择什么职业？"众多互不相识的天涯时尚板块的年轻网友们坦然诉说自己的职业梦想：花店主人、咖啡店老板、摄影家、考古学者、书店服务员、历史学家、心理学家、旅行家、画家、钢琴家、电台主持人、园艺家……在这些形形色色富有浪漫、美好、自由、享受、创意、品位等时尚元素的职业梦中，有一百多位网友选择了图书馆职业[①]。年轻人为何愿意从事图书馆职业呢？根据近年一些图书馆员的调查情况，以及结合 2010 年至 2018 年的三次北京大学图书馆学专业课上的调查报告[②③④]，大学生选择图书馆职业的意愿，主要建立在以下几方面：

1. 公益性与社会价值

图书馆是一种了不起的公益事业，为利他主义提供的机会甚至多于教师，因为还可以惠及那些从未进过学校的人们。图书馆有着实现知识自由、平等、包容的崇高目标。图书馆保存人类知识，记录了历史文化，能为后人提供参考，为人类社会不断发展提供智力支持。图书馆虽然不直接创造物质财富，但能为提高社会文明程度、国民素质做出贡献，间接地创造社会财富，也能体现出自身的巨大价值。图书馆是终身教育的场所，人们可以在这里自主学习、自我进修；图书馆还是多种思想、意见表达的公共知识空间，有促进社会民主的推力。在国家软实力建设中，图书馆起着至关重要的作用。成为一名图书馆员可以为提升全民素养、增强国家软实力做出贡献。到这样的公共空间中就职，

---

①　陶芸健.关于图书馆职业时尚塑造的思考[J].河北科技图苑,2011(5):82-84.

②　王子舟.选择图书馆职业的六大理由:来自北大信息管理系本科生期末考试答卷[J].图书馆理论与实践,2010(9):1-3.

③　王子舟.选择图书馆职业的理由:北大《图书馆学概论》期末考试答卷分析[J].图书馆论坛,2015(2):19-25.

④　王子舟.选择图书馆职业的意愿及理由:2018年北大"图书馆学概论"课考试答卷分析[J].图书馆,2018(11):24-29,43.

能产生神圣感。

2. 稳定性与自我提升

图书馆是一个稳定的事业单位，图书馆工作虽然收入不是很高，但是有专业技术职称评定，社会地位也不低。2005 年一项高校图书馆员职业的调查研究显示，稳定性是高校图书馆员选择这个职业的主要原因，且女性对图书馆的职业认同感高于男性[①]。图书馆学专业与图书馆实践对人的知识能力、道德品质都有很好的涵养，图书馆有关知识整理、服务的专业技能也有助于图书馆员自身知识能力的提高。长期从事图书馆工作，可以使从业者养成逻辑分类能力、文本鉴别能力、参考咨询能力，以及平等民主意识、服务奉献精神等。图书馆尤其有利于馆员与读者的终身学习，工作之余图书馆员还可以十分便利地利用馆藏的丰富资源进行自己的研究活动。

3. 环境幽雅、舒适

图书馆的环境雅致、安静，与书为伴，坐拥书城，所获得的精神上的愉悦是其他工作无法替代的。尤其是女性图书馆员，其细心、耐心、亲切等特质，是胜任专业性知识服务工作的优势，她们可以软化环境、营造和谐的氛围。现代生活节奏很快，有些职业待遇高，但工作压力大。而图书馆远离浮躁，工作压力相对较小，可以免去紧张劳作带来的各种焦虑和烦恼。有研究显示，在1960 年之前，加拿大有大量女性被吸引到图书管理领域，其主要原因是：她们喜欢书籍、阅读和与人共事；她们曾受到图书馆员的影响或受到课余图书馆工作的激励；她们被一种与图书馆有关的理智吸引力所激活；她们更喜欢个人化的工作；有些人甚至在图书馆里感到"在家一般的自在"[②]。1995年国内的一项调查研究显示，有 64.3% 的女性馆员是因为"图书馆工作环境和性质好"而选择图书馆职业的[③]。

---

① 霍丽敏,曹歌.高校图书馆员职业认同感分析:以天津地区高校图书馆为例[J].图书馆学研究,2008(9):20-23.

② BRUCE L D. From library work to library science: forming canadian librarianship, 1920-1960[J]. Partnership: the canadian journal of library and information practice and research, 2019,14(1):1-41.

③ 张树华,董小英.中国女图书馆员的数量、结构及心理状态分析[J].中国图书馆学报,1995(5):64-69.

4.挑战性在增加

图书馆的业务工作较之以往会越来越具有挑战性。互联网、新媒体等技术对图书馆有冲击，但不会取而代之，图书馆主动应用最新技术反倒催生出更多新型图书馆服务乃至需要更多有专长的人才。图书馆数字资源的丰富与新媒体的应用，已经使得图书馆具备了新形态。图书馆除了文献借阅服务，其他服务功能会越来越多，而且业务上也应逐步与相关机构如档案馆、博物馆、美术馆、艺术馆、展览馆横向结合，创造出更大的社会效益。图书馆既需要全才，也需要专才，还需要馆员具备良好的沟通、交往能力。图书馆在与时俱进中，需要不断吸收新技术、新方法，这就需要输入大量新鲜血液，需要吸收接受新事物能力强的年轻人在此就业。

当然，我国图书馆员职业化进程虽有进步，目前也存在着诸多困难与问题，如社会地位与职业声望还较低，薪酬待遇总体上不是很高，基层公共图书馆业务工作比较落后等。这些都会导致人们在选择图书馆职业时有所踌躇。但是，随着图书馆事业的发展，以及无数图书馆员的辛勤奉献，图书馆职业会越来越成为人们愿意选择的职业之一。

第四节　国内外图书馆员职称

在美国想要成为一名图书馆员，通常需要拥有图书馆学硕士学位，中小学图书馆员还须获得教师资格证。2020年，全美图书馆员中的58.15%拥有硕士或更高学位，26.39%拥有学士学位，5%持有副学士学位，10.5%持有高中文凭。许多其他图书馆工作人员，包括低薪图书馆技术人员和图书馆助理，也具有较高的教育程度。全美图书馆技术人员和助理中的45.5%拥有高中文凭或同等学力，14.1%拥有副学士学位，27.2%拥有学士学位，10.7%拥有硕士、专业或博士学位[①]。

为了保证图书馆员的专业水准，维护这一职业的社会地位和声誉，许多国

---

①　Library professionals: facts & figures (2021 FACT SHEET)[EB/OL]. Department for Professional Employees (DPE) (2021-06-10)[2021-07-08]. https://www.dpeaflcio.org/factsheets/library-professionals-facts-and-figures.

家实行了资格考试制度，即通过学历认证和资格考试并经历一定工作年限，方能担任图书馆员。19世纪末，德国、英国、法国等欧洲国家就实行了资格考试制度。目前大多数国家的图书馆员都区分为辅助人员和专业人员，如美国图书馆协会规定图书馆业务人员分为**辅助人员**（supportive staff）和**专业人员**（professional staff）两类[①]：

（1）辅助人员分三级：①**职员**（clerk），具体的称谓视不同图书馆而有所区别，有高中文凭或同等学力即可申请，职责是根据各图书馆要求进行工作；②**馆员助理**（LIS assistant），至少两年的大学学习，或获得副学士学位（不管有或没有经过图书馆技术助理培训），或中学毕业后有图书馆学培训及相关技能，或学过图书馆业务证书课程。职责是作为辅助人员按照既定政策和程序执行任务，可能包括对此类任务的监督。③**助理馆员**（LIS associate），要求获得学士学位（信息科学与图书馆学学位者优先），或学士学位加上具有其他图书馆适用的学术或工作技能，一般是具有一定经验可以独立从事一项具体业务，如文献编目、馆际互借等，但还需接受进一步的培训以提升业务水平。

（2）专业人员分两级：①**馆员**（librarian），馆员需要获得美国图书馆协会（ALA）认证的图书馆学（library science）或信息科学（information science，中国也称为情报学）的硕士学位，简称ALA-accredited MLIS/MLS/MIS学位[②]。职责包括独立地做出管理和监督决策，对规则和程序做出解释，能够分析出图书馆问题并针对问题提出创造性的解决方案；②**高级馆员**（senior librarian），除了馆员的要求之外，还需要有相关的经验及持续的专业发展能力，其职责为最高级别，包括但不限于管理，对图书馆事业某方面有超凡的见识，或者对图书馆有价值的其他专业领域具有高深知识。

日本图书馆专业人员分为司书补和司书。**司书补**相当于美国图书馆的辅助人员，需高中毕业，职责是协助司书工作；**司书**（又区分为五级）相当于美国

---

① Library and information studies and human resource utilization policy statement[EB/OL]. ALA websites[2021-12-08]. https://www.ala.org/aboutala/sites/ala.org.aboutala/files/content/hrdr/educprofdev/lepu.pdf.

② 傅平.美国的图书馆员为啥知识那么丰富？[EB/OL].科学网·PingFucwu的个人博客（2022-04-19）[2022-05-30]. https://blog.sciencenet.cn/home.php?mod=space&uid=3316383&do=blog&id=1334559.

图书馆的专业人员，需大学毕业，学过图书馆学专业或相关课程，或从事司书补三年以上者，职责是从事图书馆的专门业务工作[①]。

在中国，一般进入大学图书馆、科学研究院所图书馆、省市级公共图书馆，都要具有图书馆学、情报学硕士及硕士以上的学位，或者与从事的业务工作相关的硕士及硕士以上的学位，如古典文献学专业、历史文献学专业、计算机和信息科学专业、外语专业等。如果是医学、法学等专业图书馆，具备图书馆学和相应学科的教育背景或双学位，竞争力就更强一些。每个招聘单位都会在招聘广告中说明招聘人员应该具有的教育背景。当然，在某些市县的基层图书馆、中小学图书馆，专业学历要求不会这样严苛，图书馆学本科学历或其他专业的本科学历也可以应聘成功，这也要仔细阅读用人单位招聘广告的具体要求。

因属于专业技术人员范畴，中国图书馆员职业有专业技术职称系列，一共分为五级：**管理员**、**助理馆员**、**馆员**、**副研究馆员**和**研究馆员**。馆员以下为初级业务人员，属于初级职称，相当于美国的辅助人员系列；馆员以上相当于美国的专业人员，其中馆员为中级业务人员，属于中级职称，副研究馆员和研究馆员为高级业务人员（相当于高等学校的副教授、教授），属于高级职称，他们主要承担较深的文献研究任务，指导、主持业务工作和科研工作，同时能够解决重大的业务问题[②]。

第五节　图书馆员职业伦理规范

职业伦理通常是由职业精神与职业伦理规范组合而成的。职业精神是职业伦理规范的指导思想，职业伦理规范则是职业精神的具体体现。**职业伦理规范**是职业人正确处理与其自身职业相关的各种社会关系的总体要求。

图书馆职业伦理规范的内容主要涉及馆员与文献、读者、同事、图书馆、社会等多组关系范畴。综览英国、瑞典、德国、法国、芬兰、意大利、西班牙、捷克、俄罗斯、亚美尼亚、美国、加拿大、墨西哥、乌拉圭、以色列、新

---

① 孟广均.孟广均国外图书馆与情报学研究文选[M].北京:海洋出版社,2017:126.
② 孟广均.孟广均国外图书馆与情报学研究文选[M].北京:海洋出版社,2017:127.

西兰、澳大利亚、日本、韩国等 20 多个国家与地区公布的图书馆职业伦理规范 ①，以及**国际图联（IFLA）2012 年 8 月公布的《图书馆员及其他信息工作者的伦理准则》**②，我们可以提炼出以下六个方面国际通行的图书馆职业伦理规范 ③④：

（1）在图书馆员与信息资源的关系上，馆员的职责是发展馆藏，对记录和传递的知识进行有效保存与整理，保障文化的连续与传承。在选择和采集知识文本时，要摆脱宗教、政治的干涉或任何偏见的影响，而应严守中立的立场，因为中立才能建设最为平衡的馆藏，保持资源的多样性，并为公众提供最为平衡的信息获取渠道。支持知识自由原则，反对任何审查馆藏资源的行为，鼓励知识自由传播，鼓励信息和思想观念的自由流动，尽可能提供最高水平的、毫无偏见的知识服务。要珍惜和爱护馆藏知识资源，确保文献的真实性和完整性，不能忽视馆藏资源在保存中的潜在危险。承认并且尊重知识产权，防止损坏著作权人的利益，在法律允许的范围内使馆藏资源最大化地为读者所利用，因为维护知识创造者与利用者之间的正常关系是促进知识社会发展的重要条件。

（2）在图书馆员与读者的关系上，馆员应该尊重读者平等获取知识的权利，尊重文化的多样性，确保每一位读者不受歧视地平等获取知识信息资源，而不考虑这些读者的国别、种族、性别、年龄、信仰以及社会地位；尊重读者享有自由选择知识信息的权利，不能干涉读者的自由访问、查询与借阅。致力于提供优质服务，满足读者的需求；致力于提高读者的信息素养，在弱势群体获取信息时给予必要帮助。应当保护每一位读者的隐私，即保守读者查询、借阅、获取和传递馆藏资源的秘密，即便图书馆与读者服务关系终止，馆员保守秘密的责任仍将继续；对于任何第三方，不论他们有何种目的，如果没有读者同意，都不能私自利用读者信息，除非他们事先获得了读者同意，因为读者出

①　National codes of ethics for librarians by countries[EB/OL]. IFLA websites[2021-11-21]. https://www.ifla.org/g/faife/professional-codes-of-ethics-for-librarians/.

②　IFLA code of ethics for librarians and other information workers[EB/OL]. IFLA websites (2012-08-12)[2021-11-21]. https://www.ifla.org/wp-content/uploads/2019/05/assets/faife/codesofethics/chinesecodeofethicsfull.pdf.

③　王子舟,吴汉华.图书馆职业的发展前景[J].中国图书馆学报,2008(2):16-23.

④　曾君君,盛小平.国内外图书馆员职业伦理守则的内容分析[J].大学图书馆学报,2014(1):34-40.

于信任才把个人信息托付给图书馆。

（3）在图书馆员与图书馆的关系上，馆员必须将个人的哲理观念与职业的责任相区分，不允许个人的观念、信仰影响图书馆发展目标的实现。要维护图书馆的公益形象，应该通过职业表现和忠实行动为图书馆信誉做出应有的贡献。馆员应积极参与图书馆发展政策、服务计划的制定，并发挥自己的作用。馆员应当意识到图书馆业务工作的整体性与系统性，为实现图书馆的发展而应当相互紧密协作，不能做出有损于其他业务环节工作质量的行为以及影响全馆的读者服务工作。不能利用馆藏资源进行商业牟利活动，不能利用自己职务的方便将图书馆的资源变为个人使用，以及随意地提供给与自己有社会关系的人，进行情感投资或换取其他各种利益。

（4）在图书馆员与同事的关系上，馆员应当认识到每位同事都对图书馆有特定的作用，因此要真诚友好地对待同事，尊重同事的观点、行为、个人风格。馆员之间的交往在任何时候都应当采用较高的人际交往标准，即诚信、尊重、公正以及谦恭的合作精神，将自己的知识与别人分享，并将这一方式视为职业发展的主要环境要素。馆员之间的竞争，应当凭借真实的业务能力与个人品质而不应当采取不良手段。

（5）在图书馆员与图书馆职业的关系上，馆员应捍卫图书馆职业的威信，表现出较强的职业精神与职业主义，以本职业为荣，尊重本职业，积极参与专业组织的各种活动，加入地方和国家图书馆员协会，并应致力于获得全面的专业知识和经验。图书馆员应意识到自己所有的服务行为都是非常专业的，要想在专业上达到优秀，就要与职业的发展相适应，进行终身学习，时刻让自己保持知识渊博，不断提高自己的工作能力和技能水平。要鼓励工作同事的职业发展，激发潜在职业人员的职业意向，尽力使本职业保持卓越，进而提升本职业的社会声誉。

（6）在图书馆员与社会的关系上，由于图书馆职业的社会性质是建立在社会责任感之上的，因此馆员除了以促进社会成员信息素养、阅读能力的发展为己任，还应当承担一定的公共责任，代表图书馆积极参与到公众社会事务中去，使图书馆如同其他教育机构、社会机构和文化机构一样发挥作用。图书馆职业与其他职业的关系是基于相互尊重和相互合作的，馆员要尊重不同类型知识信息传播机构的同行，与这些同行保持密切联系，与更广泛范围社会记忆保存机构的同事进行协作。馆员在与图书馆资源、设施供应商合作时，应该基于高道德标准以保持合作关系，不能有从中牟利或发生损坏图书馆利益的行为。

第六节　如何成为真正的图书馆员 [①]

韩国图书馆学家李炳穆先生在《何以成为真正的图书馆员》（2006 年）一文中，曾提到真正的图书馆员应具备专业资质、职业使命、继续学习、专业团体、职业伦理、个人品性、价值观这些方面的素质。这七方面素质未必能涵盖一个真正的图书馆员应具备的所有素质，但它们确实是非常重要的。而且十几年过去了，这些方面素质的重要性依然没有下降。

1. 专业资质

一个真正的图书馆员首先应该具备图书馆员的基本资质。所谓**专业资质**，是指"能够完成自己承担的工作任务的能力或实力"[②]，或者可以表述为**核心能力**（core competencies），即"指有助于个人在某一特定职位上取得成功的技能（skills）、知识（knowledge）和个人品质（personal attributes）"[③]。

对于图书馆员来说，专业资质或核心能力可通过大学的图书馆学课程教育、从事图书馆工作的训练等途径获得。美国图书馆学家谢拉认为，进入任意一个行业前的学生，必须用三种不同类型的知识来装备自己：①该领域的理论框架。简言之，他必须知道这个领域是关于什么的，它的内容是什么，它的目标是什么，以及它所追求的目的是什么。②适当的研究方法。他知道适合他的专业领域的研究方法，即该领域的新知识产生或发现的方式。③对已验证知识的主要贡献。他必须了解学术史，了解他的特定专业对已验证知识的主要贡献。此外，作为图书馆员还应该掌握三项知识：第一，对记录信息特征的了解；第二，关于读者需求的知识；第三，也是重点，将文献和读者结合起来的

---

①　本节内容主要摘编自：李炳穆.何以成为真正的图书馆员[J].蒋永福，译.中国图书馆学报，2006(6):15-20.

②　李炳穆.何以成为真正的图书馆员[J].蒋永福，译.中国图书馆学报，2006（6）:15-20.

③　GIESECKE J, MCNEIL B. Core competencies and the learning organization[J]. Library administration and management,1999,13(3):158-166.

方法（包括选择、获取、组织、理解、评价等），即读者和文献之间的互动，以及影响这种互动关系的因素[①]。

多年后的今天，图书馆员应具备的专门知识的内容已有很大改变，但这些知识所描述的对象关系却没有发生实质性变化，只是知识的内容因电子媒体和信息技术的导入以及由此引起的图书馆内外环境的变化而产生了新的意义。

2. 职业使命

真正的图书馆员无论什么时候都不应忘记图书馆的基本使命和自身所负的职责，也就是说始终不应忘记自己应该遵循的职业法则。

随着信息、通信技术的迅猛发展，一部分读者可以不通过图书馆或馆员也能获得所需的信息和知识。而图书馆的馆藏、服务也向着数字化、网络化、多样化方向发展。但是技术的改进并未改变图书馆固有的历史使命，只不过由于技术的威力很大，容易使人一时忽略手段与目的的区别。图书馆员的**职业使命**有时可以表述为图书馆员的目标，谢拉曾说"图书馆员的目标是使图文记录的社会效用最大化，以造福人类"[②]；也可以表述为图书馆员的核心使命，国际图联曾表示"图书馆员和其他信息工作者的核心使命是确保所有人可以获取所需信息，无论其获取信息的目的是用于个人发展、教育、文化生活、休闲、经济活动，还是用于享有知情权，或参与和建设社会民主"[③]。

因此，图书馆员必须牢记信息技术的广泛应用虽然给图书馆带来诸多变化，但变化的只能是实现图书馆使命或职能所需的手段、方法、步骤等，而社会对图书馆赋予的基本使命以及图书馆员在完成使命方面应发挥的作用不会改变。

3. 继续学习

真正的图书馆员应孜孜不倦地学习履行职责所需要的知识。即便在大学里系统学习过图书馆学或相关专业知识和技能，并取得学历和学位，获得了在图书馆或其他相关部门谋职的资格，然而由于知识、技能在不断地更新，如果一

---

① SHERA J H. The foundations of education for librarianship[M]. New York: Becker and Hayes, 1972:199-206.

② SHERA J H. The foundations of education for librarianship[M].New York: Becker and Hayes, 1972:197.

③ 图书馆员及其他信息工作者的伦理准则（IFLA）[EB/OL]. IFLA websites[2021-11-21]. https://www.ifla.org/wp-content/uploads/2019/05/assets/faife/codesofethics/chinesecodeofethicsfull. pdf.

个图书馆员在几年之内不注重知识更新和继续学习，必将很难适应图书馆职业变化的需要。最终这种人不仅让聘用者失望，也将失去读者对自己的信任。

不断变化着的图书馆发展环境要求图书馆员具有很强的自适应能力。为了使图书馆和读者满意，图书馆员必须不断提高自身的资质水平，包括提高知识、技能、个人品行等水平。图书馆员应负有终身学习的责任。每个图书馆也有责任为馆员设计职业生涯计划，有责任采取馆内培训、现场演习、研讨会、演讲会等一系列措施促进开展馆员继续学习的活动。图书馆员还应掌握相关知识，如玛丽·奈尔斯·麦克（Mary Niles Maack）认为，图书馆员应当学习心理学、社会工作、教育学等学科，借鉴这些相关学科知识，使我们自己的专业发展成为一种赋能职业，使读者通过知识有效掌控自己的命运[①]。

继续学习的责任主体是馆员自己。继续学习的目的是增长知识、提高技能，并使自身达到优秀的程度。

4. 专业团体

真正的图书馆员应积极地参加图书馆专业团体的活动。**专业团体**如协会，是指为了达到共同目的和解决共同问题而由一批自愿加入的人员构成的组织。组建专门职业团体是专门职业的特性之一，也是为了发展共同的事业应具有的一种独特的文化。图书馆员加入专业团体或协会，可以通过参与各种活动共享共同体的所有成果，也可以得到团体的保护与支援，进而参与到团体的各种事业中去。

全国性的图书馆专业团体应发挥的作用，可概括为三个方面：①对于政府，提出有利于图书馆事业发展的政策性建议，发现和纠正错误的图书馆行为；②对于社会，寻求有利于图书馆事业发展的社会舆论氛围，争取得到社会支持，以促进图书馆事业的发展；③对于读者，阐明图书馆服务的理念和原则，开展能够保障读者阅读权和信息接近权的各种活动。

图书馆员加入全国性的图书馆专业团体，可以从中得到许多收益。如美国图书馆协会公布，如果您享有会员资格，则可得到协会以下的帮助：①提高您接触和服务社区的能力；②与图书馆各个领域的专业人士会面、联系和交流；③增强所学专业和图书馆的结合；④提高您所在图书馆的效能；⑤构建和分享

---

① MAACK M N. Toward a new model of the information professions: embracing empowerment[J]. Journal of education for library and information science, 1997,38 (4):283-302.

您的知识；⑥详细了解最新的趋势和议题；⑦了解到新技术和新方法；⑧培养领导技能；⑨支持和倡导通过公共渠道获取信息；⑩对相关立法问题产生影响；⑪通过图书馆让世界变得更美好[①]。

5. 职业伦理

真正的图书馆员必须恪守图书馆员的伦理，忠诚于本职工作。图书馆职业是诸多社会职业之一。与其他社会职业相比，在图书馆从业者当中，不忠于本职工作的现象比较严重。如选择图书馆职业的志愿者当中，有不少人是"一边选择，一边他顾"，总是考虑是否还有比图书馆职业更好的工作。再如，在图书馆员当中，也有一些一边工作一边打算"改行"的人。这样的人肯定不会专心从事本职工作。当然这种情况可能与其最初上大学填报志愿有关，即想报考一个理想专业，后来却被调剂到图书馆学专业。

不过，无论出于什么原因，从事图书馆工作，只要将"就业"转化为"志业"，即将自己所从事的职业看作一种有价值的事业，以图书馆职业伦理规范来约束自我，用毕生精力为之奋斗，那就一定可以在图书馆事业中做出不凡的贡献。

6. 个人品行

真正的图书馆员必须保持图书馆职业所期望的品德与受到读者尊敬的品行。人的一生是一个不断完善自我的过程，而自我完善需要付出艰苦努力。大凡成功的人都是追求自我品行优秀的人。

图书馆员因其工作具有服务性质，故而应具有服务精神、使命感、责任心、亲和力，以及创新性等优秀品质。真正的图书馆员应该具备受读者欢迎的品行。所谓的受读者欢迎的图书馆员，按《威尔逊图书馆公报》前编辑格雷斯安妮·德坎迪多（GraceAnne DeCandido）的说法，就是"要成为你作为读者希望遇到的图书馆员：平易近人、细心、便利、慷慨"[②]。那些对读者发自内心关爱的温柔笑脸，始终会受到读者的欢迎。相反，读者总想回避的那些图书馆员，大多是不亲切的、像施惠者那样漫不经心的人。

---

① ALA member value programs & benefits[EB/OL]. IFLA websites[2021-11-21]. https://www.ala.org/membership/node/69/.

② DECANDIDO G. A. Ten graces for new librarians[J]. Trends in law library management and technology, 1999:10(5):1-2.

7. 价值观

真正的图书馆员必须坚信自身职业的价值，具有坚定的职业信念和强烈的职业自豪感。一个人对于自己所从事的职业是否满意，往往有两个判断尺度：外在因素和内在因素。前者所注重的是这个职业所能提供的经济收入、职业的安全性等问题，后者所注重的是对于这个职业价值的信念、这个职业对于自我价值实现所具有的意义等问题。注重外在因素的人往往把自己的职业当作"生活的手段"来对待，而注重内在因素的人则把它当作"生活的目的"来对待。两者之间有天壤之别。

图书馆员职业的核心价值是十分明确的：即致力于知识保存与传递，为个人、集体、社会服务，维护知识自由，保障知识和信息的公平获取，鼓励读写等学习，促进社会民主发展。

一个人对自己所从事的职业是否感到满意，是否感到成功，主要取决于他对这一职业的价值判断。另外，职业对他个人成长所带来的乐趣和意义，也会对他的价值判断产生重要的影响。即使某一职业给他带来许多的困难和辛苦，而且社会地位和经济待遇都不高，但是只要能感受到这个职业所带来的乐趣和自豪感，人们就会选择它。

第七节　图书馆员的行业组织

一、国际图书馆协会与机构联合会

国际上最知名的图书馆行业组织当属**国际图书馆协会与机构联合会**（International Federation of Library Associations and Institutions, IFLA），简称国际图联或 IFLA，总部位于荷兰海牙市。截至 2021 年 6 月 18 日，它的会员共计 1047 个，遍布全球 143 个国家和地区[①]，主要包括图书馆领域的代表性机构、协会（学会）、个人和其他相关组织[②]，并与联合国教科文组织和其他国际组织

---

① IFLA annual report 2020[R/OL]. IFLA websites[2021-09-01]. http://repository.ifla.org/bitstream/123456789/1095/1/2020.pdf.

② 包括研究所、大学、基金会, 甚至国家银行,如巴拉圭中央银行。

建立了良好关系，被认为是"图书馆的全球代言人"①。它以"激发、参与、启用和连接全球图书馆领域"为使命，主要业务包括与会员一起制定专业议程和图书馆服务标准，改善信息和文化遗产资源的获取渠道与方式，倡导图书馆在地方和全球政策中处于核心地位，通过召开世界图书馆和信息大会（World Library and Information Congress, WLIC）、制定标准和指南、发布趋势报告、设立图书馆营销奖等方式，来推动行业合作和事业发展。

IFLA 是随着图书馆事业的发展而产生的。1876 年美国图书馆协会成立，随后英国、丹麦、比利时等一些国家也成立了类似组织，彼此间开展国际合作的呼声日渐高涨。经过多年酝酿，在 1927 年英国图书馆协会成立 50 周年纪念大会上，包括中国在内的 15 个国家的代表联合倡议并签署协议②，宣布成立国际组织——国际图书馆和书目委员会（International Library & Bibliographical Committee）③；1929 年召开第一次成立大会，并通过第一部章程，更改名称为国际图书馆协会联合会（International Federation of Library Associations, IFLA）。1976 在名称中增加 "and Institutions"（与机构）一词，即国际图书馆协会与机构联合会（International Federation of Library Associations and Institutions），英文简称仍为 IFLA。早期 IFLA 的目标是成为各国图书馆协会的总协会，主要是加强图书馆管理和书目领域的国际合作；但随着时代的发展，它的业务已非常注重与全球和当地文化及社会发展建立密切联系。

IFLA 的会员大部分是各类型图书馆机构（占 56%）④，其次是个人（占 32%）、国家级图书馆协会或学会（占 9%），其他组织占比约 3%。这些会员交纳的会员费是国际图联收入的最主要部分，2020 年合计 728 122 欧元（约 573 万元人民币），约占所有收入的 61%⑤，其中机构和国家级协会（学会）交纳的会员费占比 93%。IFLA 的会员来自 100 多个国家和地区，其中来自欧洲

---

① About IFLA［EB/OL］. IFLA websites［2021-09-01］. https://www.ifla.org/about/.

② 当时中国派出的代表是韦棣华（Mary Eizabeth Wood）。

③ International library co-operation［R/OL］. IFLA websites［2021-09-01］. https://www.ifla.org/wp-content/uploads/2019/05/assets/hq/history/1927-resolution.pdf.

④ 本段文字涉及的数据可参见国际图联 2020 年年度报告，文本来源：http://repository.ifla.org/bitstream/123456789/1095/1/2020.pdf.

⑤ 其他主要来自荷兰政府或议会的固定拨款和专项拨款、各基金会支持、业务收入等渠道。

的会员占比 43%，北美地区占比 24%，亚太地区占比 20%；就国家而言，来自德国、法国、美国和中国的会员最多。总体上，无论是会员数量，还是经费贡献，欧洲图书馆界的话语权一直更有优势。近些年，随着中国图书馆事业的快速发展，IFLA 的中国声音越来越明显。中文已成为国际图联世界图书馆和信息大会官方语言之一，数十位中国代表在 IFLA 的管理机构和工作组任职，多家中国图书馆获得国际图联颁发的重要奖项，中国图书馆界与世界图书馆同行之间的学术交流日益走向深入。

IFLA 每年一度的世界图书馆与信息大会（WLIC）是图书馆和信息服务领域重要的国际交流盛会。它将来自世界各地的高级演讲者、各方面领域的专家以及图书馆和信息工作者聚集在一起，会有来自 130 多个国家的数千名参与者参与会议，他们发出的声音和表达的观点有着令人惊奇的多样性。1996 年 8 月 25—31 日，第 62 届国际图联大会曾在中国北京召开，会议的主题为"变革的挑战：图书馆与经济发展"。

图书馆员参加国际图联大会的好处有：

①和与您所关注的主题有相同兴趣的各级专业人士建立联系；

②扩大将来可联系的同事网络；

③建立跨越国界和大陆的友谊；

④将最先进的理念带回您的工作场所；

⑤与同事分享您学到的知识，或在开展新的服务以造福所在社区时分享您所学到的知识；

⑥参与全球讨论，并意识到我们面临类似的挑战，以便共同实现变革；

⑦从您自己的工作场所到全球层面上，为自己的图书馆宣传收获的想法和灵感；

⑧激活自我——许多人发现参加国际图联大会可以重燃活力并开启新的可能性。

如果您参加实体会议，您还将获得探索城市和国家的绝佳体验，并向他们的图书馆员学习，因为他们向全球图书馆领域展示了他们国家最好的图书馆。大会还提供国际贸易展览，图书馆供应商很乐意展示他们的解决方案，并讨论您的需求或图书馆情况[1]。

二、国家与地区的图书馆协会

1. 美国图书馆协会

美国图书馆协会（American Library Association, ALA）是世界上历史最悠久、规模最大的图书馆协会。ALA 成立于 1876 年 10 月 6 日费城百年博览会期间，当时的目的是"使图书馆员能够以更少的成本更轻松地完成他们目前的工作"[2]。2003 年，美国图书馆协会注册为**非营利法人**（not-for profit corporation），理事会是它的管理机构，由不少于 177 名成员组成，负责确定所有政策，每年召开两次会议；日常管理则通过执行委员会开展，总部员工数大约 270 人[3]。

ALA 还下辖公共图书馆协会（Public Library Association, PLA）、美国学校图书馆员协会（American Association of School Librarians, AASL）、儿童图书馆服务协会（Association for Library Service to Children, ALSC）、学院与研究型图书馆协会（Association of College & Research Libraries, ACRL）、青少年图书馆服务协会（Young Adult Library Services Association, YALSA）、参考与读者服务协会（Reference & User Services Association, RUSA）等专业协会。还设立了图书馆历史、图书馆研究、图书馆社会责任、图书馆退休会员等若干圆桌会议，鼓励同行交流，讨论关于图书馆与职业相关的问题和想法；如果只是短期交流，则可以组建相应的兴趣小组（Membership Initiative Groups, MIGs)。美国图书馆协会的分支还包括各州图书馆协会以及一些申请成为附属机构的自治组织，比如研究图书馆协会（Association of Research Libraries, ARL）、法律图书馆协会（American Association of Law Libraries，AALL）、神学图书馆协会（American Theological Library Association，ATLA）、信息科学

---

① Benefits of attending[EB/OL]. IFLA websites[2021-11-21]. https://www.ifla.org/wlic-benefits/.

② Founding of the American Library Association[EB/OL]. ALA websites[2021-11-21]. https://www.ala.org/aboutala/history.

③ 本段文字涉及的数据参见：Organizational overview[EB/OL]. ALA websites[2021-09-01]. https://www.ala.org/aboutala/governance/handbook/Organizational%20overview/orgoverview.

与技术协会（Association for Information Science and Technology，ASIS&T）等。

ALA 的使命是：①在美国和世界各地拓展和扩大图书馆服务；②面向所有类型的图书馆：学术图书馆、公共图书馆、学校图书馆和特殊图书馆；③面向所有图书馆员、图书馆工作人员、受托人和其他致力于改善图书馆服务的个人和团体；④提供会员服务；⑤构建开放、包容和协作的环境；⑥弘扬道德、坚守专业和正直；⑦追求卓越与创新；⑧倡导知识自由；⑨承担社会责任与公共利益；⑩推进可持续发展[①]。

ALA 2019 财年收入 49 572 222 美元（约 3.2 亿人民币），其中会员费 8 128 984 美元（约 5200 万人民币），占比约 16.2%；它的主要收入来源是会议收费和出版销售，合计占比约 56.1%。在 2019 财年里，ALA 的会员数超过 5.8 万，包括各地协会、图书馆和信息机构、其他组织和个人，其中许多来自其他国家；年会的参加人数超过 2.14 万，参展商超过 6800 家，其影响力由此可见[②]。

2. 英国图书馆与信息专业协会[③]

英国图书馆与信息专业协会（Chartered Institute of Library and Information Professionals, CILIP）是代表英国图书馆员和其他信息从业人员的行业组织。它的前身是**英国图书馆协会**（Library Association, LA）。英国图书馆与信息专业协会与美国图书馆协会齐名，总部设在英国伦敦。

LA 成立于 1877 年，也是世界上最早成立的图书馆行业协会之一。1876 年，伦敦学院图书馆馆长**尼克尔逊**（Edward Williams Byron Nicholson, 1849—1912）参加美国图书馆员费城大会后，在《泰晤士报》撰文建议在伦敦召开国际图书馆员会议。1877 年来自 8 个国家和英国本国的 216 名代表参加了会议，并于 10 月 5 日宣告英国图书馆协会成立，从此英国图书馆事业走上专业化的道路。在以后几十年里，英国专业图书馆和情报机构协会（Association of Special Libraries and Information Bureaux, ASLIB）于 1926 年成立，学校图书馆协会于 1937 年成立，国立和大学图书馆常设会议（SCONUL）于 1950 年成立。

---

① 　About ALA[EB/OL]. ALA websites[2021-11-21]. https://www.ala.org/aboutala/.

② 　本段文字涉及的数据可参见《美国图书馆协会 2019 年影响力报告》: https://www.ala.org/aboutala/sites/ala.org.aboutala/files/content/2019-ALA-Impact-Report-ac.pdf.

③ 　本节内容来源: 图书馆学百科全书编委会, 编. 图书馆学百科全书[M]. 北京: 中国大百科全书出版社, 1993:625-626.

这些协会既隶属于 LA，也相对独立。

1898 年，英国政府为图书馆协会颁发了皇家特许状，授权图书馆协会审查考核图书馆从业人员的资格和颁发资格证书。1909 年，英国图书馆协会建立了全国图书馆合格专业人员注册制度，只有通过协会的专业资格考试，才可以注册成为专业馆员。另外，成立于 1895 年，专为图书馆非行政职位的助理人员而设的英国图书馆助理馆员协会（Library Assistants Association），1930 年成为英国图书馆协会的一个组成部分。至此，英国图书馆协会成为专业馆员资格认定的机构。1958 年，一些在科技领域从事情报工作的专业人员从 LA 中分裂出去，成立了英国情报科学家学会（Institute of Information Scientists, IIS）。2002 年 4 月 1 日，LA 和 IIS 合二为一，成立了新的"图书馆与信息专业学会"（CILIP）。成员包括图书馆员、不同类型组织的信息专业人员和知识管理专业人员。

3. 日本图书馆学会

日本图书馆协会（Japan Library Association, JLA）的前身"日本文库協会"成立于 1892 年（明治二十五年）3 月，由 25 名图书馆员组成。它是继美国和英国之后世界上第三个历史较为悠久的组织。130 年来，JLA 作为代表日本图书馆的全国性综合性组织，开展了有助于图书馆成长和发展的活动。以往**夏目漱石**（1867—1916）、日文百科辞典《广辞苑》的主编新村出（1876—1967）等知名人士曾成为会员，支持协会的活动。现在它由个人成员、支持成员和设施成员组成，包括全国各地的图书馆员和支持图书馆的人。

JLA 的目标是通过促进各种图书馆（公共图书馆、大学图书馆、学校图书馆、专业图书馆、社区图书馆、国立国会图书馆、其他阅读设施和信息提供设施）的发展，支持人们阅读和使用信息材料，为文化进步和学术发展做出贡献。为了实现这一目标，协会开展了如下业务：①图书馆工作人员的培养，包括培训和课程；②图书馆管理咨询、支持和政策建议；③图书馆管理、运营、服务和技术的调查，以及资料收集与研究；④图书馆管理工具和选书工具的创建与推广；⑤协会机关刊物的出版和研究、调查成果的刊行；⑥表彰为促进图书馆进步而开展的活动和做出的贡献；⑦与国内外图书馆组织的合作、协作和支持。

JLA 所属的会刊《图书馆杂志》创刊于 1907 年（明治四十年），目前已出版 108 卷以上。为了反映图书馆发展的统计数据与信息分析情况，JLA 每年还发行《日本图书馆》（1953 年创办）、《图书馆年鉴》（1982 年创办）。另外，《JLA 邮件杂志》（2000 年创刊，周刊）还以速报的形式提供有关图书馆的信息。JLA 每年秋天举行全国年会，届时国内各地图书馆馆员将齐聚一堂[①]。

4. 中国图书馆学会

中国图书馆学会（Library Society of China, LSC）是由图书馆及相关行业科技工作者自愿结成的全国性、学术性、非营利性社会组织。其前身为成立于 1925 年的**中华图书馆协会**，1927 年中华图书馆协会成为国际图联（IFLA）的发起单位之一。"文革"结束后，1979 年 7 月 9—16 日，中国图书馆学会成立大会暨第一次会员代表大会在山西太原召开。同年 8 月加入中国科学技术协会。1981 年 5 月，中国图书馆学会恢复了在国际图联的合法席位。

中国图书馆学会挂靠国家图书馆，其办事机构行政上隶属国家图书馆，同时也接受业务主管单位中国科学技术协会和社团登记管理机关民政部的业务指导和监督管理。中国图书馆学会最高权力机构是会员代表大会。中国图书馆学会理事会是会员代表大会的执行机构，在闭会期间领导学会开展日常工作。2020 年 11 月 25 日经选举成立的第十届理事会，共有常务理事 55 人，理事 175 人。截至 2021 年底，中国图书馆学会个人会员 29 396 名，单位会员 967 家。中国图书馆学会共设立了 16 个分支机构：学术研究委员会、图书馆学教育委员会、阅读推广委员会、编译出版委员会、交流与合作委员会、公共图书馆分会、高等学校图书馆分会、专业图书馆分会、中央国家机关图书馆分会、医学图书馆分会、高职院校图书馆分会、中小学图书馆分会、党校图书馆分会、团校图书馆分会、未成年人图书馆分会和工会图书馆分会。日常办事机构是中国图书馆学会秘书处，会刊是《中国图书馆学报》。中国图书馆学会 2021 财年收入为 7 091 088 元人民币，支出 6 452 378 元人民币[②]。中国图书馆学会围绕图书馆工作及相关领域开展的业务活动主要有：

①开展学术交流，活跃学术思想，组织学术研究，促进学科发展；

②普及图书馆学、信息科学和信息技术等相关学科基本知识，提高社会公

---

① 日本図書館協会について［EB/OL］.日本図書館協会［2021-12-02］. http://www.jla. or.jp/jla/tabid/221/Default.aspx.

② 中国图书馆学会 2021 年年报［EB/OL］.中国图书馆学会（2022-05-10）［2023-04-03］. https://www.lsc.org.cn/cns/contents/1298/15483.html.

众的图书馆意识与信息素养，推动全民阅读，促进知识的创新与传播，为提高国民科学文化素质，建设学习型社会发挥作用；

③开展国际和地区间学术交流活动，加强同国外、境外图书馆界的联系与合作；

④依照有关规定编辑、出版、发行图书馆学文献，促进专业信息传播；

⑤尊重会员的劳动和创造，维护会员和图书馆工作者的合法权益，反映他们的意见和呼声，开展为会员服务的工作，举办相关活动，促进学术道德建设和学风建设；

⑥按照规定介绍、评定和推广图书馆学科研成果，促进学术成果的应用；

⑦为国家文化、教育、科技发展战略、政策和经济建设中的重大决策，以及我国图书馆事业的法规政策的制定提供咨询服务，推进决策的科学化、民主化；

⑧开展对会员和图书馆工作者的继续教育和职业培训工作；

⑨积极承接政府转移职能，积极参与政府向社会组织购买服务项目，促进图书馆事业社会化发展；

⑩促进学会办事机构工作人员队伍建设，使其适应工作的需要和学会的发展；

⑪开展其他与图书馆业务相关的各项活动[①]。

第八节　属于图书馆员的奖项

一、国际图联的图书馆员主要奖项

1. 荣誉会员

荣誉会员（Honorary Fellow）是国际图联的最高奖项。它根据功绩每届授予一位（有时空缺）为国际图联和全球图书馆领域提供长期杰出服务的人。荣誉会员奖表彰的范围包括：①对国际图联做出贡献的模范个人和专业人士；②

---

　　① 　中国图书馆学会简介[EB/OL].中国图书馆学会（2021-01-29)[2021-12-02]. http://www.lsc.org.cn/contents/1297/9876.html.

在同事和同行之间具有领导力和影响力；③在全球图书馆领域做出了模范贡献；④努力地促进了国际图联的价值观，例如多样性、包容性和平等性。

该奖项按年度颁发，但不一定每年都有。荣誉会员的提名需要得到来自不同国家的至少四名提名者的支持，他们是（或代表）来自不同国家的现任国际图联会员或个人所属机构。提名者不得将提名相关信息告知被提名者①。

图 3-2　西班牙国家图书馆馆长格洛丽亚·佩雷斯–萨尔梅隆（Glòria Pérez–Salmerón, 1958— ）获得 2021 年国际图联荣誉会员的证书

图片来源：Honorary Fellow［EB/OL］. IFLA websites［2021–11–21］. https://www.ifla.org/honorary-fellow/.

2. IFLA 奖章

IFLA 奖章（IFLA Medal）表彰的标准：①为国际图联提供卓越服务或在全球图书馆领域做出重大贡献的人；②努力地促进了国际图联的价值观，例如多样性、包容性和平等。

获得 IFLA 奖章，至少要有三名来自不同国家 / 地区的提名者，他们是（或代表）现任国际图联会员或个人所属机构。提名者不得将提名相关信息告知被提名者②。

---

① Nomination for Honorary Fellow[EB/OL]. IFLA websites[2021–11–21]. https://www.ifla.org/nominations–for–honours–and–awards/.

② Nomination for IFLA Medal[EB/OL]. IFLA websites[2021–11–21]. https://www.ifla.org/nominations–for–honours–and–awards/.

3. IFLA 感谢状

IFLA 感谢状（IFLA Scroll of Appreciation）的提名，至少要有来自不同国家 / 地区的两名提名者，他们是（或代表）国际图联现任会员、个人所属机构或部门常设委员会的现任成员。提名的条件应基于以下必要标准：①为国际图联委员会和 / 或团体做出突出贡献的个人和专业人士；②努力地促进了国际图联的价值观，例如多样性、包容性和平等。提名者不得将提名相关信息告知被提名者[①]。

二、部分外国的图书馆员主要奖项

1. 美国图书馆员的主要奖项

美国图书馆协会的各种奖项多达一百多个。每年都会奖励对本行业做出杰出贡献的获奖者，以及通过奖学金、未来项目补助金和杰出服务奖提供继续教育。下面介绍五种有关图书馆员的奖项：

（1）荣誉会员

荣誉会员（Honorary Membership）资格是 ALA 的最高荣誉，可授予任何国家的在世公民，其对图书馆事业或密切相关领域的贡献十分突出，以至于对整个图书馆服务领域的进步具有持久的重要影响。该奖项每年颁发一次。获奖者将获得奖牌和享有终身的 ALA 提供的福利待遇。其遴选标准为：①该称号承认个人自身的贡献，而不是代表集体贡献；②被选为荣誉会员的人应该具备通过该资格体现 ALA 荣誉的能力；③获得荣誉会员资格的原因是其贡献能超越具体时空，对图书馆事业或对图书馆密切相关的某领域产生积极影响；④获得称号者可以是图书管理人员或相关领域的人员。

2021 年，ALA 前执行董事**罗伯特·韦奇沃思**（Robert Wedgeworth）被选为 ALA 荣誉会员。他还是国际图联的活跃成员，是第二位当选国际图联主席的美国人。在他的领导下，国际图联成员扩大到约 140 个国家，并在建立国际图联全球通信系统（IFLANET）方面发挥了重要作用。国际图联于 1997 年任

---

① Nomination for IFLA Scroll of Appreciation[EB/OL]. IFLA websites[2021-11-21]. https://www.ifla.org/nominations-for-honours-and-awards/.

命他为名誉主席^①。

（2）年度学术/研究型图书馆员奖

年度学术/研究型图书馆员奖（Academic/Research Librarian of the Year Award）旨在表彰在学术或研究型图书馆事业和图书馆发展方面作出重大国家或国际贡献的图书馆界杰出成员。每年颁发一次，获奖者将获得 5000 美元的奖金和奖牌。该奖项遴选标准为：①通过大学和研究图书馆协会及相关组织为本行业提供优质服务；②对学术或研究图书馆服务有重大影响的研究；③出版有助于学术或研究型图书馆发展的学术或理论著作；④规划和实施一个堪称典范的图书馆项目，并能起到示范作用。2021 年获奖者为茱莉亚·盖尔芬德（Julia M. Gelfand），她是加州大学（UC）欧文分校应用科学与工程馆员，花了四十多年的时间完善了研究馆员制度。正是由于她对她的大学、专业和科学探究本身的变革性贡献，她被授予"2021 年度学术/研究型图书馆员"的称号^②。

（3）表彰图书馆员的奖项

我爱我的图书馆员奖（I Love My Librarian）设立于 2008 年，由纽约卡内基公司慈善基金会赞助，主要奖励学术图书馆、公共图书馆和学校图书馆的杰出图书馆员，他们因其专业知识、奉献精神和对社区中人们的深远影响而获奖。其评选方式比较特别，主要是由读者提名参加评选，获奖者不仅获得奖励证书还将获得 5000 美元的现金奖励。每年有多达 10 名的图书馆员获此殊荣。

每位被提名者必须是图书馆员，拥有美国图书馆协会认可的图书馆和信息研究课程的硕士学位，或相关专业的硕士学位。被提名者必须目前在美国的公共图书馆、经认可的两年制或四年制学院或大学的图书馆或经认可的 K–12 学校（幼儿园至高中的不同阶段的学校）的图书馆工作。

2020 年 ALA 收到了 1865 项当年"我爱我的图书馆员"奖项提名，最终评选出了对新冠疫情大流行做出了快速有效应对，并提供了最佳服务的 10 名

---

① About the Honorary Membership[EB/OL]. ALA websites[2021-11-26]. https://www.ala.org/awardsgrants/honorary-membership.

② Academic/Research Librarian of the Year Award[EB/OL]. ALA websites[2021-11-26]. https://www.ala.org/awardsgrants/academicresearch-librarian-year-award.

图书馆员 ①②。

图 3-3　2020 年度 ALA "我爱我的图书馆员"获奖者

图片来源：10 winners receive prestigious I Love My Librarian Award for outstanding public service [EB/OL]. ALA websites (2021-01-11) [2022-01-05]. https://www.ala.org/news/press-releases/2021/01/10-winners-receive-prestigious-i-love-my-librarian-award-outstanding-public.

图书馆员表彰奖（Librarian Recognition Award）旨在表彰图书馆员为信息素养与教学的发展、进步和支持所做出的贡献。该奖项向所有类型的图书馆中参与教学 / 信息素养活动的图书馆员开放。每年颁发一次。获奖者将获得一块奖牌和 1000 美元的奖励，以及 500 美元用于参加 ALA 年会的旅行津贴。该奖项颁发给具有以下任何一项条件的图书馆员：①在写作与图书馆有关的教学 / 信息素养主题的作品方面作出突出贡献，这些作品包括正式和非正式出版物（同行评审的文章和书籍章节、博客文章、工作简报等），即也考虑非传统的出版形式；②创建一个教学 / 信息素养计划或项目，并具有在大范围内示范

---

①　I Love My Librarian[EB/OL]. Ilovelibraries websites[2022-01-05]. http://www.ilovelibraries.org/lovemylibrarian.

②　10 winners receive prestigious I Love My Librarian Award for outstanding public service [EB/OL]. ALA websites(2021-01-11)[2022-01-05]. https://www.ala.org/news/press-releases/2021/01/10-winners-receive-prestigious-i-love-my-librarian-award-outstanding-public.

和共享的潜力；③在地方、区域、国家或国际各级专业组织中，致力于支持和促进任何类型图书馆的教学／信息素养水平的提升[1]。

（4）艾莉·贝丝·马丁奖

艾莉·贝丝·马丁奖（Allie Beth Martin Award）向在公共图书馆环境中有以下能力的图书馆员提供认可：①对一种或多种图书馆资料（成人或儿童的小说、非小说或参考书、视频或连续出版物）有着非常广泛和深入的知识；②分享该知识的杰出能力，即通过书籍讲座、向社区或专业团体的演讲、书面评论等，广泛而热情地分享了他们的知识。该奖项每年颁发一次。获奖者将获得3000美元的奖金[2]。**艾莉·贝丝·马丁**（Allie Beth Martin,1914—1976）是美国图书馆员、教育家、政治家和作家。1939年在皮博迪学院获得图书馆学学士学位，1949年获得哥伦比亚大学图书馆学硕士学位。从1963年到去世，她担任塔尔萨市县图书馆（Tulsa City–County Library）的第一任馆长，以其开创性的图书馆改进计划而闻名。1990年，她被美国图书馆界评为图书馆学领域最具影响力的100人之一。

（5）女性与性别研究图书馆事业成就奖

女性与性别研究图书馆事业成就奖（WGSS Award for Career Achievement in Women & Gender Studies Librarianship）属于妇女和性别研究图书馆领域的事业成就奖，设立于1999年，由杜克大学出版社赞助。每年颁发一次，以表彰为妇女和性别研究作出了杰出贡献的学术图书馆员。

获奖者将获得750美元的支票和奖牌。被提名者应在以下一个或多个领域具有重大成就和贡献：①通过ACRL/WGSS或相关组织在本行业领域提供服务；②从事妇女研究领域的学术／研究图书馆服务；③在妇女研究的学术／研究图书馆服务领域出版研究成果；④规划和实施妇女研究学科的学术／研究图书馆方案，且这些方案具有示范性，可以作为其他学科的榜样。2021年获奖者为简·尼科尔斯（Jane Nichols），她是俄勒冈州立大学副教授兼主管教学与

①　About the Librarian Recognition Award[EB/OL]. ALA websites[2021–11–26]. https://www.ala.org/awardsgrants/librarian–recognition–award.

②　About the Allie Beth Martin Award[EB/OL]. ALA websites[2021–11–26]. https://www.ala.org/awardsgrants/awards/72/apply.

业务的系主任①。

2.英国图书馆员的主要奖项

（1）荣誉会员

从 1896 年以来，荣誉会员（Honorary Fellowship）是英国图书馆与信息专业协会（CILIP）授予在图书馆和信息界作出卓越贡献者的最高认可。该奖项获奖标准必须至少符合以下一项：①被提名人通过在信息专业的工作或对信息专业的支持，对人们和社会产生了重大的积极影响；②他们的工作以某种方式提高了信息专业的形象和地位；③他们的工作对推动信息专业发展产生了重大而积极的影响。以往的获奖者有三次担任过首相的**斯坦利·鲍德温**（Stanley Baldwin, 1867—1947），苏格兰慈善家和图书馆资助人**安德鲁·卡内基**（Andrew Carnegie, 1835—1919），诗人、小说家和图书管理员菲利普·拉金（Philip Larkin, 1922—1985），小说家**凯瑟琳·库克森**（Catherine Cookson, 1906—1998）和儿童插画家兼作家**雪莉·休斯**（Shirley Hughes, 1927— ）②。

（2）年度导师奖

年度导师奖（Mentor of the Year Award）专门奖励优秀的指导老师。CILIP 拥有 250 多名导师，他们是经验丰富的专业人士，接受过指导技能培训，能够积极分享他们的经验和知识，以支持希望提升技能和经验的其他人的职业发展。每年 CILIP 都会从接受导师帮助与培训的学员那里寻求年度导师的提名。被提名者必须是当前的 CILIP 成员，且注册为 CILIP 的导师。获得该奖项的导师，应该是：①平易近人且乐于帮助他人；②重视并尊重学员的专业观点；③愿意分享他们从图书馆、信息和知识社区的经验中获得的专业知识与见解；④面对专业挑战，帮助学员树立应对信心③。

（3）立志奖

立志奖（Aspire Award）旨在帮助新专业人士实现专业发展。获奖者将获

---

① WGSS Award for Career Achievement in Women & Gender Studies Librarianship[EB/OL]. ALA websites[2021-11-26]. https://www.ala.org/awardsgrants/wgss-award-career-achievement-women-gender-studies-librarianship.

② Honorary Fellowship[EB/OL]. CILIP websites[2021-11-28].https://www.cilip.org.uk/page/HonoraryFellowship.

③ Mentor of the Year Award [EB/OL]. CILIP websites[2021-11-28]. https://www.cilip.org.uk/page/MentoroftheYear.

得参加年度 CILIP 会议的会务费与差旅费资助。该奖项是为了纪念 CILIP 首席执行官鲍勃·麦基（Bob McKee, 1951—2010）而设立的，他于 2010 年 8 月去世。2011 年由 CILIP 和 IFLA 在麦基的家人和英国图书馆学家莉兹·乔利（Liz Jolly）的支持下设立①。

3. 日本图书馆员的主要奖项

为了表彰为图书馆情报学发展作出贡献的会员，日本图书馆情报学会（日本図書館情報学会）现设有**日本图书馆情报学会奖**（日本図書館情報学会賞，以下简称"学会奖"）、**日本图书馆情报学会论文奖**（日本図書館情報学会論文賞，以下简称"论文奖"），**日本图书馆情报学会奖励奖**（日本図書館情報学会奨励賞，以下简称"奖励奖"），以及**日本图书馆情报学会优秀发表奖励奖**（日本図書館情報学会優秀発表奨励賞，以下称"发表奖"）。

上述学会奖、论文奖、奖励奖及发表奖每年评选一次。日本图书馆情报学会正式会员在选拔学会奖、论文奖和奖励奖过程中，可以推荐候选会员。获奖对象的遴选标准如下：①学会奖授予在学术研究上取得特别优秀业绩，为图书馆情报学研究发展作出贡献的正式会员；②论文奖授予正式会员和学生会员，奖励在学术研究上特别优秀，为图书馆情报学研究的发展做出贡献的论文作者；③奖励奖授予学术研究上取得优异业绩，并有潜力与活力的年轻研究人员，他们可以是正式会员或学生会员；④发表奖授予在研究集会上发表出色的口头演讲，并有潜力与活力的年轻研究人员，他们可以是正式会员或学生会员②。

此外，日本国立大学图书馆协会还设立了**国立大学图书馆协会奖**（国立大学図書館協会賞），奖励协会成员和在图书馆活动、图书馆情报学研究方面作出杰出贡献的个人（或团体）。该奖项的设立是为了纪念已故的**岸本英夫博士**（1903—1964，东京大学图书馆前馆长），以期将他在日本大学图书馆改革方面取得的成就长期传承下去。1965 年，岸本英夫博士的遗属和全国大学图书馆馆员捐赠的"岸本英夫博士纪念基金"成立。2006 年，在该基金和其他捐

① About the Aspire Award[EB/OL]. CILIP websites[2021-11-28]. https://www.cilip.org.uk/page/AspireAward.

② 表彰内規（2018年9月30日から施行する）[EB/OL].日本図書館情報学会[2021-11-28]. https://jslis.jp/about/policies/.

款的基础上设立了"国立大学图书馆协会纪念基金",纪念基金设立了国立大学图书馆协会奖①。

图 3-4　由东京艺术大学名誉教授寿美田洋一和讲师莲见智幸设计的国立大学图书馆协会奖章

图片来源：国立大学图书馆协会赏 [EB/OL]. 国立大学図書館協会 [2021-11-28]. https://www.janul.jp/ja/award.

三、中国图书馆员的主要奖项

目前中国图书馆学会的常设奖项主要有优秀会员、优秀学会工作者奖、青年人才奖、李炳穆交流合作奖、韦棣华助学金等。

1. 优秀会员和优秀学会工作者

优秀会员和**优秀学会工作者**荣誉称号的设立，旨在表彰在图书馆事业中做出成绩的中国图书馆学会的会员和学会工作者。评选范围涵盖中国图书馆学会分会、委员会（以下简称"分支机构"），各省、自治区、直辖市图书馆学会（以下简称"地方学会"）所辖的全国学会会员和所属学会工作者（包括学会专兼职工作人员）。优秀会员和优秀学会工作者每逢奇数年评审一次。优秀会员候选人的名额原则上占各分支机构、地方学会全国会员总数的 3%—5%；优秀学会工作者的候选人名额原则上每次每个分支机构、地方学会限报 1 名，会员数量超过 300 名的单位可考虑增加 1 个名额。

（1）优秀会员评选条件为：①有 3 年以上全国学会会龄；②热爱祖国，关心集体，团结同志，助人为乐，遵纪守法；③热爱图书馆事业，遵守职业道德，勤奋工作，恪尽职守；④不断学习，勇于创新，在理论研究、科研工作和学术交流等方面取得优异成绩；⑤认真履行会员的权利和义务，热心学会工

---

① 国立大学图书馆协会赏 [EB/OL]. 国立大学図書館協会 [2021-11-28]. https://www.janul.jp/ja/award.

作，积极参加分支机构、地方学会和全国学会组织的活动及有关公益事业，并在活动中表现突出。

（2）优秀学会工作者评选条件为：①全国学会会员，从事学会工作3年以上；②热爱祖国，遵纪守法，廉洁自律，具有大局意识和团队精神；③热爱学会工作，遵守职业道德，结合实际，积极为会员、图书馆工作者策划、举办活动，并取得好成绩，工作中富有创新意识和服务奉献精神；④以会员为本，维护会员权益，为会员排忧解难[①]。

2. 青年人才奖

中国图书馆学会青年人才奖是中国图书馆学会表彰和鼓励具有突出业务技能、取得一定研究成果的青年业务和学术骨干的专门奖项。原则上每两年评选一次。申请者应具备以下条件：①在图书馆及信息情报机构、图书馆专业教学与研究机构等领域工作的中国图书馆学会会员；②年龄在35周岁以下（含35周岁）；③热爱祖国、爱岗敬业，团结协作、无私奉献，在服务和管理等岗位上作出突出贡献；④钻研业务、学风正派，在理论探索、实务研究、技术研发，教学和研究等方面取得显著成绩；⑤积极参加学会活动，为推动图书馆事业的发展作出突出贡献。

青年人才奖应由推荐单位来推荐：每个中国图书馆学会分支机构可各推荐1名；各省、自治区、直辖市图书馆学会可各推荐1名；中国图书馆学会秘书处可推荐1名[②]。

3. 李炳穆交流合作奖

李炳穆交流合作奖是中国图书馆学会为鼓励和加强中韩两国之间的图书馆交流与合作而设立的。奖金由韩国延世大学荣誉教授李炳穆先生捐赠，用以奖励对中韩图书馆交流做出贡献的中国学者。该奖项于2012年开始，每年评出获奖者1名，奖励额度为1万—1.2万元（含个人所得税），评选及颁奖工作由中国图书馆学会交流与合作委员会负责。

申报人应为中国图书馆学会会员，在过去十年间对中韩两国图书馆交流合

作做出过贡献。申报者须有两名以上具有正高级职称的中国学者联名推荐，填写"专家推荐意见"表项并签字，同时要符合下列条件之一：

①在中国公开出版或正式发表高水平的介绍、研究韩国图书馆或韩国图书馆学情报学的著作、论文（中文作品、英文作品皆可，含编译作品、翻译作品）的人士。

②在邀请和接待韩国图书馆员或韩国图书馆学情报学学者到中国图书馆或图书馆学情报学领域参观、学习、调查、研究等方面做出突出贡献的人士。

③在韩国公开出版或正式发表高水平的介绍、研究中国图书馆或中国图书馆学情报学的著作、论文（韩文作品、英文作品皆可，含编译作品、翻译作品）的人士。

④在帮助、促进中国图书馆员或图书馆学情报学学者赴韩国图书馆或图书馆学情报学领域参观、学习、调查、研究等方面做出突出贡献的人士[①]。

4. 附非图书馆员奖——韦棣华助学金

韦棣华助学金由**韦棣华**（Mary Elizabeth Wood,1861—1931）女士于 1930 年在美国设立的韦棣华基金会（Mary Elizabeth Wood Foundation）提供。基金会初期将有限的收入用来资助文华图书馆专科学校。1986 年该基金会设立了奖学金项目，每年授予来自中国并在美国全日制高校就读图书馆学、情报学专业的学生。申请者必须是中国公民，而且学成之后必须愿意返回祖国效力，目的是为中国培养图书馆专家。该项目因效果不甚理想于 1996 年停止。从 1997 年开始，美国韦棣华基金会通过中国图书馆学会设立韦棣华助学金。助学金用于资助在中国大学（学院）接受全日制教育、就读于图书馆学专业的本科生和研究生，特别倾向于奖励那些家境贫寒却能自强不息、勤奋好学的学生。每年根据韦棣华助学金总额，评审出韦棣华助学金获助者 20—40 名，近几年奖励金额为 2500 元/人[②]。

① 中国图书馆学会关于开展"李炳穆交流合作奖"申报工作的通知[EB/OL].中国图书馆学会（2018-08-31）[2021-12-02]. http://www.lsc.org.cn/contents/1129/12587.html.

② 崔彤.韦棣华基金会与中国图书馆事业的发展[J].国家图书馆馆刊,2004(2):50-53; 中国图书馆学会韦棣华助学金评委会.中国图书馆学会关于申报2023年韦棣华助学金的通知（附件1:申请与评审指南）[EB/OL].中国图书馆学会（2023-04-26）[2023-09-01］. https://www.lsc.org.cn/cns/contents/1672212140970/1651144783819456512.html.

申请条件有：①申请者了解韦棣华助学金来历，秉承韦棣华女士精神，具备品德优良、成绩优秀、经济困难（博士生不限此项）等条件；②申请者必须是在校的全日制图书馆学专业的本科生、硕士生、博士生，博士生中，正在撰写博士论文者优先考虑；③不接受在职学生的申请；④申请过但未获助的学生可以继续申请，并请在申请中予以说明，而已获得过韦棣华助学金的学生，原则上不再接受申请[①]。

图3-5　韦棣华女士（Mary Elizabeth Wood, 1861—1931）
图片来源：刘谦定.韦棣华、沈祖荣：中国图书馆学教育先驱 [EB/OL]. 书香武汉 [2023-05-15]. http://www.whcbs.com/Upload/BookReadFile/202002/eace10b1f5a3442b8bef8dba807ae9c5/ops/chapter006.html.

① 中国图书馆学会韦棣华助学金评委会.中国图书馆学会关于申报2022年韦棣华助学金的通知（附件1：申请与评审指南）[EB/OL].中国图书馆学会（2022-11-01）[2023-09-02]. https://www.lsc.org.cn/cns/contents/1672212140970/15566.html.

第四章　图书馆资源

第一节　馆藏文献资源的种类

图书馆资源（library resources）的概念在广义上包括图书馆文献资源、人力资源、空间资源等，但在狭义上仅指图书馆收藏的文献资源，过去在图书馆学职业语境中，人们往往习惯称为 **"图书馆藏书"**（library collection，简称 **"馆藏"**）。图书馆收藏的文献是一个动态的资源系统，是经过长期积累形成的。馆藏**文献资源**按照不同的分类标准可以划分出不同种类。目前大致有以下种类：

一、载体形态：纸质文献、缩微文献、数字文献、实物文献

从载体形态上划分，图书馆馆藏文献资源主要可划分为纸质文献、缩微文献、数字文献、实物文献等。

（1）**纸质文献**。纸质文献主要指以纸张为载体的写本、印本、盲文文献等，包括图书、报刊、舆图、乐谱、手稿、信札等文献资料。纸质文献最大的优势是适合人们的阅读习惯，同时保存时间也较长。但是局限性是占有空间大，时间长了会导致图书馆空间拥挤。

（2）**缩微文献**。缩微文献是指用缩微照相的方式将原始文献等比例缩小存储在感光材料上，并借助于专用阅读器而使用的文献。在内容上，缩微文献和原始文献毫无二致；在载体形态上，缩微文献表现为缩微胶卷和平片。缩微文献具有节省存储空间、保存时间久、方便检索复制等优点①。

（3）**数字文献**。数字文献又称"电子文献"，是以二进制数字代码形式记

---

① 图书馆学百科全书编委会，主编.图书馆学百科全书[M].北京:中国大百科全书出版社,1993:443-444.

录于光磁介质上，能被计算机识别处理，具备多种格式类型，可在网络平台上传播与利用的资料。包括电子图书、电子报刊、各种多媒体资料。数字文献资源的优点是体积小，可以高密度、大容量存储；一次存入，可以无限次使用；方便远程检索、识别和提取，易于实现自动化和资源共享①。数字文献资源的缺点是须借助软件、设备才能使用。相对纸质文献资源而言，数字文献资源的有效存留时间有限，许多图书馆的数字文献资源大多数只拥有使用权，而没有资源拥有权，一旦丧失使用权就无法继续提供数字文献的服务了。

（4）**实物文献**。实物文献是指以实际物品表征文献意义的资料，如标本、钱币、证章、样品、模型、雕塑等，我国图书馆事业在起步之初就重视实物文献的收藏建设，如成立于1904年的**湖南图书馆**，在创建之初就规定"本馆所藏为图画、书籍、标本、模型、理化器械以及各种教育用品、各种报章等项目，有志向学者，皆得照规矩入馆参阅"②。而美国**洛杉矶公共图书馆**也有着丰富的实物馆藏，如耶鲁木偶戏团的专藏，这批历史资料记录了耶鲁大学木偶人哈里·伯内特（Harry Burnett）等三人组合从1941年到1956年在好莱坞演出的历史，它们由数百张照片、信件、剧本、戏单、音乐笔记、书籍和海报组成，还包括一些哈利·伯内特使用的手工木偶。当时很多名人都喜欢他们的演出，包括查理·卓别林、葛丽泰·嘉宝、玛琳·迪特里希、莱昂

图 4-1　约1953年耶鲁木偶戏团使用的歌剧演唱家和钢琴家木偶

图片来源：Part 4: Turnabout Theatre[EB/OL]. Los Angeles Public Library[2021-12-31]. https://exhibits.lapl.org/lifeonastring/section-4/.

---

① 孙绿怡,主编.信息检索[M].北京:中央广播电视大学出版社,2007:8.

② 湖南图书馆兼教育博物馆规则[M]//湖南图书馆,编著.湖南图书馆百年志略.北京:北京图书馆出版社,2004:190-191.

内尔·巴里摩尔和阿尔伯特·爱因斯坦[①]。

图书馆目前的外在信息环境，已经从单一的纸质媒介为主的世界，变成了多媒介互相竞争的世界，数字化资源的积累量正在赶超纸质载体资源存量。2017年，电子书在美国的图书馆已占所有藏书材料的29.7%，而且访问量极大，仅2017年读者就访问了300 199台公共计算机2.58亿次[②]。

二、记录方式：文字图画文献、音视频文献

从记录方式上划分，图书馆馆藏文献资源可以划分为文字图画文献、音视频文献等。

（1）**文字图画文献**。文字图画文献指在纸张或电子文档上以文字、图形记录形成的文献资料。纸质文献基本上属于此类，除了有图书、报刊、舆图、乐谱、绘画作品（如连环画）之外，还包括拓片（将碑铭器物上的文字、图案拓下来的纸片）、合同、地契、**侨批**（海外华人华侨寄回国内的可留附言的汇款凭据）等各种档案或民间文书资料。

（2）**音视频文献**。音视频文献是以声音或影像记录形成的资料，包括模拟音视频文献、数字音视频文献等。随着媒体压缩、快捷传输的技术迅速发展，音视频文献数量逐年上升，读者受众也越来越喜欢阅读音视频文献，同时大量传统的模拟音视频文献随着数字音视频文献的发展而被冷落，利用率明显下降。多载体、多格式并存的馆藏结构格局既不利于长期保存，也不便读者使用，因此通过信息载体之间的转换，对音视频文献进行深度的开发和综合利用也成为图书馆文献资源开发利用的一项重要任务。

三、内容范畴：人文、社科、自然、综合类文献

从内容范畴上划分，图书馆馆藏文献资源可以划分为人文、社会、自然、综合等几大类文献。

---

① Life on a string: the Yale Puppeteers and the Turnabout Theatre audio tour[EB/OL]. Los Angeles Public Library[2021-12-31]. https://lapl.org/puppeteers/01.

② Library professionals: facts & figures(2021 FACT SHEET)[EB/OL]. Department for Professional Employees (DPE)（2021-06-10）[2021-07-08]. https://www.dpeaflcio.org/factsheets/library-professionals-facts-and-figures.

人类积累下来的知识，按照所属知识内容的性质，可以分为人文科学、社会科学和自然科学。如果按照知识内容性质来划分文献，图书馆馆藏文献可以分别划分为**人文科学文献**、**社会科学文献**、**自然科学文献**三类。加之有些文献内容属于综合性的（如百科全书等工具书），故图书馆馆藏文献又包含了第四大类**"综合性文献"**（图书分类法一般称为"综合性图书"）。

就这些不同内容体系文献的使用价值来说，已有的图书馆学的研究成果显示，自然科学文献的**半衰期**（half-life）[①]较短，文献老化趋势明显；社会科学文献的半衰期较长，文献老化也缓慢；人文科学文献的半衰期最长，文献老化不明显。因为自然科学的知识增量，主要是建立在科学观察或实验的基础上，使用的是实证的研究方法，对以往积累下来的科学文献的依赖度不大；而社会科学、人文科学知识增量主要是建立在对以往历史文献的解读上，使用的阐释的研究方法，对以往积累下来的历史文献有很大的依赖性。正如德国图书馆学教授汉斯－克里斯托弗·霍伯姆（Hans-Christoph Hobohm）所说："在物理学中，一篇文章常常由于后来同一作者或其他作者作品的发表而变得过时。在社会科学和人文科学中，即使不是史学家，也可能去查阅历史文献。科学文化之间的许多差异均可用这一特点来解释。"[②]而这一文献老化规律的发现，也给图书馆**藏书剔旧**（collection weeding）[③]提供了理论依据。一般来说，在图书馆剔旧文献中，自然科学文献的剔旧数量比社会科学、人文科学文献的要多。

四、应用目的：普通馆藏、特色馆藏

从应用目的上划分，图书馆馆藏文献资源可以划分出普通馆藏、特色馆藏

[①]　所谓文献的半衰期，是指某学科领域现时尚在利用的全部文献中的一半是在多长一段时间内发表的。例如，物理学文献的半衰期是4.6年，意思是说，现时仍在利用的物理学文献的50%，其出版年龄不超过4.6年。"半衰期"大体上与某学科领域的文献中半数失效所经历的时间相同。换句话说，上述物理学文献一半失效的时间也是4.6年。引自：马费成，宋恩梅，赵一鸣，编著.信息管理学基础[M].3版.武汉：武汉大学出版社，2018:106.

[②]　［法］阿里·卡赞西吉尔，［法］大卫·马金森，主编.世界社会科学报告（1999）[M].黄长著，等译.北京：社会科学文献出版社，2001:271-272.

[③]　藏书剔旧是指将现在及今后使用可能性最小的图书从基本藏书区撤出，转入辅助藏书区、储存中心，或加以注销。见：何秀荣，主编.高校图书馆创新发展研究[M].北京：中国农业大学出版社，2017:156.

两大类文献。

（1）**普通馆藏**（general collection）。普通馆藏主要是指为最广大的读者提供服务的馆藏图书文献。主要有馆藏图书、报刊、学位论文、报告、图片、视音频资料，以及读者经常使用的数据库、电子文献等。从学科内容来看，基本上覆盖了人文、社会、自然以及综合这几大部类的文献。它是图书馆馆藏资源的主体，数量大、使用频率高，服务方式基本上以开架借阅为主。

（2）**特色馆藏**（special collection，中文简称为"**特藏**"）。特色馆藏是指图书馆经过长期收集积累形成的、在某一特定领域有科学或历史、艺术价值的文献集合。特色馆藏可分为纸质文献特色馆藏和数字资源特色馆藏（即数字资源特色数据库）。特色馆藏是图书馆形成**馆藏特色**的依据，也是能够有效提供特色服务的基础。

2016年6月，美国图书馆协会下属的**美国大学与研究图书馆协会**（Association of College and Research Libraries，ACRL）颁布了第四版《**从普通馆藏转入特色馆藏的藏品挑选指南**》（*Guidelines on the Selection and Transfer of Materials from General Collections to Special Collections*）。该指南指出，大多数图书馆普通馆藏中的部分文献，都有可能因时过境迁变得稀少而显出它所具有的文化、历史和货币价值，图书馆员有责任将这些文献挑选出来，归存入特色馆藏。该指南还提出了具体的挑选标准，如要考虑市场价值（market value）、罕见和稀缺性（rarity and scarcity）、出版时间与地点（date and place of publication，如早期出版物）、物理和内在特性（physical and intrinsic characteristics，如有独特装帧、有印章题记的资料）、书目和研究价值（bibliographic and research value，如禁书、内部出版物）等[①]。这就为图书馆借助现有馆藏加强特色馆藏建设提供了一个很好的参考建议。

---

① Guidelines on the selection and transfer of materials from general collections to special collections[EB/OL]. ALA websites(2016-06-25)[2022-03-17]. https://www.ala.org/acrl/standards/selctransfer.

第二节　纸质文献特色馆藏

特色馆藏作为图书馆馆藏特色的标志物，是图书馆相互之间发生价值区别的一个重要依据。国外学术界对学术图书馆特殊藏品价值的普遍看法是，这些藏品的稀有性和独特性提供了无法复制的区别，从而提高了收藏机构的知名度[①]。尤其是对学术研究而言，特色馆藏明显具有促进某方面学术研究的特殊价值。在互联网强势发展的今天，图书馆面临着前所未有的被替代的危险，但是图书馆特藏的存在却增加了图书馆自身的不可替代性。历史上，许多图书馆的纸质文献特色馆藏都是经历几代图书馆人的精心收集慢慢形成的。图书馆纸质特色馆藏大致有以下几大类：

一、珍善本

珍善本主要包括古籍善本、珍稀文献等。如**北京大学图书馆**最重要的馆藏就是古籍善本，在 150 万册古籍中，善本有 2 万余种 20 余万册，在全国居第三位，列全国高校图书馆之首，是国家第一批全国古籍重点保护单位。2008年以来共有 462 部古籍善本分别入选由文化部确定、国务院批准的前五批国家珍贵古籍名录[②]。而**民族文化宫图书馆**（中国民族图书馆）收藏古籍20余万册（件），数量虽然不居前位，但多文种民族古籍有 38 163 册（件）[③]，居全国之最，形成该图书馆的特色馆藏。

二、地方文献

地方文献（local collection）指内容反映地方情况的各种文献资料，主要

---

①　ROSSMAN J J. Investigating the perceived value of special collections in the academic library[J]. Journal of library administration, 2020,60(6):631-644.

②　馆藏资源·古籍[EB/OL].北京大学图书馆图书馆[2021-12-18]. https://www.lib.pku.edu.cn/portal/cn/zy/zzzy/guji.

③　特色馆藏[EB/OL].民族文化宫图书馆（中国民族图书馆）[2021-12-18]. http://www.celib.cn/.

有地方史料、地方志、地方年鉴、地方报刊等内容较为翔实、系统的文献资料，以及地方原生的族谱、契约、籍账、碑拓、唱本、日用杂书、手稿、信札、照片、口述史、实录音视频资料等。任何一个图书馆，无论国家图书馆、公共图书馆、大学图书馆，都具有地域（或社区）的属性，所以收藏地方文献、保存地方社会记忆是图书馆重要的职责。最早倡导并致力于地方文献建设的**杜定友**[①]（1898—1967）先生，在民国时期主持**广东省立图书馆**（今广东省立中山图书馆）工作，他克服经费奇缺的困难，在地方文献建设上取得不凡成就。1948年，有美国罗氏基金会（Rockefeller Foundation）副主任化士博士考察广东省立图书馆，见其藏书165 000余册，地方文献就有21 000册，约占总数的31%，不禁对其地方文献工作大加称赞[②]。

三、名人手稿、字画

名人手稿主要包括作品的稿本、读书笔记、个人日记、往来书信等。手稿的价值在于其本身的唯一性和不可再生性，能真实反映手稿主人一定时期的思想、生活状态，是一种证据性很强的珍稀历史资料。图书馆界、社会收藏家群体都十分重视名人手稿的收藏。如上海是中国文化、经济、教育发展的中心之一，各界名人数量众多，**上海图书馆**长期以来就十分重视名人手稿的收藏，曾出版过《上海图书馆藏中国文化名人手稿》（2011年），该馆中的**中国文化名人手稿馆**在2019年11月举办了名家手稿展览会，展出了2000年以来入藏的现当代名家包括科学家、作家、音乐家、画家、学者的手稿200余件[③]。**名人字画**主要指名家书法和绘画作品，表征着人类艺术的发展过程。这类文献在历史悠久的图书馆也或多或少有收藏，如湖南图书馆馆藏古旧字画7700余件，其

---

① 杜定友,广东南海人。1921年毕业于菲律宾大学图书馆学专业,获文学、图书馆学、教育学学士学位。同年回国后,在广东、上海两地从事图书馆事业近50年,先后担任过广东省立图书馆馆长、复旦大学图书馆主任、南洋大学图书馆主任、中山大学图书馆主任、上海市立图书馆筹备处主任、广东省文献馆主任等职。在图书馆学、目录学等方面著作宏富,出版专著50余种,发表论文300余篇。在图书馆学理论、图书分类学、汉字排检理论与方法、地方文献学、图书馆建筑等领域都有开创之功。

② 王子舟.杜定友与中国图书馆学[M].北京:北京图书馆出版社,2002:127-132.

③ 妙笔生辉:上海图书馆藏名家手稿展[EB/OL].百家号·孔夫子旧书网(2019-11-22)[2021-12-29]. https://baijiahao.baidu.com/s?id=1650874531465543810&wfr=spider&for=pc.

中不乏王原祁、曾国藩、何绍基、齐白石、黄宾虹、徐悲鸿等名家稀世作品[①]。

四、专题资料

专题资料主要指按照某主题、某人物、某事件，甚至某语种等长期收藏形成的具有独特价值的资料体系。如**中央美术学院图书馆**收藏宣传画（招贴画）7000 余种 1.5 万余张，木版年画 3000 余种 5000 余幅。其中木版年画来源于天津杨柳青、苏州桃花坞、河南朱仙镇、山东杨家埠、广东佛山、福建漳州等地，产地较全，风格多样，在全国首屈一指，1995 年曾挑选木版年画精品赴意大利做专题展览[②]；**广州图书馆**从 2009 年设立名人专藏保存岭南学者、本地专家和社会知名人士的专著及藏书，2013 年借新馆建成开放之机，开放了欧初赠书、可居室藏书、刘逸生刘斯奋家族藏书、南粤风华一家藏书、中山大学姜伯勤教授藏书五个地方名人专藏，成为当时新馆开放的亮点，引起了媒体的关注，2019 年底该馆名人专藏藏书达 4 万多册[③]；2022 年冬奥会的举办地主要在河北省张家口市，**张家口学院图书馆**从 2018 年开始对奥运文献资料进行收集，截至 2020 年底，馆藏奥运冰雪等方面文献有 970 种 2728 册，其中外文原版图书 240 种 475 册[④]，该馆力图打造出冬奥专题文献的馆藏特色。

五、文献与实物结合的专藏

这类特色馆藏有助于揭示被收藏对象的真实状态和生动细节。如中国标准化研究院**国家标准馆**，在收藏纸本标准文件的同时，还收集与之相关的实物标准，如 ISO 标准胶片、英国颜色配比扇、羊毛布样实物标准等[⑤]。上海图书馆

① 邓霞，羊漾，杨庆怀.湖南图书馆十大馆藏书画真迹亮相[EB/OL].中国新闻网(2018-09-30)[2021-12-29].https://www.chinanews.com.cn/cul/2018/09-30/8640846.shtml.

② 百年积累邺架琳琅：馆藏文献资源情况[EB/OL].中央美术学院图书馆[2021-12-29].http://lib.cafa.edu.cn/about05.html.

③ 苏晓明.公共图书馆地方名人专藏推广实践与探索：以广州图书馆为例[J].河北科技图苑,2020(2):72-75,79.

④ 图书馆特色资源馆藏情况[EB/OL].张家口学院图书馆(2021-01-11)[2021-12-29].http://tsg.zjku.edu.cn/col/1608948182481/2021/01/11/1610345723541.html.

⑤ 卢丽丽，主编.永不衰竭的宝库：走进国家标准馆[M].北京：中国质检出版社，2012:255.

收藏有大量的唱片、唱机、照片、明信片、月份牌、邮票、钱币等，其中仅香烟牌子就收藏有3万余张[①]。美国哈佛大学图书馆下属的以收藏西方珍善本、手稿、档案为特色的**霍顿图书馆**（Houghton Library），馆内有一个美国19世纪著名女诗人**艾米莉·狄金森**（Emily Dickinson, 1830—1886）的收藏馆，收藏着诗人手书的1000多首诗歌和大约300封信件，以及她生活中的个人物品，如写字桌和椅子，狄金森家族藏书，还有狄金森自己做的植物标本[②]。

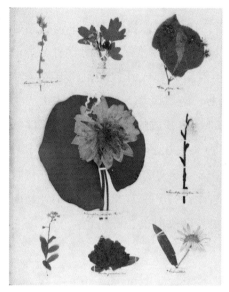

图4-2　艾米莉·狄金森在1839—1846年间采集制作的植物标本

图片来源：DICKINSON E. Herbarium, circa. 1839–1846[EB/OL]. Harvard Library[2021-12-28]. https://iiif.lib.harvard.edu/manifests/view/drs:4184689$2i.

第三节　数字资源特色数据库

图书馆数字文献资源可分为数字化资源和原生数字资源。**数字化资源**（digital resource, digitized resources）是指对馆藏实体资源进行数字化而形成的一种虚拟文献信息资源，如对图书报刊、古籍、图片、视音频资料、考古文物等，按照数字资源加工标准进行数字化而形成的数字资源。**原生数字资源**

---

①　吴建中.转型与超越:无所不在的图书馆[M].上海:上海大学出版社,2012:35.

②　The Emily Dickinson Collection[EB/OL]. Harvard Library[2021-12-28]. https://library.harvard.edu/collections/emily-dickinson-collection.

（electronic resource, born digital resources）是指仅以数字形式创建并存在的一种文献信息资源[①]，如正规出版的电子书刊、音视频数字出版物，以及网络上的博客、微博、论坛、维基百科，甚至电子邮件等文献信息。这两种资源都是形成图书馆数字资源特色数据库的资源基础。

特色数据库（featured database）是指图书馆根据自身资源优势，针对特定对象或围绕特定主题，通过开发建设形成的具有独特性的数字资源知识库。图书馆的数字资源特色数据库通常有以下三种类型。

一、专业特色数据库

专业特色数据库是指围绕某一特定学科或专业而建设的具有独特性的数字资源知识库。因其功能主要是满足相关学科专业的教学研究所需，故此类特色数据库的建设主要出现在研究型图书馆领域，如大学图书馆、研究院所图书馆等。如在音乐艺术院校图书馆中，中央音乐学院图书馆开发的"**馆藏钢琴乐谱全文阅览**""中国歌曲全文库""外国声乐作品库"，天津音乐学院图书馆建设的"**天津音乐家数据库**"等；在医学院校图书馆或相应的研究院所图书馆中，福建中医药大学图书馆自建的"**闽港澳台中草药图谱数据库**"[②]，内蒙古医科大学蒙医药研究院与内蒙古蒙医药博物馆开发的"**蒙医药数据库**"（包含文献、医案、方剂、蒙药4个子数据库）等。也有些综合大学也积极配合自身一流学科专业特色，开发出了自己的专业特色数据库，如武汉大学图书馆的"**长江资源库**"、中南民族大学图书馆的"**女书文化特色数据库**"、厦门大学图书馆的"**东南海疆研究数据库**"等。

有的专业特色数据库也以网站的形式出现，如上海国际海事信息研究中心与上海海事大学图书馆开发的"**国际海事信息网**"（www.simic.net.cn）[③]，整合了有关"港口、航运、物流""海事法律与政策""商船、海洋科学与工程"三

---

① 陈红星,张淑芳.网络原生数字资源:概念、特征与类型[J].图书馆建设,2010(5):1-4.

② 闽港澳台中草药图谱数据库[EB/OL].福建中医药大学图书馆（2009-11-13）[2022-03-24]. https://lib.fjtcm.edu.cn/esource/showdb784d.html?ID=83.

③ 关于我们[EB/OL].上海海事大学图书馆[2022-03-24]. http://www.simic.net.cn/page.php?id=4.

大海事的新闻、数据、文件、报告等，属于一种开放获取（OA）资源，就是一个网站型的专业特色数据库。

还有的专业特色数据库是依托实物资源来建立的，如中国科学院昆明植物研究所于 2007 年建成的"**中国西南野生生物种质资源库**"（The Germplasm Bank of Wild Species），既是保存野生植物种子、植物离体材料、植物 DNA、微生物菌株、动物种质的实物资源库，也是这些种质资源的数字资源数据库和信息共享管理平台。现已保存我国本土野生植物种子 11 305 种 90 738 份，植物离体培养材料 2194 种 26 200 份，DNA 分子材料 8541 种 69 144 份，微生物菌株 2320 种 23 200 份，动物种质资源 2253 种 80 362 份。该资源库已成亚洲最大的野生生物种质资源库，与英国"千年种子库"、挪威"斯瓦尔巴全球种子库"等一起成为全球生物多样性保护的领跑者。[①]

二、地方特色数据库

地方特色数据库是指以某一地域空间为内容范畴建设的并具有独特性的数字资源知识库。地方特色数据库的建设主要在公共图书馆领域。公共图书馆最早建立的特色数据库，也基本上是以地方文献数据库为主的。因为公共图书馆的一个重要职责，就是通过收藏地方文献来保存本地社会记忆，故此每个图书馆都设有地方文献收藏部门。图书馆依托自身的地方文献资源建设地方特色数据库，经历了从纸质文献数字化到原生数字文献的采集、制作的过程。

公共图书馆地方特色数据库的主要类型有：①**地方文献书目数据库**，如安徽省图书馆的"馆藏地方文献书目数据库"，书目数据按照所描述地方文献内容涉及的人物、时间、地点和事件进行关键词著录，截至 2021 年 12 月，总数据条数达 30 000 余条、著录关键词数量为 89 000 余个[②]。②**地方文献全文数据库**，如南京图书馆的"江苏地区老报纸数据库"，收录 20 世纪 50 年代至 60 年代中期馆藏江苏省县级以上地区发行的报纸扫描文本，每版报纸配有详细的

———————

① 中国西南野生生物种质资源库[EB/OL].中国西南野生生物种质资源库(2023-02-01)[2023-06-19]. http://www.genobank.org/Departments.

② 安徽省图书馆馆藏地方文献书目数据库[EB/OL].安徽省图书馆[2022-03-24]. http://ahlib.dulianti.com.cn/diancang/list?columnId=30041313003815689.

标题目录可供读者浏览、检索，目前已完成65种报纸的扫描上线[①]；广东省立中山图书馆的"缩微文献全文数据库"，收录了本馆馆藏缩微古籍、期刊、报纸文献约100万拍全文文献，其中包含大量地方文献，可供读者检索、浏览及在线阅读[②]；③**地方多媒体数据库**，上海图书馆、上海科学技术情报研究所开发的"上海年华"多媒体数据库，围绕上海开埠以来的社会发展历史，以时为经，以人、事和物为纬，汇聚多种子资源库，试图多维度展现上海的时代风貌和地域特征[③]。

各种地方特色数据库的丰富与发展，不仅有助于图书馆保存地方社会记忆，丰富自身的馆藏资源，而且还有利于读者的利用和广泛的传播。但是，大量馆藏老旧书刊、报纸、日记、照片、家谱、散件资料（契约、商标、戏单、书信等）等珍贵资料经过数字化转为特色数据库内容后，其原件的保藏和利用依然是一个非常值得重视的问题。比如，特色馆藏的长期保存环境的改善、使用条件的提供，特色馆藏中纸本馆藏和数字馆藏两种目录的跨库检索等，都是图书馆需要研究和解决的命题。

三、专题特色数据库

专题特色数据库主要指图书馆根据自身条件，围绕某一特定专题（主题）范畴而建设的具有独特性的数字资源知识库。无论研究图书馆，还是公共图书馆，都适合进行专题特色数据库的开发与建设，以便保存某一社会现象的文化记忆，满足特定服务对象的文献信息需求。

许多专题特色数据库也属于专业特色数据库，二者属于交集关系。专题特色数据库与专业特色数据库的区别主要在于：专业特色数据库的学科属性更强，资源内容表现出较强的专一性，并且服务对象主要是在校师生以及研究人员，如中央音乐学院图书馆"馆藏音乐期刊全文"数据库；而许多专题特色数据库因强调主题特色，而与学科、专业的联系性较弱，服务对象也不是很特

① 江苏地区老报纸数据库[EB/OL].南京图书馆[2022-03-24]. http://www2.jslib.org.cn/was5/web/lbz.htm.

② 特藏文献资源介绍[EB/OL].广东省立中山图书馆[2022-03-24]. https://www.zslib.com.cn/Page/Page_tc.html.

③ 上海年华介绍[EB/OL].上海图书馆[2022-03-24]. https://z.library.sh.cn/dbs/1214.

指，如陕西省图书馆的"丝绸之路多媒体系列资源库"，天津图书馆的"天津名人故居"数据库，浙江图书馆的"杭州西湖龙井茶文化资源库"等。

经过多年的开发建设，国内图书馆产生了一批享誉海内外的专题特色数据库。例如，国家图书馆的"**甲骨实物与拓片数字化资源库**"（又称"甲骨世界"），收录内容包括：甲骨实物元数据 2964 条，影像 5932 幅；甲骨拓片元数据 2975 条，影像 3177 幅。该资源库内容还在不断更新，它集文献性、文物性、收藏性于一身，成为研究我国商朝历史、古代文字不可多得的史料来源[①]。上海图书馆的"**上海图书馆馆藏家谱目录**"，收录中国家谱约 22 000 种 110 000 余册，涵盖 20 余个省、区、市的 335 个姓氏，版本多为清代、民国时期木活字本和刊本，其中不乏珍稀版本[②]，成为研究我国社会史、移民史、人口史等的重要史料来源。

目前，许多历史悠久的图书馆仍在积极地将自己的特色馆藏材料数字化，努力将其创建成特色数据库，并通过网页展示、传播，让读者能够注意到以往那些"养在深闺人未识"的特色馆藏资料，因为"数字化和在线提供数字图像和记录是改善特色馆藏访问的最佳方法之一"[③]。还有一些图书馆，它们的特色数据库建设已不再是单纯为了资源数字化保存，还开发出了知识管理与发现的功能，参与到地方文化建设，主动为社会发展服务，这无疑对城市文化内涵的提升起到了助推作用。

图书馆随着自建特色数据库的增加，也会搭建自己的特色数据库服务平台。**特色数据库服务平台**是一套用于建立、使用、管理、维护、控制特色数据库，并有效提供读者使用的数据库管理系统。特色数据库服务平台的建设不仅要考虑特色资源数字化、标引、分类、发布、应用等功能的实现，还应考虑知识碎片化、知识网络的构建、知识的发现与揭示、多媒介的应用等，以及考虑资源线上长期采集平台的建设与服务，不断完善和充实特色数据库的建设与服

---

① 馆藏甲骨实物与拓片数字化资源库介绍[EB/OL].国家图书馆[2022-03-24]. http://dportal.nlc.cn:8332/zylb/zylb_szzymh_zhjs.htm.

② 上图馆藏家谱目录介绍[EB/OL].上海图书馆[2022-03-24]. https://z.library.sh.cn/dbs-navigation.

③ TAM M. Improving access and "unhiding" the special collections[J]. The serials librarian, 2017,73(2):179-185.

务。建设特色数据库服务平台，应重视对成熟技术的集成和利用，尽量采用国内外已有的数字图书馆系统和技术，减少对低层平台的开发投入[①]。

第四节　高利用率的电子资源

根据近年来国内诸多大学图书馆、公共图书馆年度总结数据，访问频率较高、同时也颇受读者欢迎的中文电子资源数据库，主要有知网、万方、维普等学术论文数据库，以及超星、读秀、书生之家、中华数字书苑等电子图书数据库等。外文电子资源数据库则主要有 EBSCO 数据库、普罗奎斯特（ProQuest）、爱思唯尔（Elsevier）、施普林格（SpringerLink）、科学引文索引核心合集（Web of Science™）等学术论文数据库，以及 EBSCO 电子图书、普罗奎斯特电子书平台、施普林格电子书、威利在线图书馆、爱学术电子书库等电子图书数据库。

一、中文电子资源数据库

1. 学术论文数据库

（1）**知网**。该数据库全称是**中国知识基础设施工程**（China National Knowledge Infrastructure，CNKI），也简称为"中国知网"（CNKI），由清华大学、清华同方发起，始建于 1999 年。它目前是全球最大的以提供中文期刊论文、会议论文、硕博士学位论文为主的学术论文数据库，融合了全球 65 个国家和地区 3 万多家合作机构的各类内容资源，涵盖了各大学科领域。截至 2017 年底，知网文献总量达 2.8 亿篇，中外学术期刊品种达 58 000 余种，日更新文献量达 5 万篇以上，全文下载量达 20 亿篇次 / 年；目前拥有机构用户 2 万多家，个人注册用户 2000 多万人[②]。知网用户画像定位主要是 20—65 岁的高级知识分子。知网以强大的数据库资源为支撑，在目前国内高校（含职院）、科研机构

---

① 成鑫.公共图书馆特色数据库的建设与服务［D］.北京：北京大学，2017：52.

② 你所不知道的"知网"［EB/OL］.搜狐网（2021-12-24）［2022-03-13］. http://news.sohu.com/a/511270698_120099886.

的市场占有率高达 99%[①]。知网的主题检索是访问量最多的页面，每天有 4000 万左右的人通过在主题检索栏输入关键词进入页面浏览[②]。

图 4-3　知网网站标志[③]

（2）**万方**。该数据库的全称为"**万方数据知识服务平台**"（Wanfang Data Knowledge Service Platform），它由北京万方数据股份有限公司研制开发，1997 年开始上线服务，也是一个主要提供学术论文全文检索的数据库。截至 2021 年平台拥有的资源总量也已经超过 2 亿篇（条），其中包含 8000 余种学术期刊上的近 1.5 亿篇文章、700 多万篇学位论文、1400 多万篇会议论文、120 多万篇科技报告、3300 多万条专利全文等，期刊论文年新增 300 万篇[④]。万方还拥有中华医学会旗下的 120 种医学期刊自创刊以来的独家出版权，其创建的方志、科技视频数据库也独具特色。万方"外文文献数据库"收录的外文期刊数量约占国内引进品种数的 70%，收录外文会议记录数量约占国内引进品种数的 60%[⑤]。万方的主要客户集中于高校、科研院所、公共图书馆、医疗机构、政府机构等，有机构客户上万余家，个人用户千万人。

图 4-4　万方网站标志

（3）**维普**。该数据库的全称为"**中文期刊服务平台**"（维普全文电子期

---

①② 　知网推广［EB/OL］.中国知网（CNKI）［2022-03-13］. https://a.cnki.net/.

③ 　以下电子资源平台 logo 图片均来自各平台官网。

④ 　数字图书馆资源导航［EB/OL］.万方数据知识服务平台［2022-03-20］. https://www. wanfangdata.com.cn/index.html.

⑤ 　万方数据全文数据库［EB/OL］.辽宁师范大学图书馆［2022-03-13］. http://www.lib. lnnu.edu.cn/lib/databasesdetail.aspx?id=18.

刊）。它是由隶属于中国科技信息所西南信息中心的重庆维普资讯有限公司开发的。该公司也是我国最早开展学术论文数据库加工出版业务的单位。1995年公司成立并推出"中文科技期刊数据库（文摘版）"，1999年又推出了全文版。目前已累计收录 15 000 余种中文期刊的 7000 余万篇文章，回溯年限为1989 年，部分期刊可回溯至创刊年[①]。学科覆盖理、工、农、医、政治、经济、法律、哲学、文学、艺术等 35 个学科大类，457 个学科小类。维普是收集中文期刊种数最多的数据库，其中科技类期刊论文收录较全。

图 4-5　维普中文期刊服务平台标志

从电子资源内容来看，知网、万方、维普都是综合性全文数据库，因此三个数据库的电子资源内容的重复率在 50%—60% 之间；从检索方面来看，万方使用的检索技术较多，而知网提供的参考文献信息颇为丰富。

除了知网、万方、维普等学术论文全文数据库之外，偏重人文大众期刊的全文数据库**龙源期刊网**（简称"龙源"）和**博看网**（简称"博看"）也比较受读者的欢迎。前者由龙源数字传媒集团创建于 1998 年，收录人文大众类期刊4200 多种，文章数量超过 2500 万篇[②]，偏重学术；后者为武汉鼎森电子科技有限公司开发，收录了国内《半月谈》《中国企业家》《中国新闻周刊》等 4000多种期刊[③]，偏重畅销。

2. 电子书数据库

电子书（electronic book，缩写为 ebook 或 e-book、eBook，也称"电纸书"），指的是电子版图书，它既可以是印刷版书籍的扫描件，也可以是原生数字化出版的书籍。

（1）**超星数字图书馆**。又称**超星汇雅电子图书数据库**等。该数据库是由北

---

① 中文期刊服务平台[EB/OL].重庆维普资讯有限公司网站[2022-03-18].http://www.vipinfo.com.cn/html/ProductDetail.aspx?id=13.

② 关于我们[EB/OL].龙源期刊网[2022-03-18].http://www.qikan.com.cn/help.html#0-0.

③ 博看网畅销报刊阅读平台[EB/OL].武汉大学图书馆[2022-03-18]. https://whu.metaersp.cn/databaseDetail?databaseNum=DB_ff698c1d1214493d8dc096a0d271dd66.

京世纪超星信息技术发展有限责任公司投建，用超星PDG技术将国内各大图书馆所藏图书制成数字图书。从1999年开通到现在，其拥有的电子图书数量已超过100万种，涵盖了《中国图书馆分类法》的22大类内容[①]。收录图书的出版年份从1900年至今，其中1949年以来出版的图书数量较大，2000年后的新书约30万种，为全球最大的中文电子图书数据库。超星数字图书馆所有图书均可在线检索，并提供网页阅读、超星阅读器阅读等多种阅读模式。

（2）**读秀学术搜索平台**。简称"**读秀**"，是以超星数字图书馆300万种中文图书、超过17亿页全文资料为基础建立起来的一个学术资源查询系统。它集文献搜索、试读、传递于一体，为读者提供深入到果肉（图书、文章内容）的知识单元的检索服务，能展示知识单元在文献上下文中的位置，提供少量原文试读，还可以申请12小时内的文献传递[②]。

（3）**书生之家数字图书馆**。该数据库由北京书生数字技术有限公司于2000年创建，目前可提供35万多种电子图书的免费阅读、下载。图书内容涉及人文、社会、自然等学科和工程技术等领域，比较侧重教材、教参与考试类用书[③]。

（4）**中华数字书苑**。简称"方正电子书"，前身为"方正Apabi数字图书馆"，是在2000年由北京方正阿帕比技术有限公司用自主研发的DRM数字版权保护技术开发出来的电子书资源库。该公司已与500多家出版社建立全面合作关系，在销电子图书达70余万种，其中2007年后出版的新书占到了70%，内容涵盖了社科、人文、经管、文学、科技等类[④]，可以在线阅读或下载借阅。

对于图书馆的读者来说，电子书数据库的访问阅读，一般不受时间、地点和人数的限制，因此颇受读者的欢迎。但是为了保护电子书的知识产权，许多电子书供应商都会采用**数字版权管理**（digital rights management, DRM）技术

---

① 超星数字图书馆（汇雅电子书）数据库介绍［EB/OL］.北京大学图书馆［2022-03-13］. https://dbnav.lib.pku.edu.cn/content/.

② 读秀数据库介绍［EB/OL］.北京大学图书馆［2022-03-20］. https://dbnav.lib.pku.edu.cn/content/%E8%AF%BB%E7%A7%80%E7%9F%A5%E8%AF%86%E5%BA%93.

③ 书生之家数字图书馆［EB/OL］.中国计量大学大学图书馆（2021-03-26）［2022-03-20］. https://lib.cjlu.edu.cn/index.php/component/k2/item/42-21dmedia.

④ 方正Apabi数字图书馆（图书馆镜像版）［EB/OL］.北京大学图书馆［2022-03-13］. https://dbnav.lib.pku.edu.cn/node/10664.

来限制电子书的非法使用和传播，如：设定有效阅读时间段，即读者下载后若干天后会自动失效；对内容加密化，即仅允许付费或注册读者使用而不能拷贝传播等。

上述中文学术论文、电子书数据库的服务方式主要有远程包库、本地镜像和会员卡三种。图书馆通过前两种方式来购买其使用权：**远程包库**即通过远程访问数据库来阅读文献，图书馆只有图书的使用权而不具有文献数据拥有权；**本地镜像**即数据商将文献数据统一拷贝到图书馆机房做备份，图书馆有文献数据的拥有权和永久使用权，读者访问图书馆网站就可阅读，而且检索、下载速度快，其缺点是最新的资料要等拷贝了读者才能看到。而社会个体读者，则需购买会员卡登录后，才能在线使用数据商的数据库资源。

二、外文电子资源数据库

1. 学术论文数据库

（1）**易博斯科数据库**（EBSCO）。由成立于 1944 年的美国 EBSCO 数据库公司（EBSCO Industries, Inc）开发，它拥有 100 多个专题电子文献数据库，遍涉自然、社会、人文学术领域。其中两个最主要的全文数据库是：学术资源数据库（Academic Search Complete, ASC）、商业资源数据库（Business Source Complete, BSC）。

① EBSCO ASC 数据库。该数据库收录了超过 8500 种期刊（包括 7300 多种同行评审期刊）的全文，还提供超过 12 500 种期刊和总计超过 13 200 种包括专题论文、报告、会议记录等在内的出版物的索引和摘要。内容囊括人文科学、社会科学、自然科学、工程技术、医药卫生等所有学术领域[①]。

② EBSCO BSC 数据库。这是世界权威的学术类商业数据库。收录 6200 多种期刊的索引及摘要，其中近 3800 种为全文期刊（含 1960 多种同行评审期刊）。部分全文期刊可追溯到 1886 年。另外 BSC 包括近千种书籍专著，还包含数据库中 25 000 名引用次数最多的作者的详细简介，以及一些财务数据、案例研究、投资研究报告、行业报告、市场研究报告、公司简介、SWOT 分

---

① Select resource[EB/OL]. EBSCO host[2022-03-21]. https://web.s.ebscohost.com/ehost/search/selectdb?vid=0&sid=4edab461-0912-4390-a50e-2b4b49ae10f6%40redis.

析等资料的全文文献①。

图 4-6　易博斯科（EBSCO）全文数据库网站标志

（2）**普罗奎斯特数据库**（ProQuest）。这是由成立于 1938 年的美国普罗奎斯特资讯有限公司（ProQuest LLC）开发的多个数据库集成平台，内容涉及自然、社会、人文各领域，文献类型有期刊、学位论文、报纸、音视频等，提供文摘及全文检索下载，其中下面三个数据库较有特色：

① ProQuest **学位论文数据库**（ProQuest Dissertations Theses, PQDT）。该数据库现与全球 4100 多个研究生培养机构合作，收录了 260 万篇学位论文全文。而且每年添加的新论文超过 200 000 篇。该数据库是全球最大的学位论文数据库。其中大多数论文都能以 PDF 的形式阅读②。

② ProQuest **商业信息数据库**（ABI/INFORM Complete/ProQest, ABI）。该数据库收录 1971 年以来商业与经济管理领域 1000 多家出版机构的 9500 多种主要刊物，包括《经济学人》（*The Economist*）等 8000 多种全文刊，专门提供经济、管理、商业领域各学科的重要资讯，是全球著名的商业期刊集成数据库③。

③ ProQuest **综合学术期刊数据库**（ProQuest Research Library, PRL）。该数据库收录 1971 年以来 6600 多种综合学科的核心学术期刊，包括 5000 多种全文刊、1200 多种 SSCI 期刊、4600 多种同行评议期刊，内容覆盖自然、社会、人文各学科领域。该数据库不仅为读者提供各研究领域的权威性学术期刊内容，还提供行业杂志、白宫简讯、白宫新闻通讯等多元化的资源④。

---

① 　Select resource[EB/OL]. EBSCO host[2022-03-21]. https://web.s.ebscohost.com/ehost/search/selectdb?vid=0&sid=4edab461-0912-4390-a50e-2b4b49ae10f6%40redis.

② 　Institution dissertations FAQ[EB/OL]. ProQuest LLC[2022-03-21]. https://about.proquest.com/en/dissertations/proquest-dissertations-frequently-asked-questions/proquest-dissertations-institutions-frequently-asked-questions/.

③ 　ABI/INFORM Complete 商业信息数据库介绍[EB/OL].北京大学图书馆[2022-03-21]. https://dbnav.lib.pku.edu.cn/node/11008.

④ 　ProQuest Research Library 数据库介绍[EB/OL].北京大学图书馆[2022-03-21]. https://dbnav.lib.pku.edu.cn/node/10575.

图 4-7 普罗奎斯特（ProQuest）网站标志

（3）**施普林格数据库**（SpringerLink）。该数据库是德国施普林格自然集团（Springer Nature Group）开发建设的全球最大的在线科学、技术、医学、人文社会科学学术资源平台，它提供超过 2900 多种期刊 700 万篇文章和超过 27.5 万本图书的数字全文服务[1]。该平台包括以下数字资源：① SpringerLink.com 上的数千种期刊，它们包括 Springer、Palgrave Macmillan 和 Adis 这三个出版社旗下的专业期刊，涵盖了科学、技术、医学和社会科学领域；② nature.com 上的期刊，包括著名的《自然》系列期刊以及各种各样的专业领域学术期刊，涵盖科学、技术和医学领域的最前沿研究，并提供相应领域高影响力的评论；③ BioMedCentral.com 和 SpringerOpen.com 上提供的大量经过同行评审的开放获取期刊[2]。

施普林格自然集团成立于 1842 年，起初只是朱利叶斯·施普林格（Julius Springer, 1817—1877）在柏林创办的一家具有出版功能的书店。经过一百多年的发展，施普林格成为全球第一大科技图书出版公司和第二大科技期刊出版公司。施普林格自然集团于 2015 年 5 月通过合并自然出版集团、麦克米伦教育以及施普林格科学与商业传媒而成立[3]。

图 4-8 带有骑士棋子的施普林格（Springer）网站标志

---

① Our business is publishing[EB/OL]. Springer[2022-03-18]. https://www.springer.com/gp.

② 提供全球最具影响力的期刊[EB/OL]. Springer Nature[2022-03-18]. https://www.springernature.com/cn/products/journals.

③ About us: 175 years of progress - 175 years of discovery[EB/OL]. Springer Nature Group[2022-03-18]. https://group.springernature.com/gp/group/about-us.

（4）**爱思唯尔数据库**（Elsevier）。该数据库是由创办于 1880 年的荷兰出版商爱思唯尔公司（Elsevier）开发的学术论文全文数据库，检索平台称"**科学指南**"（Science Direct）。该数据库拥有自然、人文、社会等学科的 2700 多种同行评审的学术期刊，包括 1823 年创刊的《柳叶刀》（*The Lancet*）和 1974 年创刊的《细胞》（*Cell*）等标志性的出版物，以及 4.3 万多种电子书，内容特色是生物、医学资源十分丰富。该数据库每月接待超过 1800 万访问者。根据 2020 年的报告数据，爱思唯尔所含期刊有 85% 被 SCI 收录，在 219 个细分学科中，有 70 种爱思唯尔出版的期刊占据第一位[①]。

图 4-9　爱思唯尔（Elsevier）网站标志

2. 引文索引数据库

最有代表性的就是**科学网核心合集**（Web of Science Core Collection）。它是由总部位于伦敦的数据商科睿唯安（Clarivate Analytics）开发的全球最有影响力的引文索引数据库。核心资源有**科学引文索引**（Science Citation Index, SCI）、**社会科学引文索引**（Social Sciences Citation Index, SSCI）和**艺术与人文科学引文索引**（Arts & Humanities Citation Index, A&HCI），以及两个国际会议录、两个化学信息的引文索引等。其引文记录所涉及文献类型十分广泛，包括书、期刊论文、会议论文、专利和其他各种类型的文献，来源于全球 18 000 多份权威的、高影响力的学术期刊和超过 18 万种会议录，并可一直回溯至 1900 年。它被公认为世界范围最权威的科学技术文献的索引工具。读者可以用一篇文章、一个专利号、一篇会议文献或者一本书作为检索词，检索这些文献被引用的情况，了解引用这些文献的论文所做的研究工作。既可以越查越

---

① 　Elsevier at a glance[EB/OL]. Elsevier[2022-03-18]. https://www.elsevier.com/about/this-is-elsevier.

深，也可以越查越新，以此发现某个重要理论或概念的初始由来，或某一研究领域的历史与最新进展，或有哪些潜在的合作伙伴，或有哪些交叉学科的研究领域，以判断新的研究机会与可能性。通过科学网核心合集检索到的文献，还可以通过附加的链接选项直接下载全文（需要相关期刊的访问权限）[①]。

图 4-10　科睿唯安（Clarivate Analytics）网站标志

3. 电子书数据库

（1）**易博斯科电子图书**（EBSCO eBook Collection）。它是由成立于 1944 年的美国 EBSCO 数据库公司（EBSCO Industries,Inc）开发，提供来自 1000 多家知名出版机构的 100 多万种全文电子图书，涵盖自然、社会、人文各学科领域，并以每月数万种的速度递增。除英文外，它还提供法文、德文、日文和西班牙文等其他文种的电子图书。此外还提供 62 000 多种有声电子图书[②]。

（2）**普罗奎斯特电子书平台**（ProQuest Ebook Central, EBC）。2017 年整合原 Ebrary、EBL 电子书平台而成，收录源自全球 1000 多家著名大学出版社、专业出版商、学术出版机构出版的逾 100 万册权威学术著作，它覆盖的范围囊括了自然、社会、人文各学科领域。读者登录个人账户后可在线阅读，或整册、或特定章节下载，安装 Adobe Digital Edition 软件进行阅读[③]。

（3）**施普林格电子书**（SpringerLink）。Springer 作为全球第一大科技图书出版公司，每年出版 6500 余种科技图书。我们通过 SpringerLink 数据库，可以查阅到超过 27.5 万种的在线图书，其中包括 20 个涵盖科学、技术与医学（STM）以及人文与社会科学（SSH）领域的电子书合集，超过 12 万种的回溯图书，1200 多份会议论文集，还有超过 8500 种的教科书。它每年新增大量的参考工具书、专著、简报、会议论文、教科书和丛书等，这些资源均可通过相

---

① 科睿唯安.Web of Science™核心合集快速参考指南[EB/OL].北京大学图书馆[2022-03-18]. https://dbnav.lib.pku.edu.cn/sites/default/files/Web%20of%20Science.pdf.

② EBSCO eBook Collection数据库使用介绍[EB/OL].北京大学图书馆[2022-03-23]. https://dbnav.lib.pku.edu.cn/node/11045.

③ ProQuest电子书平台使用介绍[EB/OL].北京大学图书馆[2022-03-23]. https://dbnav.lib.pku.edu.cn/node/12107.

应的网站进行访问[①]。

（4）**威利在线图书馆**（Wiley Online Library）。它是由创办于1807年的美国约翰·威利父子出版公司（John Wiley & Sons，Inc.）开发的在线图书与期刊数据库平台，目前有超过22 000种在线图书及近1700种在线期刊、800余万篇文章，内容涵盖了理、工、农、医、法、商等学科，所有资源可下载、打印以及保存。威利出版公司与全球超过800家专业学会（协会）进行合作，出版的图书品质高，受到学术界广泛认可[②]。

（5）**爱学术电子书库**（Iresearch）。它是由中国教育图书进出口有限公司开发的本地化外文电子书集成平台，收录超过40万种外文学术电子书。所有资源存储于国内本地服务器。目前已有300多家学术出版品牌入驻，涉及英语、德语、法语、西班牙语、俄语等十余种语言，覆盖了人文社科、理工农医等全部学科领域[③]。

第五节　读者喜爱的图书馆空间与设施

一、图书馆空间存在的原因

在互联网虚拟空间不断扩张的进程中，为什么图书馆的实体空间没有被取代反而还得到了进一步的发展？因为，作为一个公共知识空间，图书馆实体空间具有自身独特的价值。正如有学者指出的：图书馆组织、保存和交流人类记

---

① 引领学术图书出版[EB/OL]. Springer Nature[2022-03-18]. https://www.springernature.com/cn/products/books.

② Wiley Online Library 平台用户手册[EB/OL].北京大学图书馆[2022-03-23]. https://dbnav.lib.pku.edu.cn/sites/default/files/wiley_online_library_yong_hu_shou_ce_user_guide.pdf.

③ 关于我们[EB/OL].爱学术平台[2022-03-23]. https://www.iresearchbook.cn/a/pc/user/guidance.

录的场所价值是永恒的 ①②。

　　人的生存、发展离不开两种空间场所，即私人空间、公共空间。**私人空间**（private space）一般指称私人生活场所（如家庭），其功能是帮助社会个体生命延续，更多具有生物学上的意义；**公共空间**（public space）指称公共生活场所（如广场、公园、学校、图书馆、大众传媒等），它是人们交往的环境和空间，使得个体能超越自身生物属性而获得社会属性，实现自己的生命价值，更多具有的是社会学上的意义 ③。**图书馆空间**（library space）属于公共空间，是密集储存人类记录并提供给人们使用的场所。它是由知识集合构成的公共知识空间，每种知识文本都有可识别的标签。来到图书馆空间，意味着可以寻找、挑选你在学习与研究中所急需的文本，也可以意外发现一些能增加你智慧、信念或勇气的书籍；来到这里，你也可以进入一种与书本相处的安静状态，或体验一种新环境带来的审美感觉，或在那些需求各异却同样来到图书馆的人中结识到新朋友。总之，只要人们有获取知识的需求，满足该需求的公共知识空间——图书馆空间，就会存在和发展。

　　图书馆空间按照功能划分，可以分为藏书空间、阅览空间、学习空间、研讨空间、数字资源空间、视听空间、展示空间、自助服务空间、办公空间和休闲空间等④。在图书馆空间里，最重要的元素并非空间尺度，而是相互关系，如书与书、书与人、人与书、人与人之间的关系，换言之，就是知识、作者、馆员、读者，自己与自己、自己与他人相互之间的关系。图书馆促使这些关系互作用，从而创造出了一个复杂的、多样化的意义世界。

二、图书馆空间发展的特点

　　从 18 世纪末到 20 世纪中，现代图书馆的建筑造型，呈现出牢固、对称、崇高、宏丽的倾向，内部空间布局也从早期的藏阅一体，经过演变定型为藏、

---

① GORMAN M. Revisiting enduring values[J]. Italian journal of library and information, 2015,6(2):13-33. Adapted from the author's *Our Enduring Values Revisited.*

② 吴建中. 转型与超越：无所不在的图书馆[M]. 上海：上海大学出版社,2012:57-60.

③ 王子舟. 多视角下的空间：城市公共阅读空间演进的几个观念[J]. 中国图书馆学报, 2019(6):24-33.

④ 孙权. 立体化、多功能、全开放：从中国人民大学图书馆新馆的空间布局与功能定位谈起[J]. 晋图学刊,2012(2):5-8.

借、阅、管相互分离的格局。进入 20 世纪后半叶，现代图书馆的建筑设计开始注重读者行动和使用的方便，崇高、宏丽的建筑风格转向平民化、实用化，藏、借、阅、管等功能区的界限开始模糊，如出现藏阅一体化的阅览空间①。可以说，现代图书馆空间设计和布局，经历了一个从静态到动态、从清晰到模糊、从艺术化到实用化的发展过程②。

就图书馆的建筑设计而言，20 世纪 50 年代以来，国内外渐渐流行**模数式设计**（modular design）理念，强调统一载荷、统一柱网和统一层高，这种空间设计有利于书架灵活分布、座位多样布置，以及通过家具组成不同功能的空间③。不过有学者也指出，模数式设计也有一些不足，如全空调、大量照明的使用造成能源浪费，缺乏空间的多样性，难以满足不同功能空间的需求，进而造成空间浪费等，主张图书馆应该按不同功能区采用不同模数单位来设计建设④。

就图书馆的空间布局而言，20 世纪末年，国内外大型图书馆内部的空间布局，兴起一种环保且高效的大开间**模块组合方式**，即在一个十分宽敞的空间中，利用可随意移动组合且色彩明亮的家具（沙发、桌椅）、低矮的书架替代建筑墙面进行空间分割，这种方式快捷高效，能够产生通透的视觉效果，既增加了建筑空间，又减少了因重复施工带来的污染和损耗，有效提高了空间资源的灵活性、功能性和高效性⑤。

三、读者喜爱的图书馆空间与设施

现在的图书馆读者已不再是传统纸质书刊的借阅者了，他们希望图书馆能够提供符合个性需要、多样载体的文献信息，而且在意文献获得的便捷性和精准性，以及阅读空间的舒适性。还有更多的读者，因在图书馆逗留时间拉长，

---

① 鲍家声,龚蓉芬.图书馆建筑求索:走向开放的图书馆建筑[M].北京:中国建筑工业出版社,2010:35,55.

② 罗惠敏.图书馆空间设计理念研究[M].北京:社会科学文献出版社,2017:241-244.

③ 张红伟,等.高校与学科发展中的大学建设[M].北京:中国农业大学出版社,2019:303.

④ 鲍家声,葛昕."模块式"图书馆设计[J].南方建筑,2002(4):32-37.

⑤ 范红.现代图书馆空间资源的价值挖掘研究[J].西安文理学院学报(社会科学版),2021,24(4):75-79.

渴望得到其他的辅助服务，期待图书馆空间资源的多样化支持。而随着数字资源的激增以及纸质资源增长的相对减缓，图书馆馆舍建设和空间布局也力图在寻求一种新的平衡：既要照顾到读者的文献信息的需求，同时也尽量满足读者的辅助服务需要，甚至试图通过打造新空间以激活读者的某些新需求。

在现实图书馆实体空间中，藏阅一体化空间、信息共享空间、创客空间、体验空间、智慧空间等实体场所，通常是读者使用率较高，或受读者青睐的图书馆空间。

1. 藏阅一体化空间

无论国内外，图书馆阅览空间无疑都是读者较为聚集的地方。当代图书馆的阅览空间通常为开放式的**藏阅一体化空间**，即馆藏文献书架与阅览桌椅组合在一起所构成的空间，它消弭了阅览与书库之间的界限。这种藏阅一体化空间按照平面布局，可以划分三种主要类型：并置式、周边式、架间式。①**并置式**是指书架与阅览坐席并列排放或平行排放，各自形成连贯性排列。这种空间布局的优势是有利于营造安静、严肃的阅读氛围，便于读者找到所需文献，日常管理也较为简便。②**周边式**是指书架呈现"⌐""匚""口"等形式围绕阅览坐席陈放。这种阅览空间布局因有包围感，故增加了私密性，但对采光有较高要求。③**架间式**是将阅览坐席安置在书架之间的一种布局。它能带来"人在书中"的感觉，兼具并置式、周边式两种优点[①]。

2. 信息共享空间

信息共享空间首先兴起于大学图书馆。20世纪90年代以来，欧美大学图书馆中出现了集一站式服务设施和协作学习环境于一体的新型空间环境，被称为"**信息共享空间**"（information commons, IC），即在宽敞的空间中整合了图书馆文献信息资源（包括工具书等纸本文献以及可供检索的数字资源）、服务设施资源（可无线上网，有可检索的电脑、扫描仪、打印机、激光笔、摄像机、多媒体教学设备，以及馆员咨询台等），划分出个人学习、小组研讨、写作实验、咨询服务、多媒体教学与制作、文化展示、休闲休息、文献复制等多个功能区域的集成空间。信息共享空间支持图书馆员帮学生学习、检索，支持教师和助教帮学生小组完成课堂作业，支持小组式学术研讨，还包括提供

---

① 罗惠敏.图书馆空间设计理念研究[M].北京:社会科学文献出版社,2017:201-207.

一些辅助性服务设施，如咖啡馆、画廊和复印中心等。国外有些大学信息共享空间是全天候开放的，它也与**综合学习中心**（integrated learning center）同义①。此外，学习共享空间（learning commons, LC）是信息共享空间衍生出来的，是在功能上偏重服务大学生学习的一种空间；**知识共享空间**（knowledge commons, KC）与信息共享空间含义基本接近，但更加侧重为知识创新活动服务。它们本质上都是空间场所、知识资源、读者服务的有机结合体。

3. 创客空间

创客空间 21 世纪初兴起于欧美图书馆界，后逐渐流行于世界各国。"**创客**"（maker）指的是以创新为基本追求，借助各种数字化、智能化和开源化工具努力把各种创意转变为现实的人群②。**创客空间**（makerspace, hackspace）是指一种具有加工车间和工作室功能的开放实验场所，其中提供了各种工具、材料、多媒体设计设备，供创客共享资源和知识，通过个人创意，设计、制造新的产品。通常，图书馆面向成年人的创客空间提供的工具主要有手工工具、装订用品、3D 扫描仪、3D 打印机、激光蚀刻机、电烙套件、模具制造设备、胶枪、缝纫机、高性能电脑、多媒体制作软件，以及带有车刀等设备的工作平台。创客空间的耗材成本，一般由使用者来承担。创客空间是图书馆服务在信息社会的一种创新，它能给社区带来接触技术和工具、共享信息和知识的机会，促进读者的**非正式学习**（informal learning）③与社区知识机会平等，有助于图书馆在知识存储与传播的功能上，增加知识创造的功能。

4. 体验空间

体验作为生命的认知形式，正越来越受到前所未有的重视，如 1999 年美国约瑟夫·派恩和詹姆斯·吉尔摩在《体验经济》（*The Experience Economy*）一书中提出，社会经济形态经历了产品经济（农业）、商品经济（工业）和

---

① Information commons (IC) [EB/OL]. Online dictionary for library and information science (2013−01−10)[2022−02−15]. https://products.abc-clio.com/ODLIS/odlis_i.aspx.

② 中国高等教育学会,编.中国高校信息技术与教学深度融合观察报告[M].北京:北京理工大学出版社,2019:81.

③ 非正式学习（informal learning）指个人在正规学校教学体系之外,获得知识、技能的学习活动,包括从家人、朋友那里;从工作、市场、社会组织、图书馆、博物馆、科技馆及大众传媒等途径。非正式学习也是人们获取知识的一种普遍方式。

服务经济（服务业）之后，现在正向着新体验经济过渡①。图书馆的**体验空间**（experience space）既是指读者通过亲身体验能够获得隐性知识技能的场所，也是指那些能够使人产生愉悦感受的阅读场所。前者如国内许多公共图书馆专门开辟的手工剪纸、扎纸风筝、雕版印刷、碑刻传拓等，以传授非物质文化遗产知识技艺为主的体验空间，读者能学到许多隐性知识技能，并对传统文化产生亲近感；后者如**新加坡国家图书馆**内的儿童图书馆，为了吸引孩子专门对空间环境进行设计和装饰，把自己扮成一个绿色魔法森林的童话世界，入口处牌子上写着：MY TREE HOUSE（我的树屋）。树屋的树冠用回收的瓶子做成，台阶和周围的平台则是用回收木材建造，照明使用了 LED 节能灯，地毯也是可回收材料编织出来的。45 000 本藏书也都跟动植物、大自然等绿色主题有关。小书架也都设计成了树木状或蘑菇状，用花朵、风筝、猴子等手工艺品点缀。置身其中仿佛就置身在五彩缤纷的大自然里②。无论哪种体验空间，读者都会在亲临其境之后留下一系列体验记忆并发生某些内在的改变。在体验经济、体验消费已经普及的当下，图书馆作为城市、社区公共空间的代表性场所，积极开发体验空间、提供体验服务有助于增加自身不可替代性并自我赋能。

5. 智慧空间

图书馆**智慧空间**（smart space/ intelligent space）是指以读者体验为中心，通过感知、分析、记忆、服务，整合 Web 3.0 技术、设备、资源、服务、环境及整个图书馆网络，由物理空间、虚拟空间、用户感知空间、支持空间等构成的多维自优化系统。智慧空间的核心是用户体验，特征是高度的感知性、互联性和智能化；空间内部使用的技术主要有传感器技术、自动识别技术、无线定位技术、云技术、人工智能技术等③。智慧空间可以自动调节读者所需要的温度、湿度、光照，实时推送进出馆人数、图书借阅情况、天气预报等数据信息；读者通过多媒体交互屏智慧视窗可与馆员进行咨询互动，通过导航

---

① ［美］B.约瑟夫·派恩二世，詹姆斯·H.吉尔摩.体验经济[M].夏业良,曹伟,等译.修订版.北京：机械工业出版社,2008:11-19.

② 睿途旅创.这些堪比游乐场的儿童图书馆,让孩子们一秒爱上阅读！[EB/OL].腾讯网（2020-11-20)[2022-02-10].https://new.qq.com/rain/a/20201120A0E55100.

③ 单轸,邵波.图书馆智慧空间:内涵、要素、价值[J].图书馆学研究,2018(11):2-8.

技术获得各种关联应用服务（如书架指引、座位预约、办理借书等）等[①]。随着新冠疫情的暴发，图书馆数字访问的需求也变得更加迫切。为了应对挑战，国外研究型图书馆、档案馆、博物馆以及展览馆等开始尝试通过创建**虚拟阅览室**（virtual reading rooms，VRRs）和**虚拟教学空间**（virtual teaching spaces，VTSs），来实现对文化藏品的远程数字访问。VRRs 和 VTSs 无须对馆藏本身进行数字化就可以提供以人为媒介的远程数字访问，通过实时流媒体和可视化设备，学者、教师和公众可以查看馆内的文化遗产和藏品，同时也可以要求图书馆员帮助他们检索。可以说，VRRs 和 VTSs 也会逐渐成为智慧空间的重要组成部分，成为图书馆"元宇宙"的实验场所。它们作为一种新兴的定制化服务模式，能为读者提供新的需求满足方式[②]。

图 4-11　新加坡国家图书馆儿童图书馆 MY TREE HOUSE 入口

图片来源：Central Public Library [EB/OL]. National Library Board Singapore(2022-01-17)[2022-02-18]. https://www.nlb.gov.sg/VisitUs/BranchDetails/tabid/140/bid/289/Default.aspx?branch=Central+Public+Library.

---

① 杨梦,薛崧,任磊,等.基于智慧大脑的图书馆智慧空间架构研究[J].高校图书馆工作,2021(3):5-10.

② Major international survey (stage 2): virtual reading rooms and virtual teaching spaces[EB/OL]. Research Libraries UK (RLUK)[2022-02-20]. https://www.rluk.ac.uk/vrr-and-vts-survey-stage2/.

除了上述图书馆空间，在未来社会发展中，图书馆还会出现一些新的空间形式。哪些空间是重要的、代表着未来的需要？学者们对此有着自己的看法。2010 年，丹麦学者亨利克·约胡姆森（Henrik Jochumsen）等提出，未来图书馆的发展目标体现为四个关键词：体验（experience）、参与（involvement）、赋权（empowerment）、创新（innovation），与之相关的是，我们应该建设好四个图书馆空间：**灵感空间**（inspiration space，通过体验产生创意的空间）、**学习空间**（learning space）、**会议空间**（meeting space，通过小型交流支持赋权与参与）、**表演空间**（performative space，创作并展示作品以支持创造力）①。

图书馆空间无论是什么样的，最终受到读者欢迎（即读者满意度高）的空间才有生命力。图书馆空间的读者满意度虽然主要取决于空间性质，但是其他因素也不可能忽略，如一项大学图书馆的读者调查研究指出，读者对图书馆空间环境的满意度与"空间容量""噪声水平""拥挤度""家具舒适度""清洁度"五个空间属性有关②。另一项研究认为，照明条件也是影响大学生读者满意度的一个重要因素③。毕竟图书馆空间是人们生活空间的组成部分。

第六节　神奇的读者资源 ④

在以往的图书馆资源观里，文献一直被视为图书馆主要的资源。文献信息资源建设是图书馆重要的基础业务工作之一。后来的图书馆资源观又有所扩展，图书馆的空间设备、图书馆员也都被看作图书馆资源。进入 21 世纪，读者也开始被视为图书馆资源，图书馆资源的内涵不断扩展。将读者这一图书馆

---

① JOCHUMSEN H, HVENEGAARD R C, SKOT-HANSEN D. The four spaces - a new model for the public library[J]. New library world, 2012,113 (11/12): 586-597.

② CHA S H, KIM T W. What matters for students' use of physical library space?[J]. The journal of academic librarianship, 2015,41(3):274-279.

③ LI L H, WU F, SU B. Impacts of library space on learning satisfaction: an empirical study of university library design in Guangzhou, China [J]. The journal of academic librarianship, 2018,44(6):724-737.

④ 本节内容主要摘编自:王子舟.论"读者资源建设"的几个理论问题[J].图书馆杂志, 2017(5):4-15.

服务对象看作图书馆自身的一种发展资源，是图书馆学的一个观念更新。特别是 2010 年以来，在互联网、新媒体的强烈冲击下，图书馆纸本书籍借阅率急剧滑落，读者分化流失现象严重，为保持图书馆服务的竞争优势，图书馆自身迫切需要调动与开发各种有利资源，其中包括读者资源的开发利用。

读者资源（user resource）是指图书馆或各类公共阅读空间在发展中可开发的各种读者支持要素。要想进一步认识图书馆读者资源的性质与价值，我们可以先了解一下读者资源的类型和特性。

一、读者资源的类型

我们可以按照读者为图书馆发挥的功能作用，将读者资源划分为以下四类：

1. **读者知识资源**。读者知识资源指图书馆可以获得的读者贡献出来的知识成果，包括读者输出的文献知识资源、脑力知识资源。前者指读者捐献给图书馆或拿出参与图书馆换书大集活动的书籍等；后者指图书馆聘请有学术专长的读者为社区举办专业普及讲座，或聘请社区书法家开办老年书法培训班等，优秀读者的脑力知识资源经过开发可以外显出来，满足社区居民的需要。

2. **读者人力资源**。读者人力资源指读者能够参与图书馆业务与活动的劳力（接近俗话中的"人手"）支持，目前阶段主要指读者作为图书馆的志愿者这类资源。当然这个概念也不排除付费获得的读者人力资源。按道理，读者人力中包含了读者智力、体力、财力等诸多因素。但从获得劳力的角度来看，根据相对可分离的原则，我们还是将读者人力资源与知识资源做出区分，划分为两种类型。

3. **读者关系资源**。读者关系资源是图书馆的一种嵌于社会网络中的社会资本。如通过读者人际关系网获得网络成员所拥有的信息，就属于读者关系资源。信息本身也是有价值的经济物品。例如，当消费者所购商品为高价商品（如房子、汽车等）时，他会花费较长时间及支付较大费用去搜寻、比较商品的低价格信息，但通常不会支付费用和花费时间广泛地搜寻牙签或口香糖的较低价格信息[①]。同理，图书馆服务创新也离不开读者关系资源中的信息的支持。读者关系资源不仅生成有价值信息，还蕴含着社会信用、关系规范、文化品

---

① ［美］埃克伦德,赫伯特.经济理论和方法史（第四版）［M］.杨玉生,张凤林,等译.北京:中国人民大学出版社,2000:471.

位、权力作用等多种社会资本的元素。

4. **读者资产资源**。读者资产资源主要指读者向图书馆提供的经费、建筑、设备等捐助支持，如香港影视业富商**邵逸夫**（1907—2014）从 1985 年起，每年出 1 亿多港元捐助内地的社会公益事业，到 2013 年底捐赠金额达 47.5 亿港元，建设项目 6013 个，其中一大批是新建"**逸夫图书馆**"馆舍[①]。

二、读者资源的特征

以文献资源作为参照系，通过分析读者资源与其不同之处，我们可以看到读者资源具有以下基本属性与特征：

1. **内隐性**。文献资源是外显的，而读者资源却是内隐的。它与矿产资源一样也是"深藏地下"的，只有通过开发与组织加工才能充分显现出来。如图书馆可在网站主页上向社会征集某历史事件照片中未知人物的确认线索，借读者记忆提供历史丢失信息，以完善馆藏知识质量，修复社区记忆。另外，读者资源的内隐性还体现在对其测量与评估具有一定难度。

2. **活态性**。文献资源是一种物态资源，而读者资源是一种活态资源。读者资源的活态性主要体现在两个方面：其一是流动性大，如有的图书馆得到的读者捐助，不仅来自社区，还来自国内其他省区，甚至国外；其二是波动性强，读者资源的开发有适宜的激励机制保障，资源流入量就会比较稳定，否则就会时断时续。

3. **不均衡性**。文献资源的流入基本处于均衡、稳定状态，相反，由于读者资源不是"买来"的，而是"开发"出来的，它们隐含在读者个体或读者群体中间，是非随机分布的，所以读者资源总是处于动态变化中的。读者分布与行为的非随机性导致了读者资源流入的不均衡、不稳定。此外，读者资源的投入还是长期的、连续不断的，而回报有时不是短期就能实现的，这也体现出了读者资源的不均衡性。

4. **非稀缺性**。与文献资源相比较，读者资源在未开发状态下是闲置的。一旦被开发利用，就会发生马太效应，实现递增收益，故其稀缺性不太明显。读

---

① 杨志锦,宋江云.邵逸夫:6000座逸夫楼的公共记忆[J].中国中小企业,2014(2):52-55.

者资源不会因为使用而导致枯竭，但会因为不使用而导致枯竭。所以，我们才在某种程度上说"与图书馆的其他资源相比，读者资源不是稀缺的，稀缺的是我们的开发能力与智慧"[①]。

5. 自组织性。这是读者资源在开发过程中的一个神奇的特性。文献资源具有物的"他动"的属性，读者资源具有人的"自动"的属性。文献资源要靠外力开发，而读者资源一经激活，就可以自动做功、运行，乃至自我孳乳、创新。如2015年北京西城区玉桃园创办的一家公共阅读空间"**书香驿站**"，积极开发读者资源，一年半发展志愿者400多人。志愿者帮助"书香驿站"举办培训（如英语角）、展览（如篆刻作品展）、故事会（讲绘本故事）、知识体验（如宝石鉴赏活动）活动等。其中有几位文字编辑能力较强的社区居民，还自动为"书香驿站"办起来一份简报《书香驿站：咱的第二个家》，每期的内容、编辑、排印都由志愿者自己完成。

三、读者资源的开发建设

读者资源的开发必然以社会关系（人际网络）为渠道。读者资源开发的方式很多，目前以下几种较为常见。

1. 整合读者资源的方法。**整合读者资源**是通过社会关系对区域内读者群资源进行开发、调动的方法。这种方法适合运用于垂直结构的社会网络中，通过垂直结构社会网络中的顶层支配者来整合读者资源，因为顶层支配者不仅控制着最多的有价值资源，而且拥有结构中关于资源的最全面的信息。如2016年**北京大学信息管理系阅读推广课题组**在河北省内丘县北永安村创办的乡村家庭阅读点，就是找到合适的"顶层支配者"来进行的。课题组找到了该村**农家女书社**的负责人房红霞，她担任该村妇女主任，对本村每个家庭十分熟悉，由她与农家女书社成员共同商议，从村里选出来对读书有需求、有热情的8个家庭，每个家庭配置了100册书、1个书架，成功创办了8个**家庭阅读点**（即小型家庭图书馆），使它们成为农家女书社伸向社会末端的微型读书单位。

2. 链接读者资源的方法。**链接读者资源**是指针对某种特定需求（如知识、

---

① 王子舟,吴汉华.读者既是图书馆的服务对象也是活态资源[J].图书馆杂志,2009(9):10−15,32.

能力、关系、资本等），通过社会关系对读者个体资源进行开发、调动的方法。这种方法适合运用于水平结构的社会网络中，即以共同价值观、现实利益为基础，通过沟通互动、感情联系等，将社会网络中的读者资源动员起来。如1967年英国女教师杰尔·诺瑞斯（Jill Norris）发现，利用玩具游戏可使其两个身患残疾的儿子的体力和智力得到发展，于是便通过滚雪球方法邀集了一些有病残孩子的家庭，将各家的玩具集中起来交换使用，后来大家又凑钱买了一些新玩具，就这样，英国第一所**玩具图书馆**（toy libraries）诞生了[①]，它就办在诺瑞斯家里。

3. 置换读者资源的方法。**置换读者资源**是利用图书馆现有场地、设备、人员、文献等各种优势资源，来置换读者资源的一种方法。这种方法是目前图书馆界经常使用且行之有效的读者资源开发方式。如图书馆出让场所与社会组织合作举办读书沙龙、亲子阅读活动等。

在目前的图书馆实践中，有的图书馆通过开发读者知识资源建设特色数据库，如2008年，湖南图书馆抢救性地开展**湖南抗战老兵口述史**工作，四年之内做了湖南籍102位抗日老兵的口述史，这些口述资料构成了湖南图书馆馆藏特色资源的一部分；也有的通过开发读者知识资源来举办图书馆读者沙龙，如2009年杭州市图书馆的**"文澜沙龙"**，主讲人来自读者，自我确定选题，图书馆提供服务，这一活动因主题开放灵活、现场互动热烈、形式自由多样而受到社会各界的欢迎[②]；还有的通过开发读者关系资源来为图书馆做宣传活动，如美国**纽约皇后区公共图书馆**在进入21世纪后，面对经费削减的情况，联系本馆的**图书馆之友**（Friends of the Library，由图书馆的忠实读者组织起来的一种非营利组织）在纽约州参众两院开会期间约见所在选区的参众议员，让读者以自己的亲身经历向议员们游说图书馆在他们生活中的重要性，要求议员给图书馆事业以经费支持[③]。开发利用读者资源的经验有多种，值得图书馆同人们借鉴、学习。

---

① Toy libraries[EB/OL]. Deep fun (2002-10-22)[2022-10-15]. https://www.deepfun.com/toy-libraries/.

② 吴一舟.沙龙活动在公共图书馆服务中的实践:以杭州图书馆"文澜沙龙"为例[J].图书馆研究与工作,2011(2):18-20.

③ 万荣林.美国皇后图书馆新的顾客服务模式[J].国家图书馆学刊,2008(3):93-96.

第五章 文献信息组织与揭示

第一节 一本书进入图书馆的经历

一本书从被作者圆满画上句号的那天起，到图书馆中与读者见面，需要经历一段段奇妙的旅程。大致说来有以下五个阶段。

一、手稿变成书

从手稿变成书要经过编辑的多次审校、反复修改等一系列繁琐的工序。书在印刷前，出版社会给每一种书申请一个出生证号码：**国际标准书号**（International Standard Book Number，ISBN），它是专门为出版者分配的识别图书等出版物的标识符，具有全世界范围内的唯一性，也是证明图书合法身份的标志。在出版后的岁月里，ISBN 在书店、图书馆等机构的图书管理中会发挥非常大的作用，同时也为读者识别和查找图书，提供了一个检索途径。ISBN 一般位于图书封底右下角，是个一维条形码，由"ISBN"和 13 位数字组成，分为 5 段，每段数字都有特定的含义：

1. **前缀号**：由国际物品编码协会（GS1）为 ISBN 提供的两个前缀 978 和 979，表示为专题出版物；

2. **组区号**：代表国家、语言或语言区（如组区号 3= 德语国家，7= 中国）；

3. **出版者号**：由国家或地区的国际标准书号分配中心分配给各个出版社的代号；

4. **出版序号**：出版社给出的图书代码；

5. 校验码：是采用模数 10 加权的算法计算得出的一位数字[①]。

例如：国家图书馆出版社出版的《美国公共图书馆史》一书，ISBN 号为"978-7-5013-6842-6"，其中：

978	前缀号
7	中国图书出版物号
5013	国家图书馆出版社代码
6842	出版图书品种号
6	校验码

中国在 1987 年 1 月 1 日正式实施 ISBN 制度之前，还曾在 1956—1986 年使用过"全国统一书号"制度，**统一书号**主要由图书分类号、出版社号、序号三部分组成，如中华书局 1984 年出版宋代叶梦得的笔记《石林燕语》，统一书号为"11018·1232"，其中前两位"11"表示是《中国人民大学图书馆图书分类法》（简称《人大法》，二十世纪五六十年代在国内被很多图书馆所采用）的第 11 大类"历史"，"018"是中华书局的代号，圆点后面的"1232"表示这是历史类的第 1232 种书。1956—1986 年这个阶段出版的图书都标有统一书号。

二、图书馆的采访

图书进入图书馆要经过采访环节。图书馆的**图书采访**（book acquisition）是根据本馆性质、任务、读者需求和经费状况，通过购买、交换、受赠等方式尽可能经济、迅速地补充馆藏资源的过程。一般可分为购入和非购入两

---

① International ISBN Agency，编.国际标准书号（ISBN）用户手册[M].邢瑞华，译.6 版.北京：中国标准出版社，2012：6-8.

种方式[1]。现多称为**图书馆采访**（library acquisitions）或**文献采访**（literature procurement），以便涵盖各种文献类型的采访工作，其中包括图书、期刊、报纸、音像文献、电子文献等。

图书馆的购书与个人购书不同，事先要经过两道关：①**采购预算**（acquisition budget），即每年购书花多少钱要经过经费预算。预算申请的依据是：馆藏建设原则、读者利用情况等，如果是高校图书馆，还要参考教育部制定的《普通高等学校基本办学条件指标》中在校生平均占有图书的达标册数[2]。对这些指标进行综合判断，才能提出下一年采购图书的预算经费。预算经费上报上级部门审批后，经费额度通常还会在申报的基础上缩水。②**图书采购招标**（books procurement bidding），即根据上级部门审批的经费金额进行采购招标。招标流程须按照政府要求进行。图书馆提出对招标单位的要求，比如拟采购图书的范围、类型、核心出版社、到货率等一系列指标，以此来控制中标书商提供的图书质量。最后，由政府采购部门组织专家评审，确定中标书商。中标的书商会与图书馆签订详细的采购合同，才能开始进入图书购买的程序。

图书馆的图书购买方式主要包括**订购**（利用书目信息生成订单采购）、**现购**（到书店或图书展销现场购买）、邮购、代购（也称委托采购）、网购和复制等。除了通过购入方式获得图书，图书馆图书采访还用一些非购入方式来获得图书，如呈缴（按受**呈缴本**）[3]、调拨、征集、受赠、交换等，但相对于购入方式，这些非购入方式是图书采访的辅助方式。

---

[1]　图书馆·情报与文献学名词审定委员会,编.图书馆·情报与文献学名词[M].北京:科学出版社,2019:70.

[2]　教育部《普通高等学校基本办学条件指标（试行）》（教发〔2004〕2号）文件规定:综合、师范、民族类院校,以及语文、财经、政法类偏文科的院校,生均图书要达到100册;工、农、林、医类院校生均图书要达到80册;体育院校生均图书要达到70册。高职类院校参照上述院校类别,生均图书达到的册数要求下各减20册。见:教育部关于印发《普通高等学校基本办学条件指标（试行）》的通知[EB/OL].教育部政府门户网站[2022-03-26]. http://www.moe.gov.cn/srcsite/A03/s7050/200402/t20040206_180515.html.

[3]　我国也实行呈缴本制度,即根据国家法规要求,出版社的每种正式出版物,均要向国家或地方政府指定的图书馆等单位缴送样本。

三、图书加工

图书馆一旦确定购买某种图书，就会在自动化管理系统中生成订单。图书采购回来后，要对图书进行加工才能入藏。**图书加工**（book processing）是指对采集的图书到馆后进行的一系列加工过程。一般包含两个方面：①数据加工，即图书的分类、编目等，主要利用计算机编目系统完成；②物理加工，包括接货验收、盖馆藏章、装磁条、贴条码、打印与粘贴书标、审校验收、登记入库等，目前多数图书馆还是用传统手工操作完成的，也有少数图书馆开始采用图书采分编智能作业系统来完成。一般来说，图书加工的简要流程如下：

1.图书的验收、盖馆藏章、登记、装磁条和贴条码

（1）**图书验收**（receipt and invoice-checking）。图书验收是指到馆新书要拆包上架，经过核验进行接收。核验人员要对每种书的题名、ISBN、复本数、定价等与到货清单进行核实，同时也要与图书馆预订数据库的信息进行核对，将有破损的或没有预订单信息的书挑出来。验收后将多书少书、缺损错页等问题汇总一起，向供货书商反映，由其负责解决问题。

（2）盖**馆藏章**（property stamp）。馆藏章又称"藏书章"或"藏书印"，是表示图书所有权的标记符号。图书藏书印早在我国唐朝时期就有使用了，当时御府图书之上曾钤印过唐太宗的"贞观"二字连珠印和唐玄宗"开元"二字连珠印①。图书馆馆藏章一般加盖在书名页、书口，除了表示财产归属，人们通过馆藏章还能了解图书馆个性、志趣、审美观，以及馆藏图书的流传过程。因此许多历史悠久的图书馆无不重视馆藏章的制作与使用。

（3）**图书登记**（book registration）。又称"图书登录"，指对入藏图书或注销图书进行登记，其作用是记录图书财产，便于清点和移交，保障公共财产价值的完整性和准确性。每册书都要在自动管理系统中分给一个"**财产登记号**"（简称"财产号"）。"财产号"是一个流水登记号码，不仅是管理图书用，还有核对账目、统计、查找图书等多种用途。

（4）装磁条、贴条码。装**磁条**（magnetic strip）是指在一本书脊内粘贴一个

---

① 连珠印又称"连珠式印"，即将长方形印面中间铲去一部分，再在印面两端刻字，使之成为两个小印，形似连珠而得名。连珠印有二连珠、三连珠等，形式有方、圆、椭圆等，其中方形最常见。

细长的磁条，目的是防止读者未办理借书手续而带书出馆，配合它工作的是能发出报警信号的监测仪。**条码**（barcode）即条形码，是贴在书上的一个标签，由一组数字或字母组成，可用扫码器识别。目前许多图书馆的条码号与财产号是相同的，如果不同，还要用自动打号机在新书上打财产号。有些图书馆的条码号还代表了不同的含义，比如有的用字母表示不同分馆的地址。还有许多图书馆为了提高图书管理效率，升级换代使用了**无线射频识别**（radio frequency identification, RFID，又称"**射频识别**"）技术[①]，即在每册书上加装 **RFID 图书标签**。图书馆通过 RFID 图书标签可以实现读者自助借还的操作，并在未来的日子里替代人工简单体力工作，逐步实现自动上书、整架、盘点等智能化工作。以往的图书使用磁条防盗的方式，也转变为使用 RFID 芯片来进行防盗。

2. 图书的分类编目

（1）**图书分类**（book classification）。图书分类是依照分类法（如中文图书按照《中国图书馆分类法》，英文图书按照《美国国会图书馆分类法》等），对图书内容的学科属性进行分析、归纳，从而确定图书所属类目，并给出图书的分类号的过程。**分类号**（classification number），简称"类号"，是代表一个类目的符号，一般由数字、字母或其他符号按各种方式组合而成。它的作用有两种，一是划分图书类别归属，将相同学科的图书聚集在一起，方便读者浏览时选择自己需要的图书。二是方便图书有序管理，即分类号再加上**书次号**（book number，确定同一类中不同图书次序的号码，有种次号、著者号两种形式[②]），就组成了图书的索书号。**索书号**（call number）顾名思义就是找书用的号码，又称"排架号"，是每册图书在图书馆藏书体系中确定唯一位置的排架号码。工作人员或读者按照索书号才能在浩瀚的书海中找到需要的图书。

（2）**图书编目**（book cataloging）。图书编目是按照一定的标准和规则，对图书的外部特征和内容特征进行描述，并记录成为款目，继而将款目按一定

---

① RFID技术是一种自动识别技术，通过无线射频信号非接触式地识别目标对象并进行数据交换。

② 种次号是按图书先后到馆次序为同类不同图书编制的顺序号码。著者号是按照图书著者名称的字顺（音序或形序）规律的特点而编制的同类不同图书的顺序号码，其优点是可将同一作者的书籍集中在一起，但缺点不如种次号简明，加之当代图书著者（责任者）名称的多样化，如机构名、笔名、网名等五花八门，取号不易，故越来越多的图书馆倾向于使用种次号。

顺序组织成为馆藏目录的过程。有了馆藏目录，无论是卡片目录还是机读目录，工作人员和读者才能查找到图书馆的每一本书。编目的程序主要为：①**查重**（duplicate checking），即在机读目录中用书名和 ISBN 等检索点进行查重，看本馆是否已入藏该书。如果是复本则在原数据中加入新一条复本信息，不能出现同一种书有两条或多条机读目录数据的情况。②**套录编目**（derived cataloging），指下载和使用已经完成编目的图书书目数据。如从 CALIS 联机编目中心免费套录或下载机读目录中的相关数据，套用其有关记录，同时要核对书名、责任者、版本、分类号等字段信息，做到书与套录数据完全一致；必要时对套录数据进行分析，确定取舍或修改；添加索书号，并把索书号写在书名页指定位置。③**原始编目**（original cataloging），即编目员对不能做套录编目的图书进行新书编目，如对 CALIS 联机编目中心数据库中没有数据的图书，编目员要按照文献著录规则、分类和主题标引规则做原始编目[①]。

3. 打印与粘贴书标

书标（label）即粘贴于图书书脊的下部并印有索书号的图书标签。将书标打印下来贴在书脊上，这本图书也就具有了排架位置标识。书标粘贴的位置通常为书根底部之上的 2—3 厘米处。要防止所贴书标的脱落、磨损，还需在贴好的书标上粘贴覆盖一层透明保护膜。

为了提高效率，许多图书馆将图书加工外包给了**图书经销商**（简称"书商"）。虽然图书加工中技术含量不高的非关键环节，比如贴条码、磁条、盖馆藏章等，的确可以由书商完成。但图书的验收、取索书号、典藏等技术素养要求高的图书加工关键环节，建议还应由图书馆采编部门自己做，以便保障图书加工的质量。

四、图书典藏上架

1. **图书典藏**（book reservation）。图书典藏是按照已经完成著录的书目数据，对每一册加工后的图书进行定位描述，是进出流通过程的一个中间环节。包括藏书空间划分、藏书排架、藏书清点、藏书调拨、藏书剔旧等。自动化管理系统中的定位描述就是图书在实体空间架位上的位置。典藏后的图书会显示

---

① 刘相金,主编.山东大学图书馆规章制度汇编[M].济南:山东大学出版社,2015:43.

分馆、馆藏地及排架号。特别是同一种书，有多个**复本**（added copy，指收藏的书刊不止一部时，第一部之外的同种书刊即为复本），分散在不同馆藏地的情况，图书典藏就是将这些信息如实描述，读者通过检索典藏信息，就可以定位到图书的具体位置。馆藏地的命名没有一定的规则，都是各馆按照馆舍结构、馆藏布局规则来确定，比如可称作"某某分馆""某某阅览区""某某学科区"等。

2. **图书排架**（shelving）。图书排架又称"图书上架"，指依照馆藏布局原则与图书分类体系，将藏书有序排列在书架上。排架方法主要有**内容排架法**（主要依分类、专题等图书内容特征排架的方法）和**形式排架法**（主要依开本、登录号、字顺、地理、年代等图书外部特征进行排架的方法）两大类。大部分图书馆是按照内容排架法，即按照分类法分类代码的层级顺序对图书进行排列。但也有在特殊情况下使用其他的排架方法，比如画册、图录与普通图书的开本大小不同，就可以相对集中在一起，可按开本大小排架，以方便读者使用。

五、读者检索图书、借还图书

面对几十万上百万册图书，读者要想找到所需图书，并不是一件简单的事。在没有计算机前，馆员会编出书本式或卡片式目录，供读者翻览查找。现在图书都是用计算机管理，读者须通过**联机公共检索目录**（Online Public Access Catalog, OPAC）[①]进行检索。发现需要的图书后，按照 OPAC 提供的图书信息，如馆藏位置、索书号等，再去对应的书架上寻找。读者找到自己心仪的图书，要想带出图书馆，必须要办理登记手续。

办理登记手续即通过自动化管理系统中的流通模块功能，用条码将图书关联到读者个人名下，这样其他读者再从 OPAC 检索此书时，看到的图书信息是"已经外借"，当然也能看到归还时间。如果某位读者着急使用，还可以通过系统进行预约，预约后一旦有读者还书，系统会立即通知预约人到馆取书。

前面五段经历构成了一本书从作者手中到读者手中的一个完整链条。每个过程都需要大量人员开展专业工作，这样才能做到对图书管理得有序、有

---

① 联机公共检索目录是依托网络提供图书馆书目信息服务的馆藏联合目录和书目检索系统。读者可以按著者、题名、主题和关键字等，通过联机公共检索目录进行书刊馆藏情况的检索查询。

效。随着智能化技术的发展，今后会有越来越多的图书馆让机器替代人工的操作，未来可能会有更多的智能化设备投入到图书的管理中，让读者找书更快、更便捷。

第二节　文献采访的技巧

一个图书馆馆藏质量的优劣，取决于"入口"（文献的采访），表现于"出口"（读者的检索、借阅）。"入口"反映的是馆藏资源质量以及资源体系是否优良、完善；"出口"反映的是图书馆服务水平的高下。因此文献的采访质量决定了图书馆的质量。不过，文献采访的质量又是由采访馆员的能力、水平决定的。一位优秀的采访馆员的养成通常要花费七八年乃至十几年，这是因为大部分文献采访的知识属于经验性知识，不经过长期积累、他人指导，很难一下掌握。

目前中国每年出版的图书为 50 万种左右，其中新版图书 20 多万种[①]。而每个图书馆采购的图书只有几万种，有的馆甚至不到一万种。因此，熟悉文献采访技巧，有助于有效采访到高质量的文献。总结诸多文献采访馆员的成功经验，下述几方面是值得知晓的。

一、了解已有文献采访理论

许多文献采访理论可以帮助采访人员提升专业认知水平。例如中国古代郑樵的**"求书八法"**（"一曰即类以求，二曰旁类以求，三曰因地以求，四曰因家以求，五曰求之公，六曰求之私，七曰因人以求，八曰因代以求。当不一于所求也。"）[②]、**祁承㸁的"购书三术"**（"眼界欲宽，精神欲注，而心思欲巧。"）[③]，国外现代采访理论中的**需要论**（选择读者需要的书）、**价值论**（选择有内容价值的书），以及英国图书馆学家**麦考文**（Lionel Roy McColvin,

---

① 张志强,孙张.回顾与展望:中国出版业"十四五"发展建议[J].编辑之友,2021(2):13-23.
② ［宋］郑樵.通志·二十略[M].王树民,点校.北京:中华书局,1995:下册,1813.
③ ［明］祁承㸁,等.澹生堂藏书约（外八种）[M].上海:上海古籍出版社,2005:15.

1896—1976）的**图书选择评分法**（根据图书的知识价值、社会需求分别打分，综合二者分值大小考虑是否选采）^①等。

再如，"藏书利用二八律"的理论有助于采访馆员了解哪些图书属于核心馆藏。1966 年美国马萨诸塞大学的**特鲁斯韦尔**（Richard W. Trueswell）博士发表论文阐述了**核心馆藏**（core collection）的概念，称图书馆馆藏中占比较小但流通频繁的书籍可以满足大部分读者的借阅需求^②。后来他还用计量方法研究了美国的三所大学图书馆，证实在研究图书馆中，60% 左右的馆藏书籍能满足 95% 左右的读者需求^③。而巴克兰（M. K. Buckland）在英格兰兰卡斯特大学进行了深入研究，在其发表的《大学图书馆的系统分析》（*Systems Analysis of a University Library*，1970 年）报告中提出："……兰卡斯特馆藏的 20% 构成了出借图书的 80%。"^④从此，"核心馆藏""藏书利用二八律"广为图书馆学界所熟知。对核心馆藏的采访也就成了采访馆员的重要任务。

二、了解图书馆性质和读者特征

不同类型的图书馆、不同规模的图书馆，其性质、任务、主要服务对象有所差异，这导致其文献收藏范围、重点有所区别。例如，大学图书馆属于研究型图书馆，主要任务是为本校师生服务，因此相关专业教学、科研所需文献就成了图书馆采访对象，其中对本校的特色学科以及优势专业的**文献保障率**（馆藏文献量与读者对文献合理需求总数之间的比率）^⑤要求较高，采访馆员应该重点采集收藏；而省、市级公共图书馆肩负着保存地方文化记忆和普及科学知识、提供社会教育的职能，因此地方文献就要尽量收全，自然、社会、人文各领域的文献都要采集，即**文献覆盖率**（在一定时间、范围内图书馆收藏的文献

---

① 黄宗忠,主编.文献采访学[M].北京:北京图书馆出版社,2001:42-43.

② TRUESWELL R W. Determining the optimal number of volumes for a library's core collection[J]. Libri, 1966,16(1):49-60.

③ TRUESWELL R W. User circulation satisfaction vs. size of holdings at three academic libraries[J]. College & research libraries, 1969,30(3):204-213.

④ ［美］斯坦利·J·斯洛特.图书馆藏书剔除[M].陶涵彧,庄子逸,译.北京:书目文献出版社,1988:80-81.

⑤ 图书馆·情报与文献学名词审定委员会,编.图书馆·情报与文献学名词[M].北京:科学出版社,2019:40.

种数与已出版的相关文献种数之比）[①]要求较高，同时还要注重各种学习参考书的收藏。至于专业性较强、读者对象相对单一的图书馆，如医学图书馆、少年儿童图书馆，其图书采访的范畴和重点更加明确。

总之，无论哪种类型图书馆，文献保障率、文献覆盖率是决定**读者满足率**（一定时间内，读者已借到文献数与读者合理要求借阅文献数量的比率）[②]的前提条件，对读者满足率能否提升起着决定性作用。

三、多渠道了解各种书目信息

图书采访分为两个阶段，即文献选择和实际的购买过程。在文献选择阶段，采访馆员在中标书商提供的订购书目中挑选适合本馆馆藏的图书，然后在自动化管理系统中进行查重，如果无重复，则生成订单，书商看到订单后再按照订单的目录进行采购。由于书商不能做到第一时间将所有出版社出版的新书都呈现给采访馆员，因此，采访馆员还需多方搜寻书目信息，除了熟悉《新华书目报》旗下三大子报《社科新书目》《科技新书目》《图书馆报》，以及中国国家版本馆的《全国新书目》外，还应了解反映地方出版状况的地方新书目报刊，同时要关注出版社书目、书店书目、专题书目、回溯书目、网络书目等书目信息。

采访馆员平时要关注书评，通过《中华读书报》《文汇读书周报》等报纸，或《中国图书评论》《博览群书》《读书》《书摘》等读书类杂志，收集最新图书出版消息。还要关注各种提供图书信息的网站，如"豆瓣读书"（其"新书速递"栏目可见当月出版物消息）、"当当网"（新书有一定折扣并可开正式发票）、"孔夫子旧书网"（打折的新旧书都有，但开发票较难）等。特别是在自媒体流行的社会环境里，采访馆员要关注各种有关读书的微信公众号，注意自媒体平台发布的新书推荐榜、年度好书榜等信息，这些信息有的图文并茂，图书出版相关数据全面，可作为下单采购的参考。

[①]　图书馆·情报与文献学名词审定委员会,编.图书馆·情报与文献学名词[M].北京：科学出版社,2019:40.

[②]　图书馆·情报与文献学名词审定委员会,编.图书馆·情报与文献学名词[M].北京：科学出版社,2019:41.

四、筛选适配本馆藏书的核心出版社

采访馆员要了解国内外出版社的历史、出版社主打出版物的质量优势，知晓哪些出版社可以成为核心馆藏图书的供给来源，并将其列为适配本馆藏书的核心出版社[①]。

目前国内有许多出版社颇有声誉：①出版古籍及古籍整理书籍的有中华书局、上海古籍出版社、国家图书馆出版社（偏重影印古籍）等；②出版工具书类的有商务印书馆（被誉为"工具书王国"）、中国大百科全书出版社（出版工具书中的鸿篇巨制）、上海辞书出版社（以出版《辞海》、系列鉴赏词典而知名）等；③出版文学作品及翻译外国文学作品的有人民文学出版社、作家出版社、上海文艺出版社、上海译文出版社、译林出版社等；④引进与翻译西方学术经典的有商务印书馆（所出版的"汉译世界学术名著丛书"负有盛名）、中央编译出版社（所出版的"新世纪学术译丛"受到欢迎）等；⑤经济类的有中国金融出版社、中国财政经济出版社、中信出版社、中国经济出版社等；⑥法学类的有法律出版社、中国法制出版社、中国政法大学出版社、人民法院出版社等；⑦人文社科综合类的有生活·读书·新知三联书店（内容、书品质量较高）、中信出版社（海外版权引进多，畅销书多）、北京大学出版社、广西师范大学出版社、凤凰出版集团等；⑧自然科学技术类的有科学出版社、清华大学出版社、机械工业出版社、电子工业出版社、化学工业出版社、人民卫生出版社、建筑工业出版社、人民邮电出版社、中国水利水电出版社、中国电力出版社等。采访馆员可以通过馆藏图书出版社占比的数据来建立一个核心出版社列表，并将图书采访的主题或重点标示出来。当然核心出版社也是动态的，经过一定周期就要有所增减。

五、发动读者推荐图书、参与采书

为了避免馆藏纸质文献利用率下降，维护馆藏资源与读者需求的平衡，克服馆员选书难度不断增加带来的弊端，读者参与采访是一个值得倡导的方式。读者参与采访的方式有以下几种：①**图书荐购**（book recommendation，或称

---

① 任国祥.基于目前出版态势的图书采访新模式探讨[J].图书馆学研究,2014(11):49-51,57.

"读者荐购"）。即读者将自己需要或喜欢的图书信息，通过图书馆的荐书渠道（常规接受荐书信息的方式有自动化系统荐书模块、E-mail、电话等方式）提交给图书馆。采访馆员经过查重并判断是否符合馆藏收藏的原则后予以订购，书到后通过系统或电话等方式通知推荐图书的读者优先阅读。**②读者决策采购**（patron-driven acquisition，PDA）[①]。也称"读者驱动采购"，如公共图书馆运行的"你采书我买单"或"你选书我买单"自动管理系统，读者在书店看到喜欢的图书，可由店员查重、简单加工后，直接办理借阅手续；看完后，书再归还到图书馆。高校馆电子书的购买也有类似的模式，即图书馆与数据库商合作开放电子书给读者利用，按照读者点击或阅读数据库中图书的次数，选择读者需求量大的图书进行购买。**③招聘志愿者采书**。这是一种部分高校图书馆的做法，由图书馆招募不同专业的学生或老师，跟随采访馆员到书展现场或图书市场进行现场采购。他们的参与弥补了馆员专业学科背景欠缺以及现采人手少的不足，但弊端是志愿者因自身需要采选了少量不符合馆藏要求的书。

六、注重通过零采进行藏书补缺

藏书补缺（collection supplement）是图书馆针对书籍损失、套书收藏不完整等导致的藏书不足，或者用户对新书籍的需求得不到满足而进行的藏书补充活动[②]。馆藏图书的缺失有两种：新书的缺失和旧书的缺失。新书的缺失主要是因为采访馆员得不到书目信息而未订、订出逾期未到、因疏忽而漏订，因此新书的补缺主要是及时使用书目进行查缺，对缺藏情况按学科、收藏等级做出精确的统计；对缺藏文献区分轻重缓急，选择最合适的补充方式与发行渠道及时补缺，优先考虑核心馆藏与读者急需的要求[③]。旧书的缺失主要是图书长期使用过程中有丢失、损坏而造成的，因此采访馆员就要在零采中设法予以解决，如通过古旧书店、展销书市、孔夫子旧书网等采购图书进行补缺。甚至可以到一些团体机构和图书馆剔旧书刊中筛选图书来补本馆缺失，或动员私人藏

①　唐吉深.我国读者决策采购（PDA）研究述评[J].图书馆学研究,2015(2):22-28.

②　图书馆·情报与文献学名词审定委员会,编.图书馆·情报与文献学名词[M].北京：科学出版社,2019:72.

③　陈远焕.关于中文图书采集、发掘书商供书能力与推动出版行为改善[EB/OL].道客巴巴（2014-04-19）[2022-03-31]. https://www.doc88.com/p-8768056427610.html.

书家捐赠图书以弥补馆藏缺失，或在经费的允许下上拍卖会拍到一些相应图书来补充馆藏缺失。采访馆员要善于作杂家，了解各类古旧书籍的价值，同时也要善于与书商、藏书家打交道，与他们建立起互信、互敬的人际关系。

七、注重采购以外采访方法的运用

图书馆的书不一定都是买的，还有通过征集、缴送、交换、捐赠、调拨、寄存、复制等方法获得的。以图书捐赠为例，许多捐赠图书不仅有很高的收藏价值，还具有着学术价值或艺术价值。大多数捐赠者来源于长期利用图书馆的忠实读者，或与图书馆有着各种联系的社会人士。如北京师范大学图书馆收到的刘盼遂（1896—1966）、张次溪（1909—1968）、刘乃和（1918—1998）先生的珍贵藏书，捐赠者都是本校知名学者[1]。而四川省内江市图书馆得知原《人民日报》总编辑、社长胡绩伟（1916—2012）晚年想将自己的藏书捐给家乡图书馆的消息时，立即派人到北京与胡绩伟先生联系，并最终于 2005 年将胡先生的藏书运回内江市图书馆，并在五楼专辟"**胡绩伟藏书室**"存放，成为内江市图书馆的特色馆藏[2]。因此，采访馆员平时应该注意了解图书馆所在单位、社区、学校、研究机构的知名学者、私人藏书家的情况，注重为他们提供个性化的服务，与他们保持良好的友谊。如果得知其中有捐赠意向者，要给予积极配合，主动帮助捐赠者完成各种繁杂的手续及相应的图书整理工作，最后还要给捐赠者颁发精美的证书等。

八、把握未来图书采访发展趋势

自 2020 年疫情开始，受远程学习的影响，图书馆电子书获取数量在快速增长。采访馆员的**在线订购**（online ordering）也成为通行的方式，即书商联合出版社将新书目录及介绍放在选书平台上，采访馆员不用到现场就能够看到图书的内容并下单订购。尽管目前的线上采购平台还存在品种不全、不便查重、无法实现多平台数据交互等局限性，但这种线上采书的模式也为读者参与

---

[1]　程仁桃,杨健.北京师范大学图书馆藏古籍的源流、特色及整理情况[M]//国家古籍保护中心,编.古籍保护研究:第2辑.郑州:大象出版社,2016:343-349.

[2]　胡绩伟.书是我一生最大的财产:在内江捐赠藏书仪式上的讲话[J].博览群书,2005(10):78-80.

提供了更多的机会，这也将是未来发展的一种趋势。

此外，自动采购系统会越来越多地被使用。**自动采购**（automated acquisitions）是指采购工作的自动化，最初只是开发简单的订购和接收系统，经多年发展，这些系统已扩大到使采购工作普遍自动化，并将采购与编目、流通和馆藏开发等功能集成在一起，并且还为图书和报刊供应商以及图书馆主管机构会计系统提供了电子接口。其中在线编目服务（如 OCLC 的 Promptcat 或供应商提供的 MARC 数据）强化了采购方面的工作流程。自动采购系统使图书馆能够接收到编好的书目和加工完毕可直接上架的图书。为了提高各种系统之间的互操作性，出版商、供应商和图书馆采用通用标准显得越来越重要，这也是该领域发展的重点[①]。

采访馆员应该在纸电同采的实践中，不断掌握深度学习技术，并参与下一代**智能选书平台**[②]的开发、使用，积极推进图书馆文献采访工作的转型与发展[③]。

第三节　文献分类与编目

一、文献分类

1. 文献分类的相关概念

（1）文献、分类。①**文献**（document, literature），是记录有知识并以传播为目的的一切载体[④]，包括图书、报刊、专利、标准、会议论文、学位论文、科技报告、技术档案、产品样本等。②**分类**（classification），是人类认识事物

———————————

① PATRICIA A S, ALLISON V L. Automated acquisitions[M]//MCDONALD J D, LEVINE-CLARK M. Encyclopedia of library and information sciences. 4th ed. London; New York: CRC Press, 2018: Volume 1, 408–417.

② 目前国内开发的智能选书平台，是集出版社数据管理、图书馆员在线采访、读者荐购管理、图书验收与登记、大数据统计分析等多种功能的一站式线上新书采选系统。见：广东省立中山图书馆智能联合新书采选平台上线测试[EB/OL].潇湘晨报官方百家号（2021-06-16）[2022-04-02]. https://baijiahao.baidu.com/s?id=1702718646178865962&wfr=spider&for=pc.

③ 蔡迎春.智能选书：图书馆精准采购实现策略[J].数字图书馆论坛,2021(6):50-55.

④ 王子舟.图书馆学是什么[M].北京：北京大学出版社,2008:41.

最基本、最古老的一种方法。人们可以通过分类来掌握事物的性质或特点，增强人类自身与外部世界关系的确定性，从而促进自身的发展。法国社会学家涂尔干和莫斯说："所谓分类，是指人们把事物、事件，以及有关世界的事实划分成类和种，使之各有归属，并确定它们的包含关系和排斥关系的过程。"[①] 在图书馆和信息科学中，分类主要用于手动或机器环境中的文献组织。

（2）文献分类。文献分类以往曾称"图书分类"，现称在对象范畴上有扩大，涵盖了图书以外的报刊、音像、网页等各种形态的文献类型。**文献分类**（document classification，literature classification）是以文献分类法为工具，根据文献所反映的学科知识内容与其他显著属性特征，遵循一定的分类规则，分门别类地、系统地组织与揭示文献的一种方法。这个概念包含了五个内容：①文献分类的对象是收藏机构的各种文献；②文献分类的依据是文献的学科属性与其他显著特征（如出版物种类、体裁形式、使用对象等）；③文献分类的工具是文献分类法（文献分类表）；④文献分类的方法指南是文献分类规则；⑤文献分类的目的是按照学科知识的系统性分门别类地组织与揭示文献[②]。

为什么文献分类要以文献的学科属性与其他显著特征为依据呢？这是因为文献所体现的学科知识内容是文献的本质属性，而读者也习惯于从学科、专业的角度来借阅文献。

（3）文献分类的作用。①对文献进行分类标引。**分类标引**（classification indexing）是依据一定的分类法，对文献单元的内容特征进行分析、判断、选择并给出分类标识的过程，具体工作环节有分类查重、分析文献内容、确定文献主题类别、标引分类标识（分类号）、标引索书号、复核审查等。②组织分类排架。**分类排架**能够使得馆藏体系体现出学科的系统性，使得内容相近的书排列在一起，内容不同的书区别开来，便于人们按内容利用，如图书馆员可按类熟悉藏书、统计藏书、研究藏书、推荐藏书[③]。③建立分类检索系统。**分类检索系统**一方面体现在手工分类目录或计算机分类检索体系里，另一方面分类排架本身也是一个具有查检功能的、占据庞大物理空间的检索系统，读者可以

---

① ［法］爱弥尔·涂尔干，马塞尔·莫斯.原始分类［M］.汲喆，译.北京：商务印书馆，2012：2.

② 俞君立，陈树年.文献分类学［M］.2版.武汉：武汉大学出版社，2015：2-4.

③ 俞君立，陈树年.文献分类学［M］.2版.武汉：武汉大学出版社，2015：4-5.

游弋其间，发现对自己有益的图书，同时也会提高图书馆开架借阅的效率等。

（4）文献分类学。文献分类研究有着悠久的历史，经过长期积累，现在已经形成了图书馆学的重要分支——文献分类学。由于文献分类学主要研究的是文献分类体系（如各种"分类法"）的构成，以及各种文献的分类、归类方法，所以**文献分类学**（science of library classification）的定义可以表述为：是研究文献分类法及其发展规律以及分类标引与检索行为的一门学科[①]。

2. 文献分类工具

我们要将文献组成一个有序的知识集合，就必须使用一个合适的分类工具。这个工具就是分类体系，叫作**文献分类法**（又称"文献分类表"，简称**"分类法"**），它是我们从事分类工作的依据。如《中国图书馆分类法》（简称《中图法》）、《杜威十进分类法》、《美国国会图书馆分类法》等。文献分类法的结构体系主要有三种：等级列举式、分面组配式、列举组配混合式。现在通行的还是以等级列举式为主。通常，一部文献分类法由五个部分组成：类目表、标记符号、复分表、说明注释和索引。

（1）**类目表**。类目表又称"主表"（main table），是由各级类目编列成的按层次逐级展开的类目排列表，即分类法中的正文部分。它由基本部类、基本大类、简表、详表组成。①**基本部类**又称为大部，或称为基本序列，是分类体系按知识内容划分出的范畴，一般不作为类目出现，如《杜威十进分类法》是以理性知识、想象知识、记忆知识这三个部类来做基本序列的。而《中图法》的基本部类则分为"马克思主义、列宁主义、毛泽东思想""哲学""社会科学""自然科学""综合性图书"五大部分；②**基本大类**是由基本部类初次划分出来的第一级类目，其数目的多少及排序既受人们认识的影响，也受各学科文献出版量的影响，一般在十至三十个之间，我国现代分类法的基本大类通常在二十个左右；③**简表**是由基本大类与由基本大类依次展开、划分出来的二、三级类目形成的基本类目表，主要是让使用者在最短时间内了解该分类法的分类体系，同时方便小型图书馆在做粗分类目的分类标引时使用参考；④**详表**也称正表、主表或主类表，是由简表展开的不同等级的类目所组成的最为详尽的类目表，它是类分文献的真正的依据。

（2）**标记符号**。标记符号又称"分类号"，是文献分类法中用以表示类目的代号。它具有固定类目的位置，明确各个类目的先后次序，在一定程度上显示类目之间的隶属、并列关系以及描述某个类目含义的作用[①]。标记符号的类型有单纯号码和混合号码两种形式。如《人大法》就曾经用过数字的单纯号码形式，而《中图法》第五版中的标记符号"H111"（表示"语言、文字—汉语—语音—上古语音"）就属于字母与数字混合使用的号码形式。一般好的标记符号要符合一定的要求，即简短性、易记性、表达性和容纳性。

（3）**复分表**。复分表又称"附表""辅助表"，是按照文献的辅助标准（如地域、年代等）编制而成的，以供主表作进一步细分的类目排列表。为了增加主表细分能力，同时节省主表篇幅，而附在主表之后。复分表有通用复分表和专类复分表两种形式。《中图法》的通用复分表有《世界地区表》《中国地区表》《国际时代表》《中国时代表》《世界种族与民族表》《中国民族表》等八个。

（4）**说明注释**。这是对分类表结构原理和对具体类目使用方法的阐释。其中"**说明**"分为编制说明和使用说明（如适用范围、号码分配以及如何使用等）两种类型。"**注释**"是对具体类目的补充说明文字，一般用小一号字体出现在正表类名下方，解释该类目包含范围、类目之间关系、类目沿革变化、列类的依据、标引方法、同类书排列规则等，帮助分类馆员准确地完成分类标引工作。

（5）**索引**。索引即"类目索引"，是为使用者依类名或主题条目字顺查找其所在正表位置、确定分类号的工具。主要有直接索引和相关索引两种类型。①**直接索引**（又称"单一索引"）是将分类表中所有类目及其注释中的有关主题概念按字顺排列，每个类目一般只按分类表中的措辞在索引中出现一次，在每条索引款目后注明相应分类号。②**相关索引**（又称"双关索引"）的特点是揭示各种相关事项，它除了把分类表中的全部类目及其注释中具有检索意义的主题概念按其字顺排列外，还采用一些综合材料的方法，将一个主题的各个方面以及与这一主题所关联的词语，都集中在一个主题标目之下，尤其是那些在分类表中被分散了的相关词语[②]。

---

① 俞君立,陈树年,主编.文献分类学[M].2版.武汉:武汉大学出版社,2015:34.

② 俞君立,陈树年,主编.文献分类学[M].2版.武汉:武汉大学出版社,2015:53-54.

3.分类标引规则

为了减少混乱和分歧，实现合理分类，文献分类工作者在长期的实践中总结出文献分类标引中大家共同认可并遵守的一些准则，就形成了分类标引规则。分类标引规则可分为基本规则、一般规则和特殊规则三类。

（1）**基本规则**。基本规则或称"基本原则"，是指贯穿于整个分类标引工作中的指导思想或主要原则，主要有：①文献分类应先内容后形式，即以文献内容为主要归类依据，必要时再以文献其他属性为辅助标准复分；②一定要根据著者的写作目的和主要旨意，把文献分入最大用途且切合内容实际的类，而不能根据题名等进行归类；③文献归类必须体现分类体系的逻辑性、系统性而分入最恰切的类，如能归入某一类的书，必然带有上位类的属性；④在文献分类标引中要兼顾准确性、一致性、适度性、实用性的要求。

（2）**一般规则**。一般规则是指可以适应于任何知识领域的有关某种主题形式（如**单主题**文献、**多主题**文献）、某种文献类型（如不同编制类型文献）的分类标引规则。例如：①内容为单主题的文献，直接按照其内容性质进行分类标引，而多主题的文献则要详辨其内容，按照以下规则分类：并列关系的依照篇幅多的或前面的主题归类；从属关系的依照最大的主题归类；因果关系的依照结果的主题归类；影响关系的依照受影响的主题归类等。②属于手册、百科全书、类书、表谱等工具书性质的文献，内容为综合性的归类到"综合性图书"类；内容为专门性的各入其类。③属于**丛书**的，那些一次性出版、有总目次总编号的，或内容关联密切具有专题性的，或针对少儿具有科普性的丛书，一般都进行**集中分类**标引，即整套丛书给一个分类号，所含单册文献做分析分类，如《四库全书存目丛刊》入"Z121.5"，《中国抗日战争史料丛刊》入"K265-51"，《中华少年科普大视野丛书》入"N49"；而那些不是一次性出齐的丛书，可以按照每种分册的内容进行**分散分类**标引，即按照丛书中每一册作为一种书处理，以方便读者找书，如《北大学术演讲丛书》就按其每种书的内容各入其类[①]。

（3）**特殊规则**。特殊规则是指适用于不同学科门类的分类规则。如历史类

---

① 李璞,编著.《中国图书馆分类法》（第4版）实用指南[M].成都:巴蜀书社,2008:45-46.

文献的分类规则规定其他各类的专门史文献（如数学史、农业史文献），归入相应学科类目；医学类中有关航天医学、潜水医学、运动医学等文献入医学中的特种医学类，但法医学文献则应入法律类等[①]。

2015 年由陈树年等文献分类学专家编纂的国家标准《**文献分类标引规则**》（GB/T 32153—2015）[②]正式颁布，从此，文献分类标引工作有了权威的标准依据。另外，在文献信息组织过程中，除了做文献分类标引，同时还要做文献主题标引，主题标引也有国家标准《**文献主题标引规则**》（GB/T3860—2009）[③]可作参照，使用的工具为《**中国分类主题词表**》。

分类法、主题法都是揭示文献知识内容的方法，不同之处在于：分类法是从知识内容的类别属性来描述、组织文献，属于族性揭示；而主题法则是从事物、对象或问题的名称来描述、组织文献，属于特性揭示。比较而言，分类法有较强的系统性、间接性、严密性，而主题法则有较强的专指性、直接性、灵活性[④]。从读者的文献检索需求来看，主题法更贴近检索需要。如我们要找"漫画技法"的书，用分类法要经历"J 艺术—J2 绘画—J21—绘画技法—J218各种画技法—J218.2 漫画"的查找过程，而用主题法可直接用"漫画，技法"来检索。

二、文献编目

1. 文献编目的相关概念

（1）**文献编目**。文献编目简称"编目"（cataloging），是在"图书编目"的基础上更新的概念，内容涵盖了图书以外的报刊、音像、网络等各种形态的文献类型。文献编目的定义是：依据一定的规则对文献的形式特征（题名、著者、出版者、尺寸等）、内容特征（分类号、主题词、内容提要等）进行描述记录，形成一条条记录（款目），以便最终形成能够揭示文献资源的目录

① 俞君立，陈树年，主编.文献分类学[M].2 版.武汉：武汉大学出版社，2015:298,280.

② 全国信息与文献标准化技术委员会.文献分类标引规则:GB/T 32153 — 2015[S].北京：中国标准出版社，2016.

③ 国家图书馆《中国图书馆分类法》编辑委员会，编.中国分类主题词表[M].2 版.北京：北京图书馆出版社，2005.

④ 白国应，编著.图书分类学：图书分类理论与实践[M].北京：书目文献出版社，1981:526-528.

体系的工作过程。国外有时也用**书目控制**（bibliographic control）或**信息组织**（information organization）来指代文献编目 [①]。

每一种文献经过编目形成的含有书名、著者、出版社、页数等的一条记录，叫作款目（entry），它是著录文献的结果，是反映文献的内容特征和形式特征的著录项目的组合，有时也可能包括文献著录的其他部分 [②]。而**目录**（catalog）就是将一批款目或记录，按照一定的次序组织排列而成的一种揭示、报道和检索文献信息的工具。

（2）**目录种类**。通过编目形成的目录，从载体形态的角度分类，在手工操作时期主要是书本目录和卡片目录，而计算机使用时期主要是机读目录。①**书本目录**（字典式目录），主要是在古代和近代图书馆中使用，它是从偏重反映图书馆产权的财产清单逐步向侧重检索馆藏资源的查检书目演化而成的，如1620年英国牛津大学博德利图书馆编制的馆藏书本式目录，分神学、医学、法律和艺术四大类，每类的款目依单一的著者姓氏字顺排列，多著者取第一个人的姓氏，匿名著作则取书名第一个词作为排序依据 [③]。②**卡片目录**，主要应用于现当代的图书馆，特点是用目录柜来储存，目录盒中的款目一般是由一张张穿孔卡片作载体，卡片的尺寸为 7.5 厘米 ×12.5 厘米，这是 1877 年由美国图书馆协会规定的标准卡片规格。在卡片目录流行时期，一般大型图书馆的目录厅都备有书名目录、著者目录、分类目录三套目录柜，个别的图书馆还备有主题目录柜，以满足读者从不同角度来检索文献。③**机读目录**（Machine-Readable Cataloging, MARC），是指以代码形式和特定结构记录在计算机存储载体上的，由计算机识别、处理、编辑与输出的目录 [④]。读者通过图书馆主页的检索窗口可以进行检索使用。机读目录的优点是摆脱了卡片目录的庞大体积，而不再占用图书馆物理空间；能从更多的检索途径来查找文献，而且检索速度快；可以实现联机编目、远程检索，有助于更加方便地开展馆际互借。

---

① JOUDRE D N. Cataloging[M]//MCDONALD J D, LEVINE-CLARK M. Encyclopedia of library and information sciences. 4th ed. London, New York: CRC press, 2018: Volume 2, 723–732.

② 全国信息与文献标准化技术委员会.文献著录 第1部分:总则:GB/T 3792.1—2009[S].北京:中国标准出版社,2010:4.

③ 高红.编目思想史[M].北京:北京图书馆出版社,2008:5.

④ 孙更新.文献信息编目[M].武汉:武汉大学出版社,2006:260.

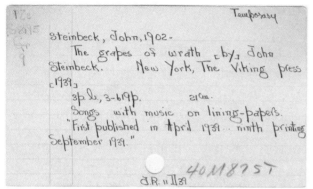

图 5-1　美国国会图书馆使用过的《愤怒的葡萄》目录卡片 图 5-2　清华大学图书馆曾使用的目录卡片
图片来源：Library of Congress. The card catalog: books, cards, and 清华大学图书馆王媛 提供
literary treasures [M]. San Francisco: Chronicle books, 2017.

2. 机读目录的格式

手工时期目录中的每一个款目，在机读目录中就是每一条记录，故款目又可称为记录。**记录**（record）由记录头标区、地址目次区、数据字段区、记录结束符组成。

（1）**记录头标区**（leader）。记录头标区为机读目录记录的一个组成部分，位于每条记录的开端。头标的固定长度为 24 个字符，其数据元素由数字或字母代码组成，如"01824oam2#2200457###450#"就是丛书《叶永烈自选三部曲》中《名人悲欢录》一书新记录的头标[①]。其中含有记录长度、记录状态、记录类型、书目级别、层次等级等 8 项数据元素，编目人员要添加 5、6、7、8 字符位，其他字符位由计算机自动生成。记录头标区中的数据元素主要用来

---

① 全国图书馆标准化技术委员会,编.中国机读书目格式:GB/T 33286—2016[S].北京:中国标准出版社,2017:15.

满足记录处理的需要。

（2）**地址目次区**（directory）。地址目次区位于记录头标区之后，是机读目录记录中所有数据字段位置的一个索引，由计算机自动生成。目次区的每个目次项用 12 位数字描述一个字段，由三部分组成：三位数表示的字段号、四位数表示的该字段长度和五位数表示的该字段起始字符位置。全部目次项构成地址目次区，即通过地址目次区可以查找机读目录记录中某一特定字段的起始位置。

（3）**数据字段区**（data fields）。数据字段区是机读目录记录中描述书目信息的可变长部分，故又称变长数据字段区。这一部分由若干定长和变长字段组成，是文献编目的主体，主要由编目馆员操作完成。数据字段的三个层次依次为：①**功能块**（block）。包括 0-- 标识块、1-- 编码信息块、2-- 著录信息块、3-- 附注块、4-- 款目连接块、5-- 相关题名块、6-- 主题分析块、7-- 知识责任块、8-- 国际使用块、9-- 国内使用块。②**字段**（field）。每个功能块中包含数据的有定义的字符串，通过字段标识符来识别，其中第一位数字代表所属功能块。③**子字段**（supfield）或**数据元素**（data element）。子字段是字段内所定义的最小数据单元，数据元素是指用于定义和描述数据的不可细分的基本数据单位。

（4）**记录结束符**（end of record mark）。记录结束符也称记录分隔符，位于每一个记录的末尾，用以分隔记录，如"%"，由计算机自动生成。

3. 文献著录

对文献进行具体的编目就是**文献著录**（bibliographical description，也称"书目著录"），通常简称"著录"，指在编制文献目录时，按照一定规则，对文献的形式特征和内容特征进行分析、选择和记录的过程[①]。不同类型文献和不同形式目录的**著录项目**（即用以揭示文献形式特征和内容特征的记录事项）不尽一致，不过中国国家标准《**文献著录 第 1 部分：总则**》（GB/T 3792.1—2009）规定了如下著录项目[②]：

---

① 图书馆·情报与文献学名词审定委员会,编.图书馆·情报与文献学名词[M].北京：科学出版社,2019:127.

② 全国信息与文献标准化技术委员会,编.文献著录 第1部分:总则:GB/T 3792.1—2009 [S].北京:中国标准出版社,2010:6-7.

（1）**题名与责任说明项**。包括正题名、一般文献类型标识、并列题名、其他题名信息、责任说明（含第一责任说明、其他责任说明）。

（2）**版本项**。包括版本说明、并列版本说明、与版本有关的责任说明、附加版本说明、附加版本说明的责任说明。

（3）**文献特殊细节项**。如数学数据（测绘制图资源）、乐谱格式说明（乐谱）、编号（连续性资源）等。

（4）**出版发行项**。包括出版发行地、出版发行者、发行者职能说明、出版发行日期，以及印制地、印制者、印制日期。

（5）**载体形态项**。包括文献数量和特定文献类型标识、其他形态细节、尺寸、附件。

（6）**丛编项**。包括丛编或分丛编的正题名、并列题名、其他题名信息、责任说明、国际标准连续出版物号（ISSN）、丛编或分丛编编号。

（7）**附注项**。

（8）**标准编号与获得方式项**。包括标准编号、识别题名（连续性资源）、装帧、获得方式和 / 或价格、限定说明等。

下面我们通过实例了解一下文献著录完成的卡片目录的一个款目、机读目录的一条记录的面貌。例如：有一本书是奥地利作家斯蒂芬·茨威格（Stefan Zweig, 1881—1942）写的，题名为《良知对抗暴力——卡斯特里奥对抗加尔文》，舒昌善译，2012 年由北京的生活·读书·新知三联书店出版。那么依据《文献著录 第 1 部分：总则》（GB/T 3792.1—2009）和**中国机读目录格式**（China MARC Format, CNMARC）[①]的著录规则，它在卡片目录中的著录示例可见表 5-1，在机读目录中的著录示例可见表 5-2：

---

① 目前最新版标准为：全国图书馆标准化技术委员会,编.中国机读书目格式:GB/T 33286—2016[S].北京:中国标准出版社,2017.

表 5-1　卡片目录著录示例

　　良知对抗暴力：卡斯特里奥对抗加尔文 = Ein gewissen gegen die gewalt oder Castellio gegen Calvin / (奥) 斯蒂芬·茨威格著；舒昌善译 . —北京：生活·读书·新知三联书店，2012.3

　　　378 页；21cm. —(茨威格人物传记)

　　　ISBN 978-7-108-03838-8

　　　29.80 元

　　I. ①良… II. ①茨… ②舒… III. ①卡斯特里奥，S. (1515-1563) — 生平事迹 ②加尔文，J. (1509-1564) — 生平事迹 IV. ① B979.9565.5

表 5-2　机读目录著录示例 [①]

字段名称	字段号	字段指示符		字段内容
记录头标	HEA	#	#	01567nam0#2200361###450#
记录标识号	001	#	#	012013000006
记录处理时间标识	005	#	#	20130105170021.0
国际标准书号	010	#	#	$a978-7-108-03838-8$dCNY29.80
通用处理数据	100	#	#	$a20120601d2012####em#y0chiy50#####ea
作品语种	101	1	#	$achi$cger
出版国别	102	#	#	aCNb110000
专著性文字资料	105	#	#	$ay###z###000yc
文字资料——形态特征	106	#	#	$ar

①　秦小燕,编著.中文普通图书分类方法与CNMARC书目数据编制技巧[M].北京:国家图书馆出版社,2014:124.

续表

字段名称	字段号	字段指示符		字段内容
题名与责任说明	200	1	#	$a 良知对抗暴力 $9liang zhi dui kang bao li$b 专著 $dEin gewissen gegen die gewalt oder Castellio gegen Calvin$e 卡斯特里奥对抗加尔文 $f斯蒂芬·茨威格著 $g 舒昌善译 $zger
出版发行	210	#	#	$a 北京 $c 生活·读书·新知三联书店 $d2012
载体形态	215	#	#	$a358$d21cm
一般性附注	300	#	#	$a 茨威格人物传记
并列正题名	510	1	#	$aEin gewissen gegen die gewalt oder Castellio gegen Calvin$zger
其他题名	517	1	#	$a 卡斯特里奥对抗加尔文 $9ka si te li ao dui kang jia er wen
个人名称主题	600	#	0	$a 加尔文 $c#(Calvin,John$f1509-1564) #$x 生平事迹
论题名称主题	606	0	#	$a 基督教徒 $x 生平事迹 $y 法国 $z 中世纪
中图分类号	690	#	#	$aB979.9565.5$v5
个人名称——主要知识责任	701	#	0	$c#（奥）#$a 茨威格 $9ci wei ge$c#(Zweige,#Stefan$f1881-1942)#$4 著
个人名称——次要知识责任	702	#	0	$a 舒昌善 $9shu chang shan$4 译
记录来源	801	#	0	aCNbNLC$c20120601
	801	#	2	aCNbGXG$c20130105

表 5-2 显示的是广西壮族自治区图书馆文献著录的一个实例，其中"001""005"等竖列三位数字为**字段标识符**，用于区分不同字段；**字符代码**"#"表示"空位或未定义"；"$"是**子字段标识符**（由两个字符组成的代码，用以标识可变长字段中的不同子字段）中的第一个字符，即**子字段分隔符**，与常用符号"@"同义，它与第二个字符（即**子字段代码**，通常为字母或数字）可合成用于表示特定子字段含义，如 200 字段中的"$a"为"正题名"，"$9"为"正题名汉语拼音"等。另外，表中第一个 801 字段记载的是原编机构编制

本条记录的单位和时间（中国国家图书馆，2012 年 6 月 1 日），第二个 801 字段记载的是套录（或修改）机构的相关信息（广西壮族自治区图书馆，2013 年 1 月 5 日），这两个字段一旦生成，不可改变。

如果将《良知对抗暴力——卡斯特里奥对抗加尔文》的款目排入卡片目录系统，可以一次印出多张，每张确定不同的**标目**（heading）——现多称为"**检索点**"（access point），即决定款目性质以及提供排检顺序的标识，一般分书名、分类号、主题、责任者等，然后排进不同的（书名、分类号、主题、责任者）卡片目录体系（柜）中，就可供读者检索使用了。如果将《良知对抗暴力——卡斯特里奥对抗加尔文》的记录排入机读目录，这条书目记录就会通过图书馆自动化系统在最终面对读者的互动界面"联机公共检索目录"（OPAC）得以呈现，即隐蔽掉 MARC 格式中的字段标识符、字符代码等，以一种读者容易理解的方式显现出来。在 OPAC 中，MARC 的各可检字段都可以形成检索点，所以 OPAC 的检索功能要比卡片目录强大得多。

三、分编馆员应具备的核心能力

鉴于编目和元数据标准、图书馆技术和服务工作流程的演变对**分编馆员**（cataloger, cataloguer，又称"编目馆员"）不断提出的挑战，2017 年，美国图书馆协会下辖的图书馆馆藏和技术服务协会（Association for Library Collections and Technical Services，ALCTS）发布了题为《**编目和元数据专业图书馆员的核心能力**》（*Core Competencies for Cataloging and Metadata Professional Librarians*）的文件，具体指出分编馆员应该具有知识能力、技艺能力、行为能力三大核心能力（core competencies）[①]。在中国，虽然全国图书馆联合编目中心和 CALIS 均开展了分编馆员编目数据上传资格考试，但目标仅聚焦于联合编目上传资格认证，还不是对国内编目馆员职业能力的规范。根据该文件要求以及结合我国图书馆分编业务，成为一名合格的分编馆员，其核心能力应该符合如下几方面要求：

① Cataloging Competencies Task Force. Core competencies for cataloging and metadata professional[EB/OL]. ALAIR websites(2017-01-23)[2022-04-27]. https://alair.ala.org/handle/11213/7853.

1. 知识能力（knowledge competencies）

首先要求分编馆员了解分编工作的背景和环境，如了解图书馆全部业务流程就很重要。图书馆学家刘国钧先生曾提到图书馆工作是一个整体，每个环节之间相互依赖和相互影响[1]，如编目数据有误，就会导致采购查重不准而带来重复订购或同书异号的问题，还会使图书流通中读者检索的查全率和查准率降低。当然，分编工作的背景和环境还包括图书馆事业发展的整体进程、元数据标准以及技术环境发生的巨大变化。具体而言，知识能力可以分为三个主要方面：原则、系统和趋势。①原则。由书目数据框架和内容的标准组成，如理解分编标准所依据的概念、分编工具的结构，以及标引、著录的规则、格式、符号等。②系统。包括管理书目数据的方法，如了解图书馆管理系统或机构资源库和数字图书馆管理系统，了解元数据创建、编辑、分析和转换的方法和途径。③趋势。包括新兴的工具和标准，了解编目工作在更广泛的图书馆和文化遗产中的作用，以及对编目行业的主要趋势有认识。

2. 技艺能力（skill & ability competencies）

这一点要求分编馆员在胜任编目工作的基础上，不仅掌握个别的原则和技能，而且要综合这些原则和技能，能够创建出在本地或在国际书目生态系统中有吸引力、合规的书目数据。①在一个书目系统中能应用概念性框架、标准和原则。例如能够消除创作者、贡献者、题名/丛书上的歧义，对资源进行正确的分析和分类，判别出创作者、作品之间的关系，对机读目录可操作的数据项目进行准确的著录、编码。②能将通用标准进行本土化应用。如制定（或建议）本地的分编规范，设计和修改分编工作流程等。③能够在书目系统中对元数据进行整合、映射和转换等。如将一条记录/文件从一个元数据标准转换为另一个元数据标准，或进行交叉扫描；采用相应标准来规范元数据；建立输入与映射的策略。总之，除了重视分编工作的专业性、技术性，我们还应将其作为"一门通过对特殊案例的类推而使少数的规则得以普遍应用的艺术"[2]。

3. 行为能力（behavioral competencies）

适当的知识和技能构成了编目能力的基础，但是成功的编目实践还需要有

---

① 刘国钧.图书馆学概论[J].图书情报工作,2007(3):6-10.

② 万爱雯,周建清.图书馆资源建设与编目工作研究[M].北京:当代中国出版社,2013:174.

较强的行为能力。行为能力是分编馆员在专业领域取得成功的个人特质及其解决问题的方式。主要包括以下几个方面：①人际交往。即需要分编馆员能有效地和他人进行合作，表现出很强的口头和书面沟通能力，建立并保持同事关系，能以真正的兴趣和开放的心态倾听意见。②公共服务导向。能尊重多种文化和不同人群，优先考虑读者需求，重视不同的观点和做事的方式。③主动性和适应性。在工作中能表现出创意、灵活、适应不确定性的能力、独立性，以及终身学习的倾向。④专业好奇心。能够持有对专业文献和研究的清醒认识，能积极参与专业组织的活动等，能维护本专业，做一个职业倡导者。⑤解决问题的能力。能独自运行项目，能管理好工作流程，能批判性地思考问题，能保持对细节的关注，能进行评估和评价，以及为整体愿景和战略规划做出贡献。

第四节　当代流行的分类法

一、中国流行的文献分类法

分类法的基本功能是用于编制分类检索工具和组织文献分类排架。当代中国流行的分类法，近五十年来主要有《中国人民大学图书馆图书分类法》、《中国科学院图书馆图书分类法》和《中国图书馆图书分类法》（1999 年第四版起更名为《中国图书馆分类法》）。20 世纪 80 年代以前，前两部分类法各有上千所图书馆使用过，之后这些图书馆逐步放弃，开始采用《中国图书馆分类法》。

1.《中国人民大学图书馆图书分类法》

《中国人民大学图书馆图书分类法》，简称《人大法》，是 1949 年中华人民共和国成立之后第一部自创的图书分类法，1952 年由中国人民大学图书馆主编成稿，1953 年正式出版，之后因得到广泛使用而又陆续出版五个修订版（共有六个版本）。甚至从 1956 年起，国内出版社的统一书号、新华书店业务工作和《全国总书目》等也使用了《人大法》。《人大法》的分类体系由 4 大部类、17 大类组成：

总结科学 { 1 马克思主义、列宁主义、毛泽东思想著作
         { 2 哲学、辩证唯物主义和历史唯物主义（附宗教、无神论）

社会科学 { 3 社会科学、政治
         4 经济、政治经济学与经济政策
         5 国防、军事
         6 国家与法、法律
         7 文化、教育
         8 艺术
         9 语言、文字学
         10 文学
         11.历史、革命史
         12.地理、经济地理

自然科学 { 13.自然科学
         14.医药、卫生
         15.工程、技术
         16.农业、畜牧、水产

综合图书 { 17.综合参考

《人大法》还有九个复分表和两个附表。其主要特点是：①第一部按照新时期国家意识形态的要求编制的图书分类法；②一级大类突破了 10 个阿拉伯数字的"十进法"局限，变为 17 大类，具体方法是在双位数后加"."，表示前面是一级大类（0 后不加）；③标记符号为全数字的单纯号码。

2.《中国科学院图书馆图书分类法》

《**中国科学院图书馆图书分类法**》，简称《**科图法**》，于 1954 年开始编制，1958 年由科学出版社正式出版。此后又出版了第二版。1982 年还出版了第二版的索引。《科图法》的分类体系由 5 大部类、25 大类组成：

00 马克思列宁主义、毛泽东思想

10 哲学

20 社会科学（总论）

　　21 历史、历史学

　　27 经济、经济学

　　31 政治、社会生活

　　34 法律、法学

　　36 军事、军事学

　　37 文化、科学、教育、体育

　　41 语言、文字学

42 文学

48 艺术

49 无神论、宗教学

50 自然科学（总论）

51 数学

52 力学

53 物理学

54 化学

55 天文学

56 地质、地理科学

58 生物科学

61 医药、卫生

65 农业科学

71 技术科学

90 综合性图书

《科图法》最初主要是为中国科学院内部研究单位的图书资料部门编纂的。但后来也被其他一些高校、公共图书馆采用。其特点是：①一级大类突破了"十进法"局限，变为 25 个大类，具体方法是用双位数表示一级大类，双位数后加"."表示前面是一级大类；②社会科学、自然科学各展开 10 个大类，照顾到了自然科学的研究专业分布较多的实际情况；③标记符号也为全数字的单纯号码。

3.《中国图书馆分类法》

《中国图书馆图书分类法》，简称《**中图法**》，是中国图书馆界为统一国内图书馆分类法而倡导编制的，1973 年发行了试用本，1975 年正式出版。之后多次修订再版，1999 年第四版起更名为《**中国图书馆分类法**》，仍简称《中图法》。现行的《中图法》为第五版。为满足不同需要，还出版了《中国图书馆分类法（未成年人图书馆版）》《中国图书馆分类法·期刊分类表》，以及《中图法》电子版、Web 版等，还编制出《中国分类主题词表》等[①]。《中图法》（第

---

① 《中图法》历史与概况［EB/OL］.《中国图书馆分类法》网站［2022-04-15］. http://clc. nlc.cn/ztfls.jsp.

五版）的分类体系由 5 大部类、22 个大类（又称"基本大类"）组成。22 个
大类分别是：

A 马克思主义、列宁主义、毛泽东思想、邓小平理论

B 哲学、宗教

C 社会科学总论

D 政治、法律

E 军事

F 经济

G 文化、科学、教育、体育

H 语言、文字

I 文学

J 艺术

K 历史、地理

N 自然科学总论

O 数理科学和化学

P 天文学、地球科学

Q 生物科学

R 医药、卫生

S 农业科学

T 工业技术

U 交通运输

V 航空、航天

X 环境科学、安全科学

Z 综合性图书

《中图法》的 5 大部类为："马克思主义、列宁主义、毛泽东思想、邓小平
理论""哲学、宗教""社会科学""自然科学""综合性图书"。在 5 大部类的
基础上，展开了 22 个大类。其主要特点在于：①标记符号采用拉丁字母与阿
拉伯数字结合的混合制标记制度，其中有空号，有助于大类进一步扩展；②
有诸多专业版本、电子版、网络版，方便使用；③目前为我国最通用的图书

分类法，同时也应用于图书出版的**在版编目**[①]，在文献资源共享中发挥着重要作用。

二、外国流行的文献分类法

1.《杜威十进分类法》

《**杜威十进分类法**》(*Dewey Decimal Classification*, DDC)是世界上使用最广泛的图书馆馆藏组织方式，1873 年由美国图书馆学家**麦维尔·杜威**(Melvil Dewey, 1851—1931)编制出来，1876 年正式出版。后经不断修订、更新，被翻译成 30 多种语言。目前有超过 138 个国家的图书馆使用 DDC 组织馆藏并提供检索使用，还有 60 多个国家的国家书目的编号使用了DDC[②]。其一级大类有 10 个，层累制地展开，故称"十进"。大类类目如下：

000 Computer science, information & general works（计算机科学、信息和综合类）

100 Philosophy & psychology（哲学与心理学）

200 Religion（宗教）

300 Social sciences（社会科学）

400 Language（语言）

500 Science（科学）

600 Technology（技术）

700 Arts & recreation（艺术与娱乐）

800 Literature（文学）

900 History & geography（历史和地理）

DDC 的主要特点是：①首创了以简明的号码标记类目名的方法，便于图书排架、目录组织和书目检索；②标记符号为等级层累制的全数字单纯号码，能详细地将图书分到最细的类目里，易于掌握和使用；③首次使用了复分和仿

---

① 在版编目(cataloging in publication，CIP)指在图书出版过程中编制书目数据，并将其印制在图书书名页或版权页背面的过程。作为名词使用时，仅指图书书名页或版权页背面的展示本书数据的款目(记录)。

② Introduction to the Dewey Decimal Classification[EB/OL]. OCLC (2019-05-17)[2022-04-15]. https://www.oclc.org/content/dam/oclc/dewey/versions/print/intro.pdf.

分方法，首创了图书分类法的类目相关索引，为之后的各种分类法编制树立了典范；④有分类法修订常设管理机构，不断保持更新，使得分类法保持长久生命力。

2.《国际十进分类法》

《**国际十进分类法**》（*Universal Decimal Classification*, UDC），又称"通用十进制分类法"，是由比利时的**奥特勒**（Paul Otlet, 1868—1944）和**拉封丹**（Henri La Fontaine, 1854—1943）以《杜威十进分类法》（第 5 版）为基础修改补充而成，1905 年正式出版了法文版，时称《世界图书总目手册》，第 2 版时改现名。UDC 目前有 40 多种语言的版本，被应用于 130 多个国家和地区，是国际上使用最广泛的一部**等级体系—分面组配式**分类法，2001 年还推出了网络版（UDC Online）。UDC 的分类体系参照了 DDC，也分为 10 个一级大类：

0 Science and Knowledge. Organization. Computer Science. Information Science. Documentation. Librarianship. Institutions. Publications（科学与知识等综合类）

1 Philosophy. Psychology（哲学、心理学）

2 Religion. Theology（宗教、神学）

3 Social Sciences（社会科学）

4 Vacant（暂空，1964 年前为语言学）

5 Mathematics. Natural Sciences（数学、自然科学）

6 Applied Sciences. Medicine. Technology（应用科学、医学、技术）

7 The Arts. Entertainment. Sport（艺术、文娱、体育）

8 Linguistics. Literature（语言学、文学）

9 Geography. History（地理、历史）

UDC 的主要特点：①标记符号是全数字单纯号码，为了醒目，除有其他辅助符号间隔外，每达三位数字就用小圆点"."隔开。②与 DDC 不同的是，UDC 加入了一套辅助性的关联符号（如并列为"+"，扩充为"/"，关联为"："等），体现出概念分析和组配的思想，即有的文献内容在 UDC 中并无现成类号，但可以在分类时按其主题随时组配出来，这就可使分类达到一定的准确度，也显出了类表的灵活性、适应性，同时避免类目重复罗列而节省了篇幅。③缺点是组配方法有些繁杂，修订更新有些迟缓。

3.《美国国会图书馆分类法》

《美国国会图书馆分类法》（*Library of Congress Classification*, LCC）编制于 19 世纪末、20 世纪初，最初用于组织和安排美国国会图书馆的藏书，后来也被其他图书馆采用，特别是美国的大型学术图书馆。它目前是世界上使用最广泛的图书馆分类系统之一。其更新维护由美国国会图书馆的政策和标准司负责。该分类法分类体系分 4 大组（综合类、人文及社会科学、自然科学技术、目录学及图书馆学）、21 个一级大类[①]：

A General Works（综合类）

B Philosophy, Psychology, Religion（哲学、心理学、宗教）

C Auxiliary Sciences of History（历史辅助科学）

D World History and History of Europe, Asia, Africa, Australia, New Zealand, etc.（世界历史以及欧洲、亚洲、非洲、澳大利亚、新西兰等地历史）

E History of America（美国历史）

F History of the Americas（美洲历史）

G Geography, Anthropology, Recreation（地理、人类学、娱乐）

H Social Sciences（社会科学）

J Political Science（政治学）

K Law（法律）

L Education（教育）

M Music（音乐）

N Fine Arts（美术）

P Language and Literature（语言文学）

Q Science（科学）

R Medicine（医学）

S Agriculture（农业）

T Technology（技术）

U Military Science（军事科学）

---

① Library of Congress Classification outline[EB/OL]. The Library of Congress[2022-04-17]. https://www.loc.gov/catdir/cpso/lcco/.

V Naval Science（海军科学）

Z Bibliography, Library Science, Information Resources（参考书目、图书馆学、信息资源）

LCC 的主要特点是：①标记制度采用字母数字混合符号，每个大类用一个字母标识，通常由两个字母或偶尔由三个字母组合表示其下的二级类目，例如"N 美术"，有子类"NA 建筑""NB 雕塑""ND 绘画"等[1]；②使用的数字整数长度介于一到四位数字之间，整数后还可用小数、克特字顺号码[2]，因此 LCC 的分类号由字母、整数（可加小数）、字顺号三部分组成；③按大类分册出版分类表，目前有 41 个分册（现已不出印刷版，只有网络版），类目详细，适合专业性强的图书馆采用。

第五节　联机编目数据库的作用

联机联合编目（online union cataloging，简称"联机编目"）是若干个文献信息机构借助互联网等设备与技术，遵循统一的著录项目和标准进行文献信息编目，同时予以共享的合作方式。这种编目方式改变了传统图书馆原始的、封闭的手工编目方式，有助于提高各成员图书馆的编目效率，降低编目成本，实现资源共建共享，同时也有助于图书馆书刊采访、馆际互借工作的开展，以及协调地区文献信息资源的布局，实现图书馆之间的资源共享。知名的联机编目数据库平台主要有国外的 WorldCat，国内的 OLCC 和 CALIS 联合编目数据库等。

1. 国际在线联机编目中心的 WorldCat

WorldCat 是由**联机计算机图书馆中心**（Online Computer Library Center,

---

① Library of Congress Classification[EB/OL]. The Library of Congress (2014-01-10) [2022-04-17]. https://www.loc.gov/catdir/cpso/lcc.html.

② 克特字顺号码（Cutter number）是美国马萨诸塞州的图书馆员查尔斯·阿米·克特（Charles Ammi Cutter, 1837—1903）发明的。它是取事物名称第一个字母和十进数字组配而成的一种顺序号，用于某类目进一步细分后事物名称按顺序排列。如类目"Z675 图书馆类型"需要进一步细分，可用".A8"表示农业图书馆（agricultural libraries），".B6"表示盲人图书馆（the blind libraries）。

OCLC）开发的世界范围图书馆和其他资料机构的联机编目数据库，收录内容包括文章、图书、档案资料、学位论文、手稿、视音频资料、会议录、电子书、乐谱、地图等，涵盖 491 种语言[①]。现有超过 5.22 亿条书目记录和 3 亿份馆藏资料[②]。目前有 170 个国家的 72 000 所图书馆是其成员馆。OCLC 员工和成千上万名世界各地图书馆员在为 WorldCat 提供书目数据的编目和上传。

图 5-3 WorldCat 的徽标

WorldCat 的历史可以追溯到 20 世纪中期。1967 年美国俄亥俄州 54 所大学图书馆在该州都柏林市自发组成一个图书馆协作网——**俄亥俄大学图书馆中心**（Ohio College Library Center, OCLC）。作为一个面向图书馆服务、非营利性质的信息服务和研究组织，其主要目的之一就是通过联机编目实现图书馆目录信息的共享，既可减少重复编目成本，也可推进馆际互借。1981 年该组织改称联机计算机图书馆中心（OCLC），英文名称缩写未变。OCLC 从 1971 年开始开展联机编目，1996 年将联机编目数据库正式命名为 WorldCat，如今已发展为世界上最大的图书馆馆藏在线联合目录数据库。

目前，WorldCat 的功能主要体现在以下四个方面，前两个是针对图书馆而言，后两个是针对读者而言的：

（1）西文编目。由于 WorldCat 使用了国际通行标准、准则，包括 MARC21.FRBR 概念、DC、ONIX、RDA、SRU、OAI 等，所编书目数据质量高，再加上数量庞大，所以成员馆的西文图书编目都可从中进行套录。2020 年，OCLC 成员图书馆的图书馆员对 WorldCat 中的 95% 的资料进行了套录编目，套录编目题名 1700 多万个。平均每个题名可以节省 10 分钟，那么这些图

① 穆晖.推进国际传播能力建设,打造世界一流的图书馆:2018年OCLC（中国区）学术年会及成员馆代表大会综述[J].新世纪图书馆,2018(8):21-23.

② Automate your ILL workflows with a modern cloud-based service[EB/OL].OCLC[2022-05-05]. https://www.oclc.org/en/worldshare-ill.html.

书馆员总共节省时间 300 多万小时①。目前国内已有 10 余家图书馆成为其成员馆，并与其签署了书目记录上传合作协议，将 WorldCat 数据库中没有的原编书目记录上传给该系统。

（2）馆际互借。OCLC 建在云平台上的 **WorldShare 馆际互借**，支持跨 50 多个国家 / 地区的 10 000 多家图书馆相互共享馆藏，支持 ISO 馆际互借直接请求（即从本地 ILS 生成借入请求）。其所依托的基础就是 WorldCat 拥有的海量资源元数据。读者可以轻松查看其他图书馆提供的资源，通过所在地成员图书馆申请馆际借阅。

（3）文献检索。由于能够集中揭示和报道多馆馆藏文献信息的分布情况，WorldCat 实际上起到了一个公开的世界图书馆馆藏目录搜索网站的作用，每天处理的搜索请求超过 4000 万个②。世界各地的读者都可以从中查找自己所需的书目信息并获取馆藏地址。读者需要的话，如果某书是多年以前出版并有电子版，便可以通过本地的成员馆进行馆际互借；如果是近年新书，那还可以通过**亚马逊**（Amazon）直接购买。

（4）学术研究。通过 WorldCat 可以检索到某些中文原著的外文译本有多少语种、多少版本，发行量有多少，以及译本出版时间跨度、馆藏覆盖范围等，这些数据有助于了解中国学术、文化海外传播的内容、范围、影响力等。如有学者研究末代皇帝溥仪《我的前半生》在海外的 16 个译本所涉语种、发行量，以及 575 个收藏该书的图书馆分布地点、海外评述等，进而分析该书在半个世纪以来海外的主要传播地域和影响力③。

2. 国内图书馆联机编目数据库平台 OLCC 和 CALIS

受 OCLC 的影响，我国也从上世纪末开始探索图书馆联机联合编目的实践。国内目前最主要的两个联合编目系统是面向公共图书馆的全国图书馆联合编目中心（OLCC）和面向高校图书馆的中国高等教育文献保障系统（CALIS）。两者均为非营利机构，但存在较大差异：OLCC 的数据以中文书

---

① Connect the world collection of knowledge[EB/OL]. OCLC[2022-05-05]. https://www.oclc.org/zh-Hans/worldcat.html.

② OCLC at a glance[EB/OL]. OCLC[2022-05-05]. https://www.oclc.org/en/about.html.

③ 何明星.中国当代文学的世界影响效果评估研究:以《白毛女》等十部作品为例[M].北京:新华出版社,2018:203-243.

为主，因此编目更具中国特色，而 CALIS 则要求严格遵循国际标准[1]。

全国图书馆联合编目中心（Online Library Cataloging Center, OLCC）成立于 1997 年 10 月，地址在国家图书馆。其宗旨是以国家图书馆为中心，运用先进理念和技术将各级各类图书馆书目数据资源和人力资源整合起来，在全国范围内组织和管理图书馆联机联合编目工作，降低成员馆及用户的编目成本，提高编目工作质量，实现书目数据资源的共建共享。截至 2021 年 10 月底，中心共有书目数据 1475 万余条，规范数据 202 万余条，该年度接收成员馆上传数据 9.8 万条[2]。现成员馆已发展到 3100 余家，编目中心数据的使用单位已超过 3800 余家[3]。**中国高等教育文献保障系统**（China Academic Library & Information System, **CALIS**）成立于 1998 年 11 月，由设在北京大学的 CALIS 管理中心负责运行管理。它是面向高校图书馆的联机编目数据库服务平台。截至 2018 年 6 月，其联合目录数据库有书目记录 713 万余条，规范记录 175 万余条，馆藏信息约 5000 万条，覆盖中、英、日、俄、韩、阿拉伯文等 160 多个语种[4]。目前注册成员馆逾 1800 家，覆盖中国 31 个省（自治区、直辖市）和香港、澳门特别行政区（台湾省暂未参与），成为全球最大的高校图书馆联盟[5]。

图 5-4　中国高等教育文献保障系统（CALIS）标识

①　张烨,刘利,袁曦临.WorldCat 与 CALIS 联合目录数据库比较研究[J].新世纪图书馆,2015(8):26-30.

②　王洋.全国图书馆联合编目中心 2020-2021 年度工作报告[EB/OL].全国图书馆联合编目中心（2022-02-17）[2022-05-06]. http://olcc.nlc.cn/page/document.html.

③　全国图书馆联合编目中心简介[EB/OL].全国图书馆联合编目中心[2022-05-06]. http://olcc.nlc.cn/page/about.html.

④　CALIS 编目服务[EB/OL]. CALIS[2022-05-05]. http://www.calis.edu.cn/pages/list.html?id=302cd21d-93ee-4544-b0dc-48eedee2e97b.

⑤　CALIS 简介[EB/OL]. CALIS[2022-05-05]. http://www.calis.edu.cn/pages/list.html?id=6e1b4169-ddf5-4c3a-841f-e74cea0579a0.

OLCC 和 CALIS 的功能主要体现在以下三个方面：

（1）文献编目。由于许多图书馆实行了编目外包，导致图书馆编目质量有所下滑，但文献编目如果通过 OLCC 和 CALIS 书目数据套录生成，则可以让图书馆编目质量处于相对稳定状态。如 CALIS 面向成员馆提供联机套录编目、原始编目、加载馆藏和检索下载书目记录等服务，其中小语种书目数据百万余条，许多成员馆在外文小语种文献的编目中，借助了 CALIS 的编目数据，现有共享小语种数据的成员馆七百余家[①]。

（2）业务培训。OLCC 和 CALIS 都非常重视各馆编目人员业务能力的提高，每年都举办多场业务培训、交流、论坛等活动，以提高我国图书馆编目标准化和规范化的整体水平。如 OLCC 举办的全国性文献编目培训班，向分编馆员提供机读目录格式及编目规则、上传数据的要求及操作规程等方面的知识技能；CALIS 举办的中西文编目业务培训，指导学员掌握编目标准、规范文件内容，以及中外文文献资源编目业务要求。

（3）资格认证。OLCC 和 CALIS 都开展了编目馆员的资格认证工作。如 OLCC 对通过上传资格考试的学员，颁发全国图书馆联合编目中心的上传数据资格证书。已获得上传资格证书满两年的学员，还可以申请参加质量监控水平考试。通过考试的学员即可获得全国图书馆联合编目中心颁发的高级资格证书。而 CALIS 也向成员馆提供中文 / 外文编目员资格认证服务，通过资格认证远程考试系统进行编目专业知识和联机操作能力的检测和评估，合格者即可获得向 CALIS 联合目录数据库上传本馆书目数据的权限。

除上述三项功能外，CALIS 的馆际互借功能也很突出，而 OLCC 尚不具备这项功能。CALIS 成员馆的读者，可通过馆际互借云服务平台提交申请进行馆际互借。该平台集成了电子文献全文下载、文献传递、馆际借书、单篇订购（PPV）、电子书租借等多种全文获取服务，结合专业馆员提供的代查代检服务，帮助读者在全国，乃至全世界查找并索取中外文图书、期刊、学位论文、会议论文、专利标准等各类电子或纸本资源[②]。

① CALIS 编目服务［EB/OL］. CALIS［2022-05-05］. http://www.calis.edu.cn/pages/list.html?id=302cd21d-93ee-4544-b0dc-48eedee2e97b.

② 馆际互借与文献传递服务［EB/OL］. CALIS［2022-05-07］. http://www.calis.edu.cn/pages/list.html?id=4101e184-7f64-4798-a5e1-8e37aa6994fc.

联机编目的数据套录以及书目数据外包等新的工作方式，对图书馆文献编目工作也产生了一些冲击和负面影响，如因工作量减少，导致了分编人员的精简和压缩，从而使得一些优秀的编目员因感到英雄无用武之地而转岗；也使在岗的分编馆员对前途产生疑虑和悲观想法[①]。但是图书馆学专家们已经意识到：在图书馆发展过程中，杰出的分编馆员是成就杰出图书馆的前提条件。一位杰出的分编馆员通常要花费十年左右的时间才能培养出来。图书馆文献编目，无论原编、套录，都有可能出现质量问题，而只有杰出的分编馆员才能保障文献分编达到高质量水平。另外，"三分著录，七分审校"，编目审校是最为关键的一环，没有杰出的分编馆员把关审校，图书馆的书目系统的质量最终也是无法保障的。

第六节　随处可见的元数据

一、元数据概念与历史

1. 一句话讲清元数据

我们从小到大不知要填多少申请表格，你要在"姓名""性别""出生年月""籍贯"等提示语后面填写相应的内容。如果将提示语和你填写的内容都看作是数据的话，那么这些前面事先给定的提示语就是"元数据"，你填写的属于你的具体内容就是"数据"；以此类推，食堂菜谱牌上写的"菜名：鱼香肉丝""价格：15元/份"，其中"菜名""价格"就是元数据，而"鱼香肉丝""15元/份"就是数据。因此**元数据**（metadata）通常被人们定义为"关于数据的数据"（data about data）[②]，或"描述数据的数据"（data that describes data）[③]。

从词源上看，"meta"来自古希腊语，意思是"之后、后面或更高"，

①　赵英智.CALIS与高校图书馆编目工作[J].科技视界,2015(10):156,243.

②　[美]劳拉·塞巴斯蒂安-科尔曼.穿越数据的迷宫：数据管理执行指南[M].汪广胜,等译.北京:机械工业出版社,2020:121.

③　马费成,宋恩梅,赵一鸣,编著.信息管理学基础[M].3版.武汉:武汉大学出版社,2018:179-180.

"data"来自拉丁文，是数据/资料的复数形式，metadata 则表示事先给定的信息比其所携带的描述对象处于更高的层次[①]。

2. 悠久的元数据历史

人类使用元数据的历史十分悠久。不过最典型的案例还是来自于我们图书馆领域。早在公元前 245 年前后，亚历山大图书馆馆长卡里马科斯编的馆藏书目《皮纳克斯》（*Pinakes*）120 卷，就有了类别、著者、题名、文字行数等标识，书目顺序依著者姓名字母排序。这是一次十分成功的元数据试运用。不过，元数据虽然很早被人类所使用，但这一名称的正式使用则是 20 世纪 60 年代的事。1969 年，为了有效描述数据集，杰克·埃德加·迈尔斯（Jack E. Myers）提出了元数据（metadata）这个概念，到了 1986 年，迈尔斯还在美国将"METADATA"注册为公司的商标。不过 metadata 第一次作为学术概念使用，是作者博·桑格伦（Bo Sundgren）在其 1973 年完成的博士论文《数据库的信息学方法》（*An Infological Approach to Data Base*）中[②]。

人们在现实生活中已经离不开元数据的应用了，如养蜂作坊生产一罐蜂蜜，会标明产地、配料、营养成分、生产日期等元数据标识，否则就无法进行销售。旅游者在风景如画的地方拍摄了一组精美的照片，如果照片上没有设备名称、拍摄地点、图像大小、拍摄日期等元数据标识，那么他也无法妥善保存这一组照片（即便保存了，将来也无法顺畅地找到它们）。一个小商铺只有几百种商品，仅凭人工管理就可以正常运行，但是一个上万种商品的百货仓储机构，如果没有**元数据集**（建立在资源对象的元数据描述之上，以结构化数据形式存储的数据集合）构成的管理系统，那是无法实现正常管理的。

互联网与现代通信技术滋生出了大量数据、信息，尤其是低门槛的网络自媒体平台每天都传输着海量的信息，文本、图像、视频不仅可直接发布在网络上，而且呈几何级增长。信息发布与传播越来越民主化的同时，人们发现、定位、使用这些信息的困难也在加大。对有特定信息需求的个体来说，有时网络搜索引擎也无能为力。而元数据提供了索引、访问、保存和发现数字资源的手

①② GREENBERG J. Metadata and digital information [ELIS Classic][M]//MCDONALD J D, LEVINE-CLARK M. Encyclopedia of library and information sciences. 4th ed. London; New York: CRC press, 2018: Volume 5, 3058-3071.

段，帮助人们在这个庞大而复杂的世界中定位、检索和管理信息。元数据的格式越来越多，人们对它的操作要求也随之增高，因此元数据的理论与方法开始得到人们重视，甚至**元数据馆员**（metadata librarian）、**元数据专家**（metadata specialist）这样的职业头衔也开始出现。

二、元数据的类型及其功能

1. 元数据的类型

1998年，美国盖蒂信息研究所（Getty Information lnstitute，1999年更名为 Getty Research Institute）出版的《元数据导论：数字信息之路》（*Introduction to Metadata: Pathways to Digital Information*），曾依据功能特征将元数据划分为以下五种主要类型[1][2]：

（1）**管理元数据**（administrative metadata）。对资源对象实施管理与维护的元数据，包括资源对象的获取、加工、存档、复制、合法访问、著作权管理以及相关系统等方面。

（2）**描述元数据**（descriptive metadata）。用于描述或标识资源对象的形式特征或内容特征的元数据，如资源对象的名称、创造者、年代、主题、类型、成分等，以实现对资源对象的定性或定位，便于人们发现和找到这些资源对象。

（3）**保存元数据**（preservation metadata）。是对资源对象实施存储和长期保存时需要的元数据，记录了资源对象本身特征、所需硬件和软件环境、资源起源与变动历史等相关信息。

（4）**技术元数据**（technical metadata）。与信息系统的运行模式、工作流程、系统控制等有关的元数据，如有关资源对象的数字化格式、缩放比例，访问者的身份验证和安全数据（密钥或密码）等。

（5）**使用元数据**（use metadata）。与资源对象使用水平和类型有关的元数据，例如流通记录、实物或虚拟展览的记录、用户的下载量和下载日期、用户的搜索行为追踪等。

---

① ZENG M L, QIN J. Metadata[M]. 2th ed. Chicago: ALA Neal-Schuman, 2016:18-22.

② 图书馆·情报与文献学名词审定委员会，编.图书馆·情报与文献学名词[M].北京：科学出版社,2019:158.

2. 元数据的基本功能

上述元数据类型的表述，已阐明了不同类型元数据的具体功能有哪些。在数字图书馆的开发建设实践中，这些不同类型的元数据及其功能都会发挥作用。但是，用简化的方式将元数据的基本功能概括为一条的话，那就是：识别资源对象，即元数据的本质就是消除不确定性。通过元数据的描述，人们才能够得以确定事物的性质，区别事物的类别，对事物存在进行准确定位，帮助自己认知事物、选择事物、获取事物、评价事物。否则，人们面对想了解的事物，即便是自己已经拥有了的，也不能确切地把握事物的性质和特点。就好像穿在你身上的一件新衣服，如果不能通过"尺码""面料""商标""产地"等元数据获取具体的数据值，那你除了自己看到的颜色之外，对这件衣服依然是所知甚少。

在上述五种元数据类型中，图书馆学专业最关注的是描述元数据，因为图书馆正是通过大量使用描述元数据，才达到了发现、识别和选择文献信息资源的目的，完成了如何找到资源、如何区分资源和如何确定资源以满足读者特定需求的服务过程。当然，元数据在图书馆中还有整序资源对象的功能，即通过保存元数据、管理元数据、技术元数据共同做功，来实现资源对象的整序、存储和管理。按道理这也应该属于元数据的基本功能。然而应该看到，这些都是建立在应用描述元数据的基础之上的，或者说描述元数据的应用是其前提，因此我们说元数据整序资源对象的功能是第二位的。

美国学者杰弗里·波梅兰茨（Jeffrey Pomeranyz）指出，图书馆界在用元数据描述一个资源对象单元时，应该体现一个资源对象单元仅对应唯——条元数据记录的原则，这就是人们称之的"**一对一原则**"（One-to-One Principle）。但这也引发出一个问题：这条记录在哪儿？答案是：可能存在于资源对象的内部或外部。如一本图书馆藏书的元数据，既存在于该书实体中（在版编目），又存在检索目录里。这也说明，图书馆藏书有内部元数据和外部元数据两种存在状态。**内部元数据**附着在文献上，是原生性的、静止不变的，更具有权威性；**外部元数据**存在书目系统里，是再生性的、灵活的，是有可能受到质疑的。既然有内部元数据存在，为什么还要外部元数据呢？这是因为外部元数据可以帮助读者节省时间。由于元数据的基本用途就是资源识别与发掘，外部元数据在资源识别与发掘中发挥的作用远远超过了内部元数据[①]。从数据规模上说，图书馆目录体系要比馆藏文献体系小得多，但有了目录体系的检索使用，才使得庞大的馆藏体系运作起来，具有了生命力。

三、元数据标准及运用

计算机操作和网络运行产生了大量的网络信息资源，同时也带来了描述元数据运用的难度。为了能够应对网络信息资源的记录、存储和利用，打通传统图书馆手工编目与当代图书馆计算机编目的边界，1995 年，美国联机计算机图书馆中心（OCLC）在其总部所在地俄亥俄州都柏林市，与**美国国家超级计算机应用中心**（National Center for Supercomputing Applications, NCSA）等，召集 52 位图书馆员、电脑专家举行了一个探讨网络元数据的研讨会，推出了 13 个用于描述网络资源的元数据核心元素，其后不久又增加了两个核心元素，一共 15 个，即成为人们习惯所说的**都柏林核心元数据元素集**（Dublin Core Metadata Element Set，DCMES），国内简称之为"**DC 元数据**"。它们是：题名（title）、创建者（creator）、主题（subject）、说明（description）、出版者（publisher）、其他责任者（contributor）、日期（date）、类型（type）、格式（format）、标识符（identifier）、来源（source）、语种（language）、关联（relation）、覆盖范围（coverage）、权限（rights）[②]。

由于 DC 元数据具有简明易理解、可扩充、能与其他形式的元数据进行桥接等优点，因此吸引了规范性资源描述界，如图书馆、博物馆、政府部门和部分商业组织的广泛关注，逐渐成为世界上使用最广泛的元数据参考格式[③]。美国数字公共图书馆、欧洲数字图书馆和多媒体数据库（dbpedia）等项目所开发的元数据模式都是以 DC 元数据为基础。DC 元数据在发展过程中也通过增加核心元素、运用修饰词等方式在不断地完善自身，适用范围还扩展到了语义网和社会网络。

DC 元数据可被看作是通用性元数据标准，其成熟应用的领域主要是图书

---

① ［美］杰弗里·波梅兰茨.元数据［M］.李梁,译.北京:中信出版社,2017:55-60.

② 吴建中,主编.DC 元数据［M］.上海:上海科学技术出版社,2000:22-25.

③ 严武军,赵鹏.编著.数字图书馆工程项目研究［M］.北京:冶金工业出版社,2009:163-164.

情报学界。1998 年国际图联组织编写的《**书目记录的功能需求**》（*Functional Requirements for Bibliographic Records*, FRBR）报告，2009 年英美编目条例修订联合指导委员会（Joint Steering Committee for Revision of Anglo-American Cataloging Rules, JSC）制定的《**资源描述与检索**》（*Resource Description and Access*, RDA）标准，2012 年美国国会图书馆提出的《**书目框架倡议**》（*Bibliographic Framework Initiative*, BIBFRAME）模型，它们不仅吸取了 DC 元数据的精髓，还进一步丰富了文献信息编目理论，增强了编目元数据的规范性和共享性，将图书馆文献信息编目带到一个能够适应数字资源以及网络环境的新水平。此外各行各业也都在积极开发适合自身的**元数据标准**（metadata standards），即描述某类资源对象所用的规则集合。不同类型的资源会有不同的元数据标准，无论哪种领域的元数据，一般都含有完整描述一个具体对象所需的数据项集合、各数据项语义定义、著录规则和计算机应用时的语法规定。如**艺术作品描述类别**（Categories of Description for Works of Art, CDWA）、**数字地理空间元数据内容标准**（Content Standard for Digital Geospatial Metadata, CSDGM）、出版界的**在线信息交换**（Online Information eXchange, ONIX）等。

四、元数据发展对未来图书馆的影响

元数据的发展将对图书馆这一人类创造的知识集合形式起到积极推进作用，促进社会记忆得以更好地保存，人类知识能够更好地传播。在未来几十年内，可预见的显著影响至少有以下三方面：

1. 推进图书馆服务与全民阅读大数据的开发利用

大数据技术的特点是处理的数据容量大、类型多，处理速度快[1]。随着文献信息组织元数据标准的进一步完善，以及读者阅读行为新型元数据的开发运用，图书馆服务与阅读大数据会不断丰富。图书馆可以在现有元数据基础上，利用大数据技术，对有特定需求的读者提供精准知识推送服务；利用数据融合技术、虚拟仿真技术等，提升图书馆联机公共检索目录（OPAC）在文献信息检索搜寻方面的优势，以成为社会个体获取文献信息的线上主渠道。图书馆界

---

① ［英］尼克·贝瑟斯，［罗］斯普莱恩·杜布里，编著.大数据与物联网：面向智慧环境路线图［M］.郭建胜，周竞赛，毛声，等译.北京：国防工业出版社，2017：160.

还可以联合起来，打破数据壁垒，将多源异构大数据集成到统一的数据中心，通过元数据的加工、处理、存储，以及对数据的挖掘、可视化分析，面向社会实时发布最新的图书馆服务数据、全民阅读数据，并提供有关解读、预测等方面的服务，以展现图书馆行业的新形象。

2. 推进图书馆、博物馆和档案馆、美术馆、展览馆等多馆融合发展

图书馆、博物馆、档案馆、美术馆、展览馆等都是保存社会记忆的社会机构。在网络数字环境里，随着数字资源的扩张，原有起到划分行业作用的工作对象——文献、展品、档案等，它们之间的边界已经变得模糊甚至正在消弭。因为它们的组织过程使用着相同或相近的元数据，通过元数据协同、互操作，可以打破元数据之间的孤立状态，建立起有效的关联数据，将异构资源进行标准的转换，集成为一个规范化的、可进行一站式访问检索的集成服务系统，从而方便读者随时在线访问图书馆、博物馆、档案馆、美术馆、展览馆的资源。线上的多馆融合发展，也会促进线下多馆实体之间的业务交流与管理合作，助力新型公共文化服务体系的形成与发展。

3. 推进图书馆领域率先成为元宇宙试验场所

元宇宙（metaverse）是与元数据（metadata）有亲缘关系的新术语，是指利用虚拟现实（VR）、增强现实（AR）、混合现实（MR）、可穿戴计算、位置感知、数字孪生、智能自动化、用户画像、内容关联、物联网、网络安全等众多新技术创建的一个平行于现实世界的人造空间，一个提供沉浸式体验、虚实相融的虚拟生活场景。它在 2021 年成了社会热词。未来元宇宙技术的实现离不开元数据，甚至可以说，元宇宙就构建在拥有海量数据的元数据中心。因为元数据的目的就在于识别资源、描述资源、存储资源、管理资源、使用资源。元数据中心集成了建筑、电气、环境控制、计算、存储、网络、通信等支撑性技术，为元宇宙提供底层基础设施。元宇宙的稳定运行依赖于元数据中心提供的强大的数据运算及存储能力[①]。由于图书馆是元数据使用最成熟的领域，相信也会率先成为元宇宙适用的场所。届时每个读者可用自己的数字化身在虚拟图书馆中借阅图书、浏览图书，完成在图书馆的行走之旅。

---

① 赵勇祥.初识元宇宙[EB/OL].搜狐网(2022-04-19)[2022-05-02]. http://news.sohu.com/a/539184624_121124363.

第六章　读者服务

第一节　读者有哪些权利

读者（user/patron/reader，也称"用户"）是使用图书馆资源和服务的任何人，不一定是图书馆注册借阅人[①]。**读者权利**（patron rights）是指社会个体在接受图书馆服务时，作为信息知识获取者这样一个特殊权利主体所享有的合法权利[②]。

一、读者权利是怎么来的

读者权利与人权有关。**人权**（human rights）是我们所有人与生俱来的权利，不分国籍、性别、民族或族裔、肤色、宗教、语言或任何其他身份。人权涵盖的范围非常广泛，从最基本的生命权，到适足生活水准权、教育权、工作权、健康权和人身自由权等让生命富有价值的权利[③]。它是针对以往封建特权和神权而生成的一个概念。1948 年，联合国公布的《**世界人权宣言**》（*Universal Declaration of Human Rights*）共有 30 条，不仅阐述了人权的基本内涵，还列举了各种政治权利、公民权利以及经济、社会和文化权利。其中第 19 条规定了公民信息权利，即人人都有自由表达主张、意见的权利；第 27 条规定人人有权自由参加社会的文化生活，享受艺术并分享科学进步带来的福

---

① Patron[EB/OL]. Online dictionary for library and information science (2013-01-10) [2022-01-23]. https://products.abc-clio.com/ODLIS/odlis_p.aspx#patron.

② 王子舟.论知识受众及其合法权益[J].图书情报知识,2003(3):2-6.

③ 何谓人权？［EB/OL］.联合国人权高级专员办事处［2023-09-01］. https://www.ohchr.org/zh/what-are-human-rights.

利①。中国是《世界人权宣言》的起草、签署国之一。

读者权利是人权在人们获取知识信息活动中的具体体现。如1949年**联合国教科文组织**（The United Nations Educational, Scientific and Cultural Organization, UNESCO）以招贴画的形式公布了著名的**《公共图书馆宣言》**（*Public Library Manifesto*），该宣言提到：公共图书馆应该在平等的条件下，向社会所有成员免费开放，无论其职业、信仰、阶级或种族如何，均可使用；公共图书馆应该让人们跟上所有知识领域的进步，提高人们在艺术和文学方面的创造能力和鉴赏力；公共图书馆应该是人民的大学，为所有人提供通识教育②。之后，随着图书馆社会作用的不断发展，每隔20多年，联合国教科文组织就对《公共图书馆宣言》进行一次修订更新。2022年联合国教科文组织与国际图联合作更新的《公共图书馆宣言》明确表示："公共图书馆在平等基础上向所有人提供服务，不分年龄、种族、性别、宗教、国籍、语言、社会地位或其他特征。还必须向由于种种原因不能利用其正常服务和资料的那些人提供特殊或专门的服务和资料，如少数族群、残疾人士、缺乏信息技术能力的人、读写能力不足的人、住院病人或在押犯人等。"③

二、读者权利包括哪些方面

根据现代人权理念与国际图书馆界文件精神，图书馆的**读者权利**可概括为五个方面：平等获取知识权、自由选择知识权、知识信息知情权、知识服务保障权、批评建议和监督权等。

1. **平等获取知识权**（可简称"平等获取权"），指人们在获取图书馆知识服务时所具有的人人平等的权利。包括以下两方面：（1）**身份平等权**，是指每个人无论出身状况（出生地、性别、年龄、种族等）、思想意识（思想传统、

---

① 世界人权宣言[M]//[美]爱德华·劳森，编.人权百科全书.汪涠,董云虎,等译.成都：四川人民出版社,1997:1640-1642.

② The public library: a living force for popular education[EB/OL].UNESCO Digital Library website[2021-12-31]. https://unesdoc.unesco.org/ark:/48223/pf0000147487?posInSet=1&queryId=569a849d-3881-4a93-a30d-25233d9b0f4c.

③ IFLA-UNESCO Public Library Manifesto 2022［EB/OL］.IFLA websites（2022-07-22）［2022-08-05］. https://repository.ifla.org/bitstream/123456789/2006/1/IFLA-UNESCO%20Public%20Library%20Manifesto%202022.pdf.

信仰、禀性、习惯等）和社会地位（政治地位、经济地位、文化地位等）如何，一律平等地享有利用图书馆获取所需知识和信息的权利；（2）**机会平等权**，是指每个社会成员无论身份如何，所处何地，都应有均等地享受图书馆服务的机会，因为平等理念的核心就是机会平等[①]。为保障读者身份平等权、机会平等权充分实现，各国图书馆基本上都实行了文献免费借阅、弱势群体帮扶等制度，并通过立法予以规范。文献免费借阅消除了读者的身份差异，有助于读者的身份平等权、机会平等权落实；弱势群体帮扶，特别是对少儿读者、老年读者、残疾人读者等提供文献借阅上的多渠道的帮助，有助于弥合机会不平等带来的社会裂痕，也有助于保障读者在身份上的平等权利。

2. **自由选择知识权**（可简称"自由选择权"），指读者自主选择图书馆知识文本、知识服务而不受干涉的权利。因为自由主要是指不受限制和强迫的自愿行动，其核心是要求保护人们的选择自由。有了选择权利，人们才能对自己行为的后果负道德与法律上的责任[②]。读者通过知识媒介自由选择知识、获取知识，有助于形成个体的独立精神、自由思想，发展出完善的人格[③]。而图书馆要保障读者的这种自由选择权，一要广泛收集各种文献，既反映当前社会的潮流和进步，又记载以往人类的努力和想象力，以此满足不同读者的需要；二要尽可能地减少对读者的非必要借阅限制，包括文献级别、种类和数量上的借阅限制。

3. **知识信息知情权**（可简称"信息知情权"），指读者在借阅文献以及获得知识服务时应享有的知情权，如有权知道自己借阅的书刊是否为盗版，有权了解自己所需文献的版本状况、内容梗概，有权了解图书馆服务的范围及各种规章制度，有权了解自己在接受各种知识服务过程中的权利与义务等。而图书馆要切实保障读者的信息知情权，则应该及时通告新书到馆情况，明示文献借阅期限、超期处罚条款，公开图书馆阅览坐席的预约、使用方法，预告图书馆讲座或培训的时间和地点，提前发布更改后的图书馆开放时间消息等。图书馆应将"入馆读者须知"的具体条款张贴在显要处，以便读者周知。

4. **知识服务保障权**（可简称"服务保障权"），指读者接受图书馆服务过程中享有的相关权利。具体而言，知识服务保障权主要有：①获取优质服务的权

---

① 蒋永福,编著.图书馆学基础简明教程[M].北京:知识产权出版社,2012:121-122.

② 王子舟.图书馆学是什么[M].北京:北京大学出版社,2008:293.

③ 王子舟.论知识受众及其合法权益[J].图书情报知识,2003(3):2-6.

利，即图书馆应向读者提供友好、礼貌、诚实和尊重的服务，包括解疑释难等；②保障阅读时空的权利，即图书馆应达到规定的开放时间，提供数量充足的座位，以及干净、舒适、宜人的环境；③接受知识能力培训的权利，即图书馆应帮助读者学会检索、评价知识的技巧，提高读者的理解力、想象力和鉴赏力；④保护读者隐私的权利，即读者的个人资料、阅读记录、E-mail 地址、知识获取的倾向等诸多个人信息，这些均属个人秘密或隐私，图书馆应为其承担保密义务①。

5. **批评建议和监督权**（可简称"建议监督权"）：读者在获取知识的活动过程中有权对图书馆的服务进行批评、建议和监督；有权因自身权益受到损害而对图书馆的失职、违法行为进行申诉、控告或检举；有权对改善图书馆服务工作提出建议；有权为反映广大读者的意志或要求而参与图书馆建设的重要决策过程。读者作为利用图书馆的主体对图书馆服务进行批评、监督和建议，实际上也是在行使自身在社会事务中的民主参与权、民主管理权。而图书馆只有尊重读者的建议监督权，虚心接受读者的批评、建议，并邀请读者代表参与图书馆的重大事务的决策，才能将图书馆事业真正办成全体纳税人共有、共享的公益事业。

第二节　不同读者群体的需求特点

读者需求（user needs/reader requirement）是读者对图书馆各类文献、服务和设施要求的总和，是导致读者产生使用图书馆行为的各种内在原因，包括阅读需求、情报需求等②。认识和研究不同读者群体的需求特点，是做好读者工作的重要基础，也是图书馆做好针对性服务、个性化服务的前提。满足读者需求是任何图书馆和图书馆员的首要目标，而且为了提高**读者满意度**（user satisfaction/reader satisfaction）③，馆员也有必要了解和评估读者需求。从不同的

① 王子舟.论知识受众及其合法权益[J].图书情报知识,2003(3):2-6.
② 图书馆·情报与文献学名词审定委员会,编.图书馆·情报与文献学名词[M].北京:科学出版社,2019:221.
③ 读者满意度,是读者在接受图书馆一次或多次服务之后的内心感受和主观评价,是其接受服务的可感知效果与其期望值比较的程度。见:图书馆·情报与文献学名词审定委员会,编.图书馆·情报与文献学名词[M].北京:科学出版社,2019:221.

角度或标准出发，读者需求可以划分出不同类型。

一、不同类型图书馆的读者需求

1. 公共图书馆的读者需求。公共图书馆面向的读者群体是最为广大和普遍的，因此公共图书馆的读者需求也最具多样性。如从年龄角度看，学龄前儿童到耄耋老人都可以成为公共图书馆的读者，不同年龄段的读者阅读需求也有明显的差异，比如青少年读者的阅读兴趣正处在发展时期，他们求知欲强，可塑性强，利用文献的范围和种类较不固定；而中老年读者阅读兴趣较稳定，文献需求的范围和种类较固定[①]。再从身体健康的角度看，无论身体健全人，还是**残疾人**，他们都可以成为图书馆读者，但他们的阅读需求也有明显的不同，如**视障人士**需要阅读盲文读物，**肢残人士**需要无障碍阅读环境，**听障人士**需要有会手语的馆员提供服务帮助等。

2. 学术图书馆的读者需求。高校与研究机构图书馆主要的服务对象是从事教育、研究活动的学生、教师和研究员。高校图书馆是大学生的第二课堂，大学生通常将图书馆作为学习场所，注重获取与课业相关的文献信息。教师和研究员则对文献信息具有高度的专业要求。研究生介于学生与教研员之间，既有利用图书馆空间与资源完成学习任务的需求，又有为开展研究活动而寻求参考咨询服务的需求。高校图书馆的读者需求还有周期性峰值明显的特点，如开学初期读者对教学参考书的借阅需求量最大，而期末考试阶段读者对阅览与自习的空间需求量最大[②]。

3. 学校图书馆的读者需求。学校图书馆主要指中小学图书馆（室），它们既服务于中小学生的学习，又需为教职员提供教育资料或其他支持，常被称为"多媒体学习中心"。中小学读者主要由学生和教师构成，学生读者需求的特点是读者对象单一，周期性峰值明显，以及文献集中性强、复本量大。如开学初和放假前都是借还书的高峰期；学期中因课堂教学的需要，借阅同种参考书的数量相对较大。而对于教师而言，教学用书的数量、种类则具有较强的稳定性[③]。

---

① 靳东旺,李兴建,主编.图书馆读者工作研究[M].西安:西安地图出版社,2014:70.

② 靳东旺,李兴建,主编.图书馆读者工作研究[M].西安:西安地图出版社,2014:68.

③ 张正和.中小学图书馆基础知识讲义[M].常州:江苏省图书馆学会中小学专业委员会,2005:255-257.

4. 专门图书馆的读者需求。专门图书馆指馆藏内容限于某一特定领域，或读者具有特定范畴的图书馆，包括经济、法律、医学等专业图书馆，以及企业图书馆、学会图书馆、政府图书馆、**盲人图书馆**、**监狱图书馆**等。专门图书馆的读者需求特点主要是文献信息种类明确、集中，同时对文献信息的更新度有一定的要求。由于专门图书馆的馆藏资源体系化、累积性都比较强，初始接触专门图书馆的读者，需要在馆员的指导下才能熟悉馆藏。美国宾夕法尼亚州立大学公园校区工程图书馆的凡妮莎·艾耶（Vanessa Eyer）指出，为了激活读者需求，使他们了解事先有所不知的资源和服务，专门图书馆定期或不定期地举办开放日活动，展出有价值的馆藏藏品，由资深馆员或相关专家学者为来访者进行讲解，从而有效地开阔读者的眼界，吸引他们利用图书馆①。

二、利用目的不同的读者需求

从利用目的不同的角度，可以将读者划分成自学型读者、研究型读者和休闲型读者这三大主要群体。这三大类读者的存在具有一定的普遍性，即无论在何种图书馆中，都能找出这三种类型的读者。三大类读者群体又各自具有鲜明的需求特征。

1. 自学型读者需求。**自学型读者**也称"学习型读者"②，不仅常见于高校图书馆和中小学图书馆，在公共图书馆中也占有一定的比例，如度假的学生、预备自学考试的考生以及其他社会上有学习需求的人。他们把图书馆作为学习场所，一是因为环境优美、安静，学习气氛浓厚，二是因为馆藏丰富，能找到学习所需的教科书、参考书籍等。比如，有位参加高等教育自学考试的读者毛山水（1994— ），从 2011 年起经常在杭州图书馆自学，风雨无阻，2014 年顺利获得了浙江大学英语语言文学专业的本科文凭，他最喜欢在图书馆三楼北面"专题文献中心"的文学类自习区看书③。固定的阅览座席让读者对身边环境产

①　EYER VANESSA. Attracting users in a special library[J]. Reference & user services quarterly, 2016,55(4):277-282.

②　李芬林,王小林,尹琼,编著.公共图书馆读者工作[M].兰州:甘肃文化出版社,2013:91-92.

③　褚树青,粟慧,主编.天堂的模样:杭州图书馆读者访谈录[M].北京:国家图书馆出版社,2015:9-12.

生了心理认同,能尽快投入沉浸式学习状态。

2. 研究型读者需求。**研究型读者**的需求特点一般与职业有关联,即干什么专业读什么书,从事什么职业查什么文献;他们对所需文献信息的学术价值、专指度、新颖度要求比较高。如科技工作者一般需要能反映最新成果的中外文科技文献信息,并要求"新""全""专""精";教师则需要能反映现代科学理论的教材、教学参考书和学科专著等[①]。也有一些读者的研究兴趣与职业无关,但他们经过长期积累,对某一领域的研究已经十分深入,对文献资源的学术价值、专指度、新颖度有很高的要求。图书馆在为研究型读者提供基本的借阅服务的同时,还开展了定题服务、科技查新、文献调研、科技文献通报等高层次的服务工作,必要时还可以与有关单位和课题负责人签订合作协议,派出工作人员参加所需文献信息的搜集、整理和提供等工作,对协作课题实行跟踪服务等[②]。

3. 休闲型读者需求。**休闲型读者**也被称为"欣赏型读者"[③],主要是为满足其自身休闲文化需求而利用图书馆,故对图书馆的空间与文献信息资源需求比较随性,也因此更加看重图书馆的主动服务,从而帮助其"发现自我需求"并寻求满足。这类读者需求有以下特点[④]:①借阅没有明确的目的,借阅书刊主要是为了调剂精神生活,获得美的享受和艺术熏陶,或是满足一种业余爱好,通过阅读来消磨时光并从中得到一些相关知识;②在阅读内容上缺乏系统性,如喜欢看一些情节曲折的流行小说、侦破小说、人物传记、科普读物、时尚报刊等;③借阅时间上多集中在双休日、节假日、厂休日、寒暑假等。由于业余时间有限,他们利用馆藏的方式以外借为主,阅览为辅。

---

① 靳东旺,李兴建,主编.图书馆读者工作研究[M].西安:西安地图出版社,2014:68.

② 刘久昌,编著.读者工作[M].北京:北京图书馆出版社,2001:46-47.

③④ 麦群忠,主编.读者服务工作指南[M].北京:书目文献出版社,1995:29.

一位女性图书馆员眼中的三种读者

一位名叫艾莉森·麦吉（Alison McGhee）的图书馆员在其博客中描述了三种类型的图书馆读者[①]：

①完美的读者。你会在图书馆主页预约想看的畅销书，然后耐心地等待轮到自己，预定时间一到就会立即去图书馆，使用既无罚款又无警告记录的读者卡将书借走。在规定的三周时间内读完所借书籍，并在截止日期之前归还。所有的图书馆员都喜欢你这样的读者。

②有点不完美的读者。你偶尔会去图书馆翻翻自己想读的书，还偶尔替孩子来找书，以便孩子完成学校布置的无休止的、令人麻木的程式化作文。替孩子借书和偶尔的超期还书，使你显得不那么完美。因为你应该按期还书，应该教育孩子为完成作业而借书是他自己的事。不过，你依然是图书馆员喜欢的读者。

③不好的读者。你刻意地避开图书馆，尽管有很多书想从图书馆借来看。为什么会这样呢？因为你似乎无法及时归还任何一本书，到期日之后的一两年内都还不回来。这是一种终身的恶习，尽管这么多年来它给你带来了内疚和自责，但你仍然无法正确对待它。当整个城市的半价书店都没你所需的书，或当孩子需要书来完成那无休止的、令人麻木的程式化作文时，你就会偷偷溜进所在城市众多社区图书馆中的一个里。你会手拿着书，眼看地板，悄然走近服务台，从钱夹中的四张借书卡（自己的和孩子的）中试着找出没有逾期罚款或罚款最低的一张，然后淡漠地交给图书馆员。你这样做就太不地道了。

---

① MCGHEE A. The three kinds of library patrons[EB/OL]. Alison McGhee (2009-01-26) [2021-12-30]. https://alisonmcghee.com/2009/01/26/the-three-kinds-of-library-patrons/.

第三节　读者服务工作有哪些

读者服务工作（user service/reader service/public service/library service，简称"读者服务"，也称"图书馆服务""用户服务""公众服务"），是指图书馆利用自身资源，向读者提供直接接触的活动和业务，包括文献外借、到馆阅览、在线检索、参考咨询、阅读推广、复制文献等。与**技术服务工作**（technical services，简称"技术服务""内部业务"）不同，后者是在幕后进行，不与图书馆读者直接接触[①]。读者服务工作是沟通图书馆与读者的桥梁，也是图书馆一切工作的出发点和归宿[②]，是衡量图书馆一切工作质量、效益的尺度。

一、外借服务

外借服务是馆内阅览服务的延伸，满足读者将部分藏书借出图书馆场所而自由阅读的需求，包括个人外借、集体外借、预约借书、流动借书、馆际互借、邮寄借书等不同服务方式。通常图书馆外借的图书是普通图书，古籍、**库本**[③]、地方文献、工具书、期刊报纸、学位论文等不外借，只能到馆阅览。

外借服务中的**流动借书**，是指通过流动车、流通站，或专人送书上门等形式，将馆藏文献送到馆外有需要的读者身边的一种借阅服务，它能增加图书馆文献的流通量，延伸文献的流通半径。

外借服务中的**馆际互借**（interlibrary loan, ILL），是指图书馆之间根据协议，互相利用对方馆藏来满足本馆读者需求、开展馆际合作的一种服务形式。即当注册读者需要的书籍或其他物品被借出或因其他原因无法使用，或所在图书馆并未收藏时，读者可在服务台填写打印的馆际互借申请表，或者通过图书

---

① Technical services (TS) [EB/OL]. Online dictionary for library and information science (2013−01−10)[2021−12−25]. https://products.abc-clio.com/ODLIS/odlis_t.aspx.

② 张世良,主编.大学图书馆导读教程[M].北京:北京图书馆出版社,1998:21.

③ 库本也称"库本书""保留本""保存本"等,其功能是保障图书馆藏书的完整性及可传承性,同时也可以保障某些读者对特定文献的急需借阅要求。

馆的网站以电子方式向另一图书馆申请借阅[①]。在网络数字技术普及的条件下，馆际互借中的**文献传递服务**（document delivery service, DDS）正在更多地利用电子邮件来传递所需文献的电子版，其特点是响应快，操作简便，可大大提高馆际互借的效率。馆际互借是一种资源共享形式，其效率和规模依赖于联合目录的维护。世界上最大的馆际互借网络由联机计算机图书馆中心（OCLC）维护，它使用 WorldCat 数据库作为其联合目录，共有一万多家图书馆分享 5.16亿条书目记录和 3 亿份馆藏文献[②]。在数字时代，馆际互借推动了馆际合作的深入发展，包括联合检索、联合外借、联合参考咨询等。

二、阅览服务

阅览服务是图书馆最基本的服务之一，是指图书馆利用一定的空间设施供读者进行书刊文献、数字资源阅读的一种服务方式。以往曾称过"**阅览室服务**"，现在也有人称之为"**阅览空间服务**"。

图书馆的阅览室 / 阅览空间因其不同职能，可以分成不同类型，比如：（1）**普通阅览室**（或称"综合阅览室"），是一般读者阅读、参考和自学的阅览场所，配有范围广且常用的书刊资料，读者座席最多，开放时间最长，利用率也最高。（2）**专科阅览室**（或称"专门阅览室"），即依据不同标准划分来满足特定读者对象的不同需求层次。如依据知识类别设立科学技术阅览室、社会科学阅览室、文学艺术阅览室等，这种分科阅览室集中了专业馆藏，便于专业读者利用，一些图书馆在此基础上建设出了自己的"**特色图书馆**"（属于馆中馆，如东莞图书馆的漫画图书馆）；又如依据馆藏载体设立报刊阅览室、特藏阅览室、古籍善本阅览室、电子阅览室、视听阅览室等；再如依据读者需求类别设立教师阅览室、学生阅览室、视障人士阅览室、少儿阅览室等，其中视障人士阅览室中不仅集中了盲文书、大字书、有声书等文献资源，还配有一些专为视障人士设计的电子阅读设备、阅览桌椅等。（3）**参考阅览室**，是为有关专家读者进行科研活动而设置的规模较小的场所，适合阅读、研讨活动，一般配有各

---

① Interlibrary loan (ILL)[EB/OL]. Online dictionary for library and information science (2013-01-10)[2021-12-25]. https://products.abc-clio.com/ODLIS/odlis_i.aspx.

② 使用现代化基于云的服务自动化您的馆际互借工作流程[EB/OL]. OCLC[2022-01-27]. https://www.oclc.org/zh-Hans/worldshare-ill.html.

类工作用书作为参考馆藏[①]。

图 6-1　中国盲文图书馆的盲人听音阅览桌

王子舟 摄

三、参考咨询服务

参考咨询服务（reference service）指参考咨询馆员通过解答各种咨询问题来为读者提供积极帮助的服务活动。其业务范围包括解答咨询、书目参考、信息检索、情报研究、读者教育等。**解答咨询**是参考咨询馆员针对读者提出的问题，通过各种工具书及相关资料予以解决并答复读者；**书目参考**是针对读者提出的研究性问题，如专题性、专门性研究课题等，提供各种形式的专题书目索引，以供读者查阅参考；**信息检索**是针对读者提出的问题检索所需的相关资料，可分为一般课题检索、定题服务检索（简称**"定题服务"**[②]）、科技查新检索（简称**"科技查新"**[③]）等；**情报研究**是对大量的文献信息进行分析与综合，

---

① 上海图书馆,主编.图书馆工作手册[M].北京:中国国际广播出版社,1990:331-333.

② 定题服务是针对某个特定课题,系统检索文献资料,主动提供对口所需文献信息的一种服务方式。

③ 科技查新是指具有查新业务资质的图书馆或信息机构为确定委托人的专利、发明以及科研成果的新颖性做出鉴证的信息服务工作。一般多用于科研立项、专利申请、新产品鉴定、成果转化、科技进步奖和博士论文开题等前期过程,现为研究型图书馆一项重要的参考咨询业务。

或进行翻译与摘编，以研究综述或总结、报告等形式为读者提供浓缩的、系统化的情报资料，为有关预测研究和决策研究提供参考；**读者教育**是指帮助读者熟悉与利用图书馆，向读者普及信息检索知识而提供的辅导和培训活动[①]。

一般而言，参考咨询馆员的服务工作需要遵循一定的步骤：①受理咨询问题，包括读者通过到馆、来电、来信或在线等方式提出的咨询问题。②开展文献调研，在分析咨询问题和了解其他读者需求的基础上，明确文献调研的范围、方法、途径、工具等，获得预定文献、信息知识或线索。③答复咨询问题。对调研结果进行登记、汇总、整理和编排，形成正式的解答，以读者需要的方式直接提供答案、推荐参考工具书或编制二三次文献，供读者选择使用参考。④建立咨询档案，根据图书馆实际情况，对全部的咨询课题或择其要建立参考咨询服务档案，填写读者咨询服务登记表，用于指导今后的服务改进工作，开展新的服务领域[②]。

四、阅读推广服务

阅读推广服务（reading promotion，又称"阅读推广活动"，简称"阅读推广"）是指图书馆或其他文化部门为培养读者阅读兴趣、阅读习惯、阅读能力，促进读者阅读素养提升所开展的各种阅读活动。这些阅读活动都包含着文献阅读这一重要元素，活动形式主要有经典导读、新书推荐、亲子阅读、读者沙龙、征文比赛、书刊展览、图书漂流、书刊交换、知识讲座、真人书借阅、阅读疗法等。从 2006 年中国图书馆学会成立科普与阅读指导委员会（2009 年改为**"阅读推广委员会"**）和当年中共中央宣传部等 11 个部门联合发出《关于开展全民阅读活动的倡议书》以来，中国图书馆界的阅读推广服务在各地积极开展，并快速形成了热潮。经过十余年的发展，部分阅读推广服务工作正在由延伸服务项目转化为常规服务项目。

有些阅读推广活动兴起于欧美国家，进入 21 世纪才在我国逐步开展起来。如图书漂流、真人书借阅、阅读疗法等。**图书漂流**（bookcrossing）是指将有标记的图书投放在公共场所，如公园的长凳上、地铁座位上，供有阅读兴趣

---

① 詹德优.信息咨询理论与方法[M].2 版.武汉:武汉大学出版社,2010:11-12.
② 上海图书馆,主编.图书馆工作手册[M].北京:中国国际广播出版社,1990:347-348.

的人将其拾回阅读，阅读完后再将其投放到公共场所进行流通，让下一位爱书人阅读。该活动旨在分享好书。其操作简单，也无借阅期限，适宜图书馆与社会组织合作开展。**真人书借阅**指的是**真人图书馆**（living library）出借或分享**真人书**（living books）的一种活动，即真人图书馆中的"书"是"真人"，读者阅读的方式是与真人书进行双向交谈。真人书与文献信息有着许多不同的特点，如：文献信息是固态资源，而真人书是活态资源；文献信息借阅是显知识的单向流通服务，而真人书提供的是隐知识的双向沟通，更能引起读者情感共鸣[①]。**阅读疗法**（bibliotherapy，也称"书籍疗法""阅读疗愈"）指使用依阅读计划而选择的书籍，通过阅读来帮助患有精神疾病或情绪障碍的患者进行康复治疗的活动。理想情况下，这一过程分为三个阶段：让读者对推荐作品中的特定角色产生个人认同，由此得到心理上的宣泄，进而对文本中建议的解决方案与读者自身经验的相关性产生理性洞察。开展阅读疗法，应由受过训练的心理治疗师协助[②]。

在上述图书馆服务工作中，针对特殊读者的服务工作应当受到高度重视。**特殊读者服务**（library services to people with special needs，也称"特定读者服务"）指对**残障人士**等弱势群体、边远地区居民的服务，如为残障人士打造无障碍借阅环境，提供导引或哑语服务，邮寄借还书服务等；为**未成年人**、老年人提供适宜的读物，并提供辅助阅读条件（如老年人的放大镜）；为监狱犯人建立图书流动站，定期还书并开展读书会活动等。此外，图书馆读者服务还有图书馆的**文献复制服务**（reproduction service，又称"图书馆复制服务"，简称"复制服务""文献复制"）等，也是要认真对待的服务工作之一。复制服务是指以复印、扫描、照相、拷贝等文献复制技术为手段，向读者提供原始文献复制品的一种服务方式。它是图书馆外借服务、阅览服务的一种补充与延伸，便于读者长期利用文献，尤其是那些不允许出借或不能长期出借的文献资源。

---

① 吴汉华,王子舟.开发读者知识资源的新模式:真人图书馆[J].图书馆杂志,2010(9): 21-26,77.

② Bibliotherapy[DB/OL]. Online dictionary for library and information science (2013-01-10)[2022-02-05]. https://products.abc-clio.com/ODLIS/odlis_b.aspx.

文献复制服务与版权保护

随着版权意识的普及，图书馆复制服务中的**版权保护**（copyright protection）问题需要引起馆员的高度注意，即在著作权法"**合理使用**"（fair use）[①]的约束范围内可以向读者提供文献复制服务。根据我国著作权法第24条[②]以列举的方式规定的合理使用的情况，图书馆的下列复制行为当属合理使用的范畴，可不经许可不支付报酬：

（1）图书馆为陈列或者保存版本的需要而复制本馆收藏的作品。

注：美国按照其版权法第108条第c款的规定，考虑到替换、丢失、被盗等可能，图书馆可以制作最多3件复制品[③]。

（2）为读者个人学习、研究或者欣赏，使用他人已经发表的作品。

注：北京大学图书馆规定"馆藏书刊，不得全书复制。篇章复制，不得超过全书三分之一"[④]。澳大利亚版权法规定，图书馆可为读者复制作品的"合理部分"，为不超过作品已出版的版本页数或者作品全部或者单个章节的10%[⑤]；日本崎玉县立图书馆根据日本版权法规定，可以复制的范围被定义为"版权作品的一部分"，即"不超过一半"[⑥]。

（3）为学校课堂教学或者科学研究，翻译、改编、汇编、播放或者少量复制已经发表的作品，供教学或者科研人员使用，但不得出版发行。

[①]　"合理使用"（fair use）是著作权法中的一项规定，即指在法律规定或作者无保留相关权利的条件下，直接无偿使用已发表的享有著作权的作品，而无须经著作权人许可的著作财产权限制制度。

[②]　中华人民共和国著作权法（2020年第三次修正）[EB/OL].中华人民共和国国家版权局(2021-03-09)[2022-02-07].https://www.ncac.gov.cn/chinacopyright/contents/12230/353795.shtml.

[③]　刘俏.我国图书馆复制权例外制度的适用与完善[J].图书馆学刊,2018(3):15-17,21.

[④]　北京大学图书馆馆藏文献复制制度[EB/OL].北京大学图书馆[2022-02-07].https://www.lib.pku.edu.cn/portal/cn/fw/rgzn/guizhangzhidu/notice5.

[⑤]　[荷]露西·吉博.在为公共利益传播知识任务方面版权和邻接权限制与例外的性质与范围:对其适应数字环境的展望[J].刘跃伟,译.版权公报,2013(4):1-45.

[⑥]　複写（コピー）サービス Q&A [EB/OL].埼玉県立熊谷図書館[2022-02-07]. https://www.lib.pref.saitama.jp/guidance/service/copy-q-and-a.html.

（4）图书馆应国家机关执行公务之需要，在合理范围内复制他人已经发表的作品。

图书馆在运用"合理使用"原则时，应把握几个尺度：第一，复制的目的必须是非营利性的，不得用于出租、出借等营利活动；第二，复制的数量不得超过"少量"的限制；第三，复制的作品必须是已经发表的作品；第四，不得侵犯著作权人的其他合法权益[①]。如果图书馆文献复制服务超出合理使用豁免范围，或者超过合理使用限量，都应当经过著作权人的许可并支付报酬，否则将构成侵权行为。

第四节　有问题找馆员：参考咨询服务

图书馆参考咨询服务是读者服务的重要组成部分，也是读者服务中最具活力的工作。参考咨询服务随着读者需求变化、文献资源发展、信息技术进步等各因素的变迁而不断更新，在服务观念、服务对象、服务内容、服务方式等各方面也不断延伸、拓展。

1876 年美国马萨诸塞州伍斯特公共图书馆馆长**格林**（Samuel Swett Green, 1837—1918）在《图书馆员和读者之间的个人关系》一文中，提出图书馆要对有情报资料获取需求的读者给予个别帮助，此文被视为最早提出图书馆开展参考咨询服务的倡议[②]。1883 年波士顿公共图书馆首次设置了专职参考馆员职位和参考阅览室[③]。1891 年，美国《图书馆杂志》（*Library Journal*）索引中出现了"**参考工作**"（reference work，现在汉语通称"参考咨询工作"）这一术语。1919 年，黑兹尔坦（Mary E. Hazeltine, 1868—1949）在《参考服务基础：图书馆事业的新空间》一文中，首次使用了"**参考服务**"（reference service，现在汉语通称"参考咨询服务"）一词，从此，"参考工作"与"参考服务"交叉使

---

① 辛玲.图书馆复制业务与著作权保护[M]//杨勇,主编.图书馆转型的思考:云南大学图书馆学术论文集.昆明:云南大学出版社,2000:297-302.

②③ 图书馆学百科全书编委会,编.图书馆学百科全书[M].北京:中国大百科全书出版社,1993:33.

用，参考咨询服务渐渐成为世界各国图书馆行业的重要服务内容之一[①]。

我国图书馆参考咨询服务开始于 20 世纪 20 年代。1921 年，留美归国图书馆学者戴志骞在清华学校图书馆设立参考部。此后朱家治、刘国钧、李钟履等学者均撰文倡导发展中国图书馆工作中的参考咨询业务。民国时期的参考咨询服务名称有"参考事业""参考事务""参考工作"等，参考咨询服务的部门称为"参考部"或"参考组"。参考咨询服务的内容大部分是对到馆读者提出的问题予以答复，以及结合我国校雠学传统编制一些供读者使用的书目索引。纵观我国参考咨询服务循序渐进的发展历程，大致可以分为三个阶段：手工检索参考咨询服务时期、网络虚拟参考咨询服务时期和人工智能多元化参考咨询服务时期。

一、手工检索参考咨询服务时期

20 世纪 50 年代初期，我国图书馆界习惯称参考咨询服务为"参考工作"，主要服务内容还局限在解答读者咨询、编制书目索引范围。后来随着社会形势的发展，在全面向苏联学习的政策指导下，其服务内涵有所拓展。"参考工作"也渐渐被"参考咨询工作"一词取代。如 1959 年中国人民大学参考阅览科撰文将他们所做的参考咨询工作划分为六项内容：编制专题书目，编制专题索引，配合教师教学编制参考书目以及为其科研提供参考资料，配合学生写作论文编制书目索引以及提供参考资料，编写学术动态报道，接待日常读者咨询等[②]。1978 年 11 月 13 日，国家文物事业管理局发布《省、市、自治区图书馆工作条例（实行草案）》指出："**参考咨询工作**是省图书馆为科学研究服务必不可少的一项重要工作，其主要任务是：（1）根据读者研究的需要，编制各种书目索引，系统地提供有关课题的书刊资料；（2）解答读者有关图书资料的各种知识性咨询。"[③]

20 世纪 80 年代起，国内大多数图书馆都成立了专门的参考咨询服务部门。

---

① 詹德优,主编.信息咨询理论与方法[M].2 版.武汉:武汉大学出版社,2010:1.

② 中国人民大学参考阅览科.谈谈我馆的参考咨询工作[J].图书馆学通讯,1959(8):13-16.

③ 国家图书馆研究院,编.我国图书馆事业发展政策文件选编:1949—2012[M].北京:国家图书馆出版社,2014:52.

参考咨询工作的内容进一步扩展和深化，从为读者解答问题发展到了为读者提供知识帮助。此时的参考咨询内容大致可分为：①常规咨询服务，如了解馆藏布局、文献查找方法、工具书利用等；②检索技能辅导，如开办文献检索课程、各种培训讲座、阅读推广活动等；③定题资料服务，如专题文献检索、定题跟踪、书目编制、二三次文献编制、光盘数据库检索等；④深度知识服务，如编写情报分析报告、社会调研报告等。这一时期读者的咨询方式主要是到馆咨询或电话咨询、信函咨询等。

参考咨询工作的发展是随读者需求改变而不断深入的。改革开放以来，国内经济与科技高速发展，读者对文献信息的需求加大，图书馆的参考咨询工作也随之深化，出现了参考咨询**参与式服务**，即馆员直接参与读者科研、工作的过程，馆员不仅是文献的提供者，也是读者科研、工作中的成员与伙伴[①]。

二、网络虚拟参考咨询服务时期

互联网的发展，促进了参考咨询服务的变革。1984年，美国马里兰大学健康服务图书馆率先推出了"参考咨询服务的电子访问"（Electronic Access to Reference Service, EARS），这是第一个在线的**电子参考咨询**服务[②]。之后电子参考咨询、**网络参考咨询**、**虚拟参考咨询**、**数字参考咨询**、**在线参考咨询**等新名词纷至沓来，虽然称谓有异，但内容都是指依托互联网技术，在线为读者提供方便、快捷的咨询服务。2000年以后，网络虚拟参考咨询的工具主要有：常见问题解答（frequently asked questions，FAQ）、电子邮件（E-mail）、电子公告（BBS论坛）、留言簿、在线聊天（chat reference）、共同浏览（co-browsing）等，突破了传统手工检索参考咨询的时空限制。

在此阶段，图书馆为读者提供的参考咨询服务既有传统的常规咨询、代查代检、定题服务、专题服务、开设文献检索课、读者培训等项目，也开辟出了新型的包含课题查新、网上咨询、网站维护、馆际互借、学科导航等服务

---

① 付玉梅,吕娅娜.试谈参考咨询的深化服务:参与式服务[J].河南图书馆学刊,1994(3):25-26.

② 詹德优,主编.信息咨询理论与方法[M].2版.武汉:武汉大学出版社,2010:8-9.

项目①。而且虚拟参考咨询工作借助网络技术，由最初的各馆独立，向多馆合作发展。美国国会图书馆与其他 16 家图书馆合作在 2000 年启动了**合作数字参考咨询服务**（Collaborative Digital Reference Service, CDRS）计划，次年该馆与 OCLC 合作开发的 QuestionPoint 项目②成为国外最有影响力的馆际合作虚拟参考咨询平台。据该项目网站 2012 年 3 月发布的数据，该项目有 33 个国家的 526 家图书馆参与，可回答 47 种语言的问题，从 2002 年起已通过图书馆回答了 328 万人次的问题等③。2001 年 5 月 28 日，上海图书馆推出了"网上联合知识导航站"，开启了我国合作数字参考咨询服务的先声④。此后合作数字参考咨询服务在国内逐步兴起，截至 2019 年已成立了十余个合作数字参考咨询服务组织，其中活跃度高的有中国高等教育文献保障体系推出的"**CALIS 分布式联合虚拟参考咨询系统**"（CALIS Distributed Collaborative Virtual Reference System, CDCVRS）、广东省立中山图书馆牵头的"**全国图书馆参考咨询联盟**"等，后者有 360 家成员馆、1200 多位参考咨询馆员参与在线服务⑤。合作数字参考咨询服务平台共享了馆员、技术、信息，创新了资源共享的范围和方式。

网络虚拟咨询将服务对象从到馆读者拓展到整个社会，在内容提供上从文献信息拓展到读者生活、学习、工作等方面的各类问题，在服务模式上由原来的单馆单人解答读者问题拓展到多馆多人联合互助，这样就大大提升了图书馆参考咨询服务的活力与影响力。

三、人工智能多元化参考咨询服务时期

图书馆参考咨询业务有一大部分是重复性和规律性的，由**智能问答机器人**

① 卞丽.21 世纪高校图书馆信息咨询服务的新思路:江苏省高校图书馆参考咨询服务调查分析[J].江苏图书馆学报,2002(3):34-37.

② QuestionPoint 2019 年被 Springshare 收购,转入了在线参考咨询平台 LibAnswers。该平台功能齐全,可通过多种方式进行问题咨询,包括在线问题表格、专用电子邮件地址、短信、Facebook 和 Twitter 等,在线聊天参考(LibChat)提供 24 小时的咨询服务。见:Learn about LibAnswers[EB/OL]. Springshare[2022-01-04]. https://ask.springshare.com/libanswers/#s-la-box-572.

③ 吴建中.转型与超越:无所不在的图书馆[M].上海:上海大学出版社,2012:129.

④ 王茹.我国图书馆数字化合作参考咨询探析[J].图书馆论坛,2003(5):109-110,123.

⑤ 全国图书馆参考咨询联盟服务指南[EB/OL].全国图书馆参考咨询联盟[2022-01-04].http://www.ucdrs.net/admin/union/service.jsp.

回复这些重复性、规律性的问题，可以把参考咨询馆员从大量的重复性劳动中解放出来，提升参考咨询服务的效率。智能问答机器人以 FAQ 为资料库，整理读者咨询的大量常规问题，建立起问题标准答案库，其优点是精准实时、界面友好、操作简单、24 小时在线，加上系统不断自我学习，丰富知识库，能及时获取并使用网络流行语言来解答读者问题，深得读者喜爱。国内智能问答机器人从清华大学图书馆线上的**"小图"**，到武汉大学图书馆线上的**"小布"**，再到线下可移动的人形智能问答机器人，技术越来越完善，已经可以替代图书馆咨询台的绝大部分人工工作。

而且随着人工智能技术的快速进步，线下智能问答机器人的功能也在不断拓展。2017 年 5 月，湖北省图书馆在馆内数字体验区试用的智能问答机器人，除了可解答读者提出的日常问题，还可以给读者讲故事。2018 年元旦正式上岗实习的上海图书馆智能问答机器人**"图小灵"**，不仅能帮助读者解决一些无馆员值守时的业务问题，还可以帮助读者查询天气、旅游路线，甚至会陪读者聊天打发时间[①]。智能问答机器人的出现，拓宽和丰富了图书馆参考咨询服务的渠道和内容，由此形成了由传统手工检索参考咨询、虚拟在线参考咨询、线下智能机器人参考咨询相融合的多元化参考咨询服务。

2010 年以来，随着网络聊天技术的进步，**自动聊天插件**也应用于图书馆官网主页，读者在浏览页面时停留的时间达到设定时间后，主页上会自动弹出聊天对话框，咨询馆员主动询问读者是否需要帮助，并引导读者咨询疑惑，这种方式将被动等待读者在线咨询变成了"主动式"的服务[②]。**即时聊天工具**普及后，图书馆员开始利用 QQ、微信等聊天工具开展咨询服务，通过文字、语音、视频等多种方式与读者进行交流，交互性体验更佳，减少了网上登录慢、咨询问题得不到及时回答等问题。如美国大学图书馆在线参考馆员开展的**深度一对一咨询**（in-depth one-on-one consultation），就是利用 SpringShare 公司的软件 LibCal 和 Zoom 会议进行的，读者可以通过 LibCal 预定与图书馆员的深度一对一咨询，然后在预定时间双方使用 Zoom 会议软件在线面对面沟通解

---

① 机器人"上岗"只是走向智慧图书馆的一个缩影[N].图书馆报,2018-03-02(3).

② 韩娟娟.美国高校图书馆"主动式"聊天参考咨询服务的调查与研究[J].大学图书馆学报,2020(6):104-110,126.

决问题，有时还会共享桌面①。尤其新冠疫情在全世界流行以来，图书馆远程参考咨询的聊天服务量呈现了上升趋势。当然即时聊天工具方便了读者的同时，也对馆员的个人技能、知识背景、语言表达、服务规范等都提出了更高的要求。

大量读者的常规咨询问题可以通过智能技术自助解决，那么留给图书馆员咨询的问题将会越来越呈现个性、复杂、多样的趋向。不过有项调查结果显示，许多受访参考咨询馆员更喜欢面对面的参考咨询，因为在线聊天并不像面对面的互动那样有益。但是新冠疫情的流行，增加聊天服务却是尝试提供相同水平参考咨询服务的合理步骤②。此外，2022年人工智能ChatGPT③的问世，对图书馆的参考咨询服务也带来了强大冲击。ChatGPT巨大的模型参数与优质的训练语料是其能力强大的基础，它不仅可以回答问题，搜索信息、提供文献出处，而且还能与人聊天、编写代码、创作脚本、撰写文案、翻译文章。可以说，ChatGPT对图书馆参考咨询服务有很大的替代性。图书馆参考咨询服务面对这样的挑战，采取什么策略才能积极应对，这是我们面临的重大课题。

第五节　图书馆延伸服务有哪些

延伸服务（outreach service/ extension services，又称"拓展服务""外展服务"）是指图书馆在原有的基础服务之上，通过创新服务方式、完善服务手段、提供多样化和个性化的服务，从而延伸服务范围，确保大多数的读者受益

---

① 傅平.美国大学图书馆提供参考咨询的模式[EB/OL].科学网·PingFucwu的个人博客（2021-06-22）[2022-06-12].https://blog.sciencenet.cn/blog-3316383-1292159.html.

② COHN S, HYAMSB R. Our year of remote reference: COVID19's impact on reference services and librarians[J]. Internet reference services quarterly, 2021,25(4):127-144.

③ ChatGPT（全称为Chat Generative Pre-trained Transformer）是2022年11月30日美国人工智能研究实验室OpenAI推出的一个人工智能聊天机器人程序（ChatGPT定义自己为"一个由OpenAI训练的大型语言模型"）。它的出现标志着人类将进入传统人类内容创作和人工智能内容生成并行的时代。

的一种服务模式[①]。图书馆延伸服务的维度有很多，主要有服务对象延伸、服务内容延伸、服务方式延伸等。

一、服务对象延伸

读者能否方便地获取图书馆服务，通常会受道路距离和交通方式的影响，以及自身闲暇时间多少的制约。因此，图书馆在原有服务空间和服务时间上做出进一步的延伸，就能满足那些没有或很少得到图书馆服务的人群需求。如高校图书馆向周边社区提供服务，这种空间范围的延伸服务能使高校图书馆的读者利用率大为提高。而公共图书馆的开放时间从每天 8 小时延伸到 10 小时，从工作日开放延伸到周末开放、假期开放，也可以吸引更多的读者利用图书馆。

美国图书馆协会（ALA）早在 1925 年就成立了**图书馆延伸委员会**（Library Extension Board），旨在帮助图书馆开发和扩展自身服务，覆盖那些身处农村和偏远社区以及无法轻松访问县、地区或州立图书馆的人。延伸服务方式有设立分馆、图书存放站和流动图书车等，目的是将书籍带到偏远社区。在当时的延伸服务活动中，曾出现过狗拉雪橇运书队，以及马背图书馆员等令人感佩的事迹[②]。如今，印第安纳州的加里公共图书馆还在向学校、托儿所、消防站、疗养院、老年公寓等处投放馆藏图书，并为因病卧床的读者提供上门取送图书等特殊服务，以便最大限度地满足那些分散居住读者的阅读需求[③]。我国图书馆界也有类似的实践，如图书馆在乡村居民社区、商场、车站码头、建筑工地、机关学校、医院、监狱等设立图书流动站，扩展自身服务的半径，覆盖更多的人群[④]。

---

① 图书馆·情报与文献学名词审定委员会，编.图书馆·情报与文献学名词[M].北京：科学出版社,2019:200.

② Traveling libraries: the library extension board and rural library service[EB/OL]. Illinois University Library (2019-06-10)[2022-01-17]. https://www.library.illinois.edu/ala/2019/06/10/traveling-libraries-the-library-extension-board-and-rural-library-service/#more-6769.

③ Extension services[EB/OL]. Gary Public Library[2022-01-16]. http://www.garypubliclibrary.org/extension-services/.

④ 陈克杰，主编.图书馆延伸服务[M].上海：上海科学技术文献出版社,2009:55.

美国图书馆协会关于延伸馆员（outreach librarian）的问答 [①]

Q：延伸馆员是做什么的？

A：在图书馆，延伸服务是指为不经常使用或不使用图书馆的人提供服务，或为那些以往通常得不到图书馆服务的人提供服务。延伸馆员努力通过制定方案、政策，设计服务，采取行动，为所有人提供公平的图书馆服务，让所有人都可以使用图书馆。

Q：**延伸馆员**为什么样的人服务？

A：因为延伸馆员在公共、学术、政府、医疗和特殊图书馆工作，所以他们服务的对象很广泛。根据图书馆所服务的环境和人口，他们为各种各样的人服务。最常见的是，延伸馆员专注于过去通常得不到服务的人群，包括穷人和无家可归者、种族多元化的人、老年人、成人新读者和非读者、被监禁者和有犯罪前科的人、残疾人、LGBT人群 [②]，以及农村和偏远地区的社区民众。

Q：延伸馆员的工作条件如何？

A：延伸馆员经常开发创新服务，因此他们在不断变化的环境中工作。他们经常在图书馆外工作，与不同的群体一起工作，或在实地与特定人群一起工作。根据图书馆所提供的项目，他们可以有独特的或可变的工作时间表。

Q：如果一个人正在考虑担任延伸馆员，他们应该具备哪些特点？

A：延伸馆员一般强调以人为本，善于社交，富有激情。他们致力于将图书馆的信息传播给新的受众。他们通常是有创造力的人，能跳出框框思考。

Q：担任延伸馆员需要什么特殊技能吗？

A：延伸馆员通常具有很强的沟通和协作技能，这有助于接触新的群体并与各种组织合作。他们必须熟练快速地评估他们所处的环境，确定图

---

① 延伸馆员（outreach librarian）也译为"外联馆员""外展馆员"，见：Outreach librarian[EB/OL].[2022-01-17]. https://www.ala.org/educationcareers/libcareers/jobs/outreach.

② LGBT是一个英文首字母缩写词，指称性少数群体，包括女同性恋者（lesbians）、男同性恋者（gays）、双性恋者（bisexuals）与跨性别者（transgender）。

书馆的优势和改善服务的机会。延伸馆员必须能自如地处理多项任务，因为需求往往是现有时间和人员满足不了的。

Q：我在哪里可以找到有关延伸馆员工作的更多信息？

A：美国图书馆协会的**多元化、扫盲和延伸服务办公室**（Office for Diversity, Literacy and Outreach Services, ODLOS）[①]是查找更多信息的好地方。该部门向过去通常得不到服务的人群推广图书馆服务，包括新读者和非读者、偏远地区的人、残疾人、农村和城市贫困人口，以及通常因种族、民族、性取向、年龄、语言和社会阶层而受到歧视的人。

二、服务内容延伸

在图书馆的服务内容方面，除了传统的书刊外借，图书馆也可以围绕知识传播做好辅助性服务，吸引更多的读者走入图书馆。例如国内外有许多少儿图书馆，在馆内专门安排了儿童攀爬、游戏的空间，还有儿童手工室，甚至为了亲子阅读还专门搭建了家庭小帐篷，这些服务内容不应看作是图书馆服务的附加成分，而应看作是图书馆服务在内容上的延伸，它们对吸引少儿到馆，促进少儿阅读产生了积极作用。美国社区公共图书馆网站不仅提供图书方面的信息和服务，而且在求职、税收、保险、就医、保健、社区活动、困难学生助学贷款申请等方面，同社区其他组织机构合作，为居民提供服务与帮助[②]，这些服务内容有助于图书馆融入社区，成为社区居民信息交流的公共空间。

2018年12月芬兰首都赫尔辛基新落成开放的**颂歌图书馆**（Oodi Library），根据征集到的民意，免费出借民众所需的很多超出图书范围的物品。馆内有录音棚、琴房、摄影工作室、创客空间（其中有缝纫机、胸章机、3D打印机、激光切割机、巨幅海报打印机等），甚至还有一个能容纳十个人就餐的厨房。

---

① ODLOS网站地址：https://www.ala.org/aboutala/offices/diversity. 该网站还面向ALA会员提供一些开展延伸服务的工具包，见：https://www.ala.org/advocacy/diversity/outreach-toolkits.

② 马崴.延伸服务在美国社区公共图书馆的应用及启示[J].图书馆工作与研究，2018(7):28-31.

读者能在这里看电影、喝咖啡、办公、遛娃、打游戏、缝衣服、弹琴，还可以带着红酒来厨房办 party。这里的空间都可以免费预订。读者能够外借的东西也五花八门，比如手提电脑、iPad、摄像机、耳机、键盘、扫描仪，甚至还有溜冰鞋、滑雪板、网球、哑铃、飞碟等体育用品，以及血压仪、老花镜、指南针、雨伞、充电器、头盔、电钻、读卡器等。开馆后的三个多月里，每天都有上万人来到图书馆，访问人数已超过 90 万人[1]。当然，这种服务内容上的延伸也招来一些非议，即颂歌图书馆还是不是图书馆？但无论怎样，其在服务内容上所做的图书馆家庭化、舒适化，即反映出的公共空间向市民"起居室"延伸的创新思维，以及把赫尔辛基心脏地带的图书馆打造成市民分享公共生活、交流思想空间的这一想法[2]，还是有借鉴价值的。

三、服务方式延伸

随着网络信息技术的发展，图书馆服务已经从物理空间延伸到虚拟空间，图书馆能够完全突破时间与空间的限制，在任何时候、为任何地点的读者提供服务。

2006 年，**天津图书馆**先后与北大方正阿帕比、龙源期刊网、清华同方知网等数据商合作，建设数字图书馆公共服务平台，实现了国内公共图书馆面向注册读者免费提供网络文献阅览服务的模式创新。读者不必到馆，不需付费，可以随时随地通过互联网阅览或下载国内 7200 多种学术期刊、1000 多种报纸、6000 多种图书、300 多家高校优秀博硕士学位论文等数字化文献。此举延伸了图书馆读者利用文献的时间、空间与载体形式，大幅提升了图书馆资源的整体利用率[3]。

2013 年，**东莞图书馆、张家港市图书馆**率先在社区建设无人值守、读者刷卡进入、可自助借还书、无线上网的 **24 小时自助图书馆**（24-hour self-

---

① 殷紫.颂歌图书馆[EB/OL].建筑学院(2019-03-19)[2021-04-20]. http://www.archcollege. com/archcollege/2019/03/43773.html.

② Oodi opens in Helsinki, marking a new era of libraries in the world's most literate nation[EB/OL]. PR Newswire (2018-12-03)[2022-02-08]. https://www.proquest.com/wire-feeds/ oodi-opens-helsinki-marking-new-era-libraries/docview/2140881518/se-2?accountid=13151.

③ 王晔彪,傲腾.天津图书馆将服务延伸到馆外[N].人民日报,2007-04-09(2).

service library）。之后，广东、浙江、辽宁、黑龙江、湖南、内蒙古等地的图
书馆也先后跟进，建设此类"永不打烊"的图书馆。24 小时自助图书馆打破
了传统图书馆服务的时间限制，提供昼夜持续开放服务，使得图书馆服务的手
段与方式有了前所未有的更新。

图 6-2　张家港市 24 小时自助图书馆"图书馆驿站"之一

图片来源：张家港出台！全国县级首个 24 小时图书馆驿站建设规范正式运行
[FB/OL].张家港大港城 (2020-06-04)[2022-02-08]. http://gyq.dagangcheng.com/
wap/thread/view-thread/tid/2797817.

　　智能手机、平板电脑、电子书阅读器普及以来，图书馆服务在虚拟空间
的延伸得到了进一步深化。许多图书馆开发出自己的**移动客户端 APP**（client
mobile app），读者下载之后就可以访问图书馆网站主页，进行信息查询、检
索，办理预借手续，甚至可以阅读馆藏电子书，以及全文数据库中的电子文
献，从而实现无障碍的移动阅读，**泛在阅读**（ubiquitous reading）即无所不在
的即时阅读[①]，正在逐步变成现实。

　　此外，图书馆利用各种新媒体技术打造出诸多新型服务方式。如国外图书
馆利用 Facebook、Youtube、Twitter 等各种社交媒体，发布活动消息和新闻，

---

①　王子舟.随电纸书洪流走入数字阅读时代[J].图书馆建设,2010(6):7-9.

推介资源和服务，与读者进行实时交流，这样就与读者建立起了良好的互动关系，开辟出了图书馆服务营销的新渠道，提高了图书馆资源利用率与知识传播的影响力。2012 年 8 月，腾讯公司的**微信公众平台**（WeChat Public Platform）面世后，我国图书馆陆续开通微信公众账号，将图书馆服务向读者的移动终端延伸。目前国内大多数图书馆已经通过微信平台开通了预约借书、预订座位、办理图书续借等服务，还可以实时向读者发送图书馆各类服务、活动的资讯，推送好的书评或文章。

总之，延伸服务是图书馆新思想、新观念的容器，也是展示图书馆生机与活力的窗口，它对图书馆社会功能的发挥、图书馆社会地位的提高起着至关重要的作用[①]。

第六节　到图书馆听讲座

图书馆讲座（library lecture）是通过现场讲授、演说、对话、访谈、讨论、赏析等方式，面向读者举办的公益性知识传播与社会教育活动[②]。作为一种践行知识传播、社会教育等图书馆使命的有效形式，图书馆讲座已经发展为图书馆基础业务的重要组成部分，通常由图书馆的社会活动部门来负责运行。图书馆讲座的持续举办，对图书馆其他业务工作也有促进作用，如能使读者更好地了解和利用馆藏资源，培养图书馆读者的忠诚度等。

一、图书馆讲座的兴起

传统图书馆从被动服务向主动服务转型过程中，图书馆讲座起到了积极的推动作用。如今在美国的社区公共图书馆，讲座已成为图书馆服务的主要内容之一，例如山谷社区公共图书馆每年都会邀请一些知名学者、大学教授、各行各业的领军人物，来图书馆进行演讲[③]。在我国，自 2006 年 3 月文化部下发

---

① 王子舟,白兴勇,黄伟群,等.图书馆延伸服务面面谈[J].图书馆建设,2013(5):47-50,54.
② 金龙.对图书馆讲座若干范畴的思考[J].农业图书情报学刊,2012(2):155-159,165.
③ 马崴.延伸服务在美国社区公共图书馆的应用及启示[J].图书馆工作与研究,2018(7):28-31.

《关于深入开展公共图书馆讲座工作的通知》以来，中国公共图书馆开办讲座蔚然成风。与学校、社区等单位组织举办的讲座相比较，图书馆讲座具有更强的公益性、知识性、多样性以及包容性等特征。图书馆讲座面向社会大众，读者可以免费来听；讲座内容涵盖各类知识，但每场都有特定主题。

2010 年 11 月，在人民网的"图书馆的认知和使用情况"读者问卷调查中，38.8% 的读者认为图书馆应增加讲座等业务。很多图书馆讲座已经形成品牌，包括国家图书馆的**"文津讲坛"**、上海图书馆的**"上图讲座"**、首都图书馆的**"乡土课堂"**、湖南图书馆的**"湘图讲坛"**、山西省图书馆的**"文源讲坛"**、浙江图书馆的**"文澜讲坛"**等。以"上图讲座"为例，从 1978 年举办以来，上海图书馆每年邀集 200 多位海内外专家学者参与讲座，截至 2018 年累计举办讲座 3400 余场，直接听众 154 余万人次[①]，"上图讲座"被人们亲切地称为"城市教室""市民课堂"，并荣获首届文化部创新奖[②]。长春图书馆讲座还被市民誉为社会大众的"充电站"和"知识超市"[③]。

图书馆讲座品牌是图书馆讲座在发展过程中所形成的具有较高社会知名度与认可度的识别标志。它是一种无形资产，可以提升图书馆的社会资本，加强图书馆自身与社会互动的能力。从读者的角度而言，优质的讲座品牌能超越自身知识传播的功能，给读者带来自我延伸认同的外部效应，即去听图书馆讲座，会成为有社会责任感、品位高尚、关心家国命运、注重个人修养的象征[④]。

二、如何办好图书馆讲座

如何办好图书馆讲座？把握好以下几个环节是非常重要的：

（1）经费保障。图书馆讲座要有专项经费支持，因此每年图书馆在提交经费预算报告时，要将全年的讲座支出预算列入其中。如果图书馆没有讲座经费投入或者经费出现不足，图书馆可以争取社会合作，如接受企业赞助、出让讲

---

① 一路同行:上海图书馆举行"纪念上图讲座创办40周年专家座谈会"[EB/OL].搜狐网(2018-10-31)[2021-05-04]. https://www.sohu.com/a/272440248_701599.

② 雷册渊.上图讲座:41年前就是"网红"[N].解放日报,2019-07-20(7).

③ 刘慧娟,孙启彦.魅力图书馆:长春图书馆服务创新案例选编[M].长春:北方妇女儿童出版社,2006:2.

④ 潘常青.论公共图书馆讲座品牌的定位与传播[M]//曹宁,张志清.全国公共图书馆讲座工作论文集.北京:国家图书馆出版社,2010:21-26.

座冠名权、联合承办（图书馆出场地）等，来解决经费短缺的问题。

（2）选题策划。讲座内容是讲座是否有受众的主要因素。应该针对读者的需求来办相关主题的讲座。地方图书馆在进行选题策划时，还应该结合地方文化选题。选题确定后，要物色好知识丰富、有一定权威性的主讲者。主讲嘉宾的个人魅力对讲座能否成功影响很大。对于长期开展的讲座，还应该考虑讲座选题的系列性、完整性问题。

（3）宣传推广。要提前做好讲座广告，利用各种信息媒介、新闻媒体来提前宣传讲座内容，预告讲座的时间和地点。海报还可以作为赠送嘉宾的礼品，将嘉宾签名的海报保留下来还能形成图书馆的特藏资源[①]。

（4）场地安排。图书馆报告厅是举办讲座的理想地点，可以吸引更多的读者走入图书馆、亲近书籍。但是有的图书馆缺乏合适的讲座场地，也可以借用其他社会机构或组织的场地。有时效果良好的图书馆讲座，也是图书馆与其他社会机构或组织合作的结果。图书馆讲座的场地应该有足够的座位以及良好的扩音设备。

（5）档案积累。每场讲座结束后，要将有关讲座的海报、照片、录像、录音、入场券、签名、主讲老师的题词、新闻媒体报道、读者调查表、各类活动的记录等进行保存，要对作过演讲的讲师建立相关档案，有条件的要建数据库（如某位讲师的背景资料，演讲的时间、次数，演讲的题目，联系方式，赠送过什么纪念品等）[②]，以备日后讲座考评之用。

（6）衍生产品。衍生产品包括讲座视频的重新编辑制作，以及讲座内容的文本加工出版等，这些是进行二次宣传的必要环节，不仅可以使图书馆讲座的内容广泛传播，还有利于图书馆讲座品牌的形成，扩大图书馆讲座的社会影响力。当然在衍生产品开发时，要注重保护讲座人的知识产权。

未来图书馆讲座的发展，可以通过不断加入新的元素，或变换新的形式，来增加讲座对读者的吸引力，提升读者的参与度。如图书馆讲座可以办到馆外，进学校、军营、乡村、企业，也可以安排讲座主讲人与读者一起进行"游学"，边行走、边体验、边讲解，让主讲嘉宾化身为高级的知识"导游"。图

---

① 王海茹,李凌霄."首图讲坛"的品牌培育之道[M]//曹宁,张志清,主编.全国公共图书馆讲座工作论文集.北京:国家图书馆出版社,2010:6-11.

② 王世伟.图书馆讲座工作引论[J].图书馆学研究,2005(10):84-86.

书馆还可以举办"真人图书馆"活动，让"真人书"讲述其独特的人生经历。有时图书馆对固有活动做出细微的改变都会收到意想不到的效果[①]。

三、图书馆讲座的社会认同

图书馆讲座得到了社会公众的广泛认可。这一点从下面两则读者感言就可以得到验证：

（1）2002年12月1日，一位退休公社干部在长春市图书馆听了弓克教授做的"走向澄明之径，创造完美人生"的讲座后说：

> 我是从农村来的，这是我第六次听图书馆的讲座，每次我都把讲座的内容带回去讲给我的农民们听，我的想法是让农民也能享受到城市的文化生活。今天听了弓教授的报告非常受鼓舞，我有个请求，想把您的录音带带回去放给农民们听一听[②]。

（2）2012年8月29日，一位苏州市语文老师在苏州图书馆听了余斌教授的"漫谈周作人"的讲座后写道：

> 回忆起三十多年以前，自己还是一个文学爱好者的时候，同时又是一个厂图书馆的负责人，而且手上持有两张借书证：一张是市图书馆的，另一张是工人文化宫图书馆的，凡是图书馆里举办任何一次文学讲座，我都会积极参加，认真聆听，详细记录。可以说，我是在没有围墙的大学——图书馆里学习成长的。
>
> 我记忆中印象深刻是，在苏州图书馆里，我曾听到过儿童文学作家任溶溶关于文学创作的报告，还听到《红与黑》的翻译者赵瑞蕻的关于文学评论的讲座；在苏州市工人文化宫图书馆里，我曾经听过诗歌创作的系列讲座，特别值得一提的是，我曾亲耳聆听到诗人芦芒来苏州对工人进行诗歌创作的指导，在他的影响下，我也喜欢上了新诗的创作。此

---

① 鲁直.改头换面的图书馆讲座[N].新华书目报，2014-12-12(A10).
② 刘慧娟，孙启彦.魅力图书馆：长春图书馆服务创新案例选编[M].长春：北方妇女儿童出版社，2006：2.

后我还参加了工人文化宫举办的新春赛诗会。

所有在图书馆里的活动，除了听文学讲座以外，还有搞红楼梦评论，开展影视评论等，都成为我后来成为一名语文老师的先决条件。所以我长久以来对图书馆是心怀感激之情的[①]。

第七节 五个阅读推广优秀案例

一、国外图书馆阅读推广优秀案例

1. "阅读起跑线"（Bookstart）赠书项目

1992 年，英国阅读慈善机构图书信托基金会（Booktrust）与伯明翰公共图书馆服务部（Birmingham Library Services）、南伯明翰卫生局（South Birmingham Health Authority）以及伯明翰大学教育学院（School of Education University of Birmingham）共同合作发起了 **"阅读起跑线"**（Bookstart，我国台湾地区又称"阅读起步走"）赠书公益项目。该项目主要面向 0—4 岁婴幼儿免费赠送阅读礼包（包内通常有婴幼儿读物、亲子阅读辅导材料、当地图书馆相关办证与活动介绍等），鼓励父母或监护人尽早开始和婴幼儿一起阅读，其宗旨是鼓励儿童尽可能从小就热爱书籍，爱听故事和童谣，养成阅读习惯。该项目最初在英国部分地区推广，后又上升为英国政府资助的全国性项目。

这项公益项目核心部分就是由公共图书馆、教育和健康等多家机构联手为每个婴幼儿发放一个免费的 **阅读礼包**（bookstart pack）。阅读礼包通常装有图画书、文具、阅读指南和推荐书目，由健康访视员带给婴幼儿父母，或者通过健康机构、教育机构或当地图书馆发放。阅读书包根据婴幼儿的年龄和身体状况设计了很多种：①新生儿包（bookstart newborn baby pack）；②0—12 个月龄的婴儿包（bookstart baby pack）；③3—4 岁学前儿童的百宝箱（bookstart treasure gift）；④0—2 岁和 2—4 岁聋儿的发光包（bookshine pack）；⑤0—

---

① 重温图书馆听讲座的感受[EB/OL]. 360个人图书馆 (2012-08-30)[2021-04-10]. http://www.360doc.com/content/12/0830/10/2857113_233141331.shtml.

2 岁和 2—4 岁盲童的触摸包（booktouch pack）；⑥非英语母语儿童的双语包（bookstart dual language books）及附加资料等①。免费的阅读礼包帮助婴幼儿家庭了解和参与到"阅读起跑线"项目中来。之后，"阅读起跑线"项目还为他们准备了更多更加丰富多彩的活动，诸如儿歌时间、故事时间、蓝熊俱乐部和全国活动周等。仅在英国本土，"阅读起跑线"项目每年举办的亲子阅读活动就有几千场②③。

有相关的评估研究结果显示，这项阅读推广活动显著地改善了参与家庭对书的态度和阅读习惯。那些收到阅读书包的家庭，在 6 个月之后，有 71% 的父母为他们的孩子买了更多的书，28% 的父母会花更多时间与孩子分享阅读，57% 的父母拥有了图书俱乐部会员资格，29% 的父母为自己和孩子办理了图书馆证件④。

截至 2021 年，已有五大洲 30 多个国家和地区参与了该项目。我国台湾地区的信谊基金会于 2005 年正式加盟了"阅读起跑线"项目。2013 年，苏州图书馆的"悦读宝贝计划"也正式加盟"阅读起跑线"项目，之后深圳、张家港、上海市浦东区、宁波市鄞州区等地也开展了类似的阅读推广活动，即赠送婴幼儿阅读礼包⑤。

---

① 黄巾.英国婴幼儿"阅读起跑线"项目研究［D］.重庆:西南大学教育学部,2018:23.

② 王琳.英美国家婴幼儿阅读推广项目研究及启示:基于拉斯韦尔SW传播模式［M］//《图书情报工作》杂志社,编.阅读推广的进展与创新.北京:海洋出版社,2018:144-155.

③ 陈永娴.阅读,从娃娃抓起:英国"阅读起跑线"(Bookstart)计划［J］.图书馆理论与实践,2008(1):101-104.

④ MOORE M, WADE B. Bookstart: a qualitative evaluation［J］. Educational review, 2003,55(1):3-13.

⑤ 许晓霞,陈力勤.Bookstart项目之于公共图书馆的意义及其在我国的实践［J］.新世纪图书馆,2017(12):26-30.

图 6–3　苏州参与"悦读宝贝计划"的家庭领取图书馆发放
的亲子阅读大礼包

苏州图书馆 提供

图 6–4　上海浦东图书馆 0–3 岁婴幼儿家庭阅读指导包

包括：布袋、《0—3 岁婴幼儿家庭阅读指导护照》、阅读成长尺
（含阅读指标贴纸）、婴幼儿绘本（随机 2 本）、《不能错过的亲
子阅读：0—4 岁》、《0—3 岁婴幼儿家庭阅读指导包使用指南》
（折页）、《浦东图书馆儿童与青少年阅读中心读者指南》（折页）、
上海市中心图书馆"一卡通"少儿读者证申请表。

上海浦东图书馆 提供

2. 狗狗疗法·读书给狗听——公共图书馆援助心理障碍儿童项目

在俄罗斯巴什科尔托斯坦共和国首府乌法市，约有 2500 名儿童有心理健康问题。这些儿童与同龄人相比，面临被孤立、成长机会更少、生活质量低的状况。乌法市图书馆为了改善这一状况，选择了一种在世界各地越来越受欢迎的疗愈心理障碍儿童的辅助方法 "**狗狗疗法·读书给狗听**"（Канистерапия-Чтение собакам）。即把与狗一起工作作为一种治疗形式。事实证明，与狗共度时光对人们的精神、身体、社交和整体健康有积极的影响。

2016 年，该图书馆与一家名为 "好帮手"（Добрые руки）青年俱乐部的爱狗者合作启动了该项目。这是当地社区一个独特的项目，致力于为有心理健康问题的儿童提供援助，帮助他们克服表达和语言障碍，缓解精神异常或孤独症症状，以获得新的沟通技能。

这个项目的第一批参与者是一所特殊儿童学校九年级的 18 名学生，这些学生在口头交流和语言发展方面有困难。在项目提供的培训课程上，孩子们通过给狗读书克服与人交流的障碍，从而培养他们与人交往的技能。该项目在运行的两年中，每周举办一次培训课程。在第一节课中，狗主人教孩子在狗面前的基本行为规则，并简要介绍不同品种的狗。

图 6-5 埃琳娜·梅舍里亚科娃主持的 "第一课：给达尔马提亚狗读书"

图片来源：Children with special needs read to dogs to develop language skills at the library[EB/OL]. IFLA library map of the world (2019–01–29)[2021–12–21]. https://librarymap.ifla.org/stories/Russian-Federation/CHILDREN-WITH-SPECIAL-NEEDS-READ-TO-DOGS-TO-DEVELOP-LANGUAGE-SKILLS-AT-THE-LIBRARY/127.

该学校的一位老师指出，最初孩子们会提防与人的任何接触。但在上了几节课之后，"孩子们不再害怕了，他们的阅读和交谈技能变得更好了，所以现在他们甚至可以和陌生人交谈"①。狗狗疗法培养了孩子们对动物的人道态度，从而使他们对其他人更加开放。该项目所提供的免费课程，帮助了那些无力支付私人心理治疗费用的患病儿童的家庭，使这些儿童从辅助教育中受益，为他们日后选择职业做准备。

二、国内图书馆阅读推广优秀案例

1. 构建"图书馆＋家庭"的阅读服务网络体系

2013 年 7 月，**重庆市渝北区图书馆**推出了一个"**图书馆＋家庭**"的阅读服务网络体系建设项目，即将图书配送到喜欢阅读的读者家中，让家庭成员既是图书馆的读者，也是家庭图书的管理员；家庭成员主动阅读，同时通过自己的家庭图书馆带动家庭成员、亲戚朋友和社区居民开展阅读活动，营造出书香家庭乃至书香渝北的文化氛围。

图 6-6　重庆市渝北区家庭图书馆之阳光书屋家庭图书馆阅读场景

重庆市渝北区图书馆 提供

① Children with special needs read to dogs to develop language skills at the library[EB/OL]. IFLA library map of the world (2019-01-29)[2021-12-21]. https://librarymap.ifla.org/stories/Russian-Federation/CHILDREN-WITH-SPECIAL-NEEDS-READ-TO-DOGS-TO-DEVELOP-LANGUAGE-SKILLS-AT-THE-LIBRARY/127.

2013 年 6 月渝北区图书馆在本馆注册读者群中发放了 300 份调查表，收回 283 份，从中了解到，53% 的读者希望以学习为目的利用图书馆，58.3% 的家庭每月支出 200 元以上购买图书，63.6% 的家庭藏书达到了 500 册，85.9% 的家庭拥有独立书房，90.8% 的家庭愿意与别人分享图书。2013 年 7 月，渝北区图书馆制定《渝北区家庭图书馆建设方案》，通过服务窗口、网站、微信平台等发出家庭图书馆招募书，从报名的 52 个家庭中挑选出 22 个符合条件的家庭，在 9 月正式启动首批家庭图书馆[①]。截至 2018 年 6 月，渝北区图书馆经过多批次招募，已建成 110 个家庭图书馆[②]。

家庭图书馆的组织原则为自愿报名，自主建设、自我管理，实行申报制和淘汰制。家庭图书馆的参加条件为渝北区图书馆持证读者，家中有独立的阅读空间，具备一定数量的藏书，有一定的服务意识，愿意主动推广全民阅读，除本家庭参加阅读外，还能带动亲朋好友及小区居民阅读。家庭图书馆所需图书，由家庭图书馆负责人根据自己的喜好列出书目，可一次性选择价值 1000—3000 元的图书（约 30—100 册），由区图书馆统一采购编目后配送到每个家庭（图书所有权归图书馆），同时为每个家庭免费订阅一种价值 200 元左右的期刊[③]。

在运营管理上，渝北区图书馆采取的措施是：①为每个家庭图书馆配置一本家庭图书馆图书登记簿，让家庭图书管理员做好图书借阅的登记；②为每个家庭图书馆命名，并做好标识牌，挂到每个家庭门口，以便周边居民知晓；③图书馆负责每季度为家庭图书馆轮换图书；④组建以区图书馆为领导，各家庭图书馆为成员馆的家庭图书馆联盟，并建 QQ 群，促进区图书馆、家庭图书馆成员馆之间的交流；⑤定期组织读者交流活动，年终举办"书香家庭"评选活动[④]。

2014 年 7 月 26 日，渝北区图书馆在报告厅召开了渝北区家庭图书馆联席会议，约有 50 名家庭图书馆代表参会并进行了经验交流，如"蛋妈家庭图书馆"（每个家庭图书馆都有不同的个性名称）向大家分享了创办蛋妈 QQ 群、设计卡通借书卡等经验。喜欢文史的"四艺斋"家庭图书馆馆长曾祥明老人，

---

①③④　张雪梅.依托公共图书馆建设家庭图书馆的创新探索:以重庆市渝北区家庭图书馆建设为例[J].河南图书馆学刊,2016(9):4-5,24.

②　渝北建成 110 个家庭图书馆[N].重庆日报,2018-06-29(19).

还做了"解读《巴渝七十二行》"的专题讲座，介绍了他撰写的《巴渝七十二行》。渝北区图书馆表示，家庭图书馆是其为推进全民阅读所开展的创新项目，建设思路是将图书馆搬进家庭，通过一个个家庭图书馆带动家庭成员、亲朋好友和社区居民的阅读，形成"图书馆＋家庭"的阅读服务体系[①]。

2. 书香大使——高校图书馆大学生返乡阅读实践项目

为了让大学生发挥才智，参与阅读推广社会实践。2019年1月寒假前，**武汉大学图书馆**推出了以"反哺家乡，书香远播"为主题的**"书香大使"**阅读实践项目，号召大学生在寒假回家乡期间以个人或团队方式策划组织阅读分享活动；同年6月暑假前，再次推出以"童梦奇缘，书香为伴"为主题的暑假"书香大使"活动。两次活动报名的同学来自23个学院、院系覆盖率超过50%，分别前往安徽、重庆、甘肃、广西、贵州、河北、河南、湖北、湖南、江西、宁夏、青海、山东、四川、新疆、云南等16个省、自治区、直辖市。大学生自己挑选书籍，到社区、到乡村幼儿园、到移民区小学……甚至就在自家村门口开展阅读推广活动。有的学生召集邻里乡亲约上好友亲朋，有的依托当地图书馆招募志愿者，还有的依托当地书店开展阅读互动。大学生带着孩子们读绘本，根据阅读主题唱歌、写小诗、抄书、做讲座等，活动形式多样、内容丰富。每位大学生就像一个个小火种，用自己的学识和才智去影响家乡的人，照亮更多人的阅读之路[②]。每期活动结束后，武汉大学图书馆都要在参与阅读推广实践的学生中选出十位"书香大使"予以表彰。

"书香大使"项目后被武汉大学纳入校方着力推行的寒暑假大学生社会实践活动。该项目增强了大学生的社会服务意识和社会责任感，强化了学生的知识自我转化和社会实践能力；对大学生所在家乡的孩子来说，又有助于他们从小在心里埋下一颗热爱阅读的种子[③]。该项目曾在上海2019年11月3—5日举办的"2019年图书馆服务创新案例交流分享会"上荣获二等奖，项目负责人

---

① 重庆市渝北区图书馆.渝北区图书馆召开家庭图书馆联席会议[EB/OL].重庆市渝北区图书馆(2014-08-04)[2014-12-05]. http://www.cqybtsg.org.cn/index.php?c=article&id=198.

② 书香大使[EB/OL].武汉大学图书馆[2022-01-14]. http://www.lib.whu.edu.cn/web/index.asp?obj_id=877.

③ 曾艳.以爱为风，以心为路:武汉大学"书香大使"活动获2019年图书馆服务创新案例二等奖[EB/OL].武汉大学图书馆(2019-12-10)[2022-01-14]. http://gzw.lib.whu.edu.cn/pe/Article/ShowArticle.asp?ArticleID=3714.

并受邀在大会上作案例分享。2020 年，国际图联的管理和营销部宣布，该项目入围国际营销奖获奖名单前十名（四至十名不排序）[1]。

图 6-7 2020 年暑假武汉大学本科生在家乡乡村组织孩子阅读

武汉大学图书馆曾艳 提供

3. 更生图书馆微课（LGS Little Free Class）——乡村民间图书馆扶助留守儿童成长项目

随着网络教学的普及以及在线知识资源的不断丰富，2020 年 6 月疫情防控期间，北京大学信息管理系阅读推广课题组在北京大学教育基金会李更生阅读推广基金的支持下，发起了**更生图书馆微课（LGS Little Free Class）**公益项目。该项目以乡村民间图书馆为学习场所，组织乡村留守儿童观看线上课程，在线下共同学习，同时开展相关延伸阅读活动。这些微课有老师现场指导，多以体验性知识（非遗、科普、手工、民俗等）的教与学为主，辅以图书馆阅读推广服务（提供参考书、延伸读物等）。每场微课活动不低于 45 分钟，每次

---

① IFLA Press Reader International Marketing Award winners 2020[EB/OL]. IFLA (2020-07-22)[2022-01-14]. https://www.ifla.org/news/ifla-pressreader-international-marketing-award-winners-2020/.

有 5 个以上的小读者参加。

参与项目第一期的乡村民间图书馆共五家，分别是河北省灵寿县南寨乡秋山村**秋山书屋**、河北省内丘县内丘镇北永安村农家女书社、河南省内黄县马上乡李石村**微光书苑**、辽宁省庄河市青堆镇**桃园书社**和江苏省东海县牛山街道湖西村**樊氏图书馆**。项目组与这些图书馆结合当地乡土环境和小读者的需求特征，共同开发出了主题多样的微课内容，如做水墨吹画、树叶拼画、衍纸画、手绘环保购物袋、用废塑料袋折花，学做手工剪纸、手工折纸等。其中农家女书社的扎染微课，让孩子们学会利用农村的各类植物提炼天然染料，引导孩子们发挥想象力创作自己的扎染作品；桃园书社的剪纸微课上，老师一边指导孩子做手工，一边做孩子的知心朋友，与一名急躁爱哭的小朋友谈心，帮她耐心完成了一幅剪纸作品①。从第二期以后，图书馆微课的内容不断丰富，项目组又逐步增加了纸电路设计、彩泥电路、振动机器人、灰姑娘故事阅读、磁铁小实验等微课内容。

图 6-8 乡村孩子在第二期微课上交换自己做的纸电路贺卡

图片来源：2022 年 1 月 16 日更生图书馆微课（LGS Little Free Class）公益项目组拍摄。

更生图书馆微课大约每四个月一期，截至 2021 年底，已经连续开展了五期，平均每期有 8 个乡村民间图书馆参与，他们分别来自北京、辽宁、山西、河北、河南、江苏、安徽、湖南、云南等乡村地区，共举办了 208 场微课，参

---

① 王子舟,张晓芳,邱璐.乡村民间图书馆里的微课堂——"更生图书馆微课"（LGS Little Free Class）公益项目[M]//脱贫攻坚与图书馆作为:全国图书馆扶贫案例集.北京:国家图书馆出版社,2021:49-56.

与的孩子有 2000 人左右①。乡村民间图书馆的微课活动既可帮助乡村留守儿童获取线上优质教育资源，也为他们提供了情感互动和知识分享的环境。有的孩子主动性学习和参与性学习的兴趣越来越浓郁，有的孩子在成果展示、课堂交流和互帮互助中提升了自信心。参与微课活动的乡村孩子在知识、能力和情感三方面都不同程度地得到了收益或锻炼。

第八节　图书馆与社会的合作之道

市场繁荣靠竞争，公益发展靠合作。合作不仅能产生好的社会效益，还能使合作各方分享经验、成果。图书馆与社会的合作之道就是：相互尊重，平等互利；发挥己长，各有所获。

图书馆作为社会公益性机构，其知识服务的效益发挥得如何，是与社会合作程度有密切关联的。这里我们要辨别出两个概念，一个是图书馆合作，一个是图书馆社会合作。**图书馆合作**（library cooperation）是指图书馆或图书馆系统（联盟）相互之间为了更好地发挥服务效能而进行的共同合作，包括集中加工、合作编目、书目信息国际交流、联合目录、资源共享等②，它是一种行业内的图书馆之间的合作；而**图书馆社会合作**（library social cooperation）指的是一个图书馆和一个其他类型组织或机构之间的协作，包括政府机构、社会组织、学校、企业、社区，甚至社会个体等。

图书馆社会合作的领域很宽，合作方式也多种多样。国内图书馆社会合作的方式目前主要有以下几种：

（1）**联合办馆**。图书馆可以通过社会合作来创办公共图书馆或公共阅读空间，也可以和家庭合作建立社区家庭图书馆。如 2018 年北京市东城区第一图书馆与王府井书店合作，在王府井书店内部建立了一个王府井图书馆，读者在书店挑选出的书，可以送到图书馆里转为馆藏，经过半小时的数据加工操作

---

① 微课统计数据由更生图书馆微课（LGS Little Free Class）公益项目组 2022 年 1 月 16 日提供。

② Library cooperation[EB/OL]. Online dictionary for library and information science (2013-01-10)[2021-05-05]. https://products.abc-clio.com/ODLIS/odlis_l.aspx.

就可免费借走。书店有着准公共物品的性质，与图书馆有着天然的密切联系，"馆店融合"正在成为一种有生命力的图书馆社会合作新模式。

（2）**委托运营**。即政府通过 **PPP 模式**（Public Private Partnership，即公私合作）将投资新建的图书馆或公共阅读空间委托给文化服务机构，由其代为经营和管理。委托运营的益处是可以降低图书馆运营成本，使经费预算可预测，以及提高服务质量等^①。委托运营主要有**全部委托**（全部外包）和**部分委托**（部分外包）两种形式。如 2011 年以来，艾迪讯公司承接了无锡高新区（新吴区）图书馆、芜湖市镜湖区图书馆、北京海淀区图书馆（北馆）、贵阳市南明区图书馆、河北衡水市图书馆、天津市新梅江文体中心图书馆，以及浙江省湖州市吴兴区图书馆等多处公共图书馆的运营管理工作，即为管办分离、全部委托运营模式。

（3）**协同服务**。图书馆可以通过社会合作开发新的图书馆服务活动，如图书馆可以与企业或其他社会机构、组织合作，开办图书馆创客空间。创客空间是一个向公众开放的空间场所（可以是固定场合，也可以是移动设施），它能为读者提供：①工具、技术和教育资源，旨在使读者能够在这里创造实物，包括作品原型；②教育机会，包括职业培训和对早期商业企业的援助^②。图书馆出经费支持，社会合作方出技术指导，或者反之，共同向读者提供隐性知识的体验、分享，培养读者的动手能力、创新意识。

（4）**项目合作**。即图书馆与社会组织机构分别发挥自身优势，共同做好阅读推广公益项目。如首都图书馆协同中国图书馆学会与中国日报社、中国画报出版社，从 2019 年起每年推出"百名摄影师聚焦"主题图片展览，以及主题照片结集出版的首发式。每年年度聚焦的主题不同，吸引了大批读者到馆参观。在该项目合作中，首都图书馆提供首场展览空间，中国图书馆学会协同各地图书馆进行巡展，中国日报社则组织国内摄影记者进行摄影创作，中国画报出版社主要负责图片出版工作。展览照片的版权归中国日报社和首都图书馆共

---

① LIVINGSTON K. The community game changer: library outsourcing[J/OL]. The American city & county，（2021-04-09）[2021-12-22]. https://www.proquest.com/trade-journals/community-game-changer-library-outsourcing/docview/2510550693/se-2?accountid=13151.

② H. R. 3496–Public library innovation space act[EB/OL]. Congress.gov (2017-07-27) [2021-12-21]. https://www.congress.gov/bill/115th-congress/house-bill/3496.

有，并由首都图书馆永久保存。这是一个多方发挥自身优势、达到合作共赢目标的一个范例。

（5）**志愿者服务**。社会个体**志愿者**参与图书馆服务，可以弥补图书馆经费、编制的不足，有助于图书馆服务增加地方性、亲和力等元素，增加潜在读者的数量。如 2010—2016 年，在英国图书馆中占比较大的小型社区图书馆，因金融危机造成财政困难，其中有 174 个图书馆被移交给社区组织经营，其中超过 10% 的社区图书馆由志愿者经营运转[①]。当然，大型公共图书馆也离不开志愿者的支持。美国纽约公共图书馆专设全职志愿者项目主管，协调志愿者从事以下工作：导游、礼品店帮手、咨询台接待员、英语会话辅导员，以及帮助儿童做家庭作业，协助成年人学习、阅读和写作，在培训活动中教人们编织、绘画、跳舞、下棋和制作珠宝等。有的志愿者还充当求职顾问，帮助读者调整简历；有的志愿者还为视障读者读书，协助其收发邮件、填写表格，乃至网上购物。在 2019 年里，纽约公共图书馆有 1374 名志愿者，他们为图书馆奉献了79 922 小时的义务劳动[②]。

① 朱蓓蓓.英国图书馆志愿者研究述略［M］.山东图书馆学刊,2021(1):92-97.

② MULLER M. New York Public Library volunteers[J]. Bibliothek Forschung und Praxis, 2021,45(1):49-53.

第七章 技术应用

第一节 聊一聊图书馆自动化系统

广义的**图书馆自动化系统**（library automation system, LAS）指的是与图书馆日常管理（人事、财务、物资等）与业务（图书采购、编目、流通、检索、电子资源管理等）相关的计算机系统；狭义的图书馆自动化系统指的是专门用于图书、连续出版物等文献信息资源管理与服务的计算机软件系统。这里我们要聊的是狭义的图书馆自动化系统。

一、图书馆自动化系统的历史

1. 图书馆自动化系统的起步（1950—1985 年）

20 世纪 30 年代，国外图书馆界就在探索图书馆自动化工作。1936 年，美国得克萨斯大学图书馆安装了一台**穿孔卡片设备**（punched card equipment）[①]，用于管理图书出纳业务。20 世纪 40—50 年代，美国图书馆界约有二三十个图书馆开始使用穿孔卡片设备或**纸带打字机**（paper tape typewriters），用来进行图书订购、统计，编制书卡，以及编制期刊收藏目录，这是图书馆从手工操作向机械化、自动化过渡的起点[②]。

1946 年第一台电子计算机在美国问世。1954 年美国海军机械试验中心（Naval Ordnance Test Station，NOTS）图书馆利用 IBM701 型计算机，对

---

① 穿孔卡片设备一般包括卡片穿孔机、分类排序机、校对机和制表机等。见：[美]斯蒂芬·R.萨蒙.图书馆自动化系统[M].胡世炎,等译.北京:书目文献出版社,1984:2.

② 陈光祚.图书馆学情报学探索的足迹:陈光祚文集[M].北京:北京图书馆出版社,2006:228.

4000 余篇技术报告用单元词组配进行了存储和检索试验；1958 年 IBM 研究人员进行了自动抽词、自动分类、自动标引、信息检索等方面的研究与实践[①]。60 年代中期第三代集成电路计算机出现后，美国国会图书馆开始研发机读目录（MARC Ⅰ），经过不断修改与完善，1969 年正式公布了机读目录（MARC Ⅱ）的著录格式并开始发行磁带。此时期，**脱机批处理系统**（off-line batch processing system，包括脱机目录卡片系统、脱机书本式目录系统）在图书馆界较为流行。

1967 年，在 MARC 磁带和计算机普遍应用的基础上，美国俄亥俄州图书馆协作网即俄亥俄大学图书馆中心（OCLC）成立，希望通过联机编目实现图书馆之间书目信息的共享与推进馆际互借。1971 年，俄亥俄大学图书馆输入了第一条联机编目记录，开创了联机网络编目的新纪元。之后，加拿大**多伦多大学图书馆自动化系统**（University of Toronto Library Automation System，UTLAS）、美国斯坦福大学**研究图书馆网络**（Research Libraries Information Network，RLIN）、**华盛顿图书馆网络**（Washington Library Network，WLN）等，也开始开展联机编目工作。70 年代中，许多图书馆分别成为以上北美洲四大书目网络中心的成员图书馆[②]。图书馆的自动化也从脱机批处理阶段上升到了联机编目共享阶段。

我国图书馆自动化系统起步至少晚于国外 20 多年。1973 年 5 月北京大学图书馆学系资料室编译了美国图书馆杂志文章《关于图书馆自动化的切实步骤》[③]。1975 年 12 月，图书馆学家刘国钧刊发《"马尔克"计划简介：兼论图书馆引进电子计算机问题》[④] 一文，首次在国内全面介绍了美国国会图书馆的机读目录格式。之后，国内利用计算机开始研发机读目录和情报检索试验，而且为了方便研发工作也首先从西文图书入手。1974 年至 1985 年，我国图书馆自动

---

① 陈伟.国内外图书馆自动化系统发展现状与趋势[J].图书馆学研究,2005(3):27-29,33.

② 张海华,李明明,唐建鹏,编著.文献情报自动化与网络化建设[M].兰州:甘肃科学技术出版社,1996:13.

③ 倪晓建,主编.北京地区图书馆大事记:1949—2006[M].北京:北京图书馆出版社,2007:58.

④ 刘国钧."马尔克"计划简介:兼论图书馆引进电子计算机问题[J].图书馆工作,1975(试刊):37-43.

化系统从实验迈向实用，进入了单项业务自动化系统的研制阶段，如 1978 年南京大学开发的 NDTS–78 西文图书检索系统、1981 年北京图书馆牵头成立的 MARC 协作组研制的西文图书编目模拟系统、1985 年南京大学图书馆开始运行的中文图书流通管理系统等。这些进展自动或半自动地实现了图书馆编目系统、流通系统等单项业务系统的管理。但受计算机数量少、存储容量小、技术平台水平低等因素的影响，研制出来的系统也只是在少数图书馆中得以应用。

2. 自动化集成管理系统的发展（1986—2000 年）

1978 年，美国国家医学图书馆（National Library of Medicine，NLM）最早用"图书馆集成系统"来命名其新研制成功的自动化系统。80 年代初，美国西北大学研制出了 NOTIS 图书馆自动化系统，图书馆自动化系统从此正式步入集成化、商品化时代[①]。**图书馆集成系统**（integrated library system,ILS）是指由多个子系统将采访、编目、典藏、流通、期刊、统计等各项图书馆基础业务功能集为一体，共享数据库资源，提供具有内在联系的信息和集成服务的图书馆自动化系统。它优化了图书馆业务流程，提高了图书馆服务效率。

80 年代，美国图书馆界自行研制出了诸多能够与 OCLC 等四大书目网络中心有接口的联机编目数据套录、查询，同时具有流通管理等功能的集成系统，随后又加进采购、连续出版物控制子系统，从而形成了编目和馆际互借依靠书目网络中心，而其余的馆藏查询、流通、连续出版物、采购等管理则依靠各馆自己的集成系统的局面。还有许多图书馆在市场上直接寻找并购买技术成熟的图书馆自动化系统进行应用运行[②]。到了 80 年代中后期，国外已经出现了 ILS、Geac、NOTIS、DOBIS 等成熟的图书馆自动化集成管理系统[③]。

我国图书馆界从 80 年代后期也开始了图书馆自动化集成系统的研发，如 1987 年福建师范大学图书馆研制出的 386（486）微机多用户图书馆集成系

---

① 陈伟.国内外图书馆自动化系统发展现状与趋势[J].图书馆学研究,2005(3):27–29,33.

② 张海华,李明明,唐建鹏,编著.文献情报自动化与网络化建设[M].兰州:甘肃科学技术出版社,1996:13.

③ 耿骞.集成系统与我国图书馆自动化[M]//北京师范大学图书馆情报学系,编.北京师范大学图书馆情报学系十年系庆论文集.北京:北京师范大学图书馆情报学系,1992:123–127.

统和深圳大学图书馆研制出的 SULCMISI 系统。进入 90 年代，我国开始引进国外先进的图书馆自动化系统软件，图书馆自动化集成系统得到了较快发展。特别是文化部以国家重点科技项目的名义委托深圳图书馆组织开发出来的**图书馆自动化集成系统**（Integrated Library Automation System, ILAS）的市场化，即 1991 年 ILAS 验收后交由深圳市科图自动化新技术应用公司推广，图书馆自动化集成系统从由图书馆自身开发逐渐过渡到了由商业公司主导开发。90 年代里，除了深圳的 ILAS 系统，国内市场上出现了诸多影响较大的集成系统，如大连博菲特信息技术开发中心的**文献管理集成系统**（1993 年）、北京金盘电子有限公司的 **GDLIS 系统**（1995 年）、北京丹诚软件有限责任公司的 **DataTrans 系统**（1996 年）、北京邮电大学的 **MELINETS 系统**（1998 年）、江苏汇文软件有限公司 **Libsys 系统**（1999 年）。市场化的图书馆自动化系统因有强大的技术团队作支撑，且具备功能全、灵活性强、技术先进等特点，因此能更好地满足图书馆资源管理及服务的需求。

3. 迈向图书馆自动化服务平台（2001—2020 年）

20 世纪 90 年代后期，随着互联网的普及、计算机新技术（Web 技术、Java 技术、数据库技术等）的出现及读者需求的变化，**浏览器 / 服务器**（Browser-Server, B/S）、**客户机 / 服务器**（Client-Server, C/S）结构的网络版图书馆自动化集成系统开始逐渐取代**主机 / 终端结构**的图书馆自动化集成系统，图书馆自动化集成管理系统从单机和局域网应用阶段进入了网络化应用阶段，并通过互联网应用 **Z39.50 协议**（由美国国会图书馆维护，旨在促进数据库搜索和检索信息在计算机网络之间的通信）实现了馆际的资源共享[①]。同时，随着数字图书馆浪潮的兴起，电子书、数据库的大量产生，也对自动化集成管理系统提出了更高的要求。依托网络能够检索纸质文献和各种数据库的图书馆联机公共检索目录（OPAC），就是在此背景下成为自动化集成系统的重要组成部分而得以普及的。

国内图书馆自动化系统尽管已经百花齐放，但与国外的相比，在技术与功能上仍有较大差距，如技术起点低、产品功能不够齐全、标准化程度不高、开

---

① 刘喜球,王灿荣.中国图书馆自动化系统发展研究（1974—2015）[M].北京:科学出版社,2020:119.

放性差、产品后续研发能力弱、新技术应用程度低下等[①]。于是国内一些有实力的大型图书馆，纷纷开始引进国外先进的图书馆自动化集成管理系统，如引进美国 Sirsi 公司 **Unicorn 系统**的有北京大学图书馆（1998 年）、南开大学图书馆（2000 年）、陕西省图书馆（2001 年）等；引进美国 Innovative Interfaces Inc.（简称Ⅲ公司）**InnoPac 系统**的有清华大学图书馆（1996 年）、西安交通大学图书馆（1998 年）、浙江图书馆（1999 年）、华中科技大学图书馆（2000 年）等。随着新系统的引进，国外先进的管理和服务理念也被引入落地。

在 21 世纪的第一个十年里，国内的图书馆自动化系统公司也在不断进行技术迭代更新，推出适应网络化、数字化的新一代自动化集成系统，而且行业产品市场还出现了细分，如面向公共图书馆行业的代表性产品有深图 ILAS 系统和图创 Interlib 系统，高校图书馆行业的典型产品有汇文 Libsys 系统、丹诚 DataTrans 系统和北邮 MELINETS 系统，中小学图书馆行业代表性产品有常州春晖软件和南京图书馆的力博软件等[②]。

2007 年以来，国外图书馆自动化集成系统的发展从以资源为中心向以读者需求为中心的方向进行转变。鉴于每隔 10 年图书馆自动化系统就会更新换代，2011 年美国图书馆自动化系统知名专家、"图书馆技术指南"网站创始人兼编辑**马歇尔·布里丁**（Marshall Breeding, 1956— ）提出了"**图书馆服务平台**"（library services platforms, LSP）的新概念，认为新一代图书馆自动化系统将借助云计算技术，将印刷、电子和数字格式的资源，以及购买和许可、本地和远程的不同资源进行统一管理，提供**应用程序接口**（application programming interface, API）以促进与外部系统的互操作性，支持更符合当前操作实际的任务工作流程，以及更松散耦合的发现界面，构建一个提供对馆藏资源和服务全面访问的服务平台[③]。2015 年之后，新一代图书馆服务平台开始发芽成长，如 ProQuest 公司旗下的 Alma、Innovative Interfaces 公司的

①　陈伟.国内外图书馆自动化系统发展现状与趋势[J].图书馆学研究,2005(3):27-29,33.

②　刘喜球,王灿荣.中国图书馆自动化系统发展研究（1974-2015）[M].北京:科学出版社,2020:188-190.

③　BREEDING M. Current and future trends in information technologies for information units[J]. El profesional de la informacion, 2011, 21(1): 9-15.

Sierra、OCLC 的新产品 World Share Management Services，以及开放图书馆基金会（Open Library Foundation, OLF）的开源平台 FOLIO（Future of Libraries is Open）等。新一代图书馆服务平台之所以能取得成功，很大程度上缘于其承诺打造一个电子、数字、纸本资源统一管理的平台。上述产品主导了当前图书馆系统从旧到新迁移的选择，相比之下，其他产品可以忽略不计。

紧随着国外技术进步的步伐，我国新一代图书馆服务平台也开始落地，如 2016 年以后由 CALIS 主导合作开发的基于 SaaS 和大数据的应用服务平台 CLSP、重庆维普组织开发的智慧图书馆数据服务平台（中文简称"**智图**"，英文称Data Achieve Library, DALIB ）[①]、江苏图星与南京大学图书馆合作研发的"**Libstar智慧图书馆服务平台**"等[②]。我国高校图书馆不仅开始有了自主开发的自动化服务平台，而且在平台中还新增了联邦检索、知识发现、移动图书馆等功能，在我国新型图书馆服务平台建设方面起到了引领作用。

二、目前国内外主要的自动化系统

1. 国外主要的自动化系统

2022 年 4 月，马歇尔·布里丁根据来自 95 个国家 / 地区的 2849 个图书馆提交的评估数据，公布了一项对 132 种图书馆自动化系统（包括专有和开源系统）的调查报告《2022 年图书馆认知：第 15 次国际图书馆自动化调查结果》[③]，该报告展示了目前国外尚在使用的图书馆自动化系统。当前主要的自动化系统厂商及其代表性产品如下：

（1）科睿唯安下属**艾利贝斯公司**（Ex Libris）的 Voyager、Aleph 500 和 Alma。 早期，Voyager 是 Endeavor Information Systems 公司研发的，Aleph 是以色列 Ex Libris 公司研发的。2006 年 11 月，Endeavor Information Systems 公司被以色列 Ex Libris 公司收购，其产品 Voyager 转归 Ex Libris 公

① 智慧图书馆数据服务平台[EB/OL].重庆维普智图数据科技有限公司[2022-06-04].http://www.vipslib.com/ProductService/Index/2#book7/page1-page2.

② 图星新一代图书馆服务平台于南京大学正式发布[EB/OL].星图软件[2022-06-02].https://www.libstar.net/html/news/news1.html.

③ BREEDING M. Library perceptions 2022: results of the 15th international survey of library automation[EB/OL]. Library Technology Guides (2022-04-17)[2022-05-23]. https://librarytechnology.org/perceptions/2021/.

司。尽管公司被并购，但产品线仍沿两个相对独立的方向发展，Aleph 产品方面，Ex Libris 公司将 Aleph 迭代升级为 Aleph 500，开始将印本、电子资源统一管理。Ex Libris 公司同步研发下一代图书馆自动化系统 Alma。由于 Ex Libris 于 2015 年 12 月被 ProQuest 收购，而 ProQuest 又在 2022 年 1 月被科睿唯安（Clarivate）收购，因此，原有的 Voyager、Aleph 500 和下一代图书馆自动化系统 Alma 都归属科睿唯安。截至 2021 年，全球有 2300 多个机构在使用 Aleph 500 系统[①]、2261 家图书馆在使用 Alma 系统[②]。值得注意的是，由于 Voyager、Aleph 500 的架构已经过时，未来将被 Alma 或其他新一代产品取代。

（2）美国**创新界面公司**（Innovative Interfaces）的 Polaris、Millennium、Sierra 系统。Innovative Interfaces 公司早期的自动化系统产品在公共图书馆使用较多的有 Polaris 系统和在学术图书馆使用较多的有 InnoPac 系统。随着技术的更新迭代，在学术图书馆领域，公司将 InnoPac 升级为 Millennium，同时，该公司又研发出将印本、电子资源等进行统一管理的图书馆自动化系统 Sierra。由于 2019 年 12 月 Innovative Interfaces 被 ProQuest 旗下的艾利贝斯（Ex Libris）公司收购，而 ProQuest 又在 2022 年 1 月被科睿唯安收购，因此，原 Innovative Interfaces 旗下的 Polaris、Millennium 和 Sierra 系统都归属于科睿唯安。

（3）美国联机计算机图书馆中心（OCLC）的**世界共享管理服务系统**（WorldShare Management Services, WMS）。WMS 系统是一个完整的基于云服务的图书馆管理平台，主要面向学术图书馆客户，可通过集成解决方案高效管理图书馆的纸本和数字资源，并且可以与 OCLC 提供的其他服务（如 WorldCat 检索服务和 WorldShare ILL）配合使用。自 2011 年研制推出，截至 2020 年使用的图书馆已经达到了 600 多家[③]。WMS 的主要竞争对手是 Alma，

①　图书馆自动化集成系统:Aleph[EB/OL].科塔学术（2018-08-08）[2022-06-01]. https://www.sciping.com/14284.html.

②　BREEDING M. 2022 Library systems report: an industry disrupted[EB/OL]. Library technology guides (2022-05-02)[2022-06-01]. https://americanlibrariesmagazine. org/2022/05/02/2022-library-systems-report/.

③　Why choose WMS?[EB/OL]. OCLC[2022-05-30]. https://www.oclc.org/en/ worldshare-management-services/why-wms.html.

目前 WMS 所占的市场份额比 Alma 要小一些，但 WMS 的未来潜力巨大。

（4）美国**西尔西迪尼克斯公司**（SirsiDynix）的 **Horizon**、**Symphony** 系统。早期图书馆自动化系统林立，美国 Sirsi 公司的 Unicorn 和 Dynix 公司的 Horizon 系统是图书馆领域占有一定市场份额的自动化系统。2005 年 Sirsi 和 Dynix 合并创建 SirsiDynix 公司。合并后，其产品线仍沿着 Horizon 和 Unicorn 两个方向进行，其中，自动化系统 Unicorn 经历了 ILink、eLibrary 两次迭代，最后形成了 Symphony。Symphony 系统以中型学术图书馆和公共图书馆为主要客户群，2021 年在电子资源管理能力方面获得了最高的评价（6.58 分）。

（5）美国**图书馆公司**（The Library Corporation）的 Library.Solution、Carl.X 系统。Library.Solution 系统的主要客户群为中小型公共图书馆和幼儿园及中小学图书馆，截至 2018 年已经有 766 个图书馆安装使用了该系统，2021 年的平均满意度为 6.97 分。而 Carl.X 系统主要供大型市政图书馆和财团使用，2021 年的平均满意度为 6.92 分。

（6）**开源图书馆自动化系统**的 Koha、Evergreen 系统。Koha 系统最初是由新西兰的一个 LibLime 开发者网络社区于 1999 年协同开发出来的，2009 年 ByWater Solutions 进入开源领域，为 Koha 提供托管和支持服务，截至 2021 年已有 1485 个图书馆使用 Koha 系统[①]。自 2011 年以来，国外图书馆界对 Koha 的评分普遍上升。它适合中型公共图书馆、小型社区图书馆或中小学图书馆使用。Evergreen 系统是一款由 PINES Consortium 支持的基于 web 浏览器的开源图书馆自动化系统，主要为公共图书馆联盟服务，使用地以美国和加拿大为主，国际上其他地区也有少量安装。现在，美国的非营利组织 Equinox Open Library Initiative 公司为开源软件 Evergreen、Koha 提供开发和支持服务。

2. 国内主要的自动化系统

（1）图书馆自动化集成系统（ILAS）

图书馆自动化集成系统（Integrated Library Automation System, ILAS）是由文化部于 1988 年作为国家重点科技项目下达、由深圳图书馆牵头组织多家图书馆开发出来的国内最早的图书馆自动化管理软件，1991 年推出后由深圳

---

① BREEDING M. 2022 library systems report: an industry disrupted[EB/OL]. Library technology guides (2022-05-02)[2022-06-01]. https://americanlibrariesmagazine. org/2022/05/02/2022-library-systems-report/.

市科图自动化新技术有限公司进行推广运营。经过多次更新换代，2005年已经升级到 ILAS Ⅲ，即一个以数字资源和自动化管理系统为基础，通过整合相关技术而搭建的多层次、分布式数字图书馆的应用系统，并适时地增加了联合编目、个人书架、读者推送、微信服务平台等多种新功能。ILAS 的主要客户群为公共图书馆、中小学图书馆。1993年的用户为85家，但到了2007年就发展为近3000家[①]。虽然此后用户量因多种原因有回落，但目前依然是国内用户量最多的国产系统，且价位较低。

（2）汇文文献信息服务系统（Libsys）

由江苏省教育厅控股，南京大学、东南大学参股组成的江苏汇文软件有限公司成立于1999年，其所推出的**汇文文献信息服务系统**（Libsys），很好地适应了社会发展的网络、数字环境，系统采用了 C/S、B/S 方式，用大型关系型数据库 Oracle 作为数据库服务平台，支持 TCP/IP、NetBEUI 等多种通信协议。2019年12月推出的最新版本为 Libsys5.6。其主要客户群是高校图书馆，截至2021年底国内已有近900家高校和公共图书馆选用[②]。

（3）金盘图书馆集成管理系统（GDLIS）

北京金盘鹏图软件技术有限公司开发的**金盘图书馆集成管理系统**（Gold Disk Library Integrated System, GDLIS）于1995年12月进入市场。经多年发展，系统结构现为 C/S 和 B/S 模式，管理模式为多馆多层次模式，支持 Z39.50 协议的 Internet 联机编目。2008年推出了 GDLIS 的第四代系统 GDLIS NET，2010年推出了新的 GDLIS GLOBAL 系统。后者采用多层 B/S 架构，Flex 作为前端，后台选用 J2EE 开发领域中最为成熟稳定的 Spring+Hibernate 框架[③]。GDLIS 的主要客户群为高校图书馆、科研院所图书馆、医院图书馆、中小学图书馆等，使用客户有2000多家[④]。

[①] ILAS发展[EB/OL].ILAS世界（2014-09-12)[2022-06-04]. https://www.ilas.com.cn/?p=101.

[②] Libsys图书馆管理系统[EB/OL].汇文软件[2022-06-04].http://libsys2000.nju.edu.cn/html/product-Libsys.php.

[③] 新GDLIS GLOBAL图书馆信息管理系统正式发布[EB/OL].金盘软件（2013-09-12)[2022-06-04].http://www.goldlib.com.cn/show.asp?id=48.

[④] 公司简介[EB/OL].金盘软件[2022-06-04]. http://www.goldlib.com.cn/list.asp?classid=11.

（4）北京邮电大学图书馆的 MELINETS 系统

该系统最初是 1998 年北京邮电大学图书馆完成的国家"九五"重点科技攻关项目"现代电子化图书馆信息网络系统"（Modern Electronic Library Information and Nets System, MELINETS）研究成果，之后很快实现了商品化，由北京邮电大学校内的北京创讯未来软件技术有限公司负责市场推广和运维。该系统采用 C/S 两层和浏览器 / 应用服务器 / 数据库服务器三层网络体系结构，数据库平台采用 Sybase 关系数据库管理系统，系统开发设计采用了 Java、PowerBuilder 等开发工具，具有良好的开放性和通用性[①]。主要客户群为高等院校图书馆。2021 年的最新版本为 Melinets V8.0，适合高校图书馆目前多校区的管理。

（5）广州图创图书馆集群管理系统（Interlib）

广州图创计算机软件开发有限公司成立于 2003 年，2005 年推出了采用 B/S 结构、多层次开放模式的**图书馆集群管理系统 Interlib**。后来的升级产品 Intelib3.5 多层级总分馆系统为公共图书馆总分馆体制的转型建设提供了积极的自动化管理支撑。故而其主要客户群以公共图书馆为主，至今公共图书馆总分馆用户已有 5000 多个[②]。

除了上述图书馆自动化系统，还有一些在国内市场上有一定的占有率，如面向高校、公共图书馆的大连网信软件有限公司的**妙思文献管理集成系统**、北京清大新洋科技有限公司的**通用图书馆集成系统 GLIS9.0**、北京丹诚软件有限责任公司的**丹诚图书馆管理系统 DataTrans**、重庆图腾软件发展有限公司的**图腾图书馆集成管理系统**，深圳大学**图书馆计算机管理集成系统 SULCMIS**，以及面向中小学图书馆的常州市春晖信息技术服务有限公司的**春晖图书馆计算机管理集成系统**、北京蓝鲸知图科技有限公司的**蓝鲸图书馆管理系统**等。这些国内系统基本都包括了采编、流通、报刊、联机编目、公共检索平台、馆际互借、参考咨询、办公自动化、系统管理等功能模块，功能齐全。虽然国内约

---

① 马自卫,高嵩.MELINETS：一个崛起的中国图书馆自动化信息网络系统[J].现代图书情报技术,2000(1):8-11.

② Interlib3.5 多层级总分馆系统[EB/OL].图创软件（2018-09-10)[2022-06-04]. https://www.interlib.com.cn/tcweb/information/254.

有近 30% 大型图书馆使用了国外自动化系统[1][2]，但因其价格和后期维护费较高，一些中小规模的图书馆受经费的限制，依然在使用性价比高的国产自动化系统，国产系统在国内仍有很大的市场空间。未来新一代图书馆服务平台，如 2016 年维普公司开发的维普智慧图书馆数据服务平台，2017 年 CALIS 开发的 CLSP，2018 年超星公司开发的超星智慧图书馆管理平台，2019 年图星公司开发的 Libstar 智慧图书馆服务平台，以及汇文公司发布的 **Meta 智慧图书馆服务平台**等也将会快速地发展壮大。

三、下一代图书馆自动化系统的发展方向

马歇尔·布里丁在 2022 年 3 月发表文章《展望图书馆系统的下一阶段》，根据多年的追踪研究，他认为未来图书馆自动化系统的发展方向有以下几方面[3]：

1. 适应出版模式的变化

我们可以预见，为学术图书馆设计的系统将进一步发展，以适应快速变化的学术交流的商业模式。目前的产品主要是基于对限量期刊的订阅管理。新出现的变革性协议、OA 授权和相关倡议将最终影响图书馆如何管理电子资源以及技术系统如何支持这些新的工作流程。开放存取资源比例的增加同样会对发现服务提出挑战。必须确保发现服务不仅包括图书馆订购的材料，而且还能发现和访问全部的 OA 文献。

2. 改变图书馆的优先权

支持图书馆内部工作的功能已经相当成熟，并体现在大多数主要产品中。虽然随着图书馆工作流程的发展，系统可能需要进行一些微调，但未来的发展重点将倾向于改善读者服务的不同领域的功能。近年来，公共图书馆对旨在提升读者参与度的技术表现出强烈兴趣。其中许多应用涉及自动营销

① 李伟超,贾艺玮,王梦迪,等.我国省级公共图书馆自动化集成系统调查分析[J].图书馆学研究,2017(3):28-35.

② 李伟超,杨诗哲,梁梦丽."211工程"高校图书馆自动化系统的利用情况调研分析[J].图书情报工作,2015,59(12):59-64.

③ BREEDING M. Looking toward the next phase of library systems[EB/OL]. Library technology guides(2022-03-15)[2022-06-01].https://librarytechnology.org/document/27158/looking-toward-the-next-phase-of-library-systems.

服务，帮助图书馆通过有针对性的信息传递与读者进行更有效的沟通。为了应对日益增长的电子书借阅，电子书发现、借阅和阅读的无缝整合是必不可少的能力。公共图书馆期望通过其目录和网站提供更好的用户体验。展望未来，我们可以预期系统的选择会更重视前端的读者服务，而不是内部运作的功能。

3. 深入"云端"

云计算的技术趋势将继续在图书馆自动化系统的下一阶段占上风。我们还可以预期，图书馆自动化系统不仅要依赖云计算作为基础设施，而且要越来越多地纳入大数据和分析。这一趋势也伴生出一些警示，即图书馆必须努力确保围绕其系统的数据生态与他们的隐私政策要求保持一致，以保护所有读者在使用图书馆过程中产生的记录的保密性。

4. 行业整合的影响

图书馆技术商业环境的变化也给图书馆自动化系统领域带来影响。企业越来越多样化，涉及多种产品和服务。在该行业的早期阶段，兼并和收购导致了更大公司的出现，这些公司仍然以图书馆系统和相关产品为中心。最近的商业收购将图书馆技术带入了大型企业，这些企业拥有多样化的产品组合，涵盖了内容、技术和分析。看看图书馆系统的发展将如何受到这一新兴商业环境的影响，是一件很有趣的事情。未来系统的发展涉及图书馆平台工作流程和内容之间的更深层次集成，以及与学术出版生态系统的协同作用。

总之，预计图书馆系统发展的大方向将不再以内部运作机制的自动化为中心，而是将更加重视加强图书馆、社区和馆藏之间的相互联系。

第二节　体验资源发现系统

随着数字资源的快速增长，图书馆中的非纸质资源所占比重越来越大，图书馆的馆藏策略因之也在发生变化。以往图书馆的**拥有馆藏**（owned collections）常态正在被**便利馆藏**（facilitated collections）这种新的馆藏模式打破。便利馆藏是指图书馆并非真正拥有但能通过购买或共享的方式获得使用的馆藏资源。如今美国多数的学术图书馆，超过90%的馆藏预算是用于购买被许可使用的外部线上**电子资源**（electronic resources），包括**数据库**（databases），**电子期刊**（e-journals），电子书（ebooks），**数据集合**（datasets）等，另外还可以通过检索工具获取各种**开放获取资源**（open access materials），只有不到10%的预算用于纸质资源的购藏①。这带来一个潜在的问题：学术图书馆的主要读者大学教师与学生们，在使用便利馆藏时，面对繁多的数据库能否知晓自己所需要的、图书馆事实上也能提供的研究资源有哪些？这些就成了图书馆检索工具所面临的亟待解决的问题。

一、资源发现系统简史

在20世纪60年代以前的图书馆的文献服务，主要是通过书本式目录、卡片式目录向读者提供手工检索。进入计算机时代，图书馆主要通过OPAC提供文献检索服务。不过截至20世纪末，OPAC虽然能够检索馆藏甚至其他馆藏的图书、报刊文献，但是尚不能提供书籍章节内容、报刊文章全文的服务，尤其不能对多源异构的电子资源数据库进行统一检索。

2000年前后几年间，一些商业数据公司开始利用**联邦搜索**（Federated Search）技术②，即在单一的检索界面，以统一的搜索方法实现对多个数据库的联合检索。如1999年美国Endeavor公司开发的ENCompass 1.0版，采用"混合和映射"的原理将各类型元数据映射为DC元数据，然后进行跨库搜索；2000年以色列的Ex Libris公司采用国际标准字符集（Unicode），以Oracle和MySQL作为底层数据库，通过链接技术推出了能与图书馆自动化集成系统结合一体的联邦搜索系统MetaLib③。

在2000年至2010年之间，大学的师生们在检索学术资源时，多数人先是使用网上搜索引擎，之后才会去使用图书馆书目检索工具，并且读者希望图书

① 傅平.现代学术图书馆的馆藏新模式:便利馆藏[EB/OL].科学网·PingFucwu的个人博客(2021-11-27)[2022-06-07]. https://blog.sciencenet.cn/blog-3316383-1314066.html.

② 联邦搜索（Federated Search）与集成搜索（Integrated Search）、跨库搜索（Cross Database Search）、并行搜索（Parallel Search）、广播搜索（Broadcast Search）、元搜索（Meta Search）等义同。

③ 王平,姜爱蓉.国内外数字信息资源整合管理系统的对比研究与思考[J].上海交通大学学报,2003(S1):164-170.

馆的检索工具能像搜索引擎那样便捷地提供出各种馆内外可选资源的列表[1][2]。但是事实上，作为图书馆自动化集成系统一部分的检索工具 OPAC 并没有这么强大的功能。当时多数图书馆的 OPAC 主要提供印刷文献的检索，而诸多的数据库的检索只能通过数据库列表目录来选择、检索，即当时图书馆提供的是一种"OPAC+ 数据库列表"[3]的信息检索模式。2005 年，图书馆集成管理系统的发展开始从"以资源为中心"向"以用户为中心"的发展方向转变，商业公司开始研发与现有图书馆应用程序一起运行的补充软件，即系统前端的发现界面，希望通过强调资源的"发现"而不是资源的"定位"，将目录的范围扩展到远远超出单个图书馆的馆藏[4]。

资源发现（resource discovery）是按一定算法，寻找并定位分布在广域网络环境中的可用资源的过程[5]。2006—2010 年，与系统分开的发现产品进入开发阶段。这些产品被设计成与馆藏印刷文献以及期刊全文数据库相结合，能够对多源异构资源进行**一站式检索**（one-stop shop search），如 SirsiDynix 公司的 Enterprise、Innovative Interfaces 公司的 Encore、Ex-Libris 公司的 Primo、VTLS 公司的 Visualizer，以及 Serials Solutions 公司的 Aquabrowser 等[6]。在2010、2011 年，术语**网络级发现工具**（webscale discovery tool）和**发现系统**（discovery system）先后开始使用[7]。

① BULL S, CRAFT E, DODDS A. Evaluation of a resource discovery service: FindIt@ Bham[J]. The new review of academic librarianship, 2014,20 (2):137−166.

② LIU SUQING, LIAO SANSAN, GUO JING. Surviving in the digital age by utilizing libraries' distinctive advantages[J]. The Electronic Library, 2009,27(2):298−307.

③ 杨新涯.图书馆文献搜索研究[M].重庆:重庆大学出版社,2015:2.

④ DEMPSEY L. The library catalogue in the new discovery environment: some thoughts[J]. Ariadne (Bath, England), 2006(48) (2006−07−30)[2022−06−08]. http://www.ariadne. ac.uk/issue/48/dempsey/.

⑤ 资源发现(《计算机科学技术名词》第 3 版)[DB/OL].术语在线[2022−06−08]. https:// www.termonline.cn/search?k=resource%20discovery&r=1654740189255.

⑥ EMANUEL J. Next generation catalogs: what do they do and why should we care? [J]. Reference & user services quarterly, 2009,49(2):117−120.

⑦ WELLS D. Online public access catalogues and library discovery systems[EB/OL]. ISKO: Encyclopedia of Knowledge Organization (2020−05−11)[2022−06−11]. https://www.isko. org/cyclo/opac#refV.

在传统书目查询系统向资源发现系统迈进的过程中，随着"**软件即服务**"（software as a service, SaaS）新技术的利用，即将预索引元数据库部署于云端，供应商进行统一维护和升级，图书馆很快诞生出一项新的信息服务形式"**资源发现服务**"（resource discovery service）[①]。可以说，资源发现服务就是资源发现系统应用的结果。**资源发现系统**（resource discovery system, RDS）的一个关键特点就是用一个类似谷歌的搜索框取代复杂的搜索选项，读者在一站式检索中能轻松搜索出多来源、多类型的相关系列资料，经过选取即可下载文摘或在线阅读全文。发现系统的界面提供了关联排序、分面导航、个性化与社交等方面的服务，如保留或链接到诸如摘要、全书目录、相关文献推荐和相关评论等元素[②]，而数据则存储在云端。此外，一些新的开源发现软件的面世，可以帮助具有某种专长的图书馆独立于系统供应商，开发出有针对性的发现服务。现在，图书馆发现工具或系统的响应式设计越来越受到关注，已经允许读者从移动设备和台式电脑访问发现系统[③]。

2011年，全球有500多家图书馆已应用资源发现系统。截至2014年3月，全世界采用各类型资源发现系统的图书馆和其他信息机构的数量已突破4000家，其影响势不可挡[④]。图书馆文献资源的揭示技术从手工检索、机械检索、脱机检索、联机检索进入了网络检索阶段，读者的资源搜索范围也从单馆搜索、跨库搜索进入了网络级的发现系统搜索阶段。

二、国内外主要资源发现系统

1. 国外资源发现系统

目前国外较为流行的图书馆资源发现系统有 ProQuest 公司的 Summon、Ex-Libris 公司的 Primo、EBSCO 公司的 EBSCO Discovery Service（EDS）、OCLC 的 WorldCat Discovery Service（WDS），以及 Innovative 公司的 Encore

① BULL S, CRAFT E, DODDS A. Evaluation of a resource discovery service: FindIt@Bham[J]. New Review of Academic Librarianship, 2014,20(2):137-166.

② EMANUEL J. Next generation catalogs: what do they do and why should we care? [J]. Reference & User Services quarterly, 2009,49(2):117-120.

③ WELLS D. Online public access catalogues and library discovery systems[J]. Knowledge organization, 2021,48(6):457-466.

④ 田丽梅,杨克勤.图书馆因发现服务更迷人[J].河南图书馆学刊,2015,35(3):107-109.

Synergy 等。

（1）Summon。该系统是 ProQuest 的子公司 Series Solutions 于 2009 年 7 月推出的，2013 年夏又发布了 Summon 2.0 版。Summon 有类似于 Google 的单一检索界面和入口，允许读者使用关键词或受控词汇之外的自由词汇进行检索，其简化的导航服务和上下文指导功能有助于提升学者的科研体验。Summon 的体系构架开放，支持多种标准和协议，基于内容的统一索引，利用大数据分析关联多源异构资源，从而降低读者检索困难，提高图书馆各种资源的利用率。如其自动查询扩展功能 Automated Query Expansion ™可确保不会遗漏相关检索内容，读者搜索"心脏病"，那么就自动扩展到"心肌梗塞"等，确保搜索返回的查询结果有更多相关内容。当然，当需要精度搜索时也可随时暂停此项功能[①]。

（2）Primo。Ex Libris 公司于 2006 年 5 月推出发现系统 Primo，主要供学术图书馆使用。该系统能与图书馆自动化集成系统以及其他教学研究系统、学习工具无缝连接，能覆盖广泛的元数据及各类学术资源，可以根据偏好定义检索框的风格及界面，检索结果有相关性排序并可以定制排名算法，还有文章推荐、引文跟踪、主题探索、**虚拟浏览**（virtual browse）[②]等功能，目前在全球有 2250 多家学术图书馆在使用 Primo[③]。Ex Libris 被 ProQuest 收购之后，创建了单一的**集中发现索引**（Central Discovery Index, CDI），从 2020 年 7 月以后，该索引为属于 ProQuest 的两个发现系统 Primo 和 Summon 提供支持，以便搜索到更细粒度的资源，如档案、手稿、报纸、缩微胶卷、网页。但这两个发现系统存在的差异会阻碍他们在将来组合成一个发现系统，而且即使合并为一个发现界面可能也不会被客户很好地接受。

（3）**EBSCO 发现服务**（EDS）。EBSCO 发现服务（EBSCO Discovery Service, EDS）是由 EBSCO 公司于 2010 年推出的网络级发现服务系统。它与

---

① Serials Solutions最新Summon 2.0功能推进图书馆的发现服务[EB/OL].美通社(2013-03-19)[2022-06-14]. https://hk.prnasia.com/story/76418-2.shtml.

② 虚拟浏览（virtual browse）指像探索实体书架一样,从一个感兴趣的地方开始,浏览它的附近区域。见：Ex Libris data-driven exploration services[EB/OL]. ExLibris[2022-06-16]. https://www.exlibrisgroup.com/products/primo-discovery-service/exploration-services.

③ The top 10 reasons libraries prefer Primo[EB/OL]. ExLibris Primo[2022-06-16]. https://exlibrisgroup.com/products/primo-discovery-service/.

图书馆集成系统（ILS）或图书馆服务平台（LSP）能无缝连接。读者通过一个搜索界面便可进行跨库检索，查找到所需图书、报刊、电子书、数据库等不同资源信息。所有主题（含标题、关键词）都具备超链接，便于立即检索发现，检索结果呈相关性排列，如"同行评议文章"（peer review articles）排序靠前。读者通过检索结果列表可直接访问全文[①]。

（4）WorldCat 发现服务（WDS）。OCLC 开发的 WDS（WorldCat Discovery Service）为所有格式的资源提供单一搜索框，而不用查阅多个服务和界面，它支持新手和专家进行查询检索。检索范围包括本地图书馆以及全球图书馆的印刷、电子等各种形式的学术资源，并能将检索结果基于任务的相关性算法进行排序[②]，根据读者引用的需要生成参考文献最常见的五种（APA、Chicago、Harvard、MLA 和 Turabian）引文格式。此外，WDS 将人们与 OCLC 的联机联合数据库 WorldCat 相连，能查询到全球 10 000 多家图书馆的综合馆藏数据，使读者能够准确找到所需资源，并引发出大胆的研究创意。2021 年开始，WDS 还可以通过欧洲的数字文化遗产平台**欧美娜**（Europeana）轻松访问欧洲约 4000 个档案馆、图书馆、博物馆等机构的数百万件文化遗产项目的在线资源[③]。

目前国内诸多大学图书馆选择使用了国外的资源发现系统，还起了一个能体现自身特点的"××搜索"的名称，如使用 Summon 系统有北京大学图书馆的"**未名学术搜索**"、浙江大学图书馆的"**求是搜索**"、华东师范大学图书馆"**丽娃搜索**"等[④]，使用 Primo 系统的有清华大学图书馆的"**水木搜索**"、上海交通大学图书馆的"**思源探索**"、成都电子科技大学图书馆的"**成电搜索**"等；东南大学图书馆的"**至善搜索**"则使用的是 EDS 系统。国内公共图书馆

---

①　EBSCO Discovery Service[EB/OL]. EBSCO[2022-06-17]. https://www.ebsco.com/academic-libraries/products/ebsco-discovery-service#sect0.

②　WorldCat Discovery brochure[EB/OL]. OCLC WorldCat Discovery[2022-06-17]. https://www.oclc.org/en/worldcat-discovery.html.

③　Millions of open cultural heritage resources from Europeana now easily accessible through WorldCat[EB/OL]. OCLC (2021-10-26)[2022-06-17]. https://www.oclc.org/en/news/announcements/2021/europeana-now-accessible-through-worldcat.html.

④　葛梦蕊,杨思洛.Summon 系统在国内外图书馆的应用对比分析与启示[J].图书馆学研究,2016(7):65-71,79.

引进、开发资源发现系统要比高校图书馆晚几年，目前使用国外 Primo 系统的省一级公共图书馆有辽宁省图书馆、首都图书馆、重庆图书馆，使用 EDS 系统的有上海图书馆等[①]。

图 7-1　北京大学图书馆"未名学术搜索"主页

图片来源：北京大学图书馆官网。

　　发现系统主要有**云服务**和**云＋本地服务**两种模式。Summon、EDS 等属于云服务模式，软件和数据都放在供应商的远程服务器上，由运营商对其进行维护与升级管理，图书馆不需要对软硬件进行维护和管理，从而降低了购买、运维的成本。但不足之处是图书馆无法根据自己的应用需求，对系统进行个性化配置。而 Primo 系统属于云＋本地的服务模式，其一部分系统或数据放在本地服务器上，由图书馆自行维护和管理。这种模式虽然要求图书馆给予软硬件技术支持，但优点是图书馆可以根据个性化需求，对系统进行二次开发和配置[②]。

　　2. 国内主要资源发现系统

　　国内开发的资源发现系统主要有 CALIS 的"e 读学术搜索"、超星公司的"超星发现"、CNKI 的"知识发现网络平台"、万方的"万方智搜"，以及重庆维普的"智立方"等。

———————————

　　①　孙宇.公共图书馆资源发现系统发展探讨:以上海图书馆为例[J].新世纪图书馆,2019(4):75-79,封三.

　　②　彭佳,郑巧英.信息资源聚合与组织研究——以发现系统为例[J].图书馆杂志,2016,35(3):80-85.

（1）**e 读学术搜索**。又称"开元知海·e 读"，简称"e 读"，是中国高等教育文献保障系统（CALIS）研发出的一个以中文为主的资源发现系统，与 CALIS 文献获取（e 得）、统一认证、资源调度等系统集成，提供云服务模式、检索 API（可将 e 读框嵌入本馆主页）[①]。既可查询本馆馆藏资源，也可以通过一站式检索，检索全国 800 多家高校图书馆的 200 多万种图书、3600 多万篇外文期刊论文、70 万篇中外文学位论文，以及古籍、拓片等特色资源等[②]。

（2）**超星发现**。该系统以海量元数据为基础，整合集成复杂异构数据库群，提供一站式以中文为主的学术资源搜索。通过多维分面聚类、引文分析、知识关联分析等支持学术文献发现、深度知识挖掘、可视化知识关联。超星公司的另外两大产品"**读秀知识库**""**百链云图书馆**"分别对图书资源、论文资源进行了补充和扩展，但在检索上超星发现系统比读秀、百链检索字段更多，检索方式更灵活，检索的知识库更全。超星发现系统已在西安交通大学、上海交通大学、华东师范大学、中山大学、吉林大学、天津大学、哈尔滨工业大学、北京师范大学、电子科技大学、北京航空航天大学等高校图书馆的中文资源发现服务中得到应用[③]。

（3）**CNKI 知识发现网络平台**。知识发现网络平台（Knowledge Discovery Network Platform, KDN）利用智能标引和深度知识挖掘技术，通过知识链关联知识间的关系，进而使读者能够发现各种知识资源。平台的文献检索框可对中外文文献进行一站式检索；知识元检索框支持自然语言或关键词提问，可提供相关文献、文献片段融合、概念解释、扩展问题等服务；引文检索框提供作者论文被引情况，并能给出文献引用的可视化分析。

（4）**万方数据知识服务平台**。该平台由北京万方数据股份有限公司开发推出，英文全称为 Wanfang Data Knowledge Service Platform，中文简称"**万方智搜**"，集成了期刊、学位论文、会议论文，以及科技报告、专利、标准、法规、

---

① e 读学术搜索［EB/OL］.中国高等教育文献保障系统［2022-06-19］. http://www.calis. edu.cn/pages/list.html?id=12f95c90-3ca2-4f49-bdae-195693a5e118.

② CALIS 文献传递与馆际互借服务简介［EB/OL］.中南财经政法大学图书馆［2022-06-19］. http://library.zuel.edu.cn/_s123/6070/list.psp.

③ 关于超星发现［EB/OL］.华东师范大学图书馆［2022-06-14］. http://www.zhizhen.com/about/about.html.

地方志、视频等十余种知识资源类型，覆盖自然、社会、人文等全学科领域，实现海量学术文献统一发现及分析，支持多维度组合检索、多语种检索、可视化关联分析等，并能够提供移动端服务[①]。

（5）**智立方·知识发现系统**。该系统简称"智立方"，是重庆维普资讯有限公司推出的知识资源发现服务平台，可提供全方位、基于云平台架构的一站式的中、外文文献资源发现及获取服务。智立方通过多维度元数据的规范化垂直整合，覆盖了中外文期刊、学位论文、会议论文、图书、专利、成果、标准、产品样本、网络资源等十余种文献资源数亿条数据，搜索结果呈现分面聚类，并能提供获取原文的多种渠道，还有引文追踪的发现功能，以及能够提供领域、主题、人物、机构、资助、传媒、地区等七个维度的知识本体发现及分析服务[②]。

我国图书馆使用国内资源发现系统的方式与使用国外的有所不同。使用国外发现系统的方式通常是购买国外商业发现系统，还要经过二次开发，以适应中文环境，实现对图书馆馆藏资源和电子资源的一站式获取和发现。而在使用国内发现系统时，则直接购买和使用现成的资源发现系统，如"e读""超星发现"等。这些国内系统的中文学术辅助功能更多一些，如在视觉分析和显示方面[③]。还有许多高校外文使用国外发现系统，中文使用国内发现系统，如华东师范大学图书馆"丽娃搜索"外文用Summon系统，中文使用"超星发现"系统。公共图书馆也多有使用国内发现系统的，如吉林省图书馆和南京图书馆使用超星发现系统。山东省图书馆使用的则是**百度知识发现**。国家图书馆没有使用商业化的成品软件，而是采用分布式系统架构和大数据技术自主开发了"**文津搜索**"系统。比起商业软件系统，"文津搜索"架构更加灵活，可扩展性更好[④]。

① "万方智搜"资源类型[EB/OL].万方数据知识服务平台[2022-06-20]. https://s.wanfangdata.com.cn/nav-page.

② 维普智立方（知识资源服务平台）开通试用[EB/OL].中南财经政法大学图书馆（2017-05-15）[2022-06-20]. http://library.zuel.edu.cn/2017/0515/c5998a168105/page.htm.

③ LINLIN S, HAITAO L, SHIHUI L. Research on the utilization and evaluation of library resource discovery systems in China[J]. International journal of library and information services (IJLIS), 2020,9(2):17-50.

④ 孙宇.公共图书馆资源发现系统发展探讨:以上海图书馆为例[J].新世纪图书馆，2019(4):75-79,封三.

三、资源发现系统的未来

资源发现系统从 2009 年面世，至今已经走过了 15 年的历史。显而易见，今后图书馆的 OPAC 在与资源发现系统融合后，最终将被发现系统所取代。尽管资源发现系统目前还没有实现馆藏目录的续借、预约、个人借阅查询等功能，还需要配合使用 OPAC，但未来 OPAC 与发现系统经过充分融合，OPAC 的许多功能转化为发现系统的子功能，二者的边界就会逐步消失。未来资源发现系统不仅能够继承 OPAC 的文献精确定位的功能，同时还会加入更多的知识不断发现的功能，鉴于此，有学者称，"图书馆目录"称谓被"**图书馆界面**"代替似更为合适[①]。界面是一个膜（membrane），也是介于人类与机器之间的枢纽，能使相互排斥而又相互依存的两个世界彼此分离而又相连[②]。那么，未来图书馆的资源发现系统将有哪些发展趋势？综合国内外学者的认识，未来图书馆资源发现系统将出现以下特点：

1. 图书馆的魅力在于能让读者不断发现新知识，保持其求知的兴趣，从而实现对读者的黏着。未来的资源发现系统就是要从本质上接续、发扬图书馆这一特征。读者通过发现系统获取信息知识主要是通过**搜索**（searching）、**浏览**（browsing）和**下载**（download）三个基本活动完成的。"搜索"相当于读者怀着某种需求入馆，"浏览"相当于读者徘徊于书架之间，"下载"还包括复制（copy）、打印（print）等，相当于借走书籍。读者发现新知识的过程主要发生在"浏览"环节。即读者在看似不经意的浏览过程中，经常会在无意中与有用或感兴趣的信息发生"**信息偶遇**"（information encountering）[③]。因此，未来的资源发现系统可以帮助读者查找关键词隐含的不显现的信息，并将进一步提升检索主题的关联性、推荐列表的精准性、作品获取的便捷性等。

---

① 朱本军,聂华.下一代图书馆系统与服务研究[M].北京:北京大学出版社,2012:123. 又,2015 年的美国国家信息标准组织（NISO）的白皮书《图书馆资源发现的未来》（*The Future of Library Resource Discovery*）中,已经使用了"发现界面"（discovery interface）这一概念。见：BREEDING M. The future of Library Resource Discovery[EB/OL]. National Information Standards Organization(NISO) (2015-02-01)[2022-06-13]. https://www.niso.org/publications/future-library-resource-discovery.

② ［美］马克·波斯特.第二媒介时代[M].范静哗,译.南京:南京大学出版社,2005:25.

③ 陈定权,罗昱琪.仅有搜索与浏览是不够的:兼谈 OPAC、集成搜索系统、发现系统的未来[J].图书馆论坛,2020,40(11):80-85.

2. 未来发现系统能与网络学术搜索融合，检索结果将在同一检索界面分面呈现。如 2021 年 7 月，SAGE 出版公司旗下的 Lean Library 公司与 Ex Libris 合作，将图书馆发现系统 Primo 嵌入**谷歌学术**（Google Scholar）[①] 或**维基百科**（Wikipedia）之中，让读者能够从在线搜索中查询到他们图书馆的 Primo 或 Summon 服务。例如，当读者使用谷歌学术搜索内容时，Lean Library 的浏览器扩展程序可使他们直接在 Google 学术搜索结果旁边看到图书馆 Primo 或 Summon 实例的相关结果。使用这个发现程序的英国卡迪夫大学（Cardiff University）图书馆团队负责人林赛·罗伯茨（Lindsay Roberts）说，它将使我们能够在读者开启发现过程的任何地方展示我们的图书馆搜索和馆藏，提高我们馆藏（包括印刷品）的使用率，并帮助提高读者搜索的准确性[②]。发现系统与网络搜索的融合界面还可以方便手机阅读，成为图书馆移动的发现界面。

3. 未来发现系统搜索结果的相关性算法排序将更趋合理，保持中立性，同时增强读者的良好体验感。美国大峡谷州立大学（Grand Valley State University）网络服务馆员马修·里兹玛（Matthew Reidsma）在其《被信任掩盖：图书馆发现中的偏见》（*Masked by Trust: Bias in Library Discovery*，2019）一书中指出，发现系统检索结果的排列算法会选择我们在搜索时希望看到的内容，但这些算法模式是由具有自身偏见或利益的人和机构开发的，这就带来一个问题，即读者如何相信谷歌学术或发现系统的搜索提供了可靠、客观和准确的信息？检索结果是如何排名和呈现的？其中是否存在偏见？为了不给读者提供那些有偏差或过时的检索结果，里兹玛建议，发现系统的开发者必须在其文化、社会和历史背景下理解算法，应该借助人类学方法，关注自己的商业实践和工程教育是否缺乏多样性，嵌入信息分类系统的元素是否涉有种族主义和性别歧视，设计本身是否隐藏偏见或成见，以及是否推崇一种效率高于一切的文化等[③]。

[①] 谷歌学术（Google Scholar）能够搜索到学术文章的题录、摘要等，甚至所有OA文章的全文，但尚不能获得商业出版机构的全文数据库的全文。

[②] Lean Library partners with Ex Libris to bring Primo and Summon discovery further into the patron workflow[EB/OL]. Library technology guides (2021-07-21)[2022-06-22]. https://librarytechnology.org/document/26511.

[③] REIDSMA M. Masked by trust: bias in library discovery[M]. Sacramento, CA: Library juice press, 2019:148,171.

4. 基于元数据索引的发现系统，在未来不仅能够呈现搜索结果的本地馆藏，同时也可以获取外地馆藏信息，必要时可呈现全球图书馆的馆藏信息，以此支持学者远程获取，或者利用全球收藏情况进行文献流传研究。当然这就要求发现系统本身能够支持跨语言搜索，并提供页面多语言之间的机器翻译。同时，通过开放链接的方式获得更多的开放存取文献或数据，这也是未来资源发现系统必备的功能。**开放存取**（open access, OA）是一种新的学术出版与交流的模式，主要有两种类型，一种是作者自愿将自己的文献贡献出来，被称作"绿色道路"的自存储，另一种是被称作"金色道路"的开放存取期刊出版。无论哪种类型，在尊重作者权益的前提下，人们都可以免费在互联网上搜索、阅读、下载、复制、打印、引用、传播或链接文献全文，而不受经济、法律和技术方面的任何限制。如美国加利福尼亚大学从 2021 年 4 月 1 日起决定将来自加州大学的作者在爱思唯尔旗下期刊中发表的论文，都将以开放获取形式进行发表[①]。随着开放存取趋势的扩大，未来开放存取的文献、数据将越来越多，发现系统应通过更好的发现模式来获取这些开放资源。

5. 目前的图书馆资源发现系统多专注于文本材料和面向文本的技术。未来的资源发现系统将能够提供更多的搜索工具，通过利用自动视频描述工具而非脚本的文本来自动索引视频，通过模式匹配、面部识别或其他已经存在或正在出现的技术，赋予发现服务能够直接处理数字视频或音频的能力[②]。同时，利用 API 跨机构地将档案馆、博物馆、美术馆等机构的**数字馆藏**（digital collections）进行共享，包括数字或数字化的档案、文物、美术资料，如照片、图片、手稿、视频或录音作品等。这些数字馆藏的内容配上翻页软件、幻灯片视图、专门的图像查看器等就能使读者顺畅浏览。此外，科研数据目前也越来越得到研究者的重视，资源发现系统的服务也应参与、扩

---

① 魏潇.加州大学赢了:爱思唯尔重开访问权限,学校「不加价」获得更多期刊,发表论文将完全 OA [EB/OL].网易（2021-03-27)[2022-06-22]. https://www.163.com/dy/article/G646L9BI05349YKB.html.

② BREEDING M.The future of library resource discovery[EB/OL]. National Information Standards Organization(NISO) (2015-02-01)[2022-06-13]. https://www.niso.org/publications/future-library-resource-discovery.

展到研究数据的领域。科研项目产生大量**研究数据集**（research data sets）。发现系统应将研究数据本身包含在更细粒度的发现中，如能够从基于数据发表的文章中链接到该数据集，使其他研究人员能够验证或基于该数据进行相关研究[①]。

6.未来的资源发现系统中的社交体验会越来越佳。许多图书馆都希望读者能够以各种方式与其馆藏进行交互。如学者在网络社区中凭借自身学科中的专业知识，来提供额外的访问点，或展现材料之间的关系。发现系统与现有学者网络社区的互操作能力，也将使得图书馆的发现服务大为受益。这些网络社区不是由图书馆界定义或提供的，而是可能存在于外部组织中的。实现这种社会互动的可能性将取决于标准化的机制，使发现服务的生态系统和外部网络社区的生态系统之间具有互操作性，包括身份验证、身份管理和标准交易等，如添加描述性标签或在多个发现环境中创建与另一个内容项目的关联链接[②]。

总之，未来的图书馆既是文献知识的储存场所、数据中心、服务空间，同时也是一个文献知识的社交平台。未来的资源发现系统将根据读者不断产生的新需求，增加读者社交、评论功能，甚至通过数据挖掘、分析工具为读者或机构提供评估和决策支持。

第三节　智能技术在图书馆里的应用

一、人工智能发展现状

人工智能（artificial intelligence, AI）指计算机或机器人执行通常与智能生物有关任务的能力[③]，也指利用计算机系统模拟人类智能活动的研究领域，包括专家系统、自然语言理解、机器学习、定理证明、模式识别、知识工程、

---

①② BREEDING M. The future of library resource discovery[EB/OL]. National Information Standards Organization (NISO) (2015-02-01)[2022-06-13]. https://www.niso.org/publications/future-library-resource-discovery.

③ COPELAND B J. Artificial intelligence[EB/OL]. Encyclopedia Britannica (2022-03-18)[2022-07-13]. https://www.britannica.com/technology/artificial-intelligence.

智能数据库、自动编程、智能控制等①。2015年以来，人工智能进入了一个爆发式的发展阶段，无论是风险投资、企业增长，还是专利数量、市场规模都出现了大幅增长。其背后的原因是随着计算机计算能力的巨大提升、网络数据的激增与深度学习的应用，人工智能的进步摆脱了以往那种将人类逻辑抽象成函数再输入计算机系统的推动模式，变为依靠**大数据**（big data）和**算法**（algorithm，解决问题的步骤）的推动模式，换言之就是依靠算力（云计算）、算料（大数据）和算法的"**三算**"能力的重要突破。

人工智能在电子商务、工业机器人、人机对弈、寻医问诊、交通导航、自动驾驶等领域已经有了许多应用。在图书馆领域里，由于图书馆是信息知识高密度组织，人工智能的技术也被广泛应用，如在图书馆的图书采选、文献分编、典藏流通、馆际互借、信息检索、文献传递、参考咨询和图书馆自动化等方面的应用。而且随着人工智能技术的发展，人工智能在图书馆领域的研究和应用已经涉足了生物识别技术、智能聊天机器人、人工神经网络、深度学习等人工智能技术②。

二、人工智能在图书馆中的运用

1. 智能发现搜索

能够进行知识的查询获取与知识的保存传承，是人类有别于动物的本质特征。信息知识搜索能力的提升是人类进步的原动力，从早期的图书馆书目索引到现在的网络搜索引擎，表征出人类搜索能力的变迁。人工智能在网络搜索引擎与图书馆发现系统中的应用，不仅再次流露出人类渴求进步的强烈意识，也使得智能搜索成为一种现实。**智能搜索**（smart search）是人工智能技术应用在新一代搜索引擎中所产生的搜索功能，它除了保留传统快速检索、相关度排序等功能外，还能提供读者兴趣自动识别、语音及内容语义理解、智能信息化过滤和相关主题文献推送等服务，并能够在一站式搜索中，将不同语种的文本、图片、音频、视频，包括应用程序等资源搜索出来。现在许多图书馆已经应用

① 人工智能[EB/OL].术语在线[2022-06-28]. https://www.termonline.cn/search?k=%E4%BA%BA%E5%B7%A5%E6%99%BA%E8%83%BD&r=1656380231662.

② 傅平,邹小筑,吴丹,等.回顾与展望:人工智能在图书馆的应用[J].图书情报知识,2018(2):50-60.

的图书馆资源发现系统，如北京大学图书馆的"未名学术搜索"，就是人机交互的对话平台，接受自然语言搜索，响应速度快，检索结果综合化呈现，外文文献还提供机器翻译，还能够推荐相关文献等；国家图书馆的**"文津搜索"**在检索图书时，不仅显示本馆馆藏位置，还能显示其他公共图书馆的收藏状况。又如科睿唯安推出的专利数据库**德温特创新平台**（Derwent Innovation, DI），界面简洁、易用，可将任何文档（如发明公告）中的一段文本复制粘贴到检索框中，查找全球专利文献库中最符合要求的专利记录，既为检索者省下阅读和识别关键词的时间，还可直接获取与行业最相关的专利检索结果[①]。

2. 智能文献采选

现在已有数据商开始提供图书选择和订购的智能平台服务，例如美国EBSCO 的 **GOBI 图书馆解决方案**（GOBI Library Solutions），可以提供超过25 个出版商和聚合平台上的 300 多万本电子书[②]，根据学科领域向专业图书馆员和学科联络员定期（如每月）推荐一年内该学科出版的新书，包括电子书。美国大学图书馆一般会采用 GOBI 平台来挑选和订购图书，并与图书馆后台集成管理系统融合起来完成采购、编目、跟踪、发货、付款、打印标签、上架等业务[③]。此外，许多图书馆集成管理系统还能利用**电子资源管理**（electronic resource management, ERM）软件对电子资源的采购、统计和维护，并提供便捷的智能管理，实现馆藏数据库和电子书刊多维度的统计和计量，自动生成丰富的数据报告和可视化图表，如美国 EBSCO FOLIO 的 ERM、SirsiDynix 公司的 EOS.Web ERM，我国西安文渊软件科技有限公司的图书馆电子资源管理系统（Lib.ERM）等。

纸电同步发行正在成为出版行业的发展趋势，除了部分出版社建设了自己的线上电子图书销售平台外，国内一些有影响力的馆配商也开始研发纸电同步销售平台，如北京人天书店"畅想之星"、湖北三新"云田智慧"、浙江新华

---

① 德温特创新平台[EB/OL].科睿唯安[2022-07-08]. https://solutions.clarivate.com.cn/products/derwent-innovation/.

② Build the best eBook collection with GOBI® [EB/OL]. EBSCO[2022-07-08]. https://www.ebsco.com/sites/g/files/nabnos191/files/acquiadam-assets/E-Books-in-GOBI-Product-Guide.pdf.

③ 傅平,邹小筑,吴丹,等.回顾与展望:人工智能在图书馆的应用[J].图书情报知识, 2018(2):50-60.

书店"芸台购"等①。这些平台嵌入图书馆集成管理系统之后，也会提高图书馆采访工作的智能化水平。而图书馆参与开发的智能选书平台或系统，则会更加注重在需求与决策驱动方面的创新，如重庆大学图书馆使用的**图书智能采访系统**，以数据和算法为基础，通过现有馆藏数据、读者行为数据以及网评数据等进行分析和建模，并根据不同的采购需求、业务规则，为馆员自动筛选所需采购的图书，提高采访的效率和质量，而且在国内高校图书馆率先开通了线上读者决策采购（PDA）模式，即读者可通过网上书店在线采选所需图书，经过馆员审核通过，即可下单配送到家，阅读后归还至图书馆，再由图书馆加工入藏②。

3. 智能分编加工

图书馆分类编目业务在 Web2.0 时代实现了馆际互联、互动，进入 Web3.0时代是实现智能、扩展。在**面向服务的架构**（service-oriented architecture,SOA）的云环境下，云端联合目录正在降低书目数据的冗余度，并依托 SOA微服务的规范标准，通过网络用户评价、使用和下载频次自然产生优胜劣汰机制③。另外，**跨媒体资源**（transmedia resources）④的增多，给图书馆馆藏和编目带来了新的挑战，未来的智能分编系统将对此类资源的书目描述进行建模，进入**跨媒体信息素养**（transliteracy）⑤这样一个新兴的跨学科领域，探索跨多种模式和媒体平台的意义创造方式。同时利用**国际图联图书馆参考模型**（IFLALRM）构建跨媒体资源书目元数据建模的逻辑框架，提供一个跨各种知识组

---

① 蔡迎春.智能选书:图书馆精准采购实现策略[J].数字图书馆论坛,2021(6):50-55.

② 涂佳琪,杨新涯,沈敏.需求与决策驱动的图书智能采访系统研究与实践:以重庆大学图书馆为例[J].图书情报工作,2020,64(11):28-34.

③ 翟晓娟.编目的过去、现在和未来[J].大学图书馆学报,2012,30(2):49-55.

④ 跨媒体(transmedia)是美国新媒体学者亨利·詹金斯(Henry Jenkins, 1958—)在2003年创造的一个概念,指通过不同的媒体和信息平台(书籍、电影、电视节目、游戏、现场表演等),从各个部分或不同角度来提供某个叙事内容的一种技术。如詹金斯提到的跨媒体讲故事(transmedia storytelling),就是将角色从书籍移动到电影再到视频游戏,使读者发生深度体验,使故事内容更具吸引力。

⑤ 跨媒体信息素养(transliteracy),又称全媒体读写能力,或全媒体素养,指跨一系列平台、工具和媒体进行阅读、写作和交互的能力,从标识、手语和演讲,到手写、印刷、电视、广播和电影,再到数字社交网络等。参见:What is transliteracy[EB/OL]. IGI Global[2022-07-17].https://www.igi-global.com/dictionary/ramping-hybrid-teaching-learning/30543.

织社区共享、链接和重复使用数据的环境，这尤其有助于描述复杂的跨媒体叙事内容[①]。

近年我国图书馆在图书采、分、编一条龙智能加工方面也有了试验探索。2021年，广东省立中山图书馆开发的图书采分编智能作业系统"**采编图灵**"投入使用。该系统分为图书验收和无纸化编目两大模块，现已运行的图书验收系统能对自动控制器、工业机器人、图像捕捉、信息采集等设备进行统一调度与协作，并实时追踪、反馈全系统运行和控制器数据交互情况，完成原由人工操作的十几道工序，如图书验收、盖馆藏印章、贴条形码、覆保护膜、贴电子标签等，为下一步智能图书分类编目、典藏加工和分拣系统的接续运行打下了基础[②]。"采编图灵"的编目作业模块能对新书实现联机编目数据的自动下载，完成自动添加馆藏信息、分配索书号等编目操作，同时对无联机编目数据的图书进行无纸化线上编目，通过对图书的题名页、版权页等信息进行 OCR 识别，由软件自动完成文献客观信息的著录，然后将已扫描的图书关键内容页文档在线推送至编目员前端，由编目员完成主题标引著录等数据操作[③]。

4. 智能流通管理

在流通业务中应用的智能技术主要有自动传输系统和馆员机器人。前者如 2022 年广东省**顺德图书馆**采用 AGV 机器人、RFID 无线射频、大数据分析、紫外线加臭氧消毒灭菌等技术，建立的一个**图书智能分拣、消毒、搬运一体化系统**，实现了自助还书、智能分拣、分类整理、自动消毒、立体搬运、分区送达这六个核心流程环节的智能化作业，提高了图书轮转效率[④]；后者如 2015 年新加坡图书馆试用的**智能图书盘点机器人 AuRoSS**，它能够扫描书架并报告丢失和放错位置的书籍，从而减少图书馆管理人员的工作量。特别是能够在夜

① VUKADIN A. Metadata for transmedia resources[M]. Cambridge, MA: Elsevier, Chandos, 2019:1–19.

② 广东省立中山图书馆"采编图灵"（一期）第二代系统上线[EB/OL].广东省立中山图书馆（2022-04-19）[2022-07-15]. https://www.zslib.com.cn/TempletPage/Detail.aspx?dbid=2&id=3791.

③ 王惠君，吴昊，潘咏怡，等.图书采分编智能作业系统的研究与应用[J].图书馆论坛，2021,41(1):58-63.

④ 顺德图书馆迎来新科技！待您助它一"名"惊人！[EB/OL].腾讯网（2022-05-12）[2022-07-17]. https://new.qq.com/omn/20220512/20220512A07PM800.html.

间用激光器和超声波扫描图书馆书架，并且编写和生成关于丢失书籍或摆放错误书籍的名单，供次日清晨图书馆工作人员参考使用^①。

除了智能图书盘点机器人，还有一些大型图书馆的馆员机器人主要用于取还书架上的书籍。改进抓取、定位和人机交互技术是近期图书馆员机器人研究的主要关注点。机器人可以减少图书馆不同地方的很多普通和重复的活动，特别是在图书馆书库^②。同时，也有许多图书馆开始配备导航机器人或导航设备，以方便读者顺利地找到自己所需文献。2017 年 Google 曾推出一个室内**视觉定位服务**（Visual Positioning Service, VPS）设备，它整合了 Tango AR 和谷歌地图的理念，能提供小到螺丝刀那样的超精确的位置信息。谷歌形容其说："GPS 可以把你送到家门口，而 VPS 则可以把你带到特定物品的位置。"^③ 如果配上语音提示，该设备就可用来给来图书馆的盲人读者做导航服务了。随着各种人工智能机器人进入图书馆，它们将成为与图书馆员们共同工作的新同事。

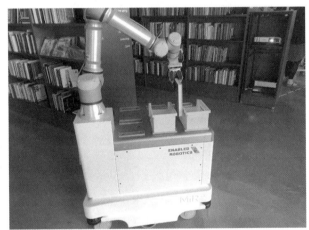

图 7-2　2019 年 6 月 2 日丹麦奥尔胡斯市公共图书馆中的机器人正在取书

王子舟 摄

①　LI R, HUANG Z, KURNIAWAN E, et al. AuRoSS: an autonomous Robotic shelf scanning system[C]// 2015 IEEE/RSJ International Conference on Intelligent Robots and Systems (IROS) (2015-12-17)[2022-07-17]. https://ieeexplore.ieee.org/document/7354246.

②　ASEMI A, KO A, NOWKARIZI M. Intelligent libraries: a review on expert systems, artificial intelligence, and robot[J]. Library Hi Tech, 2021,39(2):412-434.

③　谷歌VPS：除了AR版室内GPS，还打算让视障者"行走自如"[EB/OL].Poppur (2017-05-18)[2022-07-18]. https://vr.poppur.com/AR/Google-VPS.html.

5. 智能参考咨询

图书馆是利用**专家系统**（expert system, ES）最早开发出能够解答问题的参考咨询机器人的领域之一。1986 年美国国家农业图书馆就开发了一个由知识库和推理引擎两个主要元素组成的参考咨询专家系统，以帮助用户获得简单参考问题的答案。知识库包含的所有信息需求由图书馆专家团队给定，推理引擎则基于知识库和规则库模拟人工决策[①]。如今，有学习能力的语音智能问答机器人正在参与许多大学图书馆、大型公共图书馆的参考咨询，如 2010 年底清华大学图书馆开发的线上"小图"、2018 年元旦上岗实习的上海图书馆线下智能问答机器人"图小灵"，已经可以替代图书馆咨询台工作人员做绝大部分工作。不过，清华大学图书馆的"小图"，会利用和读者对话学习如何问与答，曾被不怀好意的读者灌输了一些脏话，一度引起了人们的质疑，这也意味着人工智能伦理问题的解决日显重要。目前，许多职业领域都已经开发出了"专家级"智能问答机器人。如 IBM 开发的基于海量医学信息与深度学习的线上医疗咨询机器人**沃森**（Watson），因其给定的医疗方案效率较高，2016 年引入韩国后不久就受到医生与患者的欢迎[②]。相信今后这种"专家级"智能咨询机器人，也将会出现在图书馆参考咨询服务中。还有，ChatGPT 出现以后，如何将其融入图书馆智能参考咨询业务中，提升参考咨询的能力与水平，这也是当下要探索的命题。

6. 智能空间服务

图书馆的智能空间服务，包括照明、通风、温控、安保、清洁系统的智能化服务，虚拟现实技术（VR）和增强现实技术（AR）打造的虚拟空间智能化服务，以及读者自助活动智能化服务等。国内已有图书馆照明系统采用无人感应控制、定时控制与合成照度控制结合的方式来实现空间照明，阅览空间按照"自然光照度 + 人工照度 =300lux"的标准来动态调节人工灯源的照度及输出

---

① ASEMI A, KO A, NOWKARIZI M. Intelligent libraries: a review on expert systems, artificial intelligence, and robot[J]. Library Hi Tech, 2021,39(2):412-434.

② ［日］日本经济新闻社,编著.AI, 2045[M].汪洋,译.北京:中国青年出版社,2019:207-209.

功率①。还有的图书馆因使用了智能照明控制系统，依双鉴探测器和照度检测器采集的实时环境光线强弱变化、人员流动情况等数据，通过区域灯具的组合调配和智能控制，实现了"人来灯亮、人走灯灭、智能调节"的灯控效果，使图书馆整体节电率超过了30%②。

虚拟空间智能化服务能利用 VR 设备模拟出真实场景，让读者享受视觉、听觉和触觉的交互碰撞，而 AR 则利用计算摄影机影像的位置及角度再加上相应的图像、视频、3D 模型等，在屏幕上把虚拟世界套在现实世界并进行互动。读者可通过 VR/AR 技术在安全环境下学习充满危险的知识，如危险理化生实验、爆炸实验、特斯拉线圈放电等，有身临其境的体验但不会伤害到身体；读者还可以戴上虚拟现实视网膜眼镜远程进入图书馆，自由选择书架上的书籍，翻动书刊，开始阅读③。

读者自助活动智能化服务包括图书的自助借还、自助文印、自助预约图书馆座位等。目前高校图书馆在馆内都设置了复印机、打印机、扫描仪，读者可应用自助服务系统自行完成打印、复印等操作，并通过微信、支付宝、银行卡等多种方式进行付费。大多数图书馆实行了阅览座位、研讨室的智能预约方法，读者可通过手机远程查看图书馆座位与研讨室资源的使用状况，并按时段进行预约，既解决了长期困扰的占座问题，也提高了阅览桌椅的利用率。

三、人工智能技术的未来展望

从发展历程来看，人工智能可以划分为三个发展阶段：一是**弱人工智能**（artificial narrow intelligence, ANI）阶段，即擅长解决人类单一方面的问题，如导航系统、智能翻译，乃至围棋领域的阿尔法狗（AlphaGo）；二是**强人工智能**（artificial general intelligence, AGI）阶段，指可以胜任人类所有工作的人工智能，能像人一样思考做事；三是**超人工智能**（artificial super intelligence, ASI）阶段，此时的人工智能将在智慧和社交等方面都比最强的人类大脑

---

① 王阳.浅谈 EIB 智能照明控制系统在图书馆的应用[EB/OL].化工仪器网（2021-01-07)[2022-07-18]. https://www.chem17.com/tech_news/detail/2513048.html.

② 王强.智能照明节能控制系统在公共图书馆中的应用[J].河南科技,2021,40(4):135-137.

③ 储节旺,陈梦蕾.人工智能驱动图书馆变革[J].大学图书馆学报,2019,37(4):5-13.

聪明很多[①]。显然我们目前还处于弱人工智能阶段。谷歌技术总监雷·库兹韦尔（Ray Kurzweil, 1948— ）曾经预言人工智能超越人脑智能的"**奇点**"（Singularity）时刻将在 2045 年[②]。不论其预测是否准确，进入强人工智能阶段，我们在迎来技术带来好处的同时，也会面临许多问题。为了应对人工智能技术的快速发展，继 2016 年美国发布《国家人工智能研究与发展战略计划》（*National Artificial Intelligence Research and Development Strategic Plan*）以后，2017 年我国国务院印发《新一代人工智能发展规划》。中国正在成为人工智能技术开发与利用的重要研发地和应用市场。

《未来简史》的作者**尤瓦尔·赫拉利**（Yuval Noah Harari, 1976— ）说过，智能机器人未来可以替代出租车、司机、医生等职业，到那时就会出现一个非常大的人类社会学问题，人类社会将分成两大阶层，一个是人数非常少的精英阶层，就像上帝一样，他们创造大量的人工智能，绝大部分人将变成没有任何经济价值的无用阶层。这是 21 世纪最大的风险[③]。如果赫拉利这个说法成立，图书馆业务工作大多数由智能机器人完成了，图书馆员这个职业也就面临着萎缩，仅存少数岗位的工作内容也会发生转向，即更多的不是整序文献，而是解决读者疑难问题，帮助其快速、准确地获取所需知识。按赫拉利的观点推导，未来的图书馆员不仅需要具备专业素养，还需懂得程序编写、数据分析、机器学习等人工智能的相关知识，因为到那未来时代，我们如果不能理解、操作人工智能，就会被淘汰。《在线搜索》主编玛丽迪·奥哈拉（Marydee Ojala）指出，未来图书馆员将担任新角色，他们可成为数据可视化、人工智能技术、版权合规、学术交流、研究数据管理、信息安全、合同谈判、分类法和教育游戏等方面的专家[④]。

韩国学者卢永熙（Younghee Noh）讨论了 2015 年之后**图书馆 4.0**（Library 4.0）时代的发展方向。他描述图书馆 4.0 的关键词将是：智能、创客空间、

① 高崇. 人工智能社会学[M]. 北京：北京邮电大学出版社，2020:3.

② ［日］日本经济新闻社，编著. AI, 2045[M]. 汪洋，译. 北京：中国青年出版社，2019:3.

③ 《中国传媒科技》编辑部. 数千人现场聆听，上百万观众观看视频分享大数据和人工智能浪潮下的未来进化：《未来简史》作者尤瓦尔·赫拉利、微软亚洲研究院院长洪小文和百分点董事长苏萌在 XWorld 大会的演讲实录[J]. 中国传媒科技，2017(6):23-28,31.

④ OJALA M. Contemplating the future for libraries and librarians[J]. Online searcher, 2022,46(4):4.

情境感知技术、开源、大数据、云服务、增强现实、最高端的显示和图书馆员 4.0[①]。也有学者认为，评价一个图书馆是否达到了**智能图书馆**（smart library，我国学者多译为"智慧图书馆"）的水平，可以从**智能技术**（smart technology）、**智能服务**（smart services）、**智能建筑**（smart building）、**智能治理**（smart governance）、**智慧之人**（smart people，包括馆员和读者）这五个要素指标构成图书馆智能指数的模型来进行测量、评估[②]。由此看来，在未来智能时代里，图书馆的实体空间和图书馆员依然有着发挥作用的余地。

第四节　当图书馆遇到社交媒体

一、图书馆与社交媒体的结缘

社交媒体（social media），又称"社会化媒体"，指由公众自主参与而形成的，以自我创造内容、可互动、多对多传播交流为基本特征的在线媒体[③]。如国外的**脸书**（Facebook）、**推特**（Twitter）、**优兔**（YouTube）、**维密欧**（Vimeo）、**照片墙**（Instagram）、**汤博乐**（Tumblr）等，国内的**微博**、**微信**（WeChat）、**播客**、**论坛**、**陌陌**（Momo）、**易信**，以及其他一些**社交网站**等。与报刊、广播、电视等传统媒体相比，社交媒体属于网络化、数字化、移动化的**新媒体**（new media）形式，其本质特点是变信息的单向传播为交互的双向传播，传播者由权威媒介机构变为所有社会个体；同时，社交媒体也属于社会个体既是传播者又是接收者的"**自媒体**"（we media）形式，它打破了传统媒体"自上而下""点对面"的不公平传播方式，与一般自媒体相比更着意在社

① YOUNGHEE NOH. Imagining library 4.0: creating a model for future libraries[J]. The journal of academic librarianship, 2015,41(6):786-797.

② JADHAV D, SHENOY D. Measuring the smartness of a library[J]. Library and information science research, 2020,42(3):1-11.

③ 社交媒体[DB/OL].术语在线[2022-07-19]. https://www.termonline.cn/search?k=Social%20Media&r=1658229903063.

交网络内进行信息知识的传播[①]。社交媒体与新媒体、自媒体的概念范畴关系见图 7-3：

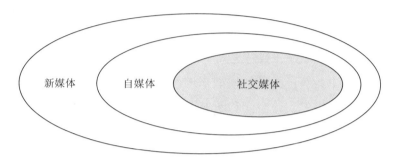

图 7-3　新媒体、自媒体、社交媒体三者之间关系

图片来源：本书作者参考脚注②内容中原图改绘。

社交媒体的兴起除了有技术推进的原因，还有不可忽略的文化原因。早在 1996 年，美国西北大学教授约瑟夫·瓦尔特（Joseph B. Walther, 1958— ）就指出，电子邮件、计算机会议等线上社交与人际社交有很大的区别，线上非个人沟通有时对团体来说是有利的，如因能过滤交流中的感情成分从而可以突出内容，加强任务导向，即非个人化的思想交流会提高过程的有效性。此外，社交媒体有时会促进或超越正常人际水平的沟通，如讯息发送者可以利用视觉线索缺失，充分进行自我印象管理，展现出自己好的一面；以文本为主导的传播信道有利于传播速率的协调，便于对传播的讯息进行编辑和控制；异步的在线交流因时间选择自由度大，交流小组成员会感到轻松，甚至产生出被解放的感觉；讯息接收者容易将陌生的对方理想化而发出积极反馈，进而促进交流的持续进行，容易形成**"行为确认和放大"**（behavioral confirmation and magnification）的循环等[②]。

英国学者汤姆·斯丹迪奇（Tom Standage, 1969— ）认为，社交媒体其实并不是什么新鲜的东西，莎草纸卷、册页书籍、报刊、广播、电视、门户网站

---

① 社会化媒体,新媒体和自媒体三者的区别与联系[EB/OL].知乎·草莓学堂（2017-05-03）[2022-07-19]. https://www.zhihu.com/question/37943094.

② WALTHER J B.Computer-mediated communication: impersonal, interpersonal, and hyperpersonal interaction[J]. Communication research, 1996,23(I):3-43.

都属于社交媒体[①]。尤其是书籍，想想以借还书籍为理由的男女交友方式，沙龙中人们热烈讨论某部书的话题等情景，书籍显然有着典型的社交媒体的性质。但历史事实告诉我们，早期图书馆的产生却不是人类社交需要的产物，而是保存社会记忆需要的产物，因此图书馆本身并不是社交媒体。在现代社会的信息知识生态体系中，图书馆也不属于信息知识的生产、发布组织，而属于保存、交流的组织，它在"生产、储存、传播、消费"这个链条系统中处于中介位置。

但是网络化、数字化社交媒体的出现，以及在图书馆中的运用，原有的图书馆自身就具有了信息知识生产、发布的身份。甚至图书馆在整个信息知识生态体系中，嵌入了"生产、储存、传播、消费"的全过程，上、中、下游都有了图书馆的身影。换言之，社交媒体的使用，让图书馆实现了自我赋能。图书馆就像交叉学科一样越来越具有了杂交的性质，它既是知识信息保存机构，也是知识信息生产、储存、传播、消费机构；既是图书馆，也是博物馆、档案馆、展览馆；既是公共知识空间、公共文化空间，也是社会教育场所、大众交往场所。当然，其本质属性或遗传基因并没有消失，那就是"保存社会记忆""传递人类知识"。这二者是它的底色。

二、图书馆社交媒体的实践效用

社交媒体在图书馆中的运用，受到了大多数图书馆员的认可。Facebook、Twitter 分别于 2004 年、2006 年面世，此后的十年之中，它们受到了国外图书馆界的普遍欢迎。2015 年的一项国外调查结果显示，受访图书馆员中，88% 的人认为社交媒体是推广图书馆资料的有效工具，94% 的人认为社交媒体的使用有利于图书馆推广服务，85% 的人同意维护图书馆社交媒体资料应该是他们专业责任的一部分；所有接受调查的图书馆员都认为社交媒体对图书馆来说是一种有用且有价值的工具[②]。从目前图书馆相关实践与研究文献可知，图书馆社交媒体的效用主要体现在以下三个方面：

① ［英］汤姆·斯丹迪奇.社交媒体简史：从莎草纸到互联网［M］.林华，译.北京：中信出版社，2019：前言.

② PHILLIPS A L. Facebooking it: promoting library services to young adults through social media[J]. Public library quarterly, 2015,34(2):178-197.

1. 广泛传播图书馆的形象与价值

社交媒体有助于改变图书馆的形象，正如馆员艾德丽安·坎蒂（Adrienne Canty）所说，Facebook 的出现是一个进步的举措，有助于打破图书馆是"满是书籍的尘土飞扬的老房子"的长期神话[①]。国外大多数图书馆都将社交媒体作为营销和推广媒介来宣传图书馆自身的价值，促进图书馆服务和资源的可见性与便捷使用。如纽约公共图书馆的社交媒体营销平台涵盖社交网站、微博客、视频分享网站、图片分享网站、博客等各大主流社交平台，共有十余个账户。该馆社交媒体的用途主要是利用其提高图书馆品牌曝光度、营销图书馆服务和强化与社区联系。每种社交媒体还分别有着不同的用途，如利用 Facebook 推介图书馆服务、资源和新书，发布图书馆的新闻、事件，组织主题活动等；通过 Twitter 与用户实时交流，组织话题，提高图书馆在线知名度，增加图书馆网站访问量；通过 YouTube 分享图书馆举办的各种活动、分享故事；通过博客发表馆员们的专业见解，为读者利用馆藏和服务提供研究和检索辅助，把博客建成馆藏学科内容和知识的发现平台；播客、Pinterest、Foursquare 等也都有着与这些平台的特色相适应的用途。截至 2015 年 4 月，纽约公共图书馆各社交媒体官方平台的粉丝总数累计超过 172 万人[②]。

图书馆的社交媒体还是图书馆自我介绍的窗口，甚至想来图书馆工作的求职者可据此产生对图书馆的某些判断。有一项研究发现，社交媒体内容的来源很重要，平台效应会影响求职者的评估，因此管理人员应意识到社交媒体的内容和观看它的平台都可能影响到招聘流程[③]。除图书馆项目外，有实践表明社交媒体还为图书馆员的个人品牌、在线学习和职业发展带来了诸多好处[④]。

[①] HUSAIN H, MAZLAN M A. Library community in social media: exploration of past studies[J/OL]. Library philosophy and practice (e-journal) (2021-08)[2022-08-12]. https://digitalcommons.unl.edu/libphilprac/6018.

[②] 李金波. 纽约公共图书馆社交媒体营销实践[J]. 图书馆论坛, 2016(4):120-124, 封三.

[③] WADE J T, ROTH P L, THATCHER J B, et al. Social media and selection: political issue similarity, liking, and the moderating effect of social media platform[J]. MIS quarterly, 2020, 44 (3):1301-1357.

[④] SMITH D. Growing your library career with social media[M]. Cambridge, MA: Chandos publishing, 2018:25.

2.构建社区并提供社交网络服务

图书馆利用社交媒体可以创建在线社区，通过其响应能力来倾听读者意见，邀请读者与图书馆员进行互动，鼓励读者发表评论，提供适合在线社区读者需求的服务。在美国图书馆界，Facebook 和 Twitter 已被证明是与读者建立关系，并用以宣传在线馆藏可用性的宝贵工具[①]。有调查研究发现，在图书馆的 Facebook 上，最常见的读者发帖多与图书馆预告的活动有关，而有关社区新闻或情感激励的帖子能吸引读者积极参与，具有一个或多个图像的帖子往往会增加读者的参与度[②]。同时读者还能通过 Facebook 页面链接到图书馆其他社交媒体账户，分享图书馆 YouTube、Flickr、Twitter 和博客上的更新内容。而 Twitter 也是图书馆与读者沟通的热门工具，"推文"是发给社区的消息，主要类别包括新闻、图书馆运营、信息共享、非正式对话、反馈征集、活动、公告、意见、查询、建议、请求、致谢和咨询服务等，在需要向社区传达及时更新的信息时特别有用，如突发新闻事件、停电信息、关于暴风雨可能需要提前关闭的消息、读者咨询、参考问题或技术提示等[③]。如加州大学伯克利分校图书馆在官方 Twitter 上分享了著名校友曾在图书馆留下的真迹，剑桥大学图书馆官方 Twitter 以及 Instagram 更新的一条关于图书馆制作保养书籍的科普视频，均获得大量的读者互动，引起大家的兴趣与关注[④]。

社交网络服务（social networking services, SNS）作为线上电子服务，允许读者建立个人或组织档案，并联系其他个人，以便相互通信、协作、共享内容。图书馆使用社交媒体可以超越服务、活动的营销而将社交媒体视为对话、交流和社会公益的工具。图书馆至少可以利用社交网络服务在三个方面发挥作用：发展读者社区，如选择不同的社交媒体平台，来建设不同类型的在线社区；创建专业社区，如图书馆员专业同行社区，或者在卫生专业人员和寻求卫

①③　USAIN H, MAZLAN M A.Library community in social media: exploration of past studies[J/OL]. Library philosophy and practice (e-journal) (2021-08)[2022-08-12]. https:// digitalcommons.unl.edu/libphilprac/6018.

②　SOOHYUNG J, NAMJOO C, TAE HYUN B. Library marketing via social media: the relationships between Facebook content and user engagement in public libraries[J]. Online information review, 2018,42(6): 940-955.

④　何乐,周建青.中外大学图书馆社交媒体应用比较研究[J].新媒体研究,2021,7(17):13-21.

生信息的个人之间建立一个社区；通过社区推进社会公益与正义方面的行动，如将图书馆和社区团体联系起来，建立共同体意识并关注重大社会议题[①]。

3. 拓展多媒体阅读推广的微服务

国内的社交媒体阅读推广活动大致有讲座通知、资源推荐、阅读方法、读者咨询、读书活动、阅读比赛、公开课和信息推送等类型。这些阅读推广活动都可以利用多媒体技术转化为服务粒度更细、独立打包部署、能独立运维的**微服务**（microservice），嵌入图书馆社交媒体平台。如**华南农业大学图书馆**的微信公众号就嵌有图书检索、随书光盘、推送记录、好书推荐、公开课、热门图书、订阅中心、微阅读、通知公告等微服务内容，该馆调查数据显示，读者对图书馆微信阅读推广微服务中评价度最高的是"**好书推荐**"[②]。此外，2015 年**上海图书馆**在微信公众号、支付宝服务窗和微信城市服务平台推出"**微阅读**"栏目，为注册读者提供图书期刊的全文阅读服务；2016 年**广东省立中山图书馆**利用视频、图文传播，以及聊天室互动等技术，对品牌活动"**中图悦读会**"进行网络直播；2017 年**温州图书馆**微信公众号引入漫画时尚元素推出的"**漫画温图**"，生动、幽默地介绍图书馆功能、业务流程、馆藏资源以及馆员日常生活；2017 年**浙江图书馆**与京东合作推出的"**U 书快借**"服务，允许注册读者不管身处省内外，都能按照图书馆采访政策，通过图书馆网站、支付宝服务窗、微信服务号在线借阅新书，下单后由网店直接将书快递到读者手中，阅后再归还图书馆。这些通过多媒体开展阅读推广微服务的成功案例，受到了读者们的欢迎[③]。

微信目前是国内图书馆使用频率最高的社交媒体，但其他社交媒体一出现，也会引起图书馆的关注和利用。2019 年我国有 25 家公共图书馆注册了短视频社交媒体**抖音**账号，开始提供短视频作品。其内容可以划分为六大类：形象宣传、读者服务、资源推荐、相关活动、素质教育、社会热点等[④]。有学者统计，截至 2021 年 6 月，国内有 568 个图书馆注册了官方抖音账号，共发布

---

① YOUNG S W H, ROSSMANN D. Using social media to build library communities: a LITA guide[M]. Lanham: Rowman & Littlefield, 2017: xvi.

② 史艳丽. 高校图书馆社交媒体阅读推广实证研究[J]. 图书馆论坛, 2018, 38(1): 86-91.

③ 章文. 新媒体环境下公共图书馆微服务案例分析与思考[J]. 兰台世界, 2018(9): 122-124.

④ 张柯. 短视频社交媒体在公共图书馆的应用研究[J]. 河南图书馆学刊, 2021, 41(2): 22-23, 29.

短视频 16889 个，获赞总数超过 740 万 [①]。

三、图书馆社交媒体运营管理

据不完全统计，全球超过 70% 的图书馆目前正在使用社交媒体工具，目的非常多样化，包括日常宣传推广、馆藏管理，也包括提高教与学的能力 [②]。

图书馆应用社交媒体不仅能够提升自身形象的社会认知以及开拓服务广度与深度，而且还能超越专业范围，带来其他益处。如社交媒体在**灾害管理**（disaster management, DM）中也发挥着与众不同的作用，因其响应快，围观效应明显，面对突发事件时，大多数人试图使用它们来获取事件信息、传送动态消息。而且，灾后救助往往是无私、志愿的公众参与，包括搜索、救援、受害者疏散和在线帮助等。社交媒体通过向公众传播信息和从公众获取信息，为公众参与应急管理提供了机会。虽然在紧急情况下，个人在接触到大量信息时没有意识到其中有虚假信息的风险，但其他用户通常会迅速纠正这些虚假信息，从而使社交媒体能够"自我调节" [③]。

图书馆使用社交媒体，意味着增加了新的业务工作。如何做好运营管理，是图书馆面临的紧迫命题。具体而言，要注意以下方面：①图书馆在社交媒体运营管理中要事先对知识受众进行调查了解，有针对性地选择、运营社交媒体平台；②如果一个图书馆开设多个社交媒体账号，那么可以通过社交媒体管理平台统一安排运营，使工作变得便利、轻松；③要学会使用计划日历来提前准备发布的内容，以保障发布内容的多样化、连续性；④在发布图书馆的内容时，保证馆员的在线时间，以便与读者充分交流、互动；⑤在社交媒体推送视频课程或讲座时，实时地推荐馆藏文献，以促进资源利用、读者阅读；⑥要对馆员进行必要的培训，以使所有馆员都能按照一定的质量标准提供多媒体发布

① 张伟庆.图书馆短视频服务的影响因素及优化策略：以抖音平台为例[J].图书馆学刊,2022,44(6):76-80,92.

② 馆员必读：社交媒体助力图书馆服务升级,这几件事一定要知道[EB/OL].搜狐·Taylor & Francis (2021-07-07)[2022-08-13]. https://www.sohu.com/a/476011744_120580219.

③ SIMON T, GOLDBERG A, ADINI B. Socializing in emergencies：a review of the use of social media in emergency situations[J]. International journal of information management,2015,35(5): 609-619.

素材；⑦鼓励读者在图书馆自拍并在社交媒体上分享阅读照片，以及在微信、美篇上发表图书馆体验文章；⑧图书馆要制定社交媒体发展策略，明确目标和方向，吸引读者成为图书馆的同路人，为自身和读者共创价值①。此外，图书馆还可以在社交网站"**豆瓣读书**"建立阅读小组，在图书馆和读者之间搭建学术沟通的平台。

在运行一定周期之后，图书馆应该对自身的社交媒体运营管理进行适当的评估。约瑟夫·瓦尔特认为社交媒体有 9 个**元结构**（metaconstructs）：传播能力（distribution capacity）、信息持久性（message persistence）、受众（audience）、渠道和线索（channels and cues）、关系（relationships）、时效性（temporality）、互动性和相互影响（interactivity and mutual influence）、信息特征（message characteristics）、社会目标（social goals），这 9 个元结构不是互相排斥而是互相影响、作用的②。图书馆可以将这 9 个元结构转化为 9 个基本要素，依此建构出一个图书馆社交媒体评估的指标体系，应用于图书馆社交媒体的效果评估。同时，设计分析方法，以证明社交媒体的使用是否能够增加对图书馆服务的使用量。

社交媒体在社会中的广泛使用，为图书馆推广其服务和吸引新读者提供了机会。但是，也有学者指出，图书馆和社交媒体结缘或许是与魔共舞，在制定社交媒体策略时必须充分意识到这些平台固有的隐私模式有可能完全违背图书馆的价值观和既定政策，应该建立防火墙，确保与读者身份或图书馆服务有关的数据不会泄漏到社交媒体或其他商业目的地。同时还应注意，使用社交媒体的人数众多，他们成了图书馆外展工作的重要目标，但将使用图书馆资源的人引到社交媒体平台上似乎有问题，引流方向应始终是从社交媒体到图书馆资源，而不是相反。例如，图书馆应该在社交媒体上提供链接图书馆的网址，而不是在图书馆主页上提供链接社交媒体的二维码图标，将访客从图书馆网站转

---

① 馆员必读：社交媒体助力图书馆服务升级，这几件事一定要知道[EB/OL].搜狐·Taylor & Francis (2021-07-07)[2022-08-13]. https://www.sohu.com/a/476011744_120580219.

② WALTHER J B. The merger of mass and interpersonal communication via new media: integrating metaconstructs[J]. Human communication research, 2017,43(4):559-572.

移到外部社交媒体[①]。

第五节　电子书能取代纸本书吗

这是近二十年来的一个老调重弹的问题。至今为止，一些图书馆学家也不愿意承认电子书能取代纸本书籍。除了感情因素以外，主要理由还在于纸质书籍具有保存的耐久性、装帧的艺术性、深度阅读的适应性等，这些特性具有永久存在的价值。但也有不同的声音，如在承认这些永久价值的前提下，认为未来电子书将取代纸本书，当然这并非指纸本书从此就没有了，而是指其将被边缘化，就像电子邮件使得手写书信边缘化，或者西医使中医边缘化一样[②]：

一、纸本书被边缘化的理由

1. 从"历时"的角度看，书籍载体一直处于变化过程中，新载体总会取代旧载体。书籍的载体从泥版、莎草、石头、竹帛、兽皮等到纸张，载体形式在经历一定稳定发展期后，总会被新的载体逐渐取代，并带来内容表现上的进化，如纸质载体文字容量更大、易于表达图画等。因此，当一种新的载体能够覆盖旧载体的所有功能，并能产生新的使用价值，书籍载体的变迁就是不可避免的了。因此，60多年前图书馆学家刘国钧先生给图书下定义时说："图书是以传播知识为目的而用文字或图画记录于一定形式的材料之上的著作物。这个'一定形式的材料'在各个历史时代和各民族是有所不同的。"[③]

2. 从"共时"的角度看，电子书不仅基本可以覆盖纸质书籍的功能，还有诸多纸张不具有的使用价值。如有成本低、节约资源、可按需印刷成纸本、能即时传播、无须仓储物流、没有漫长的账期、多媒体共存、内存量大、携带方便、无光线时也可阅读、字体可以放大更改、可在线查阅生字典故、可以转换为音频朗读等。虽然目前电子书与纸质书籍相比还有某些不足，如没有纸质书

---

① 　BREEDING M. Social media disconnect: considering the role of social media in library marketing strategies[J]. Computers in libraries, 2021,41(8):9-11.

② 　王子舟.图书馆学是什么[M].北京:北京大学出版社,2008:249-257.

③ 　刘国钧.中国书史简编[M].北京:高等教育出版社,1958:2.

籍特有的艺术质感，缺乏批注的方便性，视力保护能力相对较差，以及读者隐私不易保护等，但随着电子书技术的不断成熟，这些不足会逐步消弭，并衍生出一些新的、特有的纸质书籍所没有的阅读体验功能。同时，区块链技术的运用能够提升数字版权的确权、追溯、运用、交易等各个环节的安全性和可靠性[①]。

3. 从内容呈现方式看，纸质书籍内容是文本，而电子书则是**超文本**（hypertext）。意大利学者、作家**翁贝托·艾柯**（Umberto Eco, 1932—2016）曾指出：印刷书籍的叙事方式是线性的，"人必须以一种线性方式从左向右阅读（依据不同的文化，还可以从右向左，或由上至下）"，并"意味着体力劳动"。与之相反，电子图书作为一种超文本则是"一种多维度的网络，或者好比一座迷宫，其中每个点或节点都有与其他任何节点连接起来的可能"。也就是说，印刷书籍是典型的"文本"，而超文本却是一种"系统"。"系统"提供了无限变化的可能性，你可用它创造出自己想要的文本，能让读者阅读时以不同方式进行无限再创作，如同一部留有悬念的侦探小说，读者在结尾部分可以自己决定凶手是管家、主教、侦探、作者，还是读者。未来书籍的诱人之处在于"造就了一种在读者方面绝对自由的印象"[②]。

4. 从社会效用方面看，电子书消弭了纸质印刷书籍的知识霸权，使书籍更具平等的交往理性。按照美国学者**马克·波斯特**（Mark Poster, 1941— ）的划分，纸质书籍属于"**第一媒介**"（包括报纸、广播、电视），是从中心向周边，或自上而下的单向交流，属于知识信息发出者对接收者的讲话，它增强了社会控制效用；而电子书属于"**第二媒介**"（即网络媒介），是互动的、去中心的，原有的主体被置换成多重的、分散的和去中心的主体，并且具有了不稳定身份，这有利于打破知识霸权，使人们能够更多地关注地方性的、非连贯的、非正式发表的种种知识。纸质书籍制造了意义的固定性、作品的不朽性及作者的权威性，而电子书则在这个基础上，添加出意义的易变性、作品的不稳定性及作者的不确定性与多重性。数字化书写颠覆了印刷文化，成为催生未来新文化

① 中国新闻出版研究院.数字出版呈现五大发展趋势[EB/OL].浙江出版联合集团（2021-07-14）[2022-08-15].https://www.zjcb.com/index.php?process=news&newsID=6961.

② ［意］翁贝托·艾柯.书的未来（上、下）[N].康慨,译.中华读书报,2004-02-18(22);2004-03-17(22).

的潜在力量。①。

总而言之，随着手提电脑、手持智能终端的普及，人们会逐步养成利用电脑写作、手机阅读的习惯。不断进步的电子书会在阅读领域成为未来书籍的主流。纸质书将作为一种艺术形式存在，就像人们早已不用毛笔写字了，但毛笔书法会作为一种艺术形式而长期存在。还有，知识媒介的存在本身就是一个生态系统，电子书刊成为主流知识媒介时，它本身与其他形态的媒介也有着包容乃至互动、互促的关系，就像纸质文本取代口头传统成为主流媒介时，并未忽略对话、演讲、布道、诵读等在纸本时代里的延续；手抄书籍被印刷书籍取代之后，手稿、书信、图书批注、抄写乐谱、笔记摘抄等在印刷时代仍在继续流通②。相信纸质书籍主流地位被电子书取代之后，纸本书仍然会长期存在，并将其他媒介的某些特点植入自身而展现出新的亮点，如现在已有书籍，用手机扫描其上的二维码就可看到相关影像内容，扫描书中图片就会出现 AR 效果等。

如果说纸质书籍是人类进步的阶梯，那么电子书就是人类进步的电梯。当人们普遍使用电梯时，阶梯的安全通道的价值还是不能忽略的。因此，高层住宅安装电梯的同时，还要保存楼梯的存在。纸质书籍的命运也如此。

二、纸本书被边缘化的路线图

2010 年 4 月 23 日，在北京出版集团的"纸质阅读与数字阅读——世界图书和版权日京版集团第八届讲坛"上，北京大学王子舟教授做了题为《随电纸书洪流走入数字阅读时代》的演讲，提出 2010 年是中国电纸书（电子书）开启的元年，未来纸质书刊被边缘化的时间表是 20 年，即 2030 年电纸书会成为读物的主要形态；未来纸质书刊被边缘化的路线图是：最先消失的是工具书，其次是报纸期刊，然后是小说等休闲读物，最后是学术著作。现将该演讲提到的路线图、时间表内容转载如下。现在距演讲过去十多年了，我们也可判断其中预测的哪些接近事实，哪些远离事实③：

---

① ［美］马克·波斯特.第二媒介时代［M］.范静哗,译.南京:南京大学出版社,2001:22-101.

② 组论小组.纸还有未来吗？一部印刷文化史［M］.傅力,译.北京:北京联合出版公司,2021:引言11-12.

③ 王子舟.随电纸书洪流走入数字阅读时代［J］.图书馆建设,2010(6):7-9.

随电纸书洪流走入数字阅读时代

1. 消失的工具书

工具书是查检性图书，使用特点是翻检而不是连续阅读。当人们能够轻松从网络版百科全书查找一个名词术语时，就不会再去翻阅纸本百科全书了。纸本工具书销售不动的结果，就是出版社以后不再出版纸本百科全书了。字典、书目、索引等命运都基本如此。上海世纪出版集团2010年3月推出的辞海阅读器，一上市就卖出2000台。该阅读器就是电纸书，内装包括《辞海》等300种图书，还可以付费（纸书的1/3价格）下载500种电子书[①]。另外，由于现在大学图书馆数字资源里都有《四库全书》《二十五史》的全文检索数据库，几乎没有人再去查阅其纸本的人名索引、地名索引了。

2. 消失的报纸、期刊

报纸是浏览型的读物，内容以新闻为主，看完即弃。在美国，假如每月花十几美元就能通过Kindle浏览到每天的《纽约时报》等数家大牌数字报纸，那么谁还愿意订纸质报纸呢？贝索斯说："如果未来十多年看报纸的主要方式还是在印好的纸上，我觉得这绝对令人难以置信。"[②] Kindle的无线连接功能在几十秒内就可以顺利完成后端结算和内容传送，这也是《泰晤士报》《华盛顿邮报》等大牌报纸愿与亚马逊公司合作的一个重要原因。2010年起，中国的汉王N618电纸书也可以阅读《环球时报》等多份报纸了，利润上汉王与报社2:8分成（亚马逊是3:7）[③]。优厚的利润分割会促使内容生产者逐步放弃纸本报纸的发行。再说期刊，俗话说"男人看报纸，女人读杂志"，杂志区别于报纸的地方是杂志出版周期长、专题性强、内容有深度，但二者都是浏览型读物，其纸本形态也将步报纸后尘逐步消失。

---

① 曹玲娟.上海世纪出版集团给《辞海》插上翅膀[N].人民日报,2010-04-10(4).

② O'BRIEN J M.亚马逊的Kindle革命[J].南都周刊,2009(328):75-76.

③ 夏琪.汉王有意牵手平媒,无纸报纸指日可待[N].中华读书报,2010-03-31(2).

3. 消失的休闲读物、学术著作

此类书籍的最大特点是原创价值高，需要连续、反复阅读，并且还有较大的保存价值。小说、诗歌、箴言录、歌曲集、画册等消遣性、欣赏性的作品，因为它们的受众面广、消费量大，也是电纸书将青睐的内容资源。至于学术著作，由于受众面窄、消费量小，它们会是最后退出纸本世界的书籍。有人会说，学术著作如果都是无纸化了、数字出版了，所谓"著作等身"也就不存在了，毕生追求学术的人对此难以接受，因此学者们将会坚定地抵制学术著作的去纸化。其实，事情可能并没有这么悲观。作为内容提供商的出版社，它在发行一部销路较好的学术著作的时候，以前可能起印 6000 册纸质书籍；现在数字出版时，出版社也会少量印刷一部分纸本，以满足作者、图书馆的需求。

有人说看电纸书不如看纸本书籍舒服，这也完全是多虑的。现在的数字墨水（E-INK）技术已经使电纸书具有纸张的纹理质感及油墨的凹凸感，阅读屏不发光也不反光。也就是说，电纸书的发展方向是保护传统的阅读习惯，而不是颠覆传统的阅读习惯。正如麦克卢汉所言，新媒介"刚问世时，它们似乎是旧媒介的降格形式。新媒介必然把旧媒介当作内容来使用。这样做可以加速它们自己粉墨登场、成为艺术形式的过程"[①]。

那么纸质书刊边缘化的时间表是怎样安排的呢？国外某权威机构预测，到 2020 年数字出版将占到出版业销售额的 50%，2030 年时 90% 的图书都将是 E-Book 版本[②]。意思是说，再过 20 年我们大量阅读的媒介已经不是纸质书刊，而是电纸书等手持智能终端设备了。也许有人觉得这种预测不靠谱，并举例证明：美国情报学家兰卡斯特曾预言 2000 年世界进入无纸世界，但这个预言显然被证实是错的。然而，笔者认为这个预测是有道理的。古代三国时期，纸张与简册、缣帛还是并行时期，魏文帝曹丕曾

---

① [加]麦克卢汉,秦格龙.麦克卢汉精粹[M].何道宽,译.南京:南京大学出版社,2000:411.

② 刘红霞,项凯标.2010:电子书之年的品牌大战[EB/OL].全景网（2010-04-02）[2010-04-03].http://www.p5w.net/news/cjxw/201004/t2903327.htm.

"以素书①所著《典论》及诗赋饷孙权，又以纸写一通与张昭"②。至东晋末年桓玄称帝下令在其辖内以黄纸代简帛，这也不过是一百多年的事，而且当时战乱频仍，技术进步迟缓。如今技术升级速度飞快，20 年之内会发生许多让人惊讶的事情。

根据美国出版商协会 2019 年的年度报告，2018 年所有媒体的图书出版商在美国创造了超过 260 亿美元的收入，其中成本昂贵的印刷书籍占 226 亿美元，价格低廉的电子书占 20.4 亿美元③。看来印刷书籍的边缘化可能不会按时到来。但是作为数字原生代的年轻读者已经习惯了电子阅读，电子书取代纸质书籍仍是一个不可更改的方向。

第六节　技术发展会使图书馆消亡吗

"技术革命"曾经是半个世纪以来人们的习惯称谓。但是美国图书馆自动化专家**萨蒙**（Stephen R. Salmon, 1933— ）在 40 年前指出："技术革命具有这样的特点：技术革命在进展中，我们不会感觉出来。它还具有另外一个特点：引起革命的往往不是技术，而是一种想法。某些人必须认识到：以一种特殊的方法应用一种技术，会改变有关知觉与行动的基本概念。"④ 由于技术带来的社会变化具有滑缓性，因此我们应该放弃"技术革命"，用**技术发展**代之似更为恰切。技术发展会带来许多新事物，也会消灭许多旧事物。技术发展可以改变图书馆的形态，但是并不会使图书馆消亡。

---

① 素书指写在原色（即白色）丝织品上的书。此句讲的是三国时期缣帛与纸张书籍并行。

② ［晋］陈寿.三国志：卷二·魏书·文帝纪［M］.［南朝宋］裴松之，注.北京：中华书局，1959：89.

③ AHMAD N. Print books vs Ebooks: a long battle for existence[EB/OL]. Librarianship studies & information technology (2022-09-11)[2022-09-29]. https://www.librarianshipstudies.com/2022/09/print-books-vs-ebooks-long-battle-for.html.

④ ［美］斯蒂芬·R.萨蒙.图书馆自动化系统［M］.胡世炎，等译.北京：书目文献出版社，1984：172.

一、技术发展推动了图书馆进步

回顾图书馆的历史，可以看到图书馆是对新技术最为敏感，通常也是能做出积极应对与调整的行业，或者是最先引进、使用新技术，利用新技术开发新业务、新方法的行业之一。

1. 对技术的响应与调整

以对造纸术、印刷术的响应与调整为例，成熟的纸张和印刷技术导致近代欧洲印刷品的激增，从 17 世纪到 18 世纪，英国印刷书籍的总数从 1.22 亿册上升至 2.28 亿册，法国从 1.46 亿册增加到 2.31 亿册，欧洲其他的主要国家的印刷书籍的数量也几乎是成倍地增长。印刷书籍的激增，使得欧洲出现了消息灵通、思想活跃的阅读群体。这些因素很快也传导到了图书馆，传统图书馆被迫也要有所变革以适应新的社会要求。在 19 世纪 60 年代早期，哈佛大学图书馆助理馆员**埃兹拉·阿伯特**（Ezra Abbot, 1819—1884）创建了 "5 英寸 ×2 英寸" 的卡片目录，无疑扩大了普通读者对图书馆目录的使用。卡片目录放在抽屉柜里，"就像手推车或可移动的书架一样，成为众多新技术中的一种，使图书馆成为一个充满活力的技术创新空间"[①]。1876 年美国图书馆学家麦维尔·杜威十进图书分类法的应用，既提高了图书馆馆藏书籍有序化的科学管理水平，也提高了人们借阅图书馆书籍的效率。

2. 积极引进、应用新技术

以**缩微技术**（micrographics）为例，尽管 1839 年时，英国摄影师丹赛（J. B. Dancer, 1812—1887）第一次通过显微镜把一张 20 英寸的文件缩小拍在了 1/8 英寸的胶片上，但直到 1925 年美国纽约市立帝国信托银行的一位职员乔治·鲁·麦卡锡（George L. McCarthy）设计出拍摄支票的转轮式缩微照相机，缩微技术才开始进入实用阶段，并很快就应用到了图书馆领域。用缩微摄影技术拍摄图书、档案资料所形成的**缩微胶片**（microfiche）或**缩微胶卷**（microfilm），具有记录效果好、保存寿命长、贮存空间小、可代原件阅读、可多份拷贝等特点，这无疑有利于文献资料的长期保存，方便读者的使用。特别是在第二次世界大战期间，为避免战火的焚毁，许多国家的图书馆、档案馆

---

① 组论小组.纸还有未来吗？一部印刷文化史[M].傅力,译.北京:北京联合出版公司,2021:277-296.

等都纷纷采用缩微技术拍摄文献，采用多份拷贝的方式进行保存。此外，20世纪 50 年代**计算机技术**（computer technology）还在实验完善阶段，图书馆已经利用它研发穿孔卡片系统，待 60 年代计算机技术开始进入应用领域，美国图书馆界开始利用其研发机读目录（MARC）、开发联机检索业务。后来**静电复印技术**（xerography）、**电子扫描技术**（electronic scanning technique）从实验室走入商业领域时，图书馆也是率先应用它们的行业之一。

3. 利用新技术开发新功能

目前图书馆利用新技术开发出来的新功能有很多，如搭建**图书馆门户网站**（library portal），使读者可以远程线上访问、查询、获取知识信息；采用**身份认证**（authentication）技术，包括指纹、人脸识别等，来进行读者身份确认；门口安装**出入计数器**（gate counter）自动统计到馆人数；应用图书馆服务平台实现电子、数字、纸本资源统一管理；利用**自动选书系统**如 GOBI Library Solutions 等进行图书选采；利用新的资源发现系统，可以一站式查找纸质书、电子书，以及各种数据库，并可以进行外文翻译、文章下载；采用本地开发的系统如**帮助平台**（helpdesk）进行设备管理、学生工作管理、研讨室预订、座位预订等；使用无线射频识别技术（RFID）完成自动图书流通的分拣、上架；通过馆际互借、文件传递系统，为读者远程借阅纸质书籍或下载电子文本；使用在线聊天咨询系统、人工智能聊天机器人，解答读者的一般咨询问题；设置自助借还、复印、扫描等设备，为读者提供自助服务；配置**媒体景观休息室**（media scape lounge）和**基于活动的办公**（activity based working, ABW）的家具，集成了技术和家具，将人员、空间和信息结合在一起等[①]。

有学者指出，在未来十年的发展中，图书馆员应该注意虚拟现实、增强现实、物联网技术在图书馆的应用，以及采用"购买数据，构建接口"（buy the data, build the interface）的服务方法。这些技术趋势将对图书馆产生积极的影响，例如：虚拟现实可以让读者在线上进行图书馆虚拟游览；增强现实可以为各种虚拟浏览提供额外的信息；**物联网**（Internet of Things, IoT）可使图书

---

① 傅平. 图书馆自动化有哪些技术？［EB/OL］. 科学网·PingFucwu 的个人博客（2018-03-14)［2022-08-21］. https://blog.sciencenet.cn/blog-3316383-1103805.html?mType=Group.

馆的设备联网互通，轻易调节室温、照明等；而"购买数据，构建接口"，即Feed（订阅源）、**通用数据标准**、API（应用程序接口）的迅速采用，意味着各种工具、服务和应用程序更加开放，可以共享和定制[①]。

二、图书馆不会消亡的理由

二十年前，在世纪之交时，图书馆员们有一个普遍的焦虑，即未来的互联网是否真的可以取代图书馆？二十年后，图书馆员们的普遍焦虑变成了两个，即在前一个焦虑尚未消退的情况下又增加了一个：未来的智能技术是否会让实体图书馆消亡？从目前来看，互联网和人工智能技术都不会导致图书馆消亡。具体理由如下：

1. 图书馆积极使用新技术实现不断发展

如上文所述，图书馆是拥抱新技术、积极使用新技术的行业。如果说作为保留社会记忆的图书馆是人类的社会大脑，它的存在是一种永恒的需要，那么随着技术的进步，图书馆变化的只是形式或形态，而不是本质的改变。图书馆会利用各种新技术，来提升社会大脑的能力，以服务每个社会个体或社会群体。尤其是，图书馆这个社会大脑在保存社会记忆时，经过了优选而储存下来了大量前人的思想精华，未来的技术手段就是希望这些思想精华怎样方便、有效地被后来者所吸收借鉴。2019 年，美国密歇根大学图书馆高级项目经理肯尼斯·J. 瓦纳姆（Kenneth J. Varnum, 1967— ）主编的《**每个图书馆员都需要了解的顶级新技术：LITA 指南**》（*New Top Technologies Every Librarian Needs to Know: A LITA Guide*）[②]在2014年版的基础上更新再版，内容围绕"数据""服务""存储库和访问""互操作性"四个主题展开。"数据"部分介绍了链接开放数据、物联网、链接解析器和 web 存档；"服务"部分讲述了隐私保护技术、数据和信息可视化以及虚拟现实；"存储库和访问"（Repositories and Access）部分包括了数字展览、数字存储库和数字出版；"互操作性"（Interoperability）涵盖了国际图像互操作性框架（IIIF）、学习工具互操作性（LTI）、机器人、

---

① VARNUM K J. Predicting the future:library technologies to keep in mind[J]. International Information & library review, 2017,49(3):201-206.

② VARNUM K. J. New top technologies every librarian needs to know: a LITA guide[M]. Chicago: ALA Neal-Schuman, 2019.

机器学习和移动技术。该书内容表现了图书馆学专业人士对新技术在图书馆应用的基本预测与期许[①]。

2.实现知识平等自由获取的价值不会过时

图书、论文等作品的出版，从其商品属性来说，具有私人产品的性质，但其知识内容又具有公共产品的性质。记录新思想、新科学发现的书籍、论文，因要保护创作者的著作权利益，它们中的大部分在发表后的几年里，还不能在互联网上免费获取全文。而图书馆通过付费将这些书籍、论文变为馆藏再提供给注册读者使用，一方面保障了创作者的著作权利益，一方面实现了书籍、论文公共产品的功能。此外，一种纸质书在市场脱销已久，想找来阅读就会很难，尤其有些绝版书，更是难得一觅。图书馆就是保障人们能够免费顺利借阅到这些作品的一种公共知识空间的制度安排，允许任何收入水平或背景的人查询到高质量的知识信息，由此实现了人们平等自由的知识获取。如果没有图书馆这样一个公共知识空间，人们就没有公共渠道来借阅到这些作品了，而为获得所需作品可能就要花费极大的经济和时间成本，这显然不利于社会的知识创新与发展。

3.实体图书馆的物理空间依然不可或缺

图书馆是汇集世界所有知识的存储地，虽然主要馆藏形态正由纸质资源向电子资源转移，但无论是纸质的，还是电子的书籍，图书馆依然需要物理空间来保存，以确保知识继续被记录和长久保护，以备将来使用。正因为有了物理空间的存在，才可以通过实体图书馆保障读者与实体文献、读者与图书馆员、读者与读者的在场交流，没有这些交流，图书馆就成了坟墓而不是形成交往理性的场所。在自媒体普及的今天，**脸书即时通**（Facebook Messenger）、**微信语音聊天**与视频聊天尚无法完全取代见面交谈，与之相仿，人们固然可以从线上获取图书馆的电子资源，但是到图书馆学习、浏览书架、参加读者沙龙、观看主题展览，乃至参与亲子阅读活动等诸多需求是不可能被替代的。特别是那些社区图书馆、乡村图书馆，它们在社会基层发挥着公共场所的作用，通过丰富多彩的阅读活动，能让自身的触角与周围发生关联，促进社群形成共同感

---

① MUGRIDGE R L. New top technologies every librarian needs to know: a LITA guide (2019)[J]. Journal of electronic resources librarianship, 2019,31(4):326-327.

情、相互依赖性、共同义务、共享价值等旨趣。城市的社区图书馆还是弱势群体、无家可归人的庇护所，业主辩论和社区行动的会议室；而远离城市的乡村图书馆，则可以在空间里植入地方元素，培养读者的地方认同意识，从而留住人们的乡愁，打造成美丽乡村不可或缺的公共文化空间。

4.图书馆员仍将长期成为知识信息的守门人

接受过专业训练的图书馆员能充分了解读者需要的最佳信息源，在收集、组织和协调相关知识信息方面发挥着独特的作用。他们每天都在为科学家、医生、律师、教授、作家、学生、政府官员和其他重要专业人士提供支持，帮助人们进行学习或从事高水平的研究[1]。普通大众可以通过网络搜索引擎快速地找到自己需要的东西，但有了图书馆员的帮助，他们可以了解更复杂的搜索流程，以及正确使用工具来发现信息知识、梳理信息知识。尽管未来的智能技术可以将图书馆发现系统变得更加智能化、快捷化、精准化，但是对检索出来的信息知识内容的价值判别，还是图书馆员可以大展拳脚的领地。

1982年英国图书馆学家**詹姆斯·汤普森**（James Thompson, 1932—2015）在《**图书馆的未来**》（*The End of Libraries*）一书中指出：图书馆与图书馆员们必须紧紧抓住因时而变的新技术，否则将像恐龙一样成为进化的牺牲品[2]。四十年过去了，他的话依然是我们应铭记的箴言。

---

① DEMPSEY K. There are many reasons why libraries are essential[EB/OL]. Libraries are essential[2022-08-21]. https://www.librariesareessential.com/why-are-libraries-essential/.

② ［英］汤普森.图书馆的未来[M].乔欢,乔人立,译.北京:书目文献出版社,1988:134.

第八章　图书馆学教育与研究

第一节　图书馆学是什么

一、图书馆学定义

1.图书馆学研究对象

要给图书馆学下一个准确定义，首先要明确图书馆学的研究对象及其范畴边界。寻找图书馆学研究对象，可以从学术史的考察、学理的分析入手：

（1）从学术历史来看，图书馆学知识体系产生于古代的图书整理实践，是研究图书、整序图书、揭示图书的相关学问，所以古代图书馆学是围绕图书这一核心概念建立起的知识体系，研究重心是怎样进行图书整理与揭示；现代图书馆事业发展起来以后，作为现代学科体系中一支的图书馆学，在研究图书整理的基础上，更加关注图书馆经营、馆藏建设、读者服务、事业发展等，核心概念从图书转到了图书馆，研究重心是怎样进行图书馆管理与服务。当代社会在互联网兴起后，电子媒介、数字信息大行其道，图书馆学核心概念从图书馆又转到了信息，研究重心转向信息技术的运用，数字资源的集成、搜索与传递，以及信息分享与公平。

（2）从学理分析来看，①在时间（历史过程）的意义上，无论古代图书馆还是现代图书馆，它们都是保存人类记忆的一种社会大脑。图书馆试图通过汇集文字、图画、口述、影像等各种资料来记忆一切知识，展现人类运用思想行动的能力，以期超越死亡，延续文化。②在空间（现实社会）的意义上，图书馆是把记忆知识移入活着的个人意识中的一种**社会机构**（social apparatus）[1]。其"移入"的具体方法，从图书馆角度来说，就是通过借阅与咨询等服务；从读者的角度来说，就是通过阅读。

有学者认为，从表象上看，图书馆是将图书报刊、数据库等各类文献信息集合在一起的社会机构，但从本质上看，文献信息主要是由知识构成的，图书馆其实就是保存社会记忆、传播人类知识的知识集合。因此**知识集合**就是**图书馆学研究对象**，而客观知识如何形成知识集合，知识集合又怎样作用于知识受众，即客观知识、知识集合、知识受众及其交互关系，就形成了**图书馆学研究范畴**（也称"图书馆学研究客体"）[2]。有的学者说得更为直白："图书馆学研究对象是'客观知识—图书馆—人'之间构成的关系空间。"[3]也有学者认为，图书馆信息职业的使命是保障信息的有效查询与获取，这是图书馆情报学的基本问题，围绕着"信息的有效查询与获取"的一切命题，也就成了图书馆情报学的研究范畴[4]。

2. 图书馆学定义

有关**图书馆学**（library science）的定义很多，以下几种从不同角度提供了对图书馆学定义的理解：

（1）我国学者编撰的《图书馆·情报与文献学名词》一书，将图书馆学定义为："研究图书馆事业的产生和发展，文献资料的组织管理、服务以及图书馆工作规律的学科。"[5]

（2）《不列颠百科全书》在线版称："图书馆学是指应用于图书馆运行管理中的原理、方法及其相关研究。"（Library science, the principles and practices of library operation and administration, and their study.）[6]

（3）《图书馆与信息科学在线词典》称图书馆学是"选择、获取、组织、

---

① ［美］皮尔斯·巴特勒.图书馆学导论［M］.谢欢,译.北京:海洋出版社,2018:中译本导言,16.

② 王子舟.图书馆学基础教程［M］.武汉:武汉大学出版社,2003:90.

③ 蒋永福.图书馆学基础简明教程［M］.北京:知识产权出版社,2012:54.

④ 于良芝.图书馆情报学概论［M］.北京:国家图书馆出版社,2016:3,7,312.

⑤ 图书馆·情报与文献学名词审定委员会,编.图书馆·情报与文献学名词［M］.北京:科学出版社,2019:1.

⑥ Library science［EB/OL］. Encyclopedia Britannica website(2013-08-23)［2022-01-10］. https://www.britannica.com/science/library-science.

存储、维护、检索和传播记录信息以满足特定客户的需求的专业知识和技能，通常在有资格授予图书馆学硕士或图书馆学与信息科学硕士学位的专业图书馆学校教授。该术语在美国与图书馆学（librarianship）同义。"（The professional knowledge and skill with which recorded information is selected, acquired, organized, stored, maintained, retrieved, and disseminated to meet the needs of a specific clientele, usually taught at a professional library school qualified to grant the postbaccalaureate degree of M.L.S. or M.L.I.S. The term is used synonymously in the United States with librarianship.）[①]

从本质出发，综合众说，我们可以说图书馆学就是研究如何通过知识集合的方式来保存社会记忆、传播人类知识的一门科学。

二、图书馆学特征

1. 图书馆学属于社会科学

按照研究对象粗略划分，研究物理世界的科学就是自然科学，研究事理世界的科学就是社会科学，研究人理世界的科学就是人文科学。比如，同样是研究人，自然科学研究人的生理现象（如生理学、病理学等），社会科学研究人的行为与关系（如经济学、法学等），人文科学研究人的生命意义和价值（如文史哲等）。

图书馆学不是建立在追求生命意义和价值基础上的一门学问，也不是建立在发现物质世界隐藏奥秘基础上的一门科学，它是保存人类社会记忆、帮助人们寻找知识的一门学科，它应该属于社会科学范畴。

2. 图书馆学属于方法性学科

由于图书馆学的核心知识是研究各种文献信息如何被收集、组织、存储、检索、推荐、阅读等，所以图书馆学属于方法性很强的学科。

方法特征强的学科，在发展过程中必须借助诸多科学方法、技术手段来促进自身的不断创新，因此图书馆学也是多学科知识方法可以进入、交融的一个方法学科，具有交叉学科的某些性质，并对其他学科乃至社会发展有多方面的

---

① Library science[DB/OL].Online dictionary for library and information science[2022-01-23]. https://products.abc-clio.com/ODLIS/odlis_l.aspx.

支持功效。有学者说，图书情报学科"一方面着眼于文献对象的描述和利用，将知识组织、语义关联、情报计算等理论与方法融入信息保障、文化传承、科学交流、数字人文、决策支撑；另一方面致力于将算法、逻辑、数学等应用于文献信息的管理，将知识图谱、时序演化、神经网络、关联挖掘等应用于不同领域大数据的处理和开发，使其成为智慧化数据。继而为创新群体和社会大众提供信息服务和决策支撑"①。

三、图书馆学内容体系

图书馆学内容体系是图书馆学研究范畴的表现形式。它的形成最早源于两个方面，一是实施图书馆学教育时对课程的安排，二是人们开展图书馆学研究时对图书馆工作内容的解析。

现代图书馆学由理论、应用两大板块构成。理论板块可称为"**理论图书馆学**"（theoretical library science），主要研究图书馆学的一般原理，以及本学科学术史、未来发展等，为本学科提供理论框架和研究方法，为图书馆事业发展提供理论依据和指导。应用板块可称为"**应用图书馆学**"（applied library science），主要研究图书馆实践活动中所需的方法和技术，以促进图书馆业务水平的提升。当代图书馆学内容体系结构如下（见图8-1）：

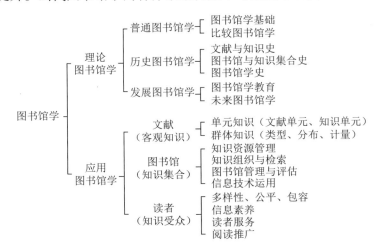

图8-1 当代图书馆学内容体系

① 曾建勋.重视图书情报的"交叉学科"门类特征[J].数字图书馆论坛,2021(2):主编寄语,1.

四、图书馆学方法

每门学科都有自身的专门方法，衡量一门学科发展是否成熟的一个重要标志就是该学科有无自己专门的科学方法。**图书馆学方法**（曾称"图书馆学专门方法"）是图书馆学在发展中逐渐形成的本学科经常使用的科学方法。它既可有效地应用于图书馆学实践活动中，也可有效地应用于图书馆学理论研究中。图书馆学方法主要由文献目录学方法群和文献计量学方法群等构成，它们主要形成于文献信息的整序与揭示的长期实践之中。

1. 文献目录学方法

文献目录学方法形成于古代文献整理活动中，在近现代图书馆事业发展中得到了继承和发展。文献目录学方法是由诸多具体文献研究整理方法构成的，包括文献考释（如版本、校勘）、文献组织（分类、编目）、文献揭示（提要、文摘）的方法等。

（1）文献考释方法中，**版本鉴别**（又称"版本鉴定"）是根据内容或形式特点对图书的制作年代、工艺进行判断的一种方法。其目的在于探求文献内容的原本性。对同书异本现象进行探本溯源，即序其先后，审其异同，判其完缺，定其优劣，从而找出文献传衍的线索与规律[①]。**文本校勘**是将同一种文献的不同版本和有关资料加以比较、考校异同的方法，旨在订正谬误，探求文献内容的真实性。尤其是在写本时代，图书传抄常会发生文字的讹、脱、衍、倒等错误，于是校勘工作就要备众本、辨异同、订脱误、删重复、增佚文、存别义等[②]。

（2）文献组织方法中，文献分类（又称"图书分类"）是以文献分类法为工具，根据文献所反映的学科知识内容与其他显著属性特征，按照文献分类规则，分门别类地、系统地组织与揭示文献的方法[③]。文献编目（简称"编目"，又称"信息描述"或"资源描述"）是按规则对文献信息资源进行著录，形成目录条目并进行维护的方法，通常包括书目描述、主题分析、分类号码的分配等。

---

① 王子舟.图书馆学是什么[M].北京:北京大学出版社,2008:192-193.
② 王子舟.图书馆学是什么[M].北京:北京大学出版社,2008:198-199.
③ 俞君立,陈树年.文献分类学[M].武汉:武汉大学出版社,2015:2.

（3）文献揭示方法中，**提要**是用简要文字撮述文献信息概要以揭示其内容的一种导读方法。一般多用于图书中。在中国古代，提要又有叙录、题解之名。**文摘**指不附加解释或评议，对原始文献内容作准确、扼要表述的一种方法。一般多用于期刊论文、学位论文中。

2. 文献计量学方法

主要有文献计量法、引文分析法、内容分析法等。文献计量法偏重文献数量的计量研究，引文分析法侧重文献中引文关系的研究，内容分析法侧重文献内容特征的计量研究。文献计量法、引文分析法的使用比较普遍与深入，内容分析法也正在越来越多地使用于图书馆学研究中[①]。

（1）**文献计量法**就是运用数学、统计学方法定量地研究文献信息流的特征及其规律的方法。其主要应用的范围是探讨和发现文献增长规律以及文献老化、文献分布、著者分布、主题分布等现象和规律[②]，如在文献分布上有**布拉德福定律**（Bradford's Law of Scattering），在文献老化测定上有**文献半衰期**（half life of document）和**普赖斯指数**（Price's Indicator）等分析工具。

（2）**引文分析法**（citation analysis，简称"引文分析"）是一种文献计量技术，通过对出版物中引用的作品进行检查，来确定学术交流的模式，例如，在一个或多个学科中，哪些书籍与期刊具有相对重要性，或哪些新信息源与旧信息源具有相对重要性。图书馆员也对学生研究论文、毕业论文和学位论文中的引文进行检查，以进行馆藏评估和开发[③]。

（3）**内容分析法**（content analysis，简称"内容分析"）是对一个作品或传播的信息载体进行仔细分析，以确定其意义并说明其对受众的影响。研究人员对文本（或一组文本）中的重要词语、概念、符号和主题进行分类、量化、分析和评估，并以此为基础，来推断文本所包含的显性和隐性信息，以及它所属的文化、时代特征。在这里，**"文本"**的定义很广泛，包括书籍、书籍章节、论文、采访和讨论、报纸标题、期刊文章、历史文献、演讲、对话、广告、戏

①　CHU H. Research methods in library and information science: a content analysis[J]. Library & Information science research, 2015,37(1):36–41.

②　王子舟.图书馆学是什么[M].北京:北京大学出版社,2008:211.

③　Citation analysis [EB/OL]. Online dictionary for library and information science (2013–01–10)[2022–01–23]. https://products.abc-clio.com/ODLIS/odlis_c.aspx.

剧、非正式对话等[①]。

3. 数字人文方法

随着各种大型文献、档案全文数据库的出现，古籍、旧图书、旧报刊、手稿、散页文字、图片、档案、文物等各种不易得到的资料纷纷呈现在公共知识平台。这不仅增加了研究者、学习者发现新史料的机会，也有助于他们借助数据挖掘、数据分析技术发现新问题，得出新结论。**数字人文**（digital humanities）方法在此基础上开始出现，它是将数字技术应用于人文研究的一种新兴研究方法，即利用计算机的信息检索、超文本、多媒体、计算机统计分析、数据可视化、数字地图等工具和方法，结合人文感性和批判性思维来从事人文项目的研究，从而延伸人文学科研究的时空范围和纵深程度[②]。

以上图书馆学方法是图书馆学教育的重要内容，也是馆员需要掌握的专业本领之一。需要注意的是，图书馆学方法与图书馆学研究方法不是一个概念。**图书馆学研究方法**（research methods in library science）是指从事图书馆学研究所采用的方式或手段，也就是研究图书馆学所用的方法[③]。从事图书馆学研究，我们既可以使用图书馆学方法，如在数据收集、数据分析时；也可以应用哲学方法、一般科学方法，如反思法、观察法、实验法、调查法、统计分析、数据挖掘、扎根理论、案例研究法、历史研究法、诠释法等；甚至其他各学科的方法，如田野调查、心理测量、话语分析、经验研究等方法。换言之，从事图书馆学研究，一切科学方法都可以为我所用。法无定法，关键看是否适宜。

① Content analysis [DB/OL]. Online dictionary for library and information science (2013-01-10)[2022-01-23]. https://products.abc-clio.com/ODLIS/odlis_c.aspx.

② 朱兴涛,宋梓萱.数字人文方法推进社会学研究创新[EB/OL].中国社会科学网（2022-01-19）[2022-09-02]. http://www.cssn.cn/zx/bwyc/202201/t20220119_5389211.shtml.

③ 王子舟.图书馆学研究法:学术论文写作撷要[M].北京:北京大学出版社,2017:6.

第二节　图书馆学教育

一、图书馆学教育的发展

古代图书馆学偏重研究书籍，围绕书籍涉及的命题如版本、注释、校勘、辨伪、分类、排序等就成为古典图书馆学的重要内容范畴。古代图书馆知识体系以校雠学为主，更多地体现为隐性知识、经验知识，其传承方式主要是师徒相授、子承父业等。如西汉时期刘歆继承父业在皇家图书馆继续整理藏书。清代学者章学诚说："古者校雠书，终身守官，父子传业，故能讨论精详，有功坟典，而其校雠之法，则心领神会，无可传也。"[①] 西方早期图书馆学的传承也依靠的是这种**学徒制**（apprenticeship）。

近代图书馆学教育是随着现代图书馆事业蓬勃发展而兴起的。1886 年德国格丁根大学图书馆馆长**齐亚茨科**（Karl Franz Otto Dziatzko, 1842—1903），依托大学图书馆开办了世界上最早的图书馆学讲座课程，主要讲授目录学、抄本史、印刷史、古文书学、图书馆经营法等科目。图书馆学的研究的重心还在图书上，但已经增加了图书馆如何科学经营管理的内容，适应了学术图书馆、公共图书馆普遍发展需要。

1887 年美国图书馆学家麦维尔·杜威（Melvil Dewey, 1851—1931）在纽约开办了**哥伦比亚学院图书馆经营学院**（Columbia College School of Library Economy），所设课程主要针对图书馆实际应用的需要，包括两大方面：（1）图书馆经营。包括图书馆经营概述、图书馆功能与利用、图书馆建设与推广、图书馆建筑、人事管理、读者条例、阅读与指导、各部门组织管理（流通、分类、编目、排架、参考、借阅、装订与修复、复制）等内容。（2）目录学。包括书目类型与利用、书目杂志、目录学史等概论性知识，以及综合目录、专科目录、主题书目、特种目录等各类书目的专门介绍等。其中，图书馆经营类课

---

① ［清］章学诚，著；王重民，通解.校雠通义通解[M].上海：上海古籍出版社，1987：38.

程约占三分之二，目录学类课程约占三分之一^{①②}。从此，图书馆学教育的场所从图书馆内转移到了学校，摆脱了附属于图书馆的地位而成为学校教育的一个组成部分。

图 8-2　德国格丁根大学图书馆馆长齐亚茨科

图片来源：Database of classical scholars Rutgers Banner[EB/OL]. Rutgers home [2022-09-09]. https://dbcs.rutgers.edu/all-scholars/dziatzko-karl-franz-otto.

图 8-3　美国图书馆学家麦维尔·杜威

图片来源：Melvil Dewey[EB/OL]. Britannica academic[2022-09-09]. https://www.britannica.com/biography/Melvil-Dewey.

　　1923 年，纽约卡内基公司委托查尔斯·威廉姆森（Charles C. Williamson, 1877—1965）所做的《**图书馆服务培训：为纽约卡内基公司编写的报告**》（习称《**威廉姆森报告**》）^③ 发表后，美国的图书馆学教育进入高质量的发展阶段，办学数量、办学层次、专业程度都有了大幅度提升。1926 年，在卡内基公司的大力支持下，芝加哥大学成立了**图书馆学研究生院**（University of Chicago Graduate Library School, GLS），美国诞生了第一个图书馆学博士培养学院。

---

① 　REECE E J, RATHBONE J A, PRESCOTT H B, et al. School of Library Economy of Columbia College, 1887-1889: documents for a history[G]. New York: School of Library Service, Columbia University, 1937:99-102.

② 　MIKSA F L. The Columbia School of Library Economy, 1887-1888[J]. Libraries & Culture, 1988,23(3):249-280.

③ 　WILLIAMSON C C. Training for library service: a report prepared for the Carnegie Corporation of New York[M]. Boston: Merrymount press, 1923.

此时期的图书馆学的主要课程有图书馆学导论、目录学与参考、图书选择与采访、分类与编目、图书馆自动化、视听资料、情报科学等①。经历了大萧条时代，从 40 年代到 60 年代，美加地区大学图书馆学院进入了繁荣发展时期。如截至 1971 年，美国已有 55 所由美国图书馆协会认证的图书馆学院，毕业生有 4970 人；授予图书馆学博士学位的学校达到 18 所，一年的博士生在读数量超过了以往 20 年的总和②。这时期开始，欧美国家图书馆员的聘用，通常要求被聘用人具有图书馆学硕士及以上的学历资格。

进入 70 至 80 年代，因计算机技术应用的普及，美国一些图书馆学院改名字为**图书情报学院**（School of Library and Information Science）。80 年代中期，受信息技术的冲击、图书馆就业市场的萎缩，许多大学关闭了图书馆学院，停止了图书馆学专业教育。21 世纪初年，美国密歇根大学等高校成立了新的**信息学院**（School of Information）。2005 年，这些学院和以往的几家实力雄厚的图书情报学院组成了一个**信息学院联盟**（iSchools）。iSchools 依赖于社会和行为科学以及计算、人工智能和语言学，关注的领域主要有数据科学、人机交互、信息组织和访问、文献计量学和信息完整性等③。后来 iSchools 运动逐步波及世界其他国家，成为全球信息运动，有 120 多家图书情报学院或信息学院成为该组织成员。中国的武汉大学、北京大学、南京大学、中山大学等 13 所大学相关学院也都是其成员单位。

中国现代图书馆学的正规教育发端于美国人韦棣华于 1920 年在湖北武昌创办的文华大学**文华图书科**（Boone Library School，简称"文华图专"），办学方式仿纽约哥伦比亚学院图书馆经营学院。1929 年文华图专从文华大学独立出来，改称**私立武昌文华图书馆学专科学校**，英文名未变。从 1920 年文华图书科正式成立到 1953 年 8 月并入武汉大学为止，文华图专为国内图书馆、档案馆界共培养了 600 多位专业人才。民国期间，国内重要图书馆的业务骨干中，

①　美国的图书馆教育制度［M］//文化部图书馆事业管理局科教处,编.世界图书馆事业资料汇编.北京:书目文献出版社,1990:290-309.

②　SULLIVAN P. ALA and library education: a century of changing roles and actors, shifting scenes and plots［J］. Journal of education for library and information science, 1986,26(3):143-153.

③　About［DB/OL］. iSchools［2022-09-09］. https://ischools.org/About.

文华毕业生几乎占去了半壁江山[①]。在胡适、袁同礼、王重民等先生的推动下，1947 年北京大学在文学院中文系内附设图书馆学专修科，招收本校文科各系的毕（肄）业生。1949 年秋，北京大学图书馆学专修科独立，实行公开招生。1956 年，武汉大学图书馆学系、北京大学图书馆学系由三年专修科改为四年本科。在 1949 年至 1979 年的三十年里，这两所大学的图书馆学系，共培养大学本科毕业生约 2000 人[②]，成为中国图书馆专业人才培养的南北教育重镇。

1978 年改革开放以后，南京大学、南开大学、中山大学等许多高校也开始设立图书馆学专业。八九十年代中，尽管有些院校的图书馆学专业经过调整撤销，但我国开设图书馆学专业的院校整体规模还保持在 20 多个（未包含港澳台数据，下同）。截至 2021 年，中国共有 20 所院校开设图书馆学本科专业，43 所院校或研究机构招收图书馆学硕士，75 所院校招收图书情报专业硕士（其中高校图书馆自行承担或联合培养的硕士点至少有 13 个），16 所院校设有图书馆学博士点（含 10 个博士后流动站）。其中具备完整图书馆学本科、硕士、博士学位课程贯通式的学科点有 10 个学校：北京大学、武汉大学、南京大学、南开大学、中山大学、郑州大学、湘潭大学、上海大学、黑龙江大学、河北大学[③]。

二、图书馆学教育内容

目前国内外大学图书馆学教育都是在"图书馆与信息科学"（library and information science，LIS）这一概念框架下展开的。图书馆学成为 LIS 的一部分，的确可以扩展其原有机构范式约束下不够开阔的视野，将其含义与数字世界联系在一起，捕捉多样化的领域，但因"信息"是一个过于宽泛的概念，二者组合也带来了给 LIS 定义的难度。比较而言，国际图联**建立强大的图书馆与信息科学教育**（Building Strong Library and Information Science Education，BSLISE）**工作组**对 LIS 下的定义有较高清晰度："**图书馆与信息科学／研究**

---

① 王子舟.图书馆学是什么[M].北京:北京大学出版社,2008:178-179.

② 吴慰慈.中国图书馆学情报学教育的改革与发展（1）[J].图书馆工作与研究,2003(5):2-5.

③ 田野.中国大陆图情档多层次教育进展及思考:2016—2021 年[J].图书馆杂志,2022,41(2):4-23.

（library and information science/studies, LIS）是一个学习、研究和应用的领域。在教育和学术领域，它关注的是所有格式和流程的信息、处理信息的技术，以及信息和相关技术与人类的相互作用；作为一种专业实践，LIS 涉及信息生命周期的所有方面，利用适当的技术将任何地方的人与信息联系起来，并在文化遗产机构和广泛的信息环境中开展工作。"①

1. 培养目标

大学图书馆与信息科学专业是图书馆专业人才培养的摇篮。不过美国圣何塞州立大学图书馆与信息科学学院 2017 年发表的一项报告显示，拥有**图书馆与信息科学硕士**（Master of Library and Information Science, MLIS）学位的个人就业机会，除了图书馆员外，还有以下工作岗位适合就业：应用程序开发人员、新兴技术图书馆员（emerging technology librarian）、档案管理员、信息技术专员、馆藏护理技术员（collection care technician）、知识中心运营主管、通信专家 / 作家、图书馆产品经理、冲突分析师、诉讼情报分析师、口述历史馆员、生产和营销专家、数字计划项目经理、技术中心管理员、文档 / 数据控制分析师、工作流程分析师 / 程序员等②。

2. 课程体系

世界各国、各地区的图书馆学专业都十分重视课程体系的建设。课程体系的建设通常遵循三个原则：其一是要围绕图书馆学核心知识做出理性把握，其二是要紧跟社会发展尤其是把握技术创新带来的社会需求，其三是要适应各区域、国家历史上形成的文化背景。以图书馆学硕士课程作比较，可以看到世界主要地区开设的图书馆学硕士课程各有自己的特点。

英美的图书馆学课程体系既有对核心知识的坚守，也对新技术反应迅捷，同时注重为职业服务的实用性，以及专业的理论与方法。核心课程的开设比例

① CHU C M, RAJU J, CUNNINGHAM C, et al. IFLA guidelines for professional library and information science (LIS) education programmes(2022) [EB/OL]. IFLA websites (2022-07) [2022-09-12]. https://repository.ifla.org/handle/123456789/1987.

② Become a librarian[EB/OL]. ALA websites[2021-11-21]. https://www.ala.org/educationcareers/libcareers/become.

要远小于选修课[1]，课程设置注重类型多样、层次鲜明、图情档一体化[2]。主要的课程大类有：①图书馆与信息科学理论及信息教育（包括社区信息学、记录信息的历史、信息与社会、信息伦理、信息素养、图书馆与信息科学导论、医学信息学等）；②信息服务与用户（包括成人用户服务、青少年用户服务、竞争情报、专业领域信息服务、信息行为、人文科学和技术信息服务、图书馆服务与管理、参考咨询服务等）；③信息资源管理（包括专类信息资源、档案与手稿管理、信息资源建设、数字保存、电子文件管理、政府信息、记录管理等）；④信息组织与检索（包括内容描述、信息构建、信息组织、信息检索、元数据与资源描述等）；⑤图书馆管理与图书馆事业（包括学术图书馆管理、信息政策、知识管理、法律事务、法律图书馆管理、图书馆与信息中心管理、图书馆评估、学校图书馆管理等）；⑥信息技术与信息系统（包括数据库设计与使用、数字图书馆、人机界面、人机交互、信息系统、信息技术、信息可视化、通信与网络、网页设计与出版等）；⑦研究方法等[3]。

欧洲的课程体系则比较多地考虑了自身的文化背景因素。如2004年，欧洲多国图书馆与信息科学专业同人发起了一个图书馆与信息科学课程开发的研究项目，提出了图书馆信息科学应该把握的12个主题：①一般的LIS课程（元级别）[LIS curriculum in general（meta-level）]；②文化遗产与文化遗产数字化；③信息素养与学习；④信息查询与信息检索；⑤信息社会；⑥自由获取信息的障碍；⑦知识管理；⑧知识组织；⑨多元文化信息社会的图书馆；⑩历史视野中的图书馆与社会；⑪欧洲背景下的文化调解；⑫实践和理论：在图书馆和其他信息机构开展实习和实践培训。这些主题契合了欧洲社会的实际情况，在课程体系建设上有本土化的诉求，如"多元文化信息社会的图书馆"这一主题，就是课程开发研究小组考虑欧洲多文化、多语言所带来的多文化和跨

---

① 李林澳.中美九所高校图书馆学硕士课程知识体系研究[D].武汉:华中师范大学信息管理学院,2019:26.

②③ 肖雪,闫慧,冯湘君,等.数字化时代的图书馆与情报学第一学位课程体系:基于英美的考察[J].图书情报知识,2014(6):33-41.

文化问题而提出的 ①。此外，热衷于对书籍的研究也是欧洲的一个学术旨趣。

中国图书馆学研究有着历史悠久的书籍和藏书整理的人文传统，在信息处理上使用着独特的语言文字系统，在吸收西方现代图书馆学内容的基础上，基本上形成了具有自身特点的课程体系。目前研究生课程主要涉及以下研究方向：图书馆学理论、图书馆管理、数字图书馆、信息组织、信息检索、信息系统、信息资源开发与利用、信息技术与管理、信息服务与用户、信息政策与法规、信息交流与传播、数字化参考咨询、文献学与目录学、图书馆史与图书馆学史、图书馆学研究方法、图书与出版管理等 ②。

2022 年，国际图联发布了《**国际图联图书馆与信息科学（LIS）专业教育计划指南**》（2022 年）。该指南旨在为各国本科、研究生或继续教育阶段提供制定 LIS 教育计划的一个框架。它提出了关键的 **LIS 基础知识领域**（LIS Foundational Knowledge Areas, FKAs），为提高各国 LIS 教育的质量，规划和开发新课程或评估现有课程提供了指导方向，以确保各国的 LIS 教育既符合当地质量标准和机构使命，也与国际质量要求保持一致，从而为动态的全球信息环境培养 LIS 专业人士。该指南提炼出来的八个 LIS 基础知识领域 ③ 分别是：

①社会中的信息（information in society）；

② LIS 专业的基础（foundations of the LIS profession）；

③信息和通信技术（information and communication technologies）；

④研究与创新（research and innovation）；

⑤信息资源管理（information resources management）；

⑥信息专业人员的管理（management for information professionals）；

⑦信息需求与用户服务（information needs and user services）；

⑧读写能力与学习（literacies and learning）。

上述八个 LIS 基础知识领域的相互关系如图 8-4 所示：

① KAJBERG L. The European LIS curriculum project: an overview[J].Journal of education for library and information science,2007,48(2):68-81.

② 盛小平,苏红霞.中美 LIS 硕士专业与课程设置的比较研究:基于 ALA 认可的 LIS 院校和中国"985"与"211"LIS 院校的分析[J].科技情报研究,2019,1(1):75-83.

③ CHU C M, RAJU J, CUNNINGHAM C, et al. IFLA guidelines for professional library and information science (LIS) Education Programmes(2022) [EB/OL]. IFLA websites (2022-07) [2022-09-12]. https://repository.ifla.org/handle/123456789/1987.

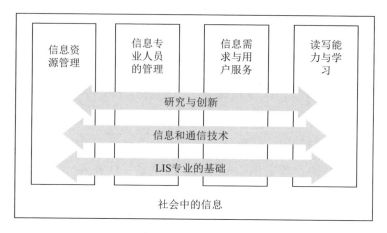

图 8-4　八个 LIS 基础知识领域的相互关系

图片来源：CHU C M, RAJU J, CUNNINGHAM C, et al. IFLA guidelines for professional library and information science (LIS) education programmes(2022) [EB/OL]. IFLA websites (2022-07)[2022-09-12]. https://repository.ifla.org/handle/123456789/1987.

　　这八个 LIS 基础知识领域，是 LIS 课程体系的归类描述。每一个知识基础领域可以对应一门或多门课程，如"研究与创新"就可以包含"研究方法""研究规范与评价方法""LIS 与跨学科研究"等课程；在需要时，也可以将几个基础知识领域合并为一门课程或分布在几门课程里。不管是什么层次的 LIS 的教育，这八个基础知识领域都构成了其课程体系的坚实基础。

　　随着时代的发展，图书馆学教育的内容也处于不断转型过程中。由于学术存在传承的关系，故而图书馆学专业在增加新增长点的同时，还应将前一个历史阶段的优质学术资源继承下来并传递给下一个历史阶段。例如，古典图书馆学中围绕书籍建立起来的"知书"范式，就应该在现代图书馆学中得以沿袭；现代图书馆学在图书馆科学管理中形成的文献整序之精髓，则应该在当代图书馆学中得到发扬光大；而当代图书馆学不仅要利用各种信息与智能技术提升社会知识信息的保存与传播能力，同时还要继承古典图书馆学重视书籍内容、现代图书馆学重视知识组织的优良学术传统。

三、图书馆学教育院校

1. 国外设有图书馆学专业的大学

国外仅美国和加拿大就有 59 所经行业协会认可的**图书情报学研究生院**（GSLIS）。根据英国高等教育咨询公司**夸夸雷利·西蒙兹**（Quacquarelli Symonds, QS）发布的 2021 年世界大学**图书馆与信息管理**（Library & Information Management）学科排名数据[①]，其图书馆与信息管理专业排在前 10 名的国外大学是：

（1）University of Sheffield（**谢菲尔德大学**）。位于英国南约克郡谢菲尔德市。该校信息学院（Information School）成立于 1963 年，提供本科、硕士、博士学位课程。在信息和知识管理、信息系统、图书馆和信息社会、信息检索、健康信息学、数据科学和化学信息学方面拥有显著的专长。学院设有化学信息学（Chemoinformatics）、数字社会、健康信息学、信息知识和创新管理、信息检索、信息系统、图书馆和信息社会等七个研究小组，还有公共图书馆与社会信息中心（CPLIS）、信息素养研究中心（CILR）两个研究中心[②]。

（2）University of North Carolina at Chapel Hill（**北卡罗来纳大学教堂山分校**）。位于美国北卡罗来纳州中北部皮埃蒙特地区教堂山。该校信息与图书馆学学院（School of Information and Library Science, SILS）建立于 1931 年，也被称为卡罗来纳州的 iSchool，提供本科、硕士和博士三个学位课程，其中信息科学理学硕士（MSIS）和图书馆科学理学硕士（MSLS）都获得了 ALA 的认证。该学院有四个国际领先的研究领域：数字策展、健康信息学、信息交互、面向 21 世纪的图书馆事业[③]。

（3）University of Illinois at Urbana–Champaign（**伊利诺伊大学厄巴纳–香槟分校**）。位于美国伊利诺伊州香槟市。该校的信息科学学院（School of

①　QS world university rankings by subject 2022: library & information management [EB/OL]. Quacquarelli Symonds Limited[2022–09–12]. https://www.topuniversities.com/university-rankings/university-subject-rankings/2022/library-information-management.

②　About the information school[EB/OL]. The University of Sheffield[2022–09–14]. https://www.sheffield.ac.uk/is/about.

③　Quick facts about SILS[EB/OL]. University of North Carolina at Chapel Hill[2022–09–14]. https://sils.unc.edu/why–sils/quick–facts.

Information Sciences, iSchool at Illinois）成立于 1893 年，现提供信息科学理学学士、图书馆与信息科学硕士、信息管理理学硕士、信息科学博士等学位课程。领先研究方向有文化信息学和遗产、数据管理、数字图书馆、多样性和社会正义、信息专业人才教育、信息史、信息检索、信息素养、用户体验、信息实践和行为、社群信息学、图书馆和图书馆事业、知识和信息的组织、计算社会科学、数字人文学科、健康信息学等。设有儿童图书中心（CCB）、健康信息学中心（CHI）、科学与学术信息学中心（CIRSS）、HathiTrust 研究中心（以数字文献研究为主）、中西部大数据创新中心（MBDH）等[①]。

（4）University of Toronto（**多伦多大学**）。位于加拿大多伦多市中心。该校信息学院（Faculty of Information）成立于 1928 年。现提供信息学学士、信息学硕士、信息研究博士等学位课程。主要研究领域有数据科学、数字资源、数字人文学科、文化遗产、知识媒体设计等，跨学科特点较鲜明。研究所有麦克卢汉文化与技术中心、数字策展研究所、身份隐私和安全研究所（IPSI）、知识媒体设计学院（KMDI）、技术科学研究部，以及关键制造实验室、人工智能促进正义实验室等[②]。

（5）University of Washington（**华盛顿大学**）。位于美国西海岸华盛顿州西雅图市。该校信息学院（Information School, iSchool）始建于 1911 年，现提供四个学位课程，包括信息学理学学士，图书馆与信息科学硕士，信息管理理学硕士和信息科学博士学位。正在进行的研究工作主要有以下几个方面：数据科学、数字青年（digital youth）、健康与福祉（health and well-being）、人机交互、乡土知识（indigenous knowledge）、信息与社会、学习科学、图书馆与信息科学、社会技术信息系统（sociotechnical information systems）等[③]。

（6）Indiana University Bloomington（**印第安纳大学布卢明顿分校**）。位于美国印第安纳州布卢明顿。该校信息和图书馆科学系（Department of

---

① School of Information Sciences[EB/OL]. University of Illinois at Urbana-Champaign [2022-09-14]. https://ischool.illinois.edu/.

② Research/institutes & Labs[EB/OL]. University of Toronto[2022-09-15]. https://ischool. utoronto.ca/research/institutes-labs/.

③ The information school[EB/OL]. University of Washington[2022-09-15]. https://www. washington.edu/students/gencat/progran/S/TheInformationSchool-671.html.

Information and Library Science, ILS）成立于 1951 年，现提供信息与图书馆学本科、图书馆学与信息科学硕士、信息科学博士的学位课程。主要研究领域有"文献、图书馆与信息科学""信息科学 / 信息社会学""信息科学 / 数据科学"三大板块 [1]。

（7）University of British Columbia（**英属哥伦比亚大学**）。位于加拿大的温哥华。该校信息学院（School of Information, iSchool）成立于 1961 年，现提供媒体研究学士学位、图书馆与信息研究硕士、档案研究硕士、档案学和图书馆与信息学研究双硕士学位，以及图书馆与信息研究博士学位课程。主要研究分布在图书馆、档案和信息研究三大领域，在社交媒体、自然语言处理、人机交互、信息交互与信息设计、文化遗产、记录和信息管理等方向上有突出建树 [2]。

（8）Syracuse University（**雪城大学**）。主校区位于美国锡拉丘兹市（因当地降雪量大，中文意译之为"雪城"）。雪城大学信息研究学院（School of Information Studies, iSchool）始建于 1915 年，现提供信息管理和技术专业的学士、图书馆与信息科学硕士、信息科学与技术博士等学位课程。教师的研究领域主要有数据科学与计算、计算社会科学、以人为本的计算与设计、数字技术与社会、信息系统、图书馆、学习与培训、组织与协作和领导力、安全与隐私、电信和网络等 [3]。

（9）University of California, Berkeley, UCB（**加州大学伯克利分校**）。位于美国西海岸旧金山湾区伯克利市。该校的信息学院（School of Information, iSchool）始建于 1921 年，现提供信息管理与系统硕士、信息与数据科学硕士、信息和网络安全硕士、信息科学博士等学位课程。主要研究方向有计算机媒介传播、数据科学、人机交互、信息经济学、信息组织、信息政策、信息检索和搜索、信息可视化、隐私与安全、社会与文化研究、面向发展中地区的技术、

---

① What our students and faculty are researching[EB/OL]. Indiana University Bloomington [2022-09-15]. https://ils.indiana.edu/research/index.html.

② Research highlights/ research areas[EB/OL]. University of British Columbia (2018-08-10)[2022-09-15]. https://ischool.ubc.ca/research/.

③ Faculty research areas[EB/OL]. Syracuse University School of Information Studies[2022-09-15]. https://ischool.syr.edu/research/#highlights.

用户体验研究等。研究机构有网络安全中心（CLTC），技术、社会与政策中心和 BioSENSE 实验室[①]。

（10）McGill University（**麦吉尔大学**）。位于加拿大魁北克省蒙特利尔市。该校的信息学院（School of Information Studies, SIS）始建于 1904 年。现提供信息研究硕士、信息研究博士学位课程。研究领域有人机交互、信息行为与服务、信息与知识管理，其中重点是数据挖掘、数字策展、信息分类、信息保存、知识管理、多感官信息和用户体验。还设有无障碍计算技术（ACT）研究小组实验室、数据挖掘与安全实验室、多模态交互实验室、诺亚研究小组（研究知识共享）等研究实验室和小组[②]。

2. 国内主要的大学图书馆学院系

依照教育部 2017 年完成的第四轮全国学科评估，国内参评"1205 图书情报与档案管理"专业的高校共计 39 所，其中 27 所有排名顺序（相同级层再按拼音顺序排序）[③]。这一评估数据仅具有阶段性参考价值。现依据该排名列出有图书馆学硕博士点的院系：

（1）进入"A+"（前 2% 或前 2 名）的有：南京大学、武汉大学。**南京大学信息管理学院**[④] 和**武汉大学信息管理学院**[⑤]都设有图书馆学、情报学、档案学、出版科学等诸多学科专业，其中图书馆学设有本科、硕士、博士三个层次的学位课程，并以"图书情报与档案管理"一级学科名义入选国家 2022 年第二轮"双一流"建设学科。武汉大学信息管埋学院的图书馆学、情报学还曾于2002 年获批为国家重点学科。

（2）进入"A-"（5%—10%）的有中国人民大学。**中国人民大学信息资源**

---

① Research areas[EB/OL]. UC Berkeley School of Information[2022-09-16]. https://www.ischool.berkeley.edu/research/areas.

② Research areas[EB/OL]. McGill University School of Information Studies[2022-09-15]. https://www.mcgill.ca/sis/research.

③ 全国高校学科评估结果：1205 图书情报与档案管理[EB/OL].教育部学位与研究生教育发展中心[2022-09-29]. https://www.cdgdc.edu.cn/dslxkpgjggb/.

④ 南京大学信息管理学院：教学机构[EB/OL].南京大学信息管理学院（2018-05-12）[2022-09-20]. https://im.nju.edu.cn/1a/67/c13525a268903/page.htm.

⑤ 武汉大学信息管理学院：图书馆学系[EB/OL].武汉大学信息管理学院（2018-09-18）[2022-09-20]. https://sim.whu.edu.cn/info/1033/1471.htm.

管理学院是国内档案学教学研究重镇，以"图书情报与档案管理"一级学科名义入选国家 2022 年第二轮"双一流"建设学科。2002 年曾获批为国家重点学科。该学院设有图书馆学、情报学学科专业，其中图书馆学设有硕士、博士两个学位课程[①]。

（3）进入"B+"（10%—20%）的有：北京大学、南开大学、华中师范大学、中山大学。**北京大学信息管理系**[②]、**南开大学商学院信息资源管理系**[③]、**中山大学信息管理学院**[④] 都设有图书馆学、情报学等专业。图书馆学都有本科、硕士、博士三个层次的学位课程。其中北京大学信息管理系图书馆学专业 2002 年获批为国家重点学科。**华中师范大学信息管理学院**[⑤] 有图书馆学硕士、博士两个层次的学位课程。

（4）进入"B"（20%—30%）的有：吉林大学、黑龙江大学、上海大学、云南大学、国防大学（南京政治学院）。其中**黑龙江大学信息管理学院**[⑥]、**上海大学图书情报档案系**[⑦]设有图书馆学的本科、硕士、博士三个层次的学位课程；**吉林大学管理学院信息管理系**[⑧]设有图书馆学硕士、博士两个层次的学位课程；**云南大学历史与档案学院**[⑨] 有图书馆学本科、硕士的学位课程。

---

① 中国人民大学信息资源管理学院：人才培养[EB/OL].中国人民大学信息资源管理学院[2022-09-20]. https://irm.ruc.edu.cn/more.php?cid=235.

② 北京大学信息管理系：信管概况[EB/OL].北京大学信息管理系（2018-09-18）[2022-09-20]. https://www.im.pku.edu.cn/zjxg/xggk/index.htm.

③ 南开大学商学院：信息资源管理系[EB/OL].南开大学信息资源管理系（2022-09-01）[2022-09-20]. https://bs.nankai.edu.cn/2018/0617/c10079a101990/page.htm.

④ 国家级一流本科专业建设点：图书馆学专业[EB/OL].中山大学信息管理学院（2020-07-28）[2022-09-25]. https://ischool.sysu.edu.cn/cn/content/libraryscience.

⑤ 信息管理学院《信息资源管理专业》本科人才培养方案[EB/OL].华中师范大学信息管理学院（2022-09-21）[2022-09-25]. http://imd.ccnu.edu.cn/info/1556/12917.htm.

⑥ 黑龙江大学信息管理学院：学院概况[EB/OL].黑龙江大学管理学院[2022-09-25]. http://xxgl.hlju.edu.cn/xygk1/xygk.htm.

⑦ 上海大学图书情报档案系：历史沿革[EB/OL].上海大学图书情报档案系[2022-09-25]. https://ischool.shu.edu.cn/index/lsyg.htm.

⑧ 吉林大学管理学院：人才培养[EB/OL].吉林大学管理学院（2017-06-28）[2022-09-25]. http://gl.jlu.edu.cn/rcpy/xssspy.htm.

⑨ 云南大学历史与档案学院概览[EB/OL].云南大学历史与档案学院[2022-09-25]. http://www.ha.ynu.edu.cn/xyjj/xygl.htm.

（5）进入"B-"（30%—40%）的有：华东师范大学、南京农业大学、郑州大学。**郑州大学信息管理学院**[①] 设有图书馆学、情报学、档案学等多个专业，提供图书馆学本科、硕士、博士三个层次的学位课程；**华东师范大学工商管理学院信息管理系**[②]、**南京农业大学信息管理学院**[③] 的图书馆学教育，目前只提供图书情报专业硕士学位课程，其学术硕士的培养偏重情报学专业。

（6）进入"C+"（40%—50%）的有：北京师范大学、南京理工大学、湘潭大学、四川大学。其中**湘潭大学公共管理学院知识资源管理系**[④] 设有图书馆学本科、硕士、博士三个层次的学位课程，**北京师范大学政府管理学院信息管理系**[⑤]、**南京理工大学经济管理学院**[⑥]、**四川大学公共管理学院信息资源管理系**[⑦] 仅提供图书馆学硕士的学位课程。

（7）进入"C"（50%—60%）的有：北京协和医学院、河北大学、苏州大学、福建师范大学。其中**河北大学管理学院图书馆学系**[⑧] 设有图书馆学本科、硕士、博士三个层次的学位课程，**福建师范大学社会历史学院**[⑨] 设有图书馆学

---

① 郑州大学信息管理学院简介［EB/OL］.郑州大学信息管理学院（2020-04-24）［2022-09-25］. http://www5.zzu.edu.cn/xxgl/zjxg/xygk.htm.

② 华东师范大学工商管理学院概况［EB/OL］.华东师范大学工商管理学院［2022-09-25］. http://fem.ecnu.edu.cn/gsglxy_6647/list.htm.

③ 南京农业大学信息管理学院概况［EB/OL］.南京农业大学信息管理学院［2022-09-25］. https://info.njau.edu.cn/xy/xygk.htm.

④ 湘潭大学公共管理学院简介［EB/OL］.湘潭大学公共管理学院［2022-09-25］. https://glxy.xtu.edu.cn/xyjj/yqjj.htm.

⑤ 北京师范大学政府管理学院:信息管理系［EB/OL］.北京师范大学政府管理学院（2016-05-08）［2022-09-25］. http://www.sg.bnu.edu.cn/xyjs/xsjs/907041d517a1493f9c7d73c9e9f9144a.htm.

⑥ 南京理工大学经济管理学院概况［EB/OL］.南京理工大学经济管理学院［2022-09-25］. https://sem.njust.edu.cn/11829/list.htm.

⑦ 四川大学公共管理学院信息资源管理系［EB/OL］.四川大学公共管理学院（2016-10-13）［2022-09-25］. http://ggglxy.scu.edu.cn/info/1005/1575.htm.

⑧ 河北大学管理学院简介［EB/OL］.河北大学管理学院［2022-09-25］. http://manage.hbu.edu.cn/about_us.php?cid=2&id=57.

⑨ 福建师范大学社会历史学院简介［EB/OL］.福建师范大学社会历史学院［2022-09-26］. https://csh.fjnu.edu.cn/3686/list.htm.

本科、硕士两个层次的学位课程，**北京协和医学院医学信息研究所** [①]、**苏州大学社会学院档案与电子政务系** [②] 提供图书馆学硕士学位课程。

（8）进入"C-"（60%—70%）的有：中国农业大学、天津师范大学、山西大学、辽宁大学。**中国农业大学图书馆** [③]、**天津师范大学管理学院信息资源管理系** [④]、**山西大学经济与管理学院** [⑤]、**辽宁大学历史学院** [⑥] 设有图书馆学硕士层次的学位课程。

第三节　处处可研究：图书馆员如何进行论文选题

在图书馆工作中，只要是为了提高业务水准而有志于做学术研究，经过几年的积累，你就会具有发现研究问题的眼光，感到随处都是可以研究的题目。如可以研究一部中文经典在海外的流传情况、《论语》的优秀注释读本有哪些、图书馆读者私密空间氛围如何营造、图书馆标语的选择、图书馆的"微服务"效能、图书馆员职业的"七年之痒"等。

我们按照前述图书馆学内容体系，结合中国的社会现实，可以举出下面一些研究范围或主题，供有志于学术研究的同人参考。当然，馆员若能将图书馆学研究与自己从事的业务结合起来，如在流通部工作就研究读者服务，在地方

---

① 北京协和医学院医学信息研究所研究生教育简介[EB/OL].北京协和医学信息研究所[2022-09-25]. https://www.imicams.ac.cn/publish/default/yjsjy/.

② 苏州大学社会学院简介[EB/OL].苏州大学社会学院[2022-09-26]. http://shxy.suda.edu.cn/15316/list.htm.

③ 中国农业大学图书馆.学科概况[EB/OL].中国农业大学图书馆[2022-09-26]. http://www.lib.cau.edu.cn/engine2/general/more?typeId=3892480&appId=1068176&wfwfid=23242&pageId=139890&currentBranch=1.

④ 天津师范大学管理学院简介[EB/OL].天津师范大学管理学院[2022-09-26]. https://glxy.tjnu.edu.cn/xygk/xyjj.htm.

⑤ 山西大学经济与管理学院.图书情报与档案管理学科简介[EB/OL].山西大学经济与管理学院（2020-05-05）[2022-09-26]. http://jgxy.sxu.edu.cn/xkjs/4490706a5ea440e2834478edaa40235e.htm.

⑥ 辽宁大学历史学院简介[EB/OL]. 辽宁大学历史学院（2020-05-05）[2022-09-26]. https://ls.lnu.edu.cn/xygk/xyjj.htm.

文献部工作就研究地方文献，这样会更有感觉与针对性。

一、理论研究领域

1. 图书馆学基础

（1）图书馆学理论。主要研究主题有图书馆学的"元问题"（如学术概念、研究对象、学科性质、理论基础、学术范式等）、图书馆学内容体系、图书馆学方法（涵盖相关的数字人文、计量史学等）、图书馆相关学科、图书馆学分支（如健康信息学、阅读学）、图书馆学与其他学科交叉研究、图书馆学前沿进展；知识社会与图书馆、人类文化遗产与图书馆、图书馆功能、图书馆社会价值、图书馆类型、图书馆空间发展、图书馆服务理念等。

（2）图书馆事业发展。如图书馆政策法规、城市图书馆网络、乡村图书馆建设、图书馆总分馆体制、图书馆联盟、社会力量参与图书馆建设、图书馆与公共文化服务体系建设、公共阅读空间、图书馆对社区的赋能、图书馆对弱势群体的知识援助、图书馆跨机构融合发展（与档案馆、博物馆、美术馆、展览馆、纪念馆的融合）、图书馆评估、图书馆志愿者、数字图书馆、特种图书馆（盲人图书馆、舰艇图书馆、种子图书馆、监狱图书馆等）、图书馆职业发展、女性图书馆员、图书馆与文献出版等。

2. 比较图书馆学

（1）国别之间的图书馆学比较研究。例如中外图书馆学思想比较研究、中外图书馆学研究范式比较研究、中外图书馆学教育比较研究、中外图书馆学书评（或评论）比较研究、欧美图书馆学课程体系比较研究、欧美文献学比较研究等。

（2）不同区域的图书馆事业发展比较研究。例如中美社区图书馆比较研究、欧美大学图书馆发展比较研究、欧美图书馆职业认证制度比较研究、中日图书馆法比较研究、美英私立图书馆比较研究，中国沿海与内地图书馆建筑比较研究、国内东西部图书馆经费投入比较研究等。

3. 文献史、知识史

内容包括文献与文献内容的研究，例如先秦简册制度、雕版与活字印刷术、古籍用纸、古籍装帧、古代书写工具、书帙与书箱、晚清石印书籍等；两河流域泥版书、古埃及莎草纸书籍、西欧羊皮书册、中世纪摇篮本、报纸的产生、近代西方期刊等；音像文献的产生、缩微文献、电子文献和数字文献等；

文书与信函、族谱或家谱、地契与借据、藏书印与藏书票等；古代文学与历史书籍、古代艺术书籍、佛教与道家大藏经、近代教科书、俗文学作品、民国时期宣传画、乐谱歌词、碑帖拓片等；图书史名词术语、古籍版本名称、经典的概念与形成等。

4. 图书馆与各种知识集合史

内容有古代图书馆史、近现代图书馆史、官府图书馆史、私人图书馆史、佛教图书馆史、书院图书馆史、公共图书馆史、学校图书馆史、研究院所图书馆史、医院图书馆史、厂矿企业图书馆史、社区或乡村图书馆史等；图书馆流动服务史、图书馆参考咨询服务史、图书馆自动化系统发展史；字典与词典编纂史、百科全书史、数字图书馆史、各类全文数据库史、体验知识库的历史等。

5. 图书馆学史

内容有古代图书馆学史、近现代图书馆学史、当代图书馆学史、中国图书馆学史、外国图书馆学史、地方图书馆学史（如山东图书馆学史）、图书馆学家思想史、图书馆学期刊史、全国或地方图书馆学会史、图书馆学批评史、目录学史、分类学史、编目学史、读者学史等。

6. 图书馆学教育

内容有图书馆学教育思想、中外各国图书馆学教育、图书馆学培养方案、图书馆学课程体系、图书馆学教育与认证制度、图书馆人才培养、图书馆学短期培训、图书馆员终身学习等。

7. 图书馆学发展

内容主要有未来图书馆学、未来图书馆事业、未来图书馆学专业、未来图书馆职业等。

二、应用研究领域

1. 单元知识

内容包括**文献单元与知识单元**的描述（如作品的提要、文摘，知识概念或命题的定义、解释）、文献单元与知识单元的形成（如作品的抄写、出版、版本、校勘，知识概念或命题的产生、作用）、文献单元与知识单元的知识产权保护、真假文献单元与知识单元的辨别、文献单元与知识单元的评价等。

2. 群体知识

内容有文献与知识的类型、文献与知识的分布、地方文献与**乡土知识**（indigenous knowledge）、文献与知识的计量、文献与知识的内容分析、不同时期文献与知识的生产特点、不同时期文献与知识对社会的作用、各种文献标准化、书目控制、呈缴本制度等。

3. 知识资源管理

内容包括文献采访原则、馆藏资源建设、特色资源建设、全文数据库、多媒体数据库、古籍数字化、古地图数字化、数字长期保存、数据管理、开放数据、图书馆资源共建共享、知识资源布局、文献保障体系建设、读者资源开发与利用等。

4. 知识组织与检索

内容包括文献与知识元数据描述、文献与知识分类方法、文献与知识分类表、自动分类、文献与知识标引、自动标引、主题分析、文摘研究、联合编目、工具书编制、索引编制、大众分类法、社会化标签、数字资源导航、文献与知识检索、信息搜索行为等。

5. 图书馆管理与评估

内容有图书馆空间布局、图书馆业务流程、业务统计工作、图书馆知识管理、图书馆经费管理、图书馆目标管理、图书馆危机管理、图书馆规章制度、实时信息管理、图书馆标语和对联、馆员职业伦理与道德、图书馆评估等。

6. 信息技术在图书馆的运用

内容包括图书馆自动化、图书馆集成管理系统、分布式系统和网络、桌面应用程序、身份管理、计算机安全、图书馆技术标准、信息知识发现工具、搜索引擎优化、移动服务和应用、技术的通用访问、新兴技术在图书馆的应用（如 AI、AR、VR 等）、图书馆里的人工智能、图书馆与社交媒体等。

7. 读者的多样性、公平与包容

内容主要有知识自由与平等理念在图书馆中的体现、读者权利保障、特定读者群（如少儿、老年人、患病者、移民、外来务工者、保姆群体）的信息权利、读者隐私保护、实现弱势读者群体社会包容的途径等。

8. 信息素养

内容包括信息素养体系、**扫盲**（literacy，又称"识字""读写能力"）、跨媒体信息素养的提升、特定读者群信息素养促进（如针对老年人、少儿、残疾人、难民、服刑人员等）、社区信息素养的教育或培训（如针对在校生、社区居民）等。

9. 读者服务

内容涵盖图书馆借阅服务、图书馆流动服务、文献传递服务、读者参考咨询、定题服务、图书馆用户体验、读者需求、读者心理、读者行为（如超期行为、割书页行为）、图书馆延伸服务、图书馆微服务、读者满意度等。

10. 阅读推广

内容有大众阅读调查、图书导读、书目推荐、图书馆讲座、图书馆读书会、阅读推广策划、阅读推广活动、阅读推广品牌建设、阅读推广人培养、阅读推广案例、亲子阅读、行走阅读、阅读方法、阅读鉴赏、阅读障碍、阅读疗法等。

馆员从事图书馆学研究，一要对研究选题有兴趣，二要选择好适宜的研究方式。这是做好学术研究的重要前提。以选择研究方式而言，图书馆学研究大致可以分为理论阐释、实证研究、方法应用三大类型。

其一，**理论阐释**。是指借助已有理论观点对现实或历史问题进行阐释性研究，并得出自己的原创结论。理论阐释的关键点在于能事先提出有价值的学术问题。提出了问题就可以拟定研究计划了。例如，我们想要研究民间读书会，可以提出以下需要考虑的问题：①读书会是一种什么性质的组织（如属于一种社会自助组织吗）？②读书会有哪些功能，在信息知识传递、社会资本拓展、社会教育提升等方面都有作用吗？③读书会都有哪些类型，是否可以分为公益性或经营性的，专业组织或大众自由组织的，面对面在场的或网络虚拟等类型？④国内外的读书会有什么不同发展特点？⑤维持读书会长期运行的基本机制是什么，哪种机制是有效的？⑥图书馆如何通过读书会进行阅读推广，用什么合作方式，采用什么具体方法？⑦在网络新媒体条件下读书会将有怎样的发展？将以上问题分头研究，并试图给予一个清晰的解答，一篇图书馆学的学位论文的选题大纲，或者一部专门研究读书会的理论著作的结构体系也就基本上呼之欲出了[①]。当然，写单篇学术论文，所提出的问题有一个或两个就足矣。

---

① 王子舟.图书馆学研究法：学术论文写作撷要[M].北京：北京大学出版社,2017:19.

重要的是我们要记住"理论阐释，问题先行"。

其二，**实证研究**。是运用观察、实验、计量等方法研究事物变量之间构成的相互作用与影响，并对结果作出预测、分析和判断，从而得出可操作性的对策结论。对事实的观察、实验、调查、数据分析等是实证研究重要的研究方式[①]。实证研究的关键点在于能事先提出有价值的假设。提出了假设就好拟定研究计划了。**假设**（hypothesis）是根据有限的事实材料，对所研究事物的本质或规律提出的一种初步设想，具体来说指的就是针对两个或两个以上的变量之间存在的关系所做的推断性论述[②]。例如，人们一般都会认为：一篇论文的水平越高，该文就越可能被多次引用。但是加拿大魁北克大学的文森特·拉里维耶尔（Vincent Larivière）和伊夫·金格拉斯（Yves Gingras）则怀疑，除了论文水平，刊载论文期刊的**影响因子**（impact factor）的大小也影响着论文被引用状况，即存在着"马太效应"。为了证实这一假说，他俩在**科学引文数据库**（Web of Science）中寻找出了 4918 组重复发表的论文，其中 4532 组论文发表在影响因子有差异的刊物上，大概有 80% 是发表在同一年或次年[③]。经过对比分析，他们发现发表在影响因子较高的期刊上的论文的平均引用次数（11.9）是其重复发表在影响因子较低期刊上的（6.33）两倍。这说明"一篇论文的内在价值并不是一篇论文被引用与否的唯一原因，期刊上存在特定的马太效应，这给在那里发表的论文带来了超越其内在质量的附加值"[④]。

经常有人问这样的问题：假设是怎么得来的？这是知识、经验累积到一定程度才能自然发生的。因为"在许多情况下，假设是研究者对变量之间存在某种关系的直觉"[⑤]。

---

① 王子舟,张歌.学术规范手册[M].北京:北京大学出版社,2021:83.

② ［美］理查德·谢弗.社会学与生活[M].刘鹤群,房智慧,译.北京:世界图书出版公司北京公司,2008:37-39.

③④　LARIVIÈRE V, GINGRAS Y. The impact factor's Matthew effect: a natural experiment in bibliometrics[J]. Journal of the American society for information science and technology, 2010,61(2): 424-427.

⑤ ［英］朱迪思·贝尔.社会科学研究的基本规则[M].马经标,等译.4版.北京:北京大学出版社,2008:28.

其三，**方法应用**。是指将一些科学方法应用到研究领域，或将技术工具应用到现实活动中，根据某些新认识解决某些新问题。方法应用的关键点在于针对研究对象能事先找到适宜的科学方法或技术工具。例如可以利用社会网络分析工具（Gephi、Ucinet、Pajek 等）绘制社会关系网络，提供图密度、中心性、平均聚集系数等指标并分析网络结构与特征，借此从传记或小说等文史作品中提取人物和关系，构建社会网络，再现作品中人物的世界[①]。又如，首都图书馆的王小宁、马妍利用融合算法的室内定位技术，从多方面分析了室内定位导航技术在图书馆中的应用方向，设计了基于微服务架构、微信小程序及 Web 管理平台的室内定位系统平台，以解决图书馆规模大型化带来的读者难以找书的问题[②]。他山之石，可以攻玉。如果其他学科的方法运用在图书馆学研究中能够产生出原创成果，新近发明的技术运用在图书馆实践领域能够解决所面临的实际困扰，那么这种研究对图书馆学发展起到的推进作用也是极大的。

第四节 实用的学术写作须知

一、寻求指导

任何一名想要从事学术研究的馆员，如果没有攻读硕士、博士的经历，换言之，没有经历过一定的研究训练，那你就要学会寻求资深研究人员的指导。如果你在一个研究型图书馆工作，那就在本馆向一位发表论文较多的同侪请益，师傅带进门很重要。如果你在公共图书馆工作，或在一个比较小的社区图书馆任职，本单位没有研究有素的馆员，那么也可以通过社交媒体等寻求指导老师。这样可以减少自己摸索的时间和苦恼。多与一些爱好研究的朋友交往，就可以形成一个小小的社会支持网络。当然，经常参加学术论文写作培训，也是不错的选择。但这一切都代替不了自己动手尝试写作。

---

① 王军,张力元.国际数字人文进展研究[EB/OL].数字人文（2021-04-12）[2022-09-26]. https://www.dhlib.cn/site/works/dhjournal/202001/2695.html.

② 王小宁,马妍.室内定位技术在智慧图书馆建设中的应用探索[J].图书馆研究与工作,2022(8):53-58.

二、论文选题

要事先把握自己的选题属于理论阐释，还是实证研究，或是方法应用。因为不同的研究类型不仅使用的方法不同，也对应着研究者不同的思维习惯、知识素养、研究旨趣。偏爱理性思考、对专业理论熟悉的研究者，可以着重选择理论阐释方面的研究课题；对事实数据感兴趣、了解某些实证方法的研究者，可以选择实证研究类的研究项目去深入探索；擅长借鉴其他学科方法，对交叉科学熟悉，或对新的技术工具运用熟练的研究者，可以选择方法运用方面的研究。

选题注意理论意义或实践价值的普遍性，如可以写《高校图书馆自建特色数据库的实践与发展》，而不宜写《××大学自建特色数据库的实践与发展》。假如作者觉得自己所在大学图书馆自建特色数据库非常成功，受到读者的欢迎，那么也可以通过与其他高校图书馆建数据库进行比较，以案例研究的方式来总结哪些成功经验值得推广，拟定《高校图书馆自建特色数据库的实践与发展：以某某大学图书馆自建特色数据为例》。

选题注意不要题目太大。太大不好控制，加大了写作难度，也容易流于空疏。如《21世纪我国公共图书馆事业高质量发展研究》《老年人信息素养提升之路径研究》等。还有，给文稿拟定题目时，一定要简洁明确，不让人费解。如《图书馆智慧服务职能体系与模式构建研究》，该题目中"智慧服务职能体系"比较费解，不如"智慧服务体系"简明。

三、写作设计

有了选题之后，就要考虑拟出一个**论文结构**，即逻辑框架体系。一般情况下，中文学术论文的结构，包含引言（叙述研究的背景、对象）、文献综述（相关研究成果）、正文（使用方法以及论证过程）、结语（主要研究结论）等。

英文论文的结构大致由引言（introduction）、文献综述（literature review）、方法（method）、结果与讨论（results and discussion）、局限性（limitations）、结论（conclusion）、参考文献（references）、致谢（acknowledgments）等几个部分构成。例如英文杂志《政府信息季刊》（*Government Information Quarterly*）的作者指南中，就要求作者按照下列文章结构提交文稿，并对每个环节内容给予了解释①：

Introduction（引言）：说明工作的目的，提供充分的背景，避免出现详细的文献引证或对结果的总结。

Material and methods（材料和方法）：提供足够的细节，以便使独立的研究人员能够重现、复制该工作。对已经发表的方法应加以总结，并注明参考文献。如果直接引用以前发表的方法，应使用引号并注明来源。对现有方法的任何修改也应加以说明。

Theory/Calculation（理论／计算）：理论部分应该扩展而不是重复引言中已经讨论过的文章背景，并为进一步的工作奠定基础。相比之下，计算部分才应反映出在理论基础之上完成的实际进展。

Results（结果）：结果应该是清晰和简明的。

Discussion（讨论）：这一部分应该探讨工作结果的意义，而不是重复它们。合并"结果和讨论"（Results and Discussion）部分通常也是可行的。要避免大量引用和讨论已发表的文献。

Conclusions（结论）：研究的主要结论可以在一个简短的结论部分提出，该部分可以独立存在，也可以构成"讨论"或"结果和讨论"部分的一个子部分。

Appendices（附录）：如果有一个以上的附录，应标明为 A、B 等。附录中的公式和方程式应单独编号，如"公式（A.1）""公式（A.2）"等，以及在后续的附录中用"公式（B.1）"等。表格和图也是如此，如"表 A.1""图 A.1"等等。

四、文献综述

文献综述在一篇文章中具有重要地位。加拿大图书馆学研究者威廉·巴德克（William B. Badke）指出，**文献综述**（literature review）的目的是梳理某主题领域内的研究已经完成了什么任务，包括发表研究成果的类型，该领域研究

---

① Government information quarterly: guide for authors[EB/OL]. Elsevier[2022-09-08]. https://www.elsevier.com/journals/government-information-quarterly/0740-624X/guide-for-authors.

的代表人物或关键人物，提出未来仍需开展的研究方向是什么。文献综述的写作方法是叙事，要从早期的研究介绍到最近的研究。但这种叙事绝不能是罗列相关研究成果（书籍、文章）的一份清单。相反，作者要围绕主题或重点，指出人们在一开始对这个主题的看法，然后不同时期重点是如何变化的，并可以提炼出围绕这个主题发展起来的各种思想流派，并解释支持这些思想流派的主要学者研究的重要例子。总之，文献综述的效果是让读者了解该主题或问题已经有了哪些高质量的研究成果。然后，在叙事结尾时再指出需要今后进一步做的事情，这可能是现有知识中仍然存在的不足，或迄今为止研究中需要纠正的一些缺陷，这种不足或缺陷也就成为进一步研究的跳板[①]。

有时，我们也可以针对图书馆学某领域的研究进展单独写一篇综述论文。但是切记单篇的综述文章最好围绕学术前沿某主题而进行，如《数字人文中"最小计算"方法应用述评》，介绍数字人文领域里新兴的**"最小计算"**（minimal computing）的含义、产生、方法性质、应用成果、局限性、未来应用空间与方向等；如《××届全国图书馆史学术研讨会综述》，专门介绍最新一次全国图书馆史研讨会的基本情况、主要观点和会议成果等。

不过，低质量综述文章太多，也于学术无补。《大学图书馆学报》编辑王波先生曾指出："综述文章泛滥和文献计量文章泛滥是多年来图书馆学论文的两大痼疾，其共同的毛病或者是选题缺乏时代感，或者是概括力不强，或者是时间跨度不够长，或者是样本偏少等。"[②]

五、使用图表

在文章中插入图表有时是十分必要的。因为图形和表格是呈现研究结果的最直观、最有效方式，恰如英语谚语所说："A picture is worth a thousand words."（一张图片胜过千言万语。）[③]北京大学第三医院眼科专家张纯教授指出，人眼和大脑在识别文字信息与图像信息时所用的时间有差别，即识别图像比文字速度

---

① BADKE W B. Teaching research processes: the faculty role in the development of skilled student researchers[M]. Sawston: Chandos publishing, 2012:139-162.

② 王波.图书馆学论文写作与投稿全攻略（下）[J].图书馆工作与研究,2008(2):15-18.

③ The 50 most important English proverbs[EB/OL]. PhraseMix[2022-11-08]. https://www.phrasemix.com/collections/the-50-most-important-english-proverbs.

快。因此"图像优于文字，视频优于图像，成为当代信息传播的趋势"[①]。

但是，许多作者在绘制作图表时，结构、关系过于复杂，这就失去了图表直观呈现内容的优势，可能适得其反。

六、引文处理

图书馆员应该养成一个习惯，即查找资料时就要将详细出处记载下来，以方便未来写作时回查，以及顺利地添加入参考文献列表中。

写作中**引用文献**，一定要熟悉引用著录格式。在期刊没有就引文格式特别声明的情况下，中文写作的引文著录格式应该依照全国信息与文献标准化技术委员会推出的国家标准《**信息与文献 参考文献著录规则**》（GB/T 7714—2015）[②] 的规定。

有的作者引用文献时，习惯从"知网"套录引用文献的出处，但是一定要注意"知网"的格式尽管遵循了《信息与文献 参考文献著录规则》，但也在某些地方与国家标准的要求不符。例如：①论文所在期刊第二期的期次，国家标准著录为"（2）"，即单数前不补加"0"，而"知网"则为"（02）"，单数前补加"0"；②论文页码的间断接续符号，国家标准使用逗号，如"1-5,12"，而"知网"则用了加号，为"1-5+12"。因此，作者在套录"知网"的引文出处时，一定要仔细核实著录格式，使之尽量符合国家标准的要求。

国外学术期刊的引文要求，都会在期刊的投稿指南里作出明确的规定。不同类型的学术刊物对参考文献的格式有特定的要求，如美国的学位论文和一些期刊论文的格式要用《**芝加哥在线风格手册**》（*The Chicago Manual of Style Online*）2017年第17版[③]；人文科学的期刊论文一般用《**现代语言协会手册**》（*MLA Handbook*）2021年第9版；社会科学、行为科学期刊论文一般用《美国心理学会出版手册》（*Publication Manual of the American Psychological Association*, APA）2020年第7版。

---

① 吴志攀,张纯.图像与法律[M].北京:北京大学出版社,2022:256.

② 全国信息与文献标准化技术委员会.信息与文献 参考文献著录规则:GB/T 7714—2015[S].北京:中国标准出版社,2015.

③ About the Chicago manual of style[EB/OL]. The Chicago manual of style online [2022-09-08]. https://www.chicagomanualofstyle.org/home.html.

注意有些学术刊物对引用文献的格式有自己的习惯要求，作者就应在投稿前仔细阅读刊物的投稿指南，并作出格式调整。

七、学术规范

馆员在写作过程中一定要遵守学术规范，如在研究过程的调查、实验中涉及了他人的参与，那么就要事先做好**知情同意**（informed consent）工作，即向参与者提供所有相关信息，使他们自主做出参与研究的决定，并同意为研究的目的披露其个人有关信息或数据[①]。

特别需要注意的是，论文写作一定要避免如下行为：一是**伪造**（fabrication），即编造研究数据或证据，二是**篡改**（falsification），即更改现有研究数据或证据；三是**剽窃**（plagiarism），即采用他人的工作，并将其据为己有。Plagiarism 在中文语境里对应抄袭、剽窃两个含义。在中文语境里，抄袭与剽窃有略微区别，**抄袭**侧重指抄录他人学术作品，在不注明出处来源的情况下当作自己的来发表；剽窃则侧重指盗取他人学术观点、数据、图表等，稍加改动或修饰，冒充自己原创[②]。

图8-5 《图书馆·情报与文献学名词》（2019）封面

八、语词查考

比较方便查考的图书馆学名词术语工具书，中文的有全国科学技术名词审定委员会公布的《**图书馆·情报与文献学名词**》（2019）[③]，该书特点是专业词汇量收录较大，词条释义出自专业学者之手。不过也因出于众手，词条释义质量有些参差不齐。该词典收录的条目，可以通过"**术语**

---

① Informed consent-making research conscientious[EB/OL]. Elsevier author services[2022-08-26]. https://scientific-publishing.webshop.elsevier.com/research-process/informed-consent-making-research-conscientious/.

② 王子舟,张歌,主编.学术规范手册[M].北京:北京大学出版社,2021:73.

③ 图书馆·情报与文献学名词审定委员会,编.图书馆·情报与文献学名词[M].北京:科学出版社,2019.

在线"网站（https://www.termonline.cn/index）进行检索查阅。中文的《中国大百科全书·图书馆学》（第三版网络版）①也是重要的图书馆学名词术语工具书，虽然释义的权威性更高，但是目前上线语词数量还不够大。

图 8-6 "术语在线"网站首页截图

英文的《图书馆与信息科学百科全书》（*Encyclopedia of Library and Information Sciences*）②2017 年第 4 版，是目前较权威的图书馆学词语工具书，内容囊括了图书馆学、档案学、文献理论和信息科学等，共收有 550 多个条目，其中包含有 44 个经典条目，每个条目都由专家撰写成文章，可谓图书馆与信息科学词汇表精选文章的知识集合。但印刷本卷帙浩繁，共有 7 大册，收藏单位较少，不便利用。比较方便使用的是《图书馆和信息科学在线词典》（*Online Dictionary for Library and Information Science,*

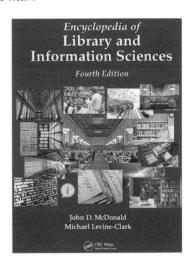

图 8-7 《图书馆与信息科学百科全书》第 4 版封面

———————

① 中国大百科全书·图书馆学[EB/OL].中国大百科全书第三版网络版[2022-09-29]. https://www.zgbk.com/ecph/subject?SiteID=1&ID=45702.

② MCDONALD J D, LEVINE-CLARK M. Encyclopedia of library and information sciences[M]. 4th ed. London; New York: CRC press, 2017.

ODLIS)[①]。该词典收录范围广泛，不仅包括 LIS 内各种专业的术语，还包括出版、印刷、装订、图书贸易、图形艺术、书籍历史、文学、书目、电信和计算机科学的词汇。该词典虽以反映北美实践为主，但作为全球可用的在线资源，其条目扩展是一个持续的过程，会不断有国际流行的新专业词汇进入。

第五节　图书馆员投稿指南

一、投稿须知

1. 如何选择合适的刊物

（1）考虑期刊收录范围。许多期刊都会在"**投稿指南**"（Submission Guidelines）或"**作者指南**"（Author Guidelines）中表示只有符合本刊目标和范围的足够质量的稿件才会被接受审核。所以要在投稿前搞清所投期刊的主题范围、稿件类型（论文、报告、书评等）刊发需求。另外要注意所投期刊发表论文是否要收费。一般期刊会在"投稿指南"里明确表示在本期刊上投稿或发表论文是否收取费用。

（2）考虑期刊的档次。根据自己文章的质量，筛选不同档次的刊物。如果觉得自己下了很大功夫完成了一篇很有新意的文章，那么就可以向质量上乘的期刊投稿。判断自己的文章质量的方法，一是可以对照所要投稿的刊物上的文章质量进行自我评估，即感觉是否在质量上不相上下；二是找一些水平较高、发文较多的学者帮助看一下自己的稿子，听听他人的意见。

（3）考虑期刊的风格。根据自己文章的性质，筛选能够经常登载同类文章的刊物。如国内十分关注学术热点、学术前沿命题的期刊有《图书馆杂志》《图书馆论坛》等；重视图书馆学基础理论研究的期刊有《中国图书馆学报》《图书馆》等；偏好图书馆学史、图书馆史的期刊有《高校图书馆工作》《国家图书馆馆刊》，对新技术应用感兴趣的期刊有《数字图书馆论坛》《图书情报

---

① Online dictionary for library and information science［EB/OL］. ABC-CLIO［2022-09-29］. https://products.abc-clio.com/ODLIS/odlis_about.

工作》等，经常登载文献研究的期刊有《文献》《山东图书馆学刊》等，作者可以根据自身稿件的特点，来匹配合适的期刊、合适的栏目。

国外的双盲同行评审期刊中，《文献学杂志》(*Journal of Documentation*, JDoc)是图书馆学领域历史悠久的学术期刊之一，主要刊发文献、信息有关的理论、概念、模型和哲学方面的理论性较强的研究论文，以及批判性和学术性评论、简短的推测性文章①。而《图书馆高科技》(*Library Hi Tech*, LHT)则关注新信息技术在图书馆与相关部门的应用和发展②。

（3）考虑投稿期刊的顺序。选择期刊时，要将所要投稿的期刊依次排个序。如可以选择三种期刊，然后排个投稿顺序。如果第一个拒了你，你再选择第二个；第二个拒了你，你再选第三个。如果三个都被拒，那就要仔细分析被拒理由，看自己是否有能力进行修改提高后，再发起新一轮投稿。

2. 如何了解相关期刊的投稿要求

首先要看期刊网站投稿指南。一般学术期刊的投稿指南都会就投稿的要求作出详尽的说明，涉及作者投稿前的准备工作、稿件的写作要求、投稿的具体操作程序、投稿后的关注方法，以及文章发表后的注意事项等。其中以下几方面的要求比较重要：

（1）有关主题范围的要求。例如，德国出版的《利布里：国际图书馆与信息研究杂志》(*LIBRI: International Journal of Libraries and Information Studies*)在该刊介绍中明确地将所需文章的内容主题都罗列出来，包括各类图书馆及其信息环境、信息和知识管理、信息行为、信息需求与检索、信息新兴技术、信息促进发展、乡土知识、读写素养、数据科学、数字图书馆……。同时明确表示："我们不发表关于科学计量学、文献计量学、网络计量学、替代计量学等的文章，因为已有许多专业期刊刊发这些。"③

（2）有关投稿规范的要求。学术研究者要坚决避免学术失范行为的出

① Journal of documentation: aims & scope[EB/OL]. Emerald Publishing[2022-09-11]. https://www.emeraldgrouppublishing.com/journal/jd.

② Library hi tech: aims & scope[EB/OL]. Emerald Publishing[2022-09-17]. https://www.emeraldgrouppublishing.com: journal/lht?_ga=2.166951673.615360633.1663408721-1129895075.1663408713.

③ Libri: about this journal[EB/OL]. Walter de Gruyter GmbH[2022-09-18]. https://www.degruyter.com/journal/key/libr/html.

现，如一稿多投的行为。**一稿多投**（concurrent submission）即同时向多个期刊投出同一篇论文稿件①。这种做法严重违反了学术道德与学术规范。因为一稿多投容易造成**重复发表**（repetitive publication）或**多余发表**（redundant publication），以及**自我抄袭**（self-plagiarism）的后果。再如，要对利益冲突做出声明。**利益冲突**（conflicts of interest）是指成果的作者、相关研究人员、编辑、审稿人等在财务、人际等方面是否具有相关利益关系，并且这种利益关系有可能影响其认知或行为上的客观性。如果作者不确定哪些属于利益冲突，请务必在提交前与编辑或出版商联系②。例如稿件如果是科研课题的研究成果，就需要对研究经费的来源进行披露。

（3）有关**作者署名**的要求。多人署名要按照每个人的贡献大小排序，并在投稿时提供作者的最终名单。任何对作者姓名的添加、删除或重新排列，都应在稿件被接受之前进行，并且只有在期刊编辑批准的情况下才能进行③。作者是对作品有重大智力贡献的人，包括参与了数据采集、管理和解释，项目或研究的设计，项目审查、批判性判断、文字起草等工作并发挥了作用的人。有三类作者身份是不可接受的，即**枪手作者**（ghost authors，指不在署名作者中但实际创作了作品的人）、**名誉作者**（guest authors，为增加投稿成功机会而添加知名人士为作者之一）和**礼物作者**（gift authors，指未对论文做出贡献或未参与研究而被列为作者的人）④。

（4）有关稿件格式的要求。投稿前要仔细阅读有关期刊的投稿要求，按照期刊编辑部的"投稿指南"提出的格式规范进行论文的形式修改。①**题目**，有

---

① Your rights as an author[EB/OL]. The University of Chicago press[2022-09-17]. https://www.journals.uchicago.edu/journals/lq/jrnl_rights#prior.

② Summary of our research & publishing ethics[EB/OL]. Emerald Publishing[2022-08-26]. https://www.emeraldgrouppublishing.com/publish-with-us/ethics-integrity/research-publishing-ethics#authorship.

③ Library & information science research: guide for authors[EB/OL]. Elsevier[2022-08-29]. https://www.elsevier.com/journals/library-and-information-science-research/0740-8188/guide-for-authors.

④ PIERSON C A. Ghost, guest, and gift authorship[EB/OL]. Springer link (2019-01-02) [2022-08-26]. https://doi.org/10.1007/978-3-319-23514-1_313-1.

的期刊要求尽量不要出现缩略语或公式，因为这会影响信息检索的顺畅性[①]；②**摘要**，有的学术刊物要求提交**结构式摘要**（structured abstract），必须包括这四个小标题及其附带说明：目的（purpose）、设计/方法/途径（design/methodology/approach）、研究结果（findings）、独创性（originality）；还有下面三个小标题是可供选择的：研究局限/影响（research limitations/implications）、实践影响（practical implications），社会影响（social implications）。摘要长度为250个字[②]。③**关键词**，有的英文学术期刊要求关键词最多为7个，使用美式拼写，避免使用非学术用语以及多个概念（例如避免"and""of"）。如果保留缩写，也只有在该领域为人熟知的缩写才有资格[③]。④**参考文献**，不同类型的学术刊物对参考文献的格式有明确的要求。

3. 如何进行稿件修改

写完初稿，一定要放一下，时间至少一周，之后再回过头看。或者给老师、朋友看，征求意见。至少修改几遍再投稿。

投稿后收到期刊反馈回来的匿名评审专家的**退修意见**，一定要认真对待。否则所投文章最终会遭遇到退稿的命运。首先，要克服畏难情绪，不要有打退堂鼓的想法，因为专家的退修意见通常有着很强的针对性，如果能够按其要求改稿，则稿件质量、自己的写作水平将有一定的提升。其次，要按照专家的退修意见逐条给予认真的回应，不能遗漏。最后，还要在回复信函中对评审专家致以诚挚的感谢。一位经验丰富的学术期刊编辑，曾经总结出作者不重视退修意见的表现有如下六条[④]：

[①][③]　Government information quarterly: guide for authors[EB/OL]. Elsevier[2022-09-15]. https://www.elsevier.com/journals/government-information-quarterly/0740-624X/guide-for-authors.

[②]　Aslib journal of information management: author guidelines[EB/OL]. Emerald Publishig[2022-09-08]. https://www.emeraldgrouppublishing.com/journal/ajim.

[④]　赵大良,编著.科研论文写作新解:以主编和审稿人的视角[M].西安:西安交通大学出版社,2011:66-67.

作者不重视退修意见的表现

（1）对审稿人的意见理解不透，修改不彻底或者不按要求修改。有时是让作者进行实质性修改，而有时只是让作者说明或考虑，作者没有理解便一再辩解。

（2）修改得不认真，认为自己的表述很明白了，甚至认为：专家嘛，连这都不明白！只是简单给予重复性的说明，而不分析审稿人为什么会这样认为。

（3）修改了，修改得也不错，但让审稿人难以找到具体修改的位置，不仔细阅读很难看得出修改和不修改的区别，因此只能凭运气。

（4）不同意审稿意见，但答辩不认真或态度不端正，有时认为是常识，"蔑视"专家的意见或者是仅从自己认为正确的角度论证和辩解。

（5）审稿意见提出的问题有时包含了几个方面的问题，只是挑着回答自己认为重要的，让人误解是有意回避。

（6）对审稿意见指出的研究工作没有解决的实质性问题，自己心里也清楚但暂时没有条件解决，因而有意或无意地进行回避，不给予正面的回答。

上述六种对待退修意见的态度，是论文作者一定要避免出现的。尽管作者对待自己的文章犹如对待自己的孩子，总觉得自己的文章是好的，但评审专家的职责就是批评家，他们专挑毛病。即便他们的某些意见不是十分恰切，作者也应给予礼貌的回复、恰当的解释。

二、图书馆学期刊介绍

1. 欧美重要的图书馆学期刊

2011年有美国学者对图书馆与信息科学的学术期刊声望作了一次社会调查，选择 ALA 认证的 58 个图书馆与信息科学高校，对 827 名教师发放了问卷，最终得出了在均值和众数中排名较高的期刊序列①。2016 年英国谢菲尔德大学信息学院的两位学者对 16 个学术机构的 187 名学者又作了一次调查，分析了美英两国的图书馆与信息科学的学术期刊排名情况②。现依这两个研究成果，同时参考 2022 年 6 月科睿唯安公布的**期刊引证报告**（Journal Citation Reports, JCR）收录的 LIS 期刊列表③、以斯科普斯（Scopus）数据库为基础的**西马戈期刊排名**（SCImago Journal Rank, SJR）中的 LIS 期刊列表④，还有圣何塞州立大学信息学院主办的 LIS 出版物维基列表⑤等，选出下面 20 种重要的 LIS 同行评审学术期刊，按字母排序进行推荐介绍。其中带星号者在图书馆学领域里享有很高学术声望。

（1）*Aslib Journal of Information Management*（《**ASLIB 信息管理杂志**》）。英国信息管理协会（ASLIB）的双月学术期刊，发表信息和数据管理方面的原创研究。致力于为信息和数据的创建、存储、使用、共享、存档和销毁的行为、技术、社会、伦理、经济、政治和管理导向因素的研究和实践，以及相关技术前沿发展提供关键的见解。2021 年影响因子为 2.404⑥。

（2）*College & Research Libraries**（《**大学与研究图书馆**》）。美国图书馆协会下属的大学与研究图书馆协会（Association of College & Research Libraries）的官方学术研究双月刊。读者对象以学术和研究型图书馆馆员为主，该刊关注学术和研究图书馆的任何原创性学术文章，包括失败项目的叙述，以帮助他们有兴趣了解图书馆学的最新发展。2014 年 1 月成为开放获取的在线出版物，不

---

①　MANZARI L. Library and information science journal prestige as assessed by library and information science faculty[J]. The library quarterly, 2013,83(1):42-60.

②　TAYLOR L, PETER W. Comparison of US and UK rankings of LIS journals[J]. Aslib journal of information management, 2017,69 (3): 354-367.

③　Journal citation reports: information science & library science [R/OL]. Clarivate analytics[2022-09-11]. https://jcr.clarivate.com/jcr/browse-journals.

④　Library and information science [EB/OL]. Scimago Journal & Country Rank[2022-09-11]. https://www.scimagojr.com/journalrank.php?category=3309&page=1&total_size=249.

⑤　LIS scholarly journals[EB/OL]. LIS Publications Wiki[2022-09-11]. https://ischoolwikis.sjsu.edu/lispublications/wiki/lis-scholarly-journals/.

⑥　Aslib Journal of Information Management: aims & scope[EB/OL]. Emerald Publishing[2022-08-26]. https://www.emeraldgrouppublishing.com/journal/ajim.

提供印刷版订阅①。2021 年影响因子为 1.814②。

（3）*Collection Management*（《**馆藏管理**》）。由**劳特利奇 / 泰勒和弗朗西斯集团**（Routledge/Taylor and Francis Group）在美国出版。一年 4 期，季刊。关注馆藏建设、管理、保存、评估和组织等方面。涉及数字馆藏管理、人员配置和培训、特殊藏品和档案的管理、数据管理问题、风险和财务问题及策略、联盟和合作收藏、评估工具和方法、访问权与所有权的相关决策、以国际和地区研究为重点的馆藏发展、管理工具的最新集合等③。

（4）*Government Information Quarterly*（《**政府信息季刊**》）。由爱思唯尔公司出版的图书馆与信息科学领域的学术期刊。一年 4 期，季刊。关注政策、信息技术、政府和公众的交叉领域，侧重政策如何影响政府信息流动和政府信息的可用性，利用技术创造和提供创新的政府服务，信息技术对政府与大众之间关系的影响，以及信息政策和信息技术在民主实践中日益增加的重要性。2021 年影响因子为 8.490④。

（5）*Information Research**（《**信息研究**》）。国际电子期刊。它由英国谢菲尔德大学名誉教授威尔逊（Thomas D. Wilson, 1935— ）于 1995 年创立，现在由瑞典布罗斯大学出版，瑞典隆德大学图书馆给予技术支持。一年 4 期，季刊。该期刊主题涵盖信息科学、信息管理、信息系统、信息政策、档案和记录管理，以及图书馆学领域的学术论文、书评、报告等。2021 年影响因子为

①　Editorial policies[EB/OL]. College & Research Libraries[2022−09−08]. https://crl.acrl.org/index.php/crl/about/editorialPolicies#focusAndScope.

②　Journal citation reports: college & research libraries[EB/OL]. Clarivate[2022−09−17]. https://jcr.clarivate.com/jcr−jp/journal−profile?journal=COLL%20RES%20LIBR&year=2021&fromPage=%2Fjcr%2Fbrowse−category−list.

③　Collection management: aims and scope[EB/OL]. Tayloe and Francis Online [2022−09−08]. https://www.tandfonline.com/action/journalInformation?show=aimsScope&journalCode=wcol20.

④　Government information quarterly[EB/OL]. Elsevier[2022−09−08]. https://www.elsevier.com/journals/government−information−quarterly/0740−624X/guide−for−authors.

0.744[①]。

（6）*Information Technology and Libraries**（《**信息技术与图书馆**》）。开放获取的电子期刊。美国图书馆协会下辖的图书馆与信息技术协会（LITA）的会刊。一年 4 期，季刊。主题涵盖图书馆自动化、数字图书馆、元数据、身份管理、分布式系统和网络、计算机安全、知识产权、技术标准、地理信息系统、桌面应用程序、信息发现工具、网络规模的图书馆服务、云计算、数字保存、数据管理、虚拟化、搜索引擎优化、新兴技术、社交网络、开放数据、语义网、移动服务和应用、技术的通用访问、图书馆联盟、供应商关系和数字人文等[②]。2021 年影响因子为 1.685[③]。

（7）*The Journal of Academic Librarianship**（《**学术图书馆学杂志**》）。英国的图书馆学专业期刊，由爱思唯尔公司出版发行。双月刊。侧重刊发与大学图书馆密切相关问题的研究成果，关注相关领域的政策、实践、问题和趋势，也欢迎分析性综述文章、思辨性理论论文、学术图书馆技术研究、国际图书馆学研究、特别报告摘要，以及图书馆指标来源和分析指南等。2021 年影响因子为 1.953[④]。

（8）*Journal of Documentation**（《**文献学杂志**》）。英国的图书馆学专业杂志，翡翠出版有限公司（Emerald Publishing Limited）发行，一年 6 期，双月刊。关注与文献和记录知识相关的理论、概念、模型、框架和哲学方面的成

---

① Journal citation reports: information research-an international electronic journal[EB/OL]. Clarivate[2022-09-11]. https://jcr.clarivate.com/jcr-jp/journal-profile?journal=INFORM%20RES &year=2021&fromPage=%2Fjcr%2Fbrowse-journals.

② Information Technology and Libraries (ITAL)[EB/OL]. LIS Publications Wiki (2017-07-07)[2022-09-17]. https://ischoolwikis.sjsu.edu/lispublications/wiki/lis-scholarly-journals/information-technology-and-libraries/.

③ Journal citation reports: information technology and libraries[EB/OL]. Clarivate[2022-09-17]. https://jcr.clarivate.com/jcr-jp/journal-profile?journal=INFORM %20TECHNOL%20LIBR&year=2021&fromPage=%2Fjcr%2Fbrowse-category-list.

④ The journal of academic librarianship: about the journal[EB/OL]. Elsevier[2022-09-11]. https://www.sciencedirect.com/journal/the-journal-of-academic-librarianship.

果，也欢迎批判性和学术性评论。2021 年影响因子为 2.034[①]。

（9）*Journal of Information Science*（《信息科学杂志》）。SAGE 出版有限公司出版，出版地在英国。一年 6 期，双月刊。主题涵盖了信息和知识管理科学各领域，如信息处理和管理、信息流和通信、知识结构和组织、信息素养和信息教育、信息搜索行为、信息和知识的经济影响、信息和知识政策制定、与信息有关的法律和政治问题、元数据和结构化词汇、搜索导航和检索技术、信息体系结构、信息和知识审核、内容管理等。2021 年影响因子为 2.462[②]。

（10）*Journal of Librarianship and Information Science*（《图书馆学和信息科学学报》）。SAGE 出版有限公司出版，出版地在英国。一年 4 期，季刊。关注图书馆学和信息科学各个方面，重点是研究结果、工作实践重大发展的报告，以及对信息专业核心问题的讨论。发表原创论文、评论文章和书评。2021 年影响因子为 1.820[③]。

（11）*Journal of the Association of Information Science and Technology**（《信息科学与技术协会杂志》）。由美国的信息科学与技术学会主办。该协会 2000 年名为美国信息科学与技术学会（American Society for Information Science and Technology, ASIS&T），2013 年改为信息科学与技术学会（Association for Information Science and Technology, ASIS&T），简称不变[④]。该刊为月刊。关注信息的生产、发现、记录、存储、表示、检索、呈现、操控、传播、使用和评估，以及与这些过程相关的工具和技术。2021 年影响因子为 3.275[⑤]。

（12）*Journal of the Medical Library Association**（《医学图书馆协会杂志》）。美国的医学图书馆协会（Medical Library Association，MLA）的官方期刊，由

---

① Journal of documentation: aims & scope[EB/OL]. Emerald Publishing[2022-09-11]. https://www.emeraldgrouppublishing.com/journal/jd.

② Journal of information science: aims and scope[EB/OL]. SAGE journals[2022-09-17]. https://journals.sagepub.com/aims-scope/JIS.

③ Journal of librarianship and information science: aims and scope[EB/OL]. SAGE journals[2022-09-17]. https://journals.sagepub.com/aims-scope/LIS.

④ History of ASIS&T[EB/OL]. Association for information science and technology [2022-09-15]. https://www.asist.org/about/history-of-asist/.

⑤ About the journal[EB/OL]. Wiley Online Library[2022-09-15]. https://asistdl. onlinelibrary.wiley.com/journal/23301643.

美国匹兹堡大学的大学图书馆系统出版，一年 4 期，季刊。该刊发表与健康科学图书馆学相关的完整研究论文、案例研究、研究报告和其他文章，内容涵盖了与健康科学图书馆学相关的各种主题，包括信息素养、癌症幸存者的信息行为、医学教育中的图书馆教学及循证实践等[①]。2021 年影响因子为 2.323[②]。

（13） *Library & Information History**（《**图书馆与信息历史**》）。前身为 *Library History*（《图书馆历史》），是英国图书馆与信息专业协会（CILIP）的期刊，也是一本具有全球影响力的国际期刊。现由爱丁堡大学出版社出版，一年 4 期，季刊。内容以研究所有时期的图书馆和图书馆事业史，以及广义上的信息史为主。刊载内容包括学术文章以及书评、对近期出版物的不定期调查，以及相关主题信息源的指南等[③]。

（14）*Library & Information Science Research**（《**图书馆与信息科学研究**》）。由爱思唯尔公司旗下英国的佩加蒙出版社（Pergamon Press）出版。一年 4 期，季刊。读者对象以学术图书馆馆员为多。专注于图书馆和信息的科学研究过程，特别是创新方法和理论框架的演示，或知名方法和工具的扩展或应用。该刊主要从社会科学的角度发表研究文章，通常不会发表技术信息方面的文章（如信息检索或自然语言处理相关的算法）或文献计量学研究。2021 年影响因子为 3.209[④]。

（15） *Library Hi Tech*（《**图书馆高科技**》）。由英国的翡翠出版有限公司出版，一年 4 期，季刊。特别关注信息管理、技术和系统，内容涵盖信息平台、接口和应用、系统开发与采用、系统扩容和维护、人机交互、信息体验、人类

---

① Journal of the Medical Library Association (JMLA)［EB/OL］. LIS Publications Wiki (2018−02−16)［2022−09−17］. https://ischoolwikis.sjsu.edu/lispublications/wiki/lis-scholarly-journals/journal-of-the-medical-library-association/.

② Journal citation reports: journal of the medical library association［R/OL］. Clarivate［2022−09−18］. https://jcr.clarivate.com/jcr−jp/journal−profile?journal=J%20MED%20LIBR%20ASSOC&year=2021&fromPage=%2Fjcr%2Fbrowse−journals.

③ Library & information history［EB/OL］. LIS Publications Wiki (2018−02−24)［2022−09−17］. https://ischoolwikis.sjsu.edu/lispublications/wiki/lis-scholarly-journals/library-and-information−history/.

④ Library & information science research: about the journal［EB/OL］. Elsevier ScienceDirect［2022−09−17］. https://www.sciencedirect.com/journal/library-and-information-science−research.

信息处理、人类信息行为、数据和信息分析、信息隐私和安全、系统质量和可靠性、技术管理和治理、媒体和技术创新、人类传播和发展、社会发展和社会信息学、文化和数字人文、科学数据管理、可视化和知识库、教育技术、知识管理、元数据和语义、推荐和个性化、面向服务的智能信息系统、大数据和云技术、物联网和设备等。2021年影响因子为1.623[①]。

（16）*The Library Quarterly**（《**图书馆季刊**》）。由美国芝加哥大学出版社出版，一年4期，季刊。重点关注图书馆在社区和社会中的作用，主题涵盖信息的资源、服务和技术的发展，信息专业的发展；文化空间与信息使用者之间的相互作用，信息使用者之行为，信息平等与正义；政策对图书馆事业的影响，图书馆与社区建设、发展等。刊发将图书馆置于信息、社区和政策的交界处而进行探讨的前沿文章、论文、社论和评论[②]。2021年影响因子为1.239[③]。

（17）*Library Resources & Technical Services**（《**图书馆资源与技术服务**》）。现为电子期刊。美国图书馆协会下属图书馆馆藏与技术服务协会（Association of Library Collections & Technical Services, ALCTS）的官方期刊。一年4期，季刊。内容关注馆藏、学术交流、保存（包括数字资源保存）、采购（包括采购的招标和预算）、连续性资源、编目（包括描述性元数据、权限控制、主题分析和分类）的学术文章[④]。2021年影响因子为0.433[⑤]。

（18）*Library Trends**（《**图书馆趋势**》）。由美国伊利诺伊大学厄巴纳‑香槟分校信息科学学院负责编辑，约翰霍普金斯大学出版社出版，一年4期，季

---

① Library hi tech: aims & scope[EB/OL]. Emerald Publishing[2022‑09‑17]. https://www.emeraldgrouppublishing.com/journal/lht?_ga=2.166951673.615360633.1663408721‑1129895075.1663408713.

② The library quarterly: information, community, policy [EB/OL]. The University of Chicago press[2022‑09‑17]. https://www.journals.uchicago.edu/journals/lq/scope.

③ Journal citation reports: library quarterly[R/OL]. Clarivate[2022‑09‑18]. https://jcr.clarivate.com/jcr‑jp/journal‑profile?journal=LIBR%20QUART&year=2021&fromPage=%2Fjcr%2Fbrowse‑journals.

④ Library resources & technical services[EB/OL]. ALA/ALCTS[2022‑09‑18]. https://www.ala.org/alcts/resources/lrts.

⑤ Journal citation reports: library resources & technical services[R/OL]. Clarivate[2022‑09‑18]. https://jcr.clarivate.com/jcr‑jp/journal‑profile?journal=LIBR%20RESOUR%20TECH%20SER&year=2021&fromPage=%2Fjcr%2Fbrowse‑journals.

刊。内容关注图书馆趋势、实际应用、特殊图书馆、新兴技术等。该刊每期都有一个特定的主题，来稿由客座编辑邀请和组织，因此一般不接受单篇文章投稿。2021 年影响因子为 0.474[①]。

（19）*LIBRI: International Journal of Libraries and Information Studies*（《**利布里：国际图书馆与信息研究杂志**》）。由德国德古意特出版社（Walter de Gruyter GmbH）出版，一年 4 期，季刊。内容涵盖各类图书馆及其信息环境、信息和知识管理、信息行为、信息需求与检索、信息新兴技术、信息促进发展、乡土知识、读写素养、数据科学、数字图书馆、信息伦理与法规、学术开放获取、信息服务、数据交换、信息获取自由和言论自由、档案和保存、文化遗产、书籍和出版理论与历史、LIS 教育、LIS 国际与比较研究、LIS 研究方法等[②]。2021 年影响因子为 0.667[③]。

（20）*Reference & User Services Quarterly**（《**参考与用户服务季刊**》）。美国图书馆协会下属参考与用户服务协会（Reference and User Services Association, RUSA）的官方期刊。一年 4 期，季刊。内容包括参考服务、馆藏开发、读者咨询、资源共享、参考和用户服务技术以及用户服务的其他方面[④]。2021 年影响因子为 0.778[⑤]。

2. 国内图书馆学主要期刊

我国图书馆学期刊也开始执行同行评审制度，投稿方式是通过期刊网站平

① Library trends[EB/OL]. Johns Hopkins University press[2022-09-18]. https://www.press.jhu.edu/journals/library-trends.

② Libri: about this journal[EB/OL]. Walter de Gruyter GmbH[2022-09-18]. https://www.degruyter.com/journal/key/libr/html.

③ Journal citation reports: LIBRI: international journal of libraries and information studies[R/OL]. Clarivate[2022-09-18]. https://jcr.clarivate.com/jcr-jp/journal-profile?journal=LIBRI&year=2021&fromPage=%2Fjcr%2Fbrowse-journals.

④ Reference & user services quarterly: focus and scope[EB/OL]. ALA/RUSA[2022-09-18]. https://journals.ala.org/index.php/rusq/about/editorialPolicies#focusAndScope.

⑤ Journal citation reports: reference & user services quarterly[R/OL]. Clarivate[2022-09-18]. https://jcr.clarivate.com/jcr-jp/journal-profile?journal=REF%20USER%20SERV%20Q&year=2021&fromPage=%2Fjcr%2Fbrowse-journals.

台投稿。参考北京大学图书馆的《中文核心期刊要目总览》（2020 年版）①、南京大学《中文社会科学引文索引（CSSCI）》（来源期刊目录 2021—2022 版）②等核心期刊评价体系，下列 14 种期刊在国内有较大影响力，现按刊名拼音排序如下：

（1）《**大学图书馆学报**》（*Journal of Academic Libraries*）

由教育部主管、北京大学主办、教育部高等学校图书情报工作指导委员会（图工委）承办。服务对象以高等院校图书馆工作者为主，兼顾其他。双月刊。1981 年创刊，初名《大学图书馆动态》，1983 年改名为《大学图书馆通讯》，1989 年更名为《大学图书馆学报》。主要栏目有：图书馆事业、资源建设、数据科学、信息组织、阅读推广、图书馆学教育、他山之石、图书馆史、图苑传真等③。通信地址：北京市海淀区颐和园路 5 号北京大学 302 室《大学图书馆学报》编辑部；邮编：100871；联系电话：（010）62759056，网址：http://www.scal.edu.cn/bjcb/dxtsgxb/gqml；编读信箱：jal@lib.pku.edu.cn（不用于投稿）；投稿平台：http://dxts.cbpt.cnki.net。

（2）《**国家图书馆学刊**》（*Journal of the National Library of China*）

由文化和旅游部主管、国家图书馆主办。双月刊，逢双月 15 日出版。主要栏目有：前沿论坛、公共文化服务、国家图书馆论坛、信息组织、数字图书馆、研究与实践、交流与借鉴、实证研究、图书馆史研究、书林史话等。通信地址：北京市中关村南大街 33 号《国家图书馆学刊》编辑部；邮编：100081；联系电话：（010）88545737；网址：http://gtxk.nlc.cn，投稿平台同网址；编读邮箱：gtxk@nlc.cn④。

（3）《**图书馆**》（*Library*）

由湖南省文化和旅游厅主管、湖南图书馆和湖南省图书馆学会联合主办。

———————————

① 陈建龙，张俊娥，蔡蓉华，主编.中文核心期刊要目总览:2020 年版[M].9 版.北京:北京大学出版社,2021.

② CSSCI来源期刊目录（2021—2022）[EB/OL].南京大学中国社会科学研究评价中心（2021-04-25）[2022-05-19].https://cssrac.nju.edu.cn/cpzx/zwshkxywsy/20210425/i198393.html.

③ 《大学图书馆学报》各期目录[EB/OL].教育部高等学校图书情报工作指导委员会[2022-05-19].http://www.scal.edu.cn/bjcb/dxtsgxb.

④ 《国家图书馆学刊》简介[EB/OL].国家图书馆学刊[2022-05-19].http://gtxk.nlc.cn/ch/first_menu.aspx?parent_id=20080416203239001.

创刊于 1973 年，1983 年正式向全国公开发行。月刊，每月 15 日出版。以刊发图书馆学基础理论研究论文见长。主要栏目有：学术论坛、专题研究、阅读推广、工作研究、图书馆史、书林清话等。通信地址：湖南省长沙市韶山北路 169 号后栋综合楼 1 楼 3102《图书馆》编辑部；邮编：410011；联系电话：0731-84174148；网址：http://www.library.hn.cn/gbkw/tsgzz/，投稿平台同网址；编读邮箱：bianjb@library.hn.cn（不作投稿用）[①]。

（4）《**图书馆工作与研究**》（*Library Work and Study*）

由天津图书馆、天津市图书馆学会、天津市少年儿童图书馆等单位联合主办。月刊，每月 15 日出版。主要栏目有：学术论坛、理论研究、数字网络、科学管理、信息组织、文献研究、实践平台、少图空间、青年科苑等。通信地址：天津市河西区平江道 58 号《图书馆工作与研究》编辑部；邮编：300201；联系电话：022-83883612；网址：http://bjb.tjl.tj.cn/CN/home，投稿平台同网址；编读邮箱：TSGG@chinajournal.net.cn（不作投稿用）[②]。

（5）《**图书馆建设**》（*Lbrary Development*）

由黑龙江省文化和旅游厅主管、黑龙江省图书馆学会和黑龙江省图书馆主办。1978 年创刊，初名《黑龙江图书馆》，供内部交流，为季刊。1984 年起在国内公开发行。1992 年更名为《图书馆建设》。双月刊。该刊秉承"立足全省、面向全国，理论与实践相结合，普及与提高并重"的办刊宗旨。主要栏目有：理论探索、事业建设、阅读推广、服务研究、信息资源建设、鸿爪圈圈等。通信地址：黑龙江省哈尔滨市长江路 218 号《图书馆建设》编辑部；邮编：150090；联系电话：0451-85990515；网址：http://tsgjs.org.cn/CN/1004-325X/home.shtml，投稿平台同网址；编读邮箱：tsgjsvip@vip.sina.com[③]。

（6）《**图书馆理论与实践**》（*Library Theory and Practice*）

由宁夏图书馆学会、宁夏图书馆主办。创刊于 1979 年 12 月，初名《宁

①　《图书馆》杂志简介[EB/OL].湖南图书馆[2022-05-19]. http://www.library.hn.cn/gbkw/tsgzz/.

②　《图书馆工作与研究》简介[EB/OL].图书馆工作与研究[2022-05-22]. http://bjb.tjl.tj.cn/CN/column/column105.shtml.

③　《图书馆建设》简介[EB/OL].图书馆建设[2022-05-20]. http://tsgjs.org.cn/CN/column/column28.shtml.

夏图书馆通讯》，1986年更名为《图书馆理论与实践》。月刊。发文主题主要涉及图书馆学、情报学、文献学、信息学的理论、实践、方法、技术、事业建设等多个层面，栏目设置注意捕捉行业热点、学术前沿动态，并根据学术研究的需要及变化，打造特色栏目[①]。通信地址：宁夏回族自治区银川市金凤区人民广场东街8号《图书馆理论与实践》编辑部；邮编：750011；电话：0951-5085019；网址：http://www.libedit.cn，投稿平台同网址；编读邮箱：xwz8686@126.com。

（7）《**图书馆论坛**》（*Library Tribune*）

由广东省文化和旅游厅主管，广东省立中山图书馆主办。创刊于1981年2月。月刊。既注重基础理论研究，反映我国图书情报学研究最新成果；也重视实践探索，报道、交流和推广图书馆界新成果、新技术、新经验，展示我国图书馆建设的最新成就。主要栏目有：理论研究、政策法规、公共文化、阅读推广、工作探索、信息用户与行为、图书馆技术史、数字人文、数据科学、文献研究、从业抒怀、他山之石、爝火书评等专栏。通信地址：广东省广州市文明路213号《图书馆论坛》编辑部；邮编：510110；联系电话：020-83360705；网址：http://tsglt.zslib.com.cn，可投稿、查询；编读邮箱：tsglt@vip.163.com（不作投稿用）[②]。

（8）《**图书馆杂志**》（*Library Journal*）

由上海市图书馆学会与上海图书馆联合主办。创刊于1982年。月刊。刊名由古籍版本目录学家、书法家顾廷龙先生题写。封面对称斜列周代金文"图书"二字，徽记由著名艺术家钱君匋设计，并由其学生谷华协助细部绘制，每字环以早期青铜器上嵌填族徽类所用之亚字型图案。主要栏目有：理论探索、工作研究、国际交流、信息管理、数字人文、文献考论，还设有数据论文、海派新声、信息素养教育、阅读推广学坛、红色文献研究、图书馆学史、书刊评荐等特色栏目。通信地址：上海市徐汇区淮海中路1329号云海大厦4楼《图书馆杂志》社；邮编：200031；联系电话：021-54039581，54051569；网站：

---

① 《图书馆理论与实践》介绍［EB/OL］.图书馆理论与实践［2022-05-22］. http://www.libedit.cn/.

② 《图书馆论坛》简介［EB/OL］.图书馆论坛［2022-05-20］. http://tsglt.zslib.com.cn/CN/column/column1.shtml.

http://www.libraryjournal.com.cn，可投稿、查询；编读邮箱：tsgzz@libnet.sh.cn（非投稿用）[①]。

（9）《**图书情报工作**》（*Library And Information Service*）

由中国科学院主管，中国科学院文献情报中心主办。1956年创刊，初名《中国科学院图书馆通讯》，后又依次更名为《图书馆工作参考资料》《图书馆工作》，1980年改为现名。2009年起改为半月刊[②]。主要栏目有：专题、理论研究、工作研究、情报研究、简讯、综述述评等。通信地址：北京市海淀区中关村北四环西路33号《图书情报工作》编辑部；邮编：100190；电话：010-82623933；网址：http://www.lis.ac.cn/CN/0252-3116/home.shtml，投稿平台同网址；编读邮箱：journal@mail.las.ac.cn。

（10）《**图书情报知识**》（*Documentation, Information & Knowledge*）

由教育部主管，武汉大学主办，武汉大学信息管理学院和武汉大学信息资源研究中心承办。1980年6月试刊，1984年正式创刊。双月刊。主要栏目有：博士论坛，图书、文献与交流，情报、信息与共享，知识、学习与管理，学术聚焦，专业教育，青年学者论坛，会议纪要等，特色栏目有全球iSchools院长专访、阅读书单等。通信地址：湖北省武汉市武昌珞珈山武汉大学信息管理学院《图书情报知识》编辑部；邮编：430072；电话：027-68754437；网址：http://dik.whu.edu.cn/jwk3/tsqbzs/CN/1003-2797/home.shtml，可投稿、查询；编读邮箱：tqy12@whu.edu.cn[③]。

（11）《**图书与情报**》（*Library & Information*）

由甘肃省图书馆、甘肃省科技情报研究所联合主办。始刊于1981年。双月刊。关注图书馆情报领域最新学术热点与动态，注重刊发理论与实践相结合、国内与国外相融汇的科研学术成果，设有特别策划、专题、前沿与热点、信息宏观治理、图书馆与图书馆事业、珍藏撷英等栏目。通信地址：甘肃省兰

---

① 《图书馆杂志》期刊介绍[EB/OL].图书馆杂志[2022-05-20]. http://www.libraryjournal.com.cn/CN/1000-4254/home.shtml.

② 《图书情报工作》期刊简介[EB/OL].图书情报工作[2022-05-20]. http://www.lis.ac.cn/CN/column/column30.shtml.

③ 《图书情报知识》简介[EB/OL].图书情报知识[2022-05-20]. http://dik.whu.edu.cn/jwk3/tsqbzs/CN/column/column190.shtml.

州市南滨河东路 488 号《图书与情报》编辑部，邮编：730000；电话：0931–
8270072；网址：https://tsyqb.gslib.com.cn/CN/1003–6938/home.shtml；投稿平台
同网址，可在线留言；编读邮箱：tsyqb@126.com[①]。

（12）《文献》（*The Documentation*）

由国家图书馆主办，1979 年创刊，现为双月刊。重点披露国内外公私典
藏中具有重要价值的各种古、近代文献，包括珍本秘籍、罕见抄本、名人佚
稿、批校题跋、日记、信札、方志、舆图、谱牒、档案、文告，以及出土的甲
骨金石、彝器铭文、简牍帛书、敦煌遗卷等及相关研究成果。同时重视报道
海外汉学研究进展等。投稿地址：北京市海淀区中关村南大街 33 号国家图书
馆《文献》杂志编辑部，邮编：100081；编辑部电话：010–88545562[②]。

（13）《中国典籍与文化》（*Chinese Classics & Culture*）

由教育部全国高等院校古籍整理研究工作委员会主办，1992 年创刊，季
刊。内容基本分为六个板块：①文化论坛，以专论、散论、杂文等形式，在传
统文化视角下对现实文化热点进行理论阐述；②文史新探，刊载有深度、有创
见且文笔流畅的考据性短文；③文献天地，着眼珍稀文献的探幽析微、传统文
献的新意发掘、文献典藏流传的逸闻佳话；④文化广角，透过具体细微的古代
文化事象，多角度审视传统文化；⑤学界纪事，刊载学人的师友交往、学术活
动、治学心得，重要研究课题的进展，学术前沿信息，国内研究成果的客观评
述；⑥域外汉学，探讨海外汉学研究的经验和成果。通信地址：北京大学校内
哲学楼 328 号，邮政编码：100871；网址：http://www.zgdjywh.cn/；投稿平台
同网址[③]。

（14）《中国图书馆学报》（*Journal of Library Science in China*）

由文化和旅游部主管、国家图书馆和中国图书馆学会主办。创刊于 1957
年。现为双月刊。接受稿件类型：①研究论文，即详细陈述一项完整规范研究
的新发现或新结果，具有完备的学术论文结构要素——研究问题、研究目的、

---

① 《图书与情报》关于我们[EB/OL].图书与情报[2022–05–21]. https://tsyqb.gslib.com.
cn/CN/column/column1.shtml.

② 《文献》杂志稿约[J].文献，2021(1):190–191.

③ 《中国典籍与文化》期刊简介[EB/OL].中国典籍与文化[2022–05–22]. http://www.
zgdjywh.cn/.

文献综述、研究方法、研究结果、结论（讨论）及参考文献等；②综述评介，包括文献综述研究、历史回顾和学术书评等综述或评论性论文；③探索交流，即对前沿性、争议性或重大理论及实践问题的思考、探讨或争鸣，不严格限定论文的写作形式；④专题研究，围绕重大事件或专门论题的组稿，通常为热点或重要问题的讨论研究[①]。通信地址：北京市海淀区中关村南大街33号《中国图书馆学报》编辑部；邮编：100081；电话：010-88545141；网址：http://www.jlis.cn/jtlsc/ch/index.aspx，投稿平台同网址；编读邮箱：jlis.cn@nlc.cn（不作投稿用）。

还有一些与图书馆学相关的学术期刊，如《情报学报》《情报资料工作》《辞书研究》《古籍整理研究学刊》等，它们经常刊载一些图书馆与信息科学、工具书、古籍研究方面的文章。

第六节　在学术会议上做一场精彩的发言

一般而言，参加国内外学术会议包括以下几个主要环节：收集会议信息、进行会议联系、撰写参会论文、发表会议演讲、保持会后联系等。在学术会议上做发言是一种深度参会的形式，会议发言人可以凭借自己的演讲对会议作"输出式"贡献，也能与同行深入交流意见，甚至还能搭建后续合作项目与合作研究的基础。

怎样才能够在学术会议上做一场精彩的发言？具体来说就是要重视下面五个环节：

1. 提前规划参会日程

在学术会议上发言主要有两种缘由，一是受会议组织者邀请在会议上发表演讲，二是向会议投稿获录用后分享自己的研究。对多数图书馆员而言，通过投稿方式在会议上发言的形式较为普遍。这种方式需要参会者提前规划，如投稿需要明确投向哪个会议，以及该会议的征稿要求。不同会议的举办时间、征

---

① 《中国图书馆学报》投稿指南[EB/OL].中国图书馆学报[2022-05-27]. http://www.jlis.cn/jtlsc/ch/first_menu.aspx?parent_id=20080416210958001.

稿时间和截稿时间各不相同，参加国际会议可能还涉及提前申报出国预算或办理出国审批等事宜，需要全面考虑这些不同的时间节点，为自己规划一个详细的参会行程表。如何制定参会行程表？除了广泛地搜集和整理信息以外，还可以向此前有过参会发言经历的同行请教，一份过来人的参会行程表可谓宝贵的经验。

2. 精心设计发言材料

收到会议组织者邀请或录用通知时，就要按照会议组织者的要求精心设计发言材料，这一过程一般涉及发言的主题、形式、语言、附件等内容。其中最主要的内容就是制作精美的**演示幻灯片**（PowerPoint, PPT）。有的会议组织者还会为会议发言人提供一些建议性的指南。比如国际图联年会有一个专门的《发言人指南》[①]，其中对 PPT 格式做了一些要求，包括：

● 确保 PPT 文件的格式能在现场电脑上打开（有时将 PPT 转换成 PDF 更为保险）；

● PPT 的首选纵横比为 4∶3（也可以是 16∶9）；

● PPT 字体的最小尺寸为 32 磅，最好采用 Windows 中包含的字体，建议使用字体有 Arial、Times New Roman 和 Tahoma；

● PPT 采用高对比度布局，如暗色文本配上浅色字体等。

有些学术会议比如美国图书馆协会（ALA）年会，还会向会议发言人提供一些免费的 PPT 模板。发言人也可以通过翻看前几届会议发言人分享的 PPT 来获得灵感，一般在会议官方网站上能够查到一些既往发言人授权分享的演讲 PPT 链接。

此外，随着在线学术会议成为一种趋势，在线会议发言尤其看重 PPT 的制作，因为缺乏现场的面对面交流氛围，PPT 在发言中起到的作用就显得愈发重要。比如，2021 年 ALA 举办了线上年会，就为会议发言人提供了线上会议演讲更易于参会者收看的一些提示，如下所示[②]：

① Speaker guidelines – IFLA World Library and Information Congress[EB/OL]. IFLA websites[2021-12-11]. https://2018.ifla.org/wp-content/uploads/2018/08/guidelines-speakers-wlic-2018.pdf.

② Resources for presenters[EB/OL]. ALA websites[2021-12-11]. https://2021.alaannual.org/resources-presenters.

● 选择易于阅读的字体（无衬线字体，如 Arial、Verdana、Calibri 等），并确保文本较大（至少 14 pt）并具有良好的色彩对比度。可以使用 Webaim 的"颜色对比度检查器"（https://webaim.org/resources/contrastchecker/）来检查色调组合是否准确；

● 确保幻灯片整洁，并考虑使用图像来帮助解释概念；

● 所有图像上都应该配有说明文字或相应描述；

● 任何补充视频材料都应尽可能包含字幕；

● 不要在演示文稿或其他材料中使用闪烁或频闪动画，如果使用包含动作的演示软件（如 Prezi），请务必提前通知观众等。

上述建议来自 ALA 在**虚拟无障碍**（virtual accessibility）方面的一些建议，更多详情可以参阅 ALA 下属"参考咨询与用户服务分会"的《虚拟无障碍指南》[①]。还可以使用来自 Microsoft 的辅助功能提示，来制作面向残障人群的"无障碍"演讲 PPT[②]。

除了制作演讲 PPT 之外，还要考虑是否需要制作一些其他的附件，比如用于现场派发给与会者的单页、纪念品、便签条等。如果你参加的学术会议是国际性的，还需要考虑会议要求的语言并使用适合听众的语言，比如采用中英文双语来制作演讲 PPT 与其他材料。

3. 认真做好发言前的准备

一场精彩的会议发言离不开前期的反复**试讲演练**。此外，发言时间、受众以及发言现场涉及的预案都需要在试讲阶段来考虑。试讲时参会馆员要认真做好以下几方面：

（1）念顺、读熟发言稿。这是保证在会上成功发言的必要措施[③]。在熟读的基础上，如果能逐步脱稿，演讲的效果就会更好。尤其国际会议一般要求使

---

① Virtual accessibility[EB/OL]. ALA websites[2021-12-11]. https://www.ala.org/rusa/virtual-accessibility.

② Make your PowerPoint presentations accessible to people with disabilities[EB/OL]. Microsoft[2021-12-11]. https://support.microsoft.com/en-us/office/make-your-powerpoint-presentations-accessible-to-people-with-disabilities-6f7772b2-2f33-4bd2-8ca7-dae3b2b3ef25?ocmsassetid=ha102013555&queryid=0cdead73-5f77-4197-85fa-5fd9e1022a32&respos=3&ctt=1&correlationid=5ea82225-de95-4667-85fc-8438af160a1e&ui=en-us&rs=en-us&ad=us.

③ 王细荣,编著.图书情报工作手册[M].上海:上海交通大学出版社,2009:450-451.

用英语发言，对于非英语母语的参会馆员而言，面临的挑战更大，提前熟读发言稿可确保演讲流畅和有韵律。

（2）严控发言的时限。会议组织者会在邀请发言的时候，一般要求在有限的时间内聚焦主题、讲好一个故事。比如，一次会议发言的时间为20分钟，那么这20分钟内包含了整个发言的引入、高潮、收尾过程，一般不包括提问对谈环节。发言超时会干扰整个会议的组织秩序，因此有必要通过预读试讲将发言控制在规定时限内。

（3）发言前的宣传和营销。学术会议发言是为了宣传和推广相关研究和项目，与会听演讲的人越多越好。尤其是大型的学术年会上，会有很多分会场，参会者可自行选择听会，这就出现了"参会注意力"的竞争空间。有些会议组织者也会提醒和支持发言人进行自我宣传和推销，如ALA年会组委会在给发言人的邮件中，提供了包含会议主题的电子邮件样本、会议相关的徽章和图片，以使会议发言人在自己的社交圈内通过电子邮件或社交媒体进行分享，邀请朋友关注或来听会。

另外还有一些发言前的预案值得考虑，如提前熟悉会场、备好纸本发言稿等。国际图联年会在会场设置了**演讲者预览室**（Speaker Preview Room），发言人可以在这个房间进行预备操作，包括查看PPT、修改PPT、获得技术人员支持、上传PPT[①]，尽可能减少因技术问题无法播放PPT等突发情况带来的干扰。

4. 如何自信地完成发言

凡事预则立，前三个预备环节已经达成了精彩发言一半的成功；另一半成功就需要发言人自信、完整地展现一场发言。

（1）发言人要注意会议礼仪。参加学术会议时，我们应衣着整洁，仪表大方，准时入场，进出有序。作为会议发言人，应提前到达会场，与主持人沟通会议流程。一场完整的会议发言也应包括发言前的上台致意和发言后的感谢。在发言结束时，发言人应面向会场在座的同行行礼道谢，对他们的认真听讲要

---

① Speaker guidelines – IFLA World Library and Information Congress［EB/OL］. IFLA websites［2021-12-11］. https://2018.ifla.org/wp-content/uploads/2018/08/guidelines-speakers-wlic-2018.pdf.

表示感谢，比如说："我的报告完了，谢谢主席先生，谢谢大家！"①

（2）发言人可以根据不同情况选择适合自己的发言形式。①持完整发言稿发言，如用 A4 纸右侧 2/3 写正文，左侧 1/3 写上关键词或标记，作者按左边关键词提示，根据右边全文进行宣讲；②持大纲发言稿发言，即发言时按提纲顺序或标记提示进行串讲；③自由脱稿发言，即不需要任何文字提示，自由、纯熟地阐述科学构思和观点②。这三种发言形式，一般配合 PPT 展开。尤其是脱开文稿的自由发言，可以离开发言桌在讲台上走动，从而能更好展示 PPT 内容，增强现场互动的效果。

（3）发言人要掌握一些公开演讲的技巧。玛乔丽·诺斯（Marjorie North）在《提高公开演讲效果的 10 个技巧》一文中提到：①紧张是正常的，需要练习和准备；②了解你的受众，你的演讲是关于他们的，而不是你；③以最有效的方式组织材料以实现目的；④注意反馈并适应它，将注意力集中在观众身上；⑤展现你的个性；⑥学会幽默，讲故事，使用有效的语言；⑦除非万不得已，否则不要读稿，要与听众保持目光接触；⑧有效地使用你的声音和双手，减少紧张的手势；⑨开始时要吸引注意力，在结束时要满有力度；⑩尽量少使用草图、录音、道具等视听辅助工具，直接面对观众更好③。

（4）在线会议上的注意事项。ALA 的线上会议指南指出：①一定要口头描述 PPT 上的图像，尤其是在使用复杂图表和图形时；②应尽可能使用耳机以提高音频质量并减少背景噪声；③确保演讲者的脸部光线充足并且可以清楚地看到；④将所有未发言的与会者静音，以将背景噪声降至最低；⑤在讨论环节，发言者每次发言时都应说出自己的名字，以便字幕人员和与会者知道谁在发言；⑥避免使用行话、俚语和假设的知识，包容所有与会者等④。ALA 还整合了一些准备线上会议发言的最佳实践，编辑成《线上会议发言人快速提

---

① ②　丘东江,董民辉.怎样参加国际学术会议[J].江西图书馆学刊,2007(2):126-128.

③　NORTH M. 10 tips for improving your public speaking skills[EB/OL]. Harvard division of continuing education (2020-03-17)[2021-12-12]. https://professional.dce.harvard.edu/blog/10-tips-for-improving-your-public-speaking-skills/.

④　Resources for presenters[EB/OL]. ALA websites[2021-12-11].https://2021.alaannual.org/resources-presenters.

示——帮助您准备专业线上会议发言的最佳实践》①的文本，以供人们参考。

总之，成功的会议发言主要是由演讲内容决定的。亚里士多德早就说过：关于演讲，有三样东西需要加以研究，例证、格言和推理论证。他认为例证可以是此前曾发生过的事情或者某些寓言，格言是一种普遍的陈述，推理论证则是一种三段论（由大前提、小前提、结论构成）②。其中例证、推理论证产生说服力，格言产生感染力。有时某个学术会议上的一篇演讲能被人记住，原因就在于演讲者曾经使用的一句话变为了格言而被人们广为传颂。

5. 即席答辩与专业交谈

在发言结束后，按惯例会有问话环节，即回答同行听众针对发言内容提出的问题，并开展即席答辩与专业交谈③。在这一环节，发言人一样要遵守会议礼仪：在回答问题前可以简要复述问题，以确立共识，尤其是国际会议上用英语作答时，要保持镇定的情绪，听清问题后，结合自己的具体情况和实际想法，简要、礼貌地作答；对不能回答的问题，应合理地陈述理由，并表达会后继续交流的意愿。

最后，如果有可能，可将会议发言转化为学术论文发表，或者由此开启一个相关的项目，这样你的会议发言体验就会画上一个圆满的句号。

---

① Virtual presenter quick tios: best practices to help you prepare for a professional virtual presentation[EB/OL]. ALA websites[2021-12-12]. https://2021.alamidwinter.org/sites/default/files/inline-files/VisionCreative_VirtualPresenterBestPractices%20-mw21.pdf.

② ［古希腊］亚里士多德，著；苗力田，主编.亚里士多德全集：第九卷·修辞术［M］.北京：中国人民大学出版社,1994:458-492.

③ 丘东江,董民辉.怎样参加国际学术会议［J］.江西图书馆学刊,2007(2):126-128.

第九章　趣味知识

第一节　30 种语言中的"图书馆"

一、汉语

1. 简体汉字 / 繁体汉字：图书馆 / 圖書館

二、中国部分少数民族语言

2. 传统蒙古文 / 西里尔蒙古文：ᠨᠣᠮ ᠤᠨ ᠰᠠᠩ /номын сан
3. 藏文：དཔེ་མཛོད་ཁང་།
4. 维吾尔文：كۇتۇپخانا
5. 传统哈萨克文 / 斯拉夫哈萨克文：كىتاپحانا/кітапхана

三、常用外国语言

6. 英文：library
7. 法文：bibliothèque
8. 德文：Bibliothek
9. 西班牙文：biblioteca
10. 俄文：библиотека
11. 日文：図書館
12. 阿拉伯文：مكتبة
13. 老挝文：ຫ້ອງສະໝຸດ

14. 泰文：ห้องสมุด

15. 越南文：thư viện

16. 土耳其文：kütüphane

17. 韩文：도서관

18. 马来文：perpustakaan

19. 希伯来文：ספריה

20. 印地文：पुस्तकालय

21. 波斯文：کتابخانه

22. 普什图文：کتابتون

23. 波兰文：bibliotcka

24. 瑞典文：bibliotek

25. 挪威文：bibliotek

26. 冰岛语：bókasafn

27. 拉丁文：bibliotheca

28. 意大利文：biblioteca

29. 葡萄牙文：biblioteca

30. 希腊文：βιβλιοθήκη[①]

第二节　文学与影视作品中的图书馆员

图书馆是在文学与影视作品中经常出现的重要场景。导演杰森·拉莫特（Jason LaMotte）拍摄的 20 分钟电影《**图书馆**》（*The Library*），故事素材来源于美国得克萨斯州休斯敦的社区图书馆给他小时候带来的深刻影响。电影主角是 13 岁的艾米丽，她每天放学后骑自行车去图书馆，一次她在书桌上看到有人给她留了一张纸条，上面写着索书号。她拿着纸条找到书籍，翻到签纸插页处，看到隽永的爱情诗句。一连几天，都有秘密崇拜者偷偷给她留这样的纸条。她发现常在图书馆学习的有两个男孩，艾米丽觉得给她纸条的会是其中之

---

①　以上语言顺序按照《中国图书馆分类法》（第 5 版）进行分类、排序。

一。这些纸条上的索书号对应图书馆书架上旧书中的浪漫文字段落，艾米丽紧张兴奋地阅读这些文字段落。随后的每一天都会出现一张索书条和浪漫的段落……。这是一部关于初恋的微电影，关于图书馆和家乡的作品，导演试图探索记忆与地点之间的关系，以及由此弥漫的情愫[①]。遗憾的是，这部电影中几乎不见图书馆员的身影。这就引出了一个问题：是他们不重要吗？

图 9-1 13 岁的艾米丽由罗南·基廷的女儿米西·基廷饰演

文学与影视作品中的**图书馆员形象**（librarian image）较之图书馆场景出现的要少。图书馆员形象往往代表着社会大众对图书馆员的认知态度，而这些文学作品、电影里的图书馆员形象反过来又再次塑造、强化着大众对图书馆员的认知态度。大众对图书馆员职业的看法也成了影响年轻人是否选择加入图书馆职业的关键因素[②③]。

①　The library: a new short film on the wonder of libraries[EB/OL]. The guardian (2015-10-25)[2022-09-29]. https://www.theguardian.com/childrens-books-site/2015/oct/25/the-library-jason-lamotte-video. 图9-1也来自该网站。

②　AHARONY N. The librarian and the information scientist: different perceptions among Israeli information science students[J]. Library and information science research, 2006,28(2):235-248.

③　MAJID S, HAIDER A. Image problem even haunts hi-tech libraries: stereotypes associated with library and information professionals in Singapore[J]. Aslib proceedings: new information perspectives, 2008,60(3):229-241.

图9-2 发出"嘘"声的图书馆员

图片来源：Librarian portrayals: an introduction[EB/OL]. Librarian Stereotypes (2012-10-14)[2022-09-30]. https://what isalibrarian. blogspot.com/.

长期以来，图书馆员职业形象在大众的眼里过于刻板、单调、严肃。在美国，人们对图书馆员的**刻板印象**（stereotypes）包括：她们通常表情严肃，头发在脑后盘成一个发髻，戴着有链子的眼镜，穿着一双合脚的鞋子，全神贯注于喧哗嘈杂的读者，唯一的表情就是把一只手指放在嘴唇上发出"嘘"的声音。这种沉闷形象经常出现在书本、影视、卡通、连环漫画里，甚至已经固定化①②。在中国，由于公共图书馆在基层社区、乡村普及率不高，社会大众与图书馆员的接触有限，故而图书馆员尚未能生成一个带有某种特征的、固化的社会职业形象。但是在有限的文学与影视作品中，女性图书馆员行为呆板机械，少数男性图书馆员则性格怪僻，在社会地位的认知上，则与世界其他国家的认同感较低趋于一致③

希腊图书馆学者对2000年至2013年国际上的60篇探讨图书馆员职业形象的相关文献进行了分析，发现在大众媒体和学生那里，图书馆员获得的评价基本是负面的刻板印象，尤其是在大众媒体方面，**老处女图书馆员**（the old maid librarian）的陈规定型形象占主导地位，如电影编剧在大多数电影中采用"老处女"的负面刻板印象，主要是用它来挑起笑声，并强调图书馆员需要执行规则和管理秩序；而在报纸的内容中，则没有发现这种陈规定型观念，图书馆员要么被低估，要么被拔高为拥有信息管理专长、知识和技能的专家；只有在儿童读物中发现了图书馆员的陈规定型观念属于正面积极性的，因为儿童需

---

① SHAW K. Buns on the run: changing the stereotype of the female librarian[EB/OL]. University of Washington[2022-09-30]. https://students.washington.edu/aliss/silverfish/archive/Oct2003/shaw.htm.

② JACIMOVIC J, PETROVIĆ R. Stereotypes of librarians in the general public, in popular culture and scientific literature of the librarianship[J]. Infotheca, 2014,15(1):56-66.

③ 周肖云,谢婷.文学影视作品中图书馆员形象的解读与反思[J].宿州学院学报,2014,29(9):59-61.

要与图书管理员和图书馆建立联系。总的来说，图书馆员给人的刻板印象并没有随着时间的推移而发生很大变化①。

如何改变图书馆员在社会公众中的刻板印象呢？从易到难的操作与行动大致有以下几方面：

其一，改变发型与装束。美国学者雷蒙德·潘（Raymond Pun）与墨西哥学者吉萨斯·劳（Jesus Lau）指出，头发与发型对馆员自身以及读者是有心理影响的，甚至还具有高度政治化的意义，可以被看作基于文化背景的一种象征性的排斥和压迫工具。由于头发可以进行造型，是我们表达个性的一个窗口，所以变更发型是变更图书馆员刻板印象的一个简单途径。图书馆员的头发和发型在职业身份和责任中扮演着错综复杂的角色。头发象征健康、活力和生命，而发型可以被视为具有变革性意义②。今天一些图书馆员通过时尚的发型与穿着，加上亲切专业的服务，让社会对图书馆员的刻板印象大为改观。

其二，提升自身知识素养。不断提升自己的知识文化水平、与人沟通的技巧，这是两个最重要的图书馆员素养。读者与图书馆职业发生连接的环境往往是图书馆服务一线场所，而许多图书馆在一线场所中分布着初进图书馆职业的新手或临时工作人员，他们整体知识素养相对不高，沟通能力也一般，但是他们向广大读者展示出的图书馆员印象，却又代表着图书馆的整体，所以一线场所图书馆员知识素养的提升尤为紧迫。当然也有补救的措施，即无论规模大小，图书馆都应该在一线场所安排资深馆员做"**导读员**"，进行值班或巡守，以高质量的答复来解决读者提出的各种问题，以此来树立优质的图书馆员形象。此外，图书馆还应摆脱被媒体被动书写的状况，利用新媒体主动展示图书馆员卓越的知识信息查询能力等。

其三，勇于承担社会责任。任何一种职业，要得到全社会的尊重，就必须勇于承担社会责任。促进读者平等、自由获取知识信息，这是图书馆员的工作所要遵循的理念。践行这样的理念，智识健全的公民才能更多地被培养出来，

① VASSILAKAKI E, MONIAROU-PAPACONSTANTINOU V. Identifying the prevailing images in library and information science profession: is the landscape changing?[J]. New library world, 2014,115(7/8): 355-375.

② PUN R, LAU J. Hair and hairstyles as metaphors for librarians[EB/OL]. IFLA library (2018-07-30)[2022-09-30]. https://library.ifla.org/id/eprint/2245.

社会民主才能有强大的发展。因此，除了为社会各界有效提供知识信息服务，消除图书馆员刻板印象负面影响的最有效方法是努力为边缘化群体争取社会正义[①]，参与帮助基层社区、偏远山村恢复与发展文化生态的工作。须知，图书馆员职业形象与职业地位有着正相关关系，因为职业形象不仅体现职业气质，还传达着职业内涵、职业价值所散发出来的知性、担当、尊严等各种信息。当职业形象符合进步趋势时，那它必将促进自己职业地位的升值[②]。

1995 年日本电影《情书》中女主角渡边博子（中山美穗饰）为神户市图书馆馆员，未婚夫藤井树去世后，她给他寄了一封信，竟然收到了一封回信……，故事曲折委婉，图书馆、学生义工、书架、图书、出纳台、还书卡等都成为故事中温馨情节的元素，烘托出朦胧爱情的纯真与深切，图书馆与图书馆员因此也成了美好事物的孕育空间与群体。2004 年以来，美国特纳网络电视台（Turner Network Television, TNT）播出了系列动作奇幻电影三部曲《**图书馆员**》（*The Librarians*），包括《寻找命运之矛》《重返所罗门王的宝藏》《圣杯的诅咒》等，该系列电影改变了图书馆员在文学与影视作品中的缺位或边缘化的趋势。图书馆员弗林·卡森（Flynn Carsen）成了主角，一反以往馆员刻板印象，他是一个博学、有责任心、极具吸引力的男性图书管理员。这部系列电影因大受欢迎，还衍生出了 2014 年《图书馆员》的电视连续剧、2016 年以后的《图书馆员和失落的灯》等三部创作小说，这些影视、文学作品发生的变化，预示着图书馆员形象真正改变的时代已经来临。

第三节　有特色的图书馆 Logo

图书馆 Logo（library logo），又称"图书馆标识""图书馆馆标""图书馆馆徽"等，它是由文字、图形或者由其组合构成的一种代表图书馆身份的标记。一个图书馆的标志是浓缩该图书馆理念与文化的符号，也是图书馆形象视觉识

---

① The stereotype stereotype: our obsession with librarian representation[EB/OL]. American libraries (2015-10-30)[2022-10-01]. https://americanlibrariesmagazine.org/2015/10/30/the-stereotype-stereotype/.

② 王子舟.图书馆学是什么[M].北京:北京大学出版社,2008:322.

别系统中的核心成分，它不仅可以向社会公众展现图书馆良好的形象和独特的人文精神，还以简洁、易记的图式特征，成为图书馆品牌和形象的最佳代言[①]。

一、国外图书馆的 Logo

1. 美国国会图书馆的 Logo

2018 年 8 月 21 日，世界上最大的图书馆——美国国会图书馆（Library of Congress）推出了五角设计（Pentagram）纽约分公司宝拉・舍尔（Paula Scher, 1948— ）设计的新标志。而且这个新 Logo 具有灵活的组合方式。宝拉・舍尔是世界上最有影响力的平面设计师之一，2009—2012 年担任国际平面设计联盟（Alliance Graphique Internationale，AGI）的主席，她擅长以字体做标志设计。全新的由无衬线字体组成的标志类似一个隐喻的书架或书柜，表达国会图书馆是一个收集知识的地方，就像一个宝箱一样，充满了无限的信息和服务，如果你打开它，将随时可以探索知识的海洋。国会图书馆在新闻稿中介绍称：今天，国会图书馆正在推出一个新的视觉品牌，抓住馆藏精神这个概念并放大它。它可以变换组合为不同的图形以表现不同的馆藏项目，以及传递不同的故事、图像和声音。这是一个潜力无限的品牌设计，就像图书馆本身一样[②]。

LIBRARY LIBRARY OF CONGRESS

图 9-3　美国国会图书馆 Logo

图片来源：美国国会图书馆网站（https://www.loc.gov/）。

① 程玲，田宏伟，刘艳磊. 图书馆标志设计理论探讨及实例分析[J]. 图书馆论坛，2011(2):141-144.

② 美国国会图书馆（Library of Congress）启用新LOGO [EB/OL]. 设计之家（2018-08-24）[2022-03-08]. https://www.sj33.cn/sjjs/sjjx/201808/49364.html.

图 9-4　美国国会图书馆印有多种组合形式 Logo 的 T 恤衫

图片来源：美国国会图书馆（Library of Congress）启用新 LOGO [EB/OL]. 设计之家（2018-08-24）[2022-03-08]. https://www.sj33.cn/sjjs/sjjx/201808/49364.html.

图 9-5　插入花朵图案的美国国会图书馆 Logo

图片来源：美国国会图书馆（Library of Congress）启用新 LOGO [EB/OL]. 设计之家（2018-08-24）[2022-03-08]. https://www.sj33.cn/sjjs/sjjx/201808/49364.html.

2. 加拿大埃德蒙顿公共图书馆的 Logo

2010 年，位于加拿大阿尔伯塔省首府埃德蒙顿市的**埃德蒙顿公共图书馆**（Edmonton Public Library）启用了新的馆标和一套新的视觉识别系统。这套新形象系统是由同在埃德蒙顿的多诺万创意传播公司（Donovan Creative Communications）负责设计的，新馆标志色彩鲜艳明亮、极具动感，为埃德蒙顿这座古老、重要的学习机构赋予了新时代的活力。新馆标由 5 条长方形的色块组成，你既可以把它看成书架上一排的藏书，也可以看成一排 CD、DVD 影音材料，甚至也看成我们去图书馆借书时图书馆管理员会在上面扫描的书籍条形码……，而这些元素都是图书馆常见的元素。用作宣传和实际使用时，这 5 条长方形的色块还可随意组成可想象的图案：音乐的频谱、钢琴的按键、跑道、统计的图表……。另外，5 个色块也象征了多元化，按照埃德蒙顿公共图书馆品牌更新官方网站的说法，代表了他们藏书种类、资源和服务的多元化[①]。

图 9-6　加拿大埃德蒙顿公共图书馆 Logo

图片来源：加拿大埃德蒙顿公共图书馆网站（https://www.epl.ca）。

图 9-7　加拿大埃德蒙顿公共图书馆利用馆标做的宣传标语

图片来源：加拿大埃德蒙顿公共图书馆启用新 Logo[EB/OL]. 标志设计在线的博客（2010-05-06)[2022-03-09]. http://blog.sina.com.cn/s/blog_62a56b140100if6b.html.

二、国内图书馆的 Logo

1. 北京大学图书馆的 Logo

2020 年底，北京大学图书馆东馆完成重新装修后开放。不久，图书馆计划使用新修改的 Logo。Logo 色值为学校视觉形象识别系统标准色"北大红"

---

① 加拿大埃德蒙顿公共图书馆启用新 Logo[EB/OL].标志设计在线的博客（2010-05-06)[2022-03-09]. http://blog.sina.com.cn/s/blog_62a56b140100if6b.html.

（CMYK 色值为 C0 M100 Y100 K45）[①]，上下版的标志中间是 1917 年由鲁迅先生设计的"北大"两个篆字，组成了三个人形图案："北"字像背对背的两个侧立人形，"大"字呈现为一个正面站立的人形。篆字外围为一本翻开的书籍。外圈有北京大学图书馆英文名称，圈内下方"1898"代表北京大学图书馆的建馆年份。北京大学图书馆 Logo 的篆刻风韵，体现了中国传统文化特色，同时也突出了图书馆"以人为本"的理念；里面中文为阳文，外圈英文为阴文，也表示着北京大学图书馆具有兼容并包的胸怀。

图 9-8　北京大学图书馆 Logo（竖版）

北京大学图书馆王波 提供

图 9-9　北京大学图书馆 Logo（横版）

北京大学图书馆王波 提供

2. 上海图书馆的 Logo

2022 年 2 月 22 日，上海图书馆（上海科学技术情报研究所）在新建成的东馆发布了新版机构 Logo。设计者为香港著名设计师陈幼坚（英文名 Alan Chan, 1950— ）先生。该标志左右对称，呈两种深浅不同的蓝色，不但传承了原有馆标的三角外形，也较之更简洁，既像翻开的书，也像鼓风的帆，还像张翅的鸟，传递出上海图书馆在阅读时代风正扬帆、飞鸟越海的信心与志向。

---

① 北京大学标识规范手册［EB/OL］.北京大学（2019-12-04)[2022-03-08]. https://www.pku.edu.cn/Uploads/Picture/2019/12/04/u5de7ad0c17491.pdf.

图 9-10　2022 年 2 月 22 日上海图书馆启用的新 Logo

图片来源：上海图书馆新 LOGO 启用：一只小鸟从书中振翅飞出 [EB/OL]. 搜狐网（2022-02-22）[2022-02-23]. http://news.sohu.com/a/524687260_120823584.

图 9-11　带有中英文名称的上海图书馆竖版新 Logo

图片来源：上海图书馆启用新 LOGO，开航大阅读时 代 [EB/OL]. 搜 狐 网（2022-02-22）[2022-02-23]. https://www.sohu.com/a/524721261_121124735.

图 9-12　带有中英文名称的上海图书馆横版新 Logo

图片来源：标志：陈幼坚操刀！上海图书馆发布新 logo [EB/OL]. 搜狐网（2022-02-25）[2022-02-26]. http://news. sohu.com/a/525376648_121124788.

3. 重庆图书馆的 Logo

2006 年 7 月**重庆图书馆**馆徽经过公开征集评选，采用了四川目标企业形象设计有限公司张路平、叶见春共同设计的 Logo。该 Logo 由红色和黑色两部分组成，将中国文字的"重"字左半边与"圖"字右半边巧妙地结合在一起，犹如"重庆图书馆"缩写的一枚古印。整体造型层次分明，像一本一本重叠的书籍；线条错落，又像知识的迷宫。左右两半边中间部分相连似网络，象征着知识载体在信息时代的多样化，也意味着图书馆服务不仅提供纸质文献信息，还提供数字文献信息。整个设计主题鲜明，个性突出，端庄大方，具有较高的文化品位[①]。

图 9-13　重庆图书馆 Logo

图片来源：重庆图书馆"版权声明"[EB/OL].
重庆图书馆 [2022-03-09]. http://www.cqlib.cn/?q=105.

图 9-14　带有中英文名称的重庆图书馆 Logo（竖版）

图片来源：重庆图书馆"版权声明"[EB/OL]. 重庆图书馆 [2022-03-09]. http://www.cqlib.cn/?q=105.

---

① 重庆图书馆"版权声明"[EB/OL].重庆图书馆[2022-03-09]. http://www.cqlib.cn/?q=105.

图 9-15 带有中英文名称的重庆图书馆 Logo（横版）

图片来源：重庆图书馆"版权声明"[EB/OL]. 重庆图书
馆 [2022-03-09]. http://www.cqlib.cn/?q=105.

中国有许多图书馆喜欢用繁体汉字"圖"或"書"作为 Logo 的基本设计
元素，即用"圖"或"書"字的变体，再与本地元素（地方称谓、地方地理、
图书馆建筑外形等）进行组合设计。以"圖"为基本设计元素的有国家图书
馆、青海省图书馆、宁波市图书馆等图书馆的标志；以"書"为基本设计元素
的有山西省图书馆、杭州图书馆、贵港市图书馆等图书馆的标志。

第四节 关于图书与图书馆的名言

名言（famous sayings/ famous quotes）是富有智慧、寓意深刻，且经常被
人称引的语句。图书与图书馆有着悠久的发展历史，从古至今与之相关的名言
十分繁复，其中有的还可谓之为格言。亚里士多德曾说过："格言是一种陈述，
不过不是针对个别示例的陈述，……而是一种普遍的陈述。"[①] 简言之，名言包
括格言，通常许多名言属于描述性的著名语句，而**格言**则指含有哲理并具有劝
诫等普遍教育意义的名句[②]，而且因其简隽还能转化为座右铭等，广为流传而
为人所熟知。

一、关于图书的名言

1. 书犹药也，善读之可以医愚。

——中国俗语

---

① ［古希腊］亚里士多德,著;苗力田,主编.亚里士多德全集:第九卷·修辞术[M].北
京:中国人民大学出版社,1994:461.

② 黄冬丽.《朱子语类》语汇研究[M].北京:语文出版社,2016:182-183.

这是中国阅读爱好者经常引用的一句名言，相传出自西汉刘向编纂的《说苑》一书。刘向在整理皇家图书馆文献时根据旧有藏书《说苑杂事》，重新编辑成了《新苑》（即今流传之《说苑》）一书，内容主要是辑录前人谈话、语录，分门别类纂集而成的。但《说苑》中未见有此语。《说苑·卷三·建本》第十章中有引孟子的话："孟子曰：人皆知以食愈饥，莫知以学愈愚。"[①]这段引语与该名言意思接近但表述明显不同，故不能断定这句名言出自刘向之书。最早使用的出处有待继续考证。

将书比喻为药，可见明末江西抗清领袖杨廷麟（1596—1646）《兼山集》卷一《咏史》诗："任刑岂日贱，一曰别用秦。怨有山川力，书犹药石仁。当时亦偶误，阅世遂成真。假使轩黄在，何人问独贫。"[②]

读书医愚，可见清代女画家、诗人左锡嘉（1830—1894）《冷吟仙馆诗稿·卷二·吟云集上》中《闲居》诗句："安拙每忘三日事，医愚当读十年书。"[③]

2. 夫经籍也者，神机之妙旨，圣哲之能事，所以经天地，纬阴阳，正纪纲，弘道德，显仁足以利物，藏用足以独善，学之者将殖焉，不学者将落焉。大业崇之，则成钦明之德；匹夫克念，则有王公之重。其王者之所以树风声，流显号，美教化，移风俗，何莫由乎斯道？

——［唐］魏徵等

来源：［唐］魏徵，令狐德棻，等. 隋书：卷三十二·经籍志一 [M]. 北京：中华书局，1973：第 4 册，903.

这段话见于唐代魏徵（580—643）等主编的《隋书·经籍志》。该书是根据隋朝藏书目录并参考宋齐梁陈书目而官修出来的一部藏书目录，不仅记载了隋朝存在图书，也记载了六朝时期图书流传情况，是继《汉书·艺文志》后我国现存最古的第二部史志目录，反映了中古时期中国图书的基本面貌。这段话是《隋书·经籍志》序言里的开篇之语。

---

① ［汉］刘向，编. 说苑［M］. 王天海，杨秀岚，译注. 北京：中华书局，2019：上册，136.

② ［明］杨廷麟. 兼山诗集：卷一·咏史［M］. 影印清康熙真斋刻本 //《四库禁毁书丛刊》编纂委员会，编. 四库禁毁书丛刊. 北京：北京出版社，1998：集部第 165 册，479.

③ ［清］左锡嘉. 冷吟仙馆诗稿［M］// 李雷，主编. 清代闺阁诗集萃编. 北京：中华书局，2015：第八册，4752.

3. 没有比书籍更迷人的家具了。（No furniture so charming as books.）

——［英］悉尼·史密斯

来源：Oxford essential quotations (4 ed.): books[EB/OL]. Oxford reference[2022–10–02]. https://www.oxfordreference.com/view/10.1093/acref/9780191826719.001.0001/q-oro-ed4-00001974.

语出 19 世纪英国神职人员和散文家**悉尼·史密斯**（Sydney Smith, 1771—1845），见于史密斯的长女萨巴·霍兰德（Saba Holland, 1802—1866）撰写的《悉尼·史密斯牧师的回忆录》（*Memoir of the Rev. Sydney Smith*, 1855）第一卷第九章。

4. 书籍将消灭建筑。（Le livre tuera l'édifice.）

——［法］雨果

来源：HUGO V. Notre–Dame de Paris; les travailleurs de la mer[M]. Paris: Éditions Gallimard, 1975: 174.182;［法］雨果. 巴黎圣母院 [M]. 陈敬容，译. 北京：人民文学出版社，1982:211–213.

这是作家**雨果**（Victor–Marie Hugo, 1802—1885）在 1831 年出版的著名小说《巴黎圣母院》（*Notre–Dame de Paris*）第五卷第二章中的一句话。书中有数页文字讨论了"书籍将消灭建筑"[①]这一命题。雨果认为：自从洪荒时代直到公元 15 世纪，建筑一直是人类的大型书籍，是人在各种发展状况里的主要表现形式，它可以是力的表现，也可以是智慧的表现。人们通过建筑来展现神的意志和人们对神的崇拜，那些神庙、大教堂于是成为人类最恢宏的艺术。换言之，在古登堡之前，建筑艺术一直是主要的普遍的创作体裁。但是古登堡的印刷术改变了这一事实。"在印刷的形式下，思想比任何时候都更易于流传，它是飞翔的，逮不住的，不能毁坏的，它和空气融合在一起。在建筑艺术统治时期它就以大山的形式出现，强有力地占领一个地区，统治一个世纪。现在它变成了一群飞鸟，飞散在四面八方，同时占领了空中和地面。"[②]也正是在这个意义上，雨果认为书籍正在杀死建筑。

用书页表达思想比用建筑更为省力方便，"而且，当建筑艺术已经只是一种像其他艺术那样的艺术时，当它不再是一种艺术的总和、一种统治一切压制

---

①② ［法］雨果.巴黎圣母院[M].陈敬容,译.北京:人民文学出版社,1982:211–213.

一切的艺术时，它便不再具有阻挡其他艺术的力量了。那些艺术便自行解放，脱离了建筑家的掌握，各自走它们自己的路。它们全都达到了这种决裂的地步。分离在增长，雕刻变成了雕塑艺术，画片变成了绘画，音乐摆脱了经文。那真如同一个帝国在它的亚历山大死后便瓦解了，它的那些省份便都自封为王国一样"。"于是产生了拉斐尔、米盖朗琪罗、若望·古戎和巴来斯特里纳，那些在光辉的十六世纪里涌现出来的优秀艺术家"①。

不过，雨果还说："人类就有两种书籍，两种记事簿，两种经典，即泥水工程和印刷术。一种是石头的圣经，一种是纸的圣经。"② 这也是他对"书籍将消灭建筑"担心的一种补充。因为他所处的年代，许多哥特式建筑被拆除，取而代之的是新的现代建筑。巴黎圣母院原来的彩色玻璃窗格被纯白色玻璃窗格取代，只是为了让光线进入大教堂。因此雨果在本书里提醒了保护哥特式建筑的急迫性。

5.书籍——当代真正的大学。（The true University of these days is a Collection of Books.）

———［英］托马斯·卡莱尔

来源：CARLYLE T. On heroes, hero–worship & the heroic in history[M]. Berkeley: University of California Press, 1993:140.

语出英国散文家、历史学家和哲学家托马斯·卡莱尔（Thomas Carlyle, 1795—1881）《论历史上的英雄、英雄崇拜和英雄业绩》（*On Heroes, Hero Worship and the Heroic in History*）一书。 1840 年 5 月 19 日星期二，卡莱尔发表了演讲《作为文学家的英雄：约翰逊、卢梭、伯恩斯》（*The Hero as Man of Letters: Johnson, Rousseau, Burns*）。他认为中世纪的大学教育只发生在教室里，穿着长袍的教授用拉丁语对听话、沉默的学生讲话，其中大多数人买不起教授从中摘取资料的正典书籍。他认为这种情况已经过时了。印刷术使得书籍多了。"我们学习阅读用不同语言文字书写的材料，学习各门科学；我们学习各种书籍中的文字。但是，我们到哪里去获得知识，特别是理论知识？这个地方就是书籍本身！这取决于我们读了什么，取决于我们在各科教授为我们做

---

① ［法］雨果.巴黎圣母院[M].陈敬容,译.北京:人民文学出版社,1982:211–213.

② ［法］雨果.巴黎圣母院[M].陈敬容,译.北京:人民文学出版社,1982:217.

了最好的工作之后所读的东西。如今真正的大学就是书籍的集合。"（We learn to read, in various languages, in various sciences; we learn the alphabet and letters of all manner of Books. But the place where we are to get knowledge, even theoretic knowledge, is the Books themselves! It depends on what we read, after all manner of Professors have done their best for us. The true University of these days is a Collection of Books. ）

6. 世界上所有的东西都会以书籍的形式存在。（Le monde est fait pour aboutir à un beau livre. ）

——［法］斯特芳·马拉梅

来源：中国出版协会装帧艺术工作委员会，编. 书籍设计：第 10 辑 [M]. 北京：中国青年出版社，2013:28.

语出 19 世纪法国象征主义诗人和散文家**斯特芳·马拉梅**（Stéphane Mallarmé, 1842—1898）。该话译为英文为 "Everything in the world exists in order to end up as a book" [1]。马拉梅还曾将书称为 "灵性之器"（instrument spirituel）。

7.（但）书籍是死者的声音，是我们与另一个世界里广大人类队伍交谈的工具。（But books are the voices of the dead. They are a main instrument of communion with the vast human procession of the other world. ）

——［英］威廉·尤尔特·格莱斯顿

来源：GLADSTONE W E. On books and the housing of them[M/OL]. The Project Gutenberg eBook[2023–06–27]. https://www.gutenberg.org/files/3426/3426–h/3426–h. htm.

语出英国首相**格莱斯顿**（William Ewart Gladstone，1809—1898）。格莱斯顿曾在 19 世纪四次出任英国首相，也是一位著名藏书家。1889 年他在哈登山丘上建起了一座有多个房间的图书馆，并将自己藏书中的两万七千册搬进了图书馆。他的图书馆空间布局符合三个目标：节省空间，便于取阅，按主题安置。格莱斯顿还写过一本书《论书及其安置》（*On Books and the Housing of Them*）。1898 年格莱斯顿去世，为了纪念他而组成的全国纪念委员会决定

---

[1] Stéphane Mallarmé/ Quotes[EB/OL]. Goodreads[2022–10–04]. https://www.goodreads. com/author/quotes/5798517.St_phane_Mallarm_.

募集捐款用来建立一个永久性建筑，安放格莱斯顿的书籍。1899 年格莱斯顿夫人首先破土开工，全国纪念委员会的代表威斯敏斯特公爵为图书馆安放奠基石。1902 年 10 月，这个新建的圣戴尼奥尔图书馆正式对外开放①。

8. 一本书一定是砍向我们内心冰冻海洋的斧头。（A book must be the axe for the frozen sea within us.）

——［奥］弗朗茨·卡夫卡

来源：KAFKA F. Letters to friends, family and editors[M]. WINSTON R, WINSTON C, translated. New York: Schoken Books, 1977:10, 16.

语出奥地利德语小说家**弗朗茨·卡夫卡**（Franz Kafka, 1883—1924）。1903 年 11 月 9 日，20 岁的卡夫卡写信给他儿时的朋友奥斯卡·波拉克（Oskar Pollak），信中写道："有些书似乎是通往自己城堡中陌生房间的钥匙。"（Some books seem like a key to unfamiliar rooms in one's own castle.）几个月后，在 1904 年 1 月 27 日，他在给波拉克的另一封信中又讲道："一本书一定是砍向我们内心冰冻海洋的斧头。这是我的信念。"（A book must be the axe for the frozen sea inside us. That is my belief.）

9. 谁焚烧书籍，谁就会焚烧人类。（Dort wo man Bücher verbrennt, verbrennt man auch am Ende Menschen.）

——［德］海因里希·海涅

来源：Bücherverbrennung 1933 in Deutschland[EB/OL]. Wikipedia[2022–10–02]. https://de.wikipedia.org/wiki/B%C3%BCcherverbrennung_1933_in_Deutschland.

语出德国诗人**海因里希·海涅**（Heinrich Heine, 1797—1856）。1933 年德国纳粹党上台以后，纳粹在几个城市发动了焚书事件。5 月 10 日，纳粹分子在柏林歌剧院广场上焚烧的 25 000 本书中就有海涅的作品。为了回应这一事件，人们将海涅 1821 年的戏剧《阿尔曼索尔》（*Almansor*）中最著名的一句话 "Dort wo man Bücher verbrennt, verbrennt man auch am Ende Menschen"，刻在了焚烧书籍现场嵌入地下的一块青铜纪念标识牌上。在《阿尔曼索尔》这部剧中，西班牙宗教裁判所曾焚烧《古兰经》，以努力将摩尔人从伊比利亚半岛铲

---

① ［美］安妮·法迪曼.书趣：一个普通读者的自白[M].杨传纬，译.上海：上海人民出版社，2009:147.

除，尽管那里曾是中世纪伊斯兰文化的主要中心之一。

10. 一种技术不会取代另一种技术，而是相辅相成。Kindle 对书籍的威胁并不比电梯对楼梯的威胁更大。（One technology doesn't replace another, it complements. Books are no more threatened by Kindle than stairs by elevators.）

——［英］斯蒂芬·弗莱

来源：RATCLIFFE S. Oxford Essential Quotations (4 ed.): Books[EB/OL]. Oxford [2022–10–06]. https://www.oxfordreference.com/view/10.1093/acref/9780191 826719.001.0001/q–oro–ed4–00001974.

语出英国喜剧演员和作家**斯蒂芬·弗莱**（Stephen Fry, 1957—）。他是英国的自媒体大 V，2009 年 11 月其推特（Twitter）账户（@stephenfry）达到了 100 万粉丝，2022 年 9 月他的粉丝达到了 1250 万。这是他于 2009 年 3 月 12 日在推特上发表的一番言论[①]，后被人们广泛转引。

二、关于图书馆的名言

1. 拯救灵魂之处（ψυχῆς ἰατρεῖον，希腊文）

——古埃及神庙图书馆

来 源：MARTÍNEZ A M. Place of care of the soul: ψυχῆς ἰατρεῖον (psychés iatreíon) [EB/OL]. Antiquitatem: history of Greece and Rome (2014–01–23)[2022–10–05]. http://www.antiquitatem.com/en/care-of-the-soul-library-of-alexandria/；杨威理. 西方图书馆史 [M]. 北京：商务印书馆，1988:12.

古埃及第十九王朝的法老拉美西斯二世（Ramesses Ⅱ，约公元前 1304—公元前 1237 年在位）在底比斯城（Thebes，位于今埃及开罗以南约 700 公里的卢克索村）的王宫神庙中设立了一个图书馆，藏书达 2000 卷。据希腊历史学家狄奥多罗斯（Diodorus Siculus，公元前 90—公元前 30）的《历史丛书》（*Bibliotheca historica*）卷一，该图书馆入门处刻有铭文曰"拯救灵魂之处"。也有人译之为"灵魂诊所"（Clinic for the Soul）[②]或"灵魂之药"（Medicine for

---

① https://twitter.com/stephenfry/status/1312682218.
② ［英］彼得·沃森. 思想史：从火到弗洛伊德[M]. 胡翠娥，译. 南京：译林出版社，2018：上册，127.

the soul）[①]。

2. 丈夫拥书万卷，何假南面百城。

——［北魏］李谧

来源：［北齐］魏收.魏书·卷九十·逸士·李谧传 [M].北京：中华书局，1974：第 6 册，1938.

据《魏书·李谧传》，北魏赵郡平棘（今河北赵县）人**李谧**（484—515，字永和），其父李安世为相州刺史。他自己从小好学，博通经传。曾拜小学博士孔璠为师。数年后，孔璠还反过来向李谧求教。公府征辟李谧入仕，他皆推辞不就，唯以琴书为业，爱乐山水，有绝世之心。每曰："丈夫拥书万卷，何假南面百城。"于是闭门读书，杜门却扫，弃产营书，手自删削，使得其家藏书籍卷无重复者达到四千多卷。尽管藏书如此之多，李谧依然埋头研究学问分类，搜集抄录有价值的思想言论，经常隆冬达曙，盛暑通宵。可惜年仅 32 岁病卒。

3. 一个没有图书馆的修道院就像一座没有军械库的城堡。（Claustrum sine armario est quasi castrum sine armamentario. 拉丁语）

——12 世纪欧洲修道院流传之格言

来源：［美］查尔斯·霍默·哈斯金斯.12世纪文艺复兴[M].夏继果，译.上海：上海人民出版社，2005:53; SPECIALE L. Armarium in "Enciclopedia dell' Arte Medievale" (1991) [EB/OL]. Treccani[2022-10-06]. https://www.treccani.it/enciclopedia/armarium_%28Enciclopedia-dell%27-Arte-Medievale%29/.

12 世纪左右，欧洲修道院图书馆一般藏书不多，少则几十卷，多则二三百卷，因此严格来说只算是图书室。欧洲修道院的藏书处一般都是橱柜（armarium，拉丁语），后来修道院经常在凹室墙上有书架放书，且藏书数量不大。通常每所修道院都有这样一个图书馆，以供修士们学习、阅读。当时修道院之间就流传了这一格言。这句话的来源还有另一种说法："1170 年，有个诺曼底僧侣写道：'有修道院而无图书馆，等于有了城堡而无武器库。'"[②]

---

① RATCLIFFE S. Medicine for the soul[EB/OL]. Oxford reference[2022-10-05]. https://www.oxfordreference.com/view/10.1093/acref/9780191826719.001.0001/q-oro-ed4-00006687.

② ［美］丹尼尔·布尔斯廷.文明的历史·发现者:人类探索世界和自我的历史[M].吕佩英,等译.上海:上海译文出版社,2016:下册,565.

4. 公共图书馆是开放的思想餐桌，每个人应邀而来，围桌而坐，各自均能找到自我所需的食物；这是一个储藏店铺，一些人存放进来了自己的思想和发现，而另一些人则把它们携入自我成长之中。（Публичная библиотека — это открытый стол идей, за который приглашен каждый, за которым каждый найдет ту пищу, которую ищет; Это — запасной магазейн, куда одни положили свои мысли и открытия, а другие берут их в рост.）

——［俄］赫尔岑

来源：ГЕРЦН А И. Собрание сочинений в тридцать томах: Том первый, Произведения 1829–1841 годов[M]. Москва: Изд-во АН СССР, 1954:366–367.

语出俄国作家、哲学家**亚历山大·伊万诺维奇·赫尔岑**（Александр Иванович Герцен, 1812—1870）1837 年 12 月 6 日在维亚特卡公共图书馆开幕式上发表的演讲。

5. 每一位老者的仙逝，都代表着一个图书馆的焚毁。（Every elderly person who dies, represents a library going up in flames.）

——［马里］阿马杜·汉帕特·巴

来源：MCLLWAINE J, WHIFFRIN J. Collecting and safeguarding the oral traditions: an international conference, Khon Kaen, Thailang, August 16–19, 1999, Organized as a Satellite Meeting of the 65th IFLA General Conference held in Bangkok, Thailang, 1999[C]. München: Saur, 2001: Introduction, Viii.

语出非洲马里作家、民族学家**阿马杜·汉帕特·巴**（Amadou Hampâté Bâ, 1901—1991）。另一种表述的版本为："在非洲，长者离世，犹如图书馆遭焚。"（In Africa, when an old man dies, a library burns down.）[①]有学者考证，巴的原话是："我认为，每一位传统守护者的死亡都犹如一座未开发的文化宝藏惨遭焚毁。"（I consider the death of each of these traditionalists as the burning of an unexploited cultural fund.）那是 1960 年 12 月 1 日，当时，巴正担任联合国教科文组织大会马里代表团团长，马里则刚刚作为一个独立的国家加入联合国教科文组织不久。巴在发言中恳求："传统守护者是传统的唯一承载者，但

---

① WABERI A A. A missive for youth[J/OL]. The UNESCO courier, 2018(2)[2021–08–05]. https://en.unesco.org/courier/2018-2/missive-youth.

不幸的是，他们已来日无多。必须拯救巨大的口传文化遗产，不能任其随着传统守护者的死亡而毁灭。"[①] 1999 年 8 月 16—19 日，第 65 届 IFLA 大会在泰国曼谷会前举办了一个主题为"口头传统的收集和保护"（Collecting and Safeguarding the Oral Traditions）的卫星会议，之后还出版了会议论文集。国际图联专业理事会主席拉尔夫·W. 曼宁（Ralph W. Manning）在会议论文集导言里，引用了巴的这一名言，将其表述为："每一位老者的仙逝，都代表着一个图书馆的焚毁。"（Every elderly person who dies, represents a library going up in flames.）

6. 我心里一直在暗暗设想，天堂应该是图书馆的模样。（Yo, que me figuraba el Paraíso/Bajo la especie de una biblioteca.）

——［阿根廷］博尔赫斯

来源：BORGES J L. Selected poems[M]. [English and Spanish on facing pages]. London: Penguin Books, 2000:94—95. 该诗句西班牙原文为："Yo, que me figuraba el Paraíso/ Bajo la especie de una biblioteca."在这本书中被英译为："I, who had always thought Paradise/ in form and image as a library."

这是阿根廷作家、阿根廷国家图书馆馆长**博尔赫斯**（Jorge Luis Borges, 1899—1986）在《天赐之诗》（*Poem of the Gifts*）中的诗句，也是极为有名的一个隐喻。在这个隐喻中，"天堂"是主要的本体，"图书馆"是从属的喻体。他不说图书馆像天堂，而是说天堂应该是图书馆的模样，这种"倒置"的隐喻，加强了语言表述的力量。"天堂"影响或作用于"图书馆"的意义在于：天堂是终极的、美好的地方，图书馆也应该是终极的、美好的地方。而"图书馆"影响或作用于"天堂"的意义在于：天堂不是不可想象的，它应该是一个平等的、自由的、有秩序的、存在多样性的地方。

7. 数百年来，图书馆一直是保存我们集体智慧的最重要的方式。它们始终都是一种全人类的大脑，让我们得以从中寻回遗忘，发现未知。请允许我做如下比喻：图书馆是一种最可能被人类效仿的神的智慧，有了它，就可在同一时刻看到并理解整个宇宙。人可以将得自一座大图书馆的信息存入心中，这使他

---

① WABERI A A. A missive for youth[J/OL]. The UNESCO courier, 2018(2)[2021-08-05]. https://en.unesco.org/courier/2018-2/missive-youth.

有可能去习得上帝智慧的某些方面。换句话说，我们之所以发明图书馆，是因为我们自知没有神的力量，但我们会竭力效仿。(Libraries, over the centuries, have been the most important way of keeping our collective wisdom. They were and still are a sort of universal brain where we can retrieve what we have forgotten and what we still do not know. If you will allow me to use such a metaphor, a library is the best possible imitation, by human beings, of a divine mind, where the whole universe is viewed and understood at the same time. A person able to store in his or her mind the information provided by a great library would emulate in some way the mind of God. In other words, we have invented libraries because we know that we do not have divine powers, but we try to do our best to imitate them.)

——［意］翁贝托·艾柯

来源：ECO U. Vegetal and mineral memory: the future of books[EB/OL]. Bibliotheca Alexandrina[2022-10-06]. https://www.bibalex.org/attachments/english/Vegetal_and_Mineral_Memory.pdf. 中文译文参见［意］翁贝托·艾柯. 书的未来（上、下）[N]. 康慨，译. 中华读书报，2004-02-18(22)；2004-03-17(22).

语出意大利作家、符号学家**翁贝托·艾柯**（Umberto Eco, 1932—2016）。2003 年 11 月艾柯做客埃及亚历山大图书馆（Bibliotheca Alexandrina），发表了演讲《植物和矿物记忆：书籍的未来》（*Vegetal and mineral memory: the future of books*）。此段话出于其中。

8. 自由社会提供的三份最重要的文件分别是出生证明、护照和图书馆卡。（The three most important documents a free society gives are a birth certificate, a passport, and a library card.）

——［美］埃德加·劳伦斯·多克托罗

来源：［美］塔季扬娜·埃斯克特兰德，选编. 图书馆名言集 [M]. 李恺，译. 北京：国家图书馆出版社，2013:116.

这是美国当代作家**埃德加·劳伦斯·多克托罗**（E. L. Doctorow, 1931—2015）在 1994 年 3 月 27 日的《纽约时报》（*New York Times*）上写出的一句话。

9. 谷歌可以为你找来 10 万条答案，图书馆员可以帮你找来最准确的那个。（Google can bring you back 100 000 answers. A librarian can bring you back the right one.）

——［美］尼尔·盖曼

来源：Google can bring you back 100 000 answers. A librarian can bring you back the right one[EB/OL]. Quote Investigator (2016–04–23)[2022–10–02]. https://quoteinvestigator.com/2016/04/23/library/.

2010 年著名的科幻作家**尼尔·盖曼**（Neil Gaiman, 1960— ）被任命为美国全国图书馆周的名誉主席。同年 4 月 16 日，盖曼在印第安纳波利斯北中心高中（North Central High School）进行麦克法登纪念讲座系列演讲之前接受采访，谈到图书馆在 21 世纪的角色变化时说了这番话。后有 YouTube 视频传播、推文的转载、报纸的报道，于是广为流传。

10. 在图书馆里，时间积蓄起来，不是停止而是储存。图书馆是叙事和寻找叙事的人的聚集地。它是我们可以一窥永恒的地方：在图书馆里，我们可以永生。（In the library, time is dammed up—not just stopped but saved. The library is a gathering pool of narratives and of the people who come to find them. It is where we can glimpse immortality; in the library, we can live forever.）

——［美］苏珊·奥尔琳

来 源：ORLEAN S. Growing up in the library: learning and relearning what it means to have a book on borrowed time[EB/OL]. The New Yorker (2018–10–05) [2022–10–05]. https://www.newyorker.com/culture/personal–history/growing–up–in–the–library;［美］苏珊·奥尔琳. 图书馆虫成长记［EB/OL］. 舒愉棉，编译. 世界科学（2019–07–18)[2021–08–05]. http://www.worldscience.cn/qk/2019/2y/ky/597207.shtml.

语出美国记者和作家**苏珊·奥尔琳**（Susan Orlean, 1955— ）发表在《纽约客》（*The New Yorker*）上的文章《在图书馆里长大》（"Growing Up in the Library"）。她曾担任《滚石》和《时尚》特约编辑，代表作品有《兰花大盗》（*The Orchid Thief*, 1998）、《亲爱的图书馆》（*The Library Book*, 2018）等，前者曾被改编为电影《兰花贼》，获得了奥斯卡奖的多项提名；后者以 1986 年 4 月 29 日洛杉矶公共图书馆大火为背景，来探索公共图书馆的作用与价值，被

《华盛顿邮报》评为 2018 年十佳图书。苏珊·奥尔琳从四五岁起，就常随母亲去克利夫兰市城郊的谢克海茨公共图书馆伯特伦伍兹分馆借阅书籍。用她的话说是"我是在图书馆里长大的孩子"。

第五节　图书馆逸闻趣事

一、江苏省立国学图书馆的"住馆读书"制度

1928 年，国立中央大学国学图书馆（次年改称"江苏省立国学图书馆"）在馆长**柳诒徵**（1880—1956，字翼谋）主持下，制定了《国立中央大学国学图书馆现行章程》。章程第九章为**"住馆读书规程"**，规定："有志研究国学之士，经学术家之介绍，视本馆空屋容额，由馆长主任认可者，得住馆读书。"[1] 食宿取费与馆友相同，不事营利。当时一些年轻人，如郑鹤声、赵万里、蔡尚思、苏维岳、任中敏、吴天石、柳慈明、赵厚生、王诚斋、张叔亮等都曾先后在国学图书馆住馆读书[2]。据蔡尚思先生晚年回忆，1934 至 1935 年间他住馆读书，每天吃咸菜稀饭，看书十六小时以上。他按照图书馆书目中集部五大册的书名记录，将所有历代文集一部一部依次序翻阅下去，结果从数万卷文集中搜集到数百万字的思想史资料。他说这种读书搜集材料法，是矿工开矿式的，也是蜜蜂采蜜式的[3]。他感慨曰："我从前只知大学研究所是最高的研究机构；到了 30 年代，入住南京国学图书馆翻阅历代文集之后，才觉得进研究所不如进大图书馆，大图书馆是'太上研究院'。对活老师来说，图书馆可算死老师，死老师远远超过了活老师。"[4] 20 世纪 80 年代，有年轻人读到这些记述文字，函询蔡先生现在还有无住馆读书的图书馆，蔡先生即问之于上海图书馆顾廷龙

---

① 柳诒徵.国立中央大学国学图书馆小史[M].南京:国立中央大学图书馆,1928:85-86.
② 徐昕.国学图书馆住馆读书制度述略[J].图书馆杂志,2003(9):73-75.
③ 蔡尚思.我苦学的一些经历[J].书林,1980(1):6-9.
④ 蔡尚思.中国文化史要论[M].增订本.长沙:湖南人民出版社,1980:180.

馆长，顾先生表示："我实尚无所闻。"[①]

二、肯尼亚的骆驼移动图书馆

由于自然条件恶劣，通信和交通不便，在肯尼亚东北部以游牧为主的部落，曾有近一半适龄儿童没有上学的机会，85.3% 的文盲率远超肯尼亚全国 31% 的平均数。1996 年，肯尼亚国家图书馆加里萨分部的负责人奥洛奇和他的同事创办了**骆驼图书馆**。从开始的两头骆驼 200 本书，发展到现在拥有一套完备的借阅制度、颇具规模的移动图书馆。每周一到周四，以东北部的加里萨和瓦吉尔两个地区作为大本营，骆驼图书馆的 9 头骆驼分成 3 队进村送书。每队一头骆驼驮着装有 200 本书的两个盒子，另外两头骆驼驮着帐篷和各种生活用品，方便工作人员在沙漠中休息。骆驼图书馆清晨出发，一天之内穿行 11 公里，为 12 个定点村落送书。每人可以借阅 2 本书，借阅期限为 14 天，如果借阅人没有如期归还书籍，整个村落的人都不能再借阅图书。2007 年，美国女记者**玛莎·汉密尔顿**（Masha Hamilton）偶然得知骆驼图书馆的故事后，联合世界各地的作家发起了一个名为"作家帮助非洲扫盲"的计划，号召作家们为骆驼图书馆捐赠 5 本自己喜欢的图书。这一计划迅速获得了世界各地 200 多位作家的响应。截至 2011 年，图书馆拥有的图书已经达到 7000 多册。汉密尔顿还创办了名为"骆驼驮书募捐行动"（Camel Book Drive）的网站，为图书馆开拓图书募集渠道[②]。而玛莎·汉密尔顿于 2007 年出版的小说《**骆驼移动图书馆**》（*The Camel Bookmobile*）也使得骆驼移动图书馆闻名世界。

三、老挝孟威村独臂僧人创办的图书馆

孟威村位于老挝古都琅勃拉邦东北约 200 公里处的南欧江边上。2008 年时，这里没通电、没有网络、没有手机信号，村子居住着约百户人家，村民们住在竹子和木板打造的吊脚楼里，沿江边还密集分布着七八家旅馆。村子虽小，但有一间二层砖房的图书馆，图书馆一楼左手墙面的一半都被一巨幅英文字母表占去；右边是书架，上下三层。最上面是佛教书籍，下面两层摆满各种

① 顾廷龙.柳诒徵先生与国学图书馆[M]//顾廷龙,著;《顾廷龙全集》编辑委员会,编.顾廷龙全集·文集卷.上海:上海辞书出版社,2015:上册,306-310.

② 含唐,李忠东.肯尼亚:骆驼背上建起移动图书馆[N].中国文化报,2011-07-16(4).

英文小说。图书馆馆长是二十多岁的阿仔，他十二岁在山上砍竹时，无意中捡到秘密战争时美军扔下的圆盘炸弹，不料炸弹爆炸使他失去了左臂，一只眼睛也几近失明。阿仔也曾自暴自弃，甚至一度想结束生命，但是为了妈妈，他挺下来了。后来他学习英语，成为当地最好的导游。他对生命的执着以及他提供的周到的服务感动和感染了许多外国游客，自然也获得丰厚的小费。他用自己攒下的钱建造了这个图书馆。阿仔认为，孩子是村庄的未来，没有知识就没有一切。人们到图书馆里借阅书刊，他不收取任何费用[①]。

四、德国街头电话亭成了图书馆

因手机的普及，曾经在德国街头随处可见的电话亭逐渐很少有人使用。2011 年，德国首都柏林市街上的几个电话亭被改装成图书馆：嫩黄色铁壳、透明的玻璃门窗，书亭玻璃门上贴着说明——"请带来一本书，取走一本书，阅读一本书"。亭里竖起的书架上摆放着历史、文学和社会学等各类书籍。书亭顶部装有一个太阳能板，可为亭内电灯提供 24 小时电力。亭外还设有一圈木制长条凳。61 岁的海登女士是负责维护这个书亭的志愿者。她说，每人家中都会有很多闲置书籍，与其让这些书在角落里积满灰尘，不如把它们带到这里"重生"。书亭提供了一个与不同年龄段人群交换书籍的平台，或许还能在这里碰上三五书友。柏林教育、就业和文化可持续发展协会负责人库特先生介绍，2011 年柏林已有 3 个这样的书亭，未来计划增加到 12 个。他说，这种公共书亭没有严格的借阅制度，人们可从中挑选自己喜欢的书籍，保留在家中，或转送朋友，不必归还原处。书籍的增添、保护与传递，依赖的是大家的公德意识[②]。

五、八岁男孩把自制的书藏在图书馆的书架上

在美国爱达荷州的博伊西市，有位 8 岁的儿童叫狄龙·赫尔比格（Dillon Helbig）。2021 年 12 月，他收到奶奶送给他的一本红皮笔记本后，创作欲大发，几天就完成了一本图画书，还起了个书名叫《**狄龙·赫尔比格历险记**》

---

① 　小鹏.背包十年：我的职业是旅行[M].北京：中信出版社，2010：175-176.
② 　青木.德国电话亭成了图书馆[N].南京日报，2011-10-12(A16).

（*The Adventures of Dillon Helbig's Crismis*），作者是"狄龙他自己"（Dillon His Self）。为了让那些不相识的人们能阅读到它，他把笔记本伪装成普通的书，带到艾达社区图书馆的榛子湖分馆，并将它塞到书架上。但第二天，狄龙再去绘本区找书，《狄龙·赫尔比格历险记》却不见了。狄龙非常伤心，得知此事的妈妈于是打电话问图书馆，书到底去哪了，结果发现，《狄龙·赫尔比格历险记》没被丢弃，只是换到了另一个书架上。事实上，馆长亚历克斯·哈特曼（Alex Hartman）和同事们认真读了这本书，认为这是个非常有意思的故事，书也符合图书馆的藏书标准。于是，在狄龙和他父母的同意下，管理员给《狄龙·赫尔比格历险记》贴上索书号，正式摆到绘本区的书架上。为了鼓励狄龙继续创作，图书馆还给小男孩颁发了有史以来第一个 Whoodini 奖（这是图书馆里吉祥物猫头鹰的名字），奖项名是"最佳年轻小说作家"。当地的儿童作家克里斯迪·莱恩（Cristianne Lane）听闻狄龙的故事，还要和他在图书馆里办一个写作研讨会，让孩子们一起写故事 [①]。

图 9-16　狄龙·赫尔比格在图书馆里向记者讲述自己入馆藏书的故事

图片来源：https://www.ktvb.com/article/news/local/208/i-always-be-sneaky-boise-eight-year-old-hides-self-made-book-in-library/277-37f87d21-7367-4096-83a7-5151b11b5bbf.

---

① 英国那些事儿.8岁萌娃想当作家，偷偷把自己的书塞到图书馆，竟梦想成真啦[EB/OL].新浪网（2022-02-06）[2022-02-09]. http://k.sina.com.cn/article_2549228714_97f224aa019010mdq.html.

第六节　有意思的图书馆文创

图书馆文创产品（library gifts）是指从文字、图书与图书馆文化中获得灵感而设计的文化创意产品，包括文化用品、手工艺术品、短视频、游戏、卡通形象等。图书馆开发文创产品，不仅可使自身融入文化创意产业，扩大自身影响力，提升图书馆事业的社会认知度，同时也可以获得自营收入，弥补事业经费的缺口，为图书馆可持续发展提供资金支持。当然，最重要的，这也是满足读者需求的一种新的服务方式，能增加读者对图书馆的黏性。现从网络媒体以及中国的**天猫**与国外的**埃齐**（Etsy）[①]两个网络商店平台上，选择出部分图书馆文创产品图片介绍如下：

一、阅读笔记本

读书人、爱书人专属的手账型笔记本《爱上阅读效率笔记》，由国家图书馆出版社出版，有多个版本。精装，32开。包括年计划、月计划、周计划、读书笔记页、到图书馆盖章打卡页等，每月页面前配一幅中外阅读名画，每周页面下方配一句阅读名言[②]。通用版无具体日期，但也包含53个周计划页，需要读者DIY手动填写日期，读者可以从任何一周开始记。除通用版外，国家图书馆出版社还每年出版一本带年历的《爱上阅读效率笔记》（2022年10月起更名为《爱上阅读主题手账》）。

---

① Etsy是一个网络商店平台，总部在美国纽约市布鲁克林区。95%的Etsy店铺卖家为居家经营，以手工艺成品买卖为主要特色，曾被《纽约时报》拿来和eBay、Amazon比较，被誉为"祖母的地下室收藏"。网址为：https://www.etsy.com/.

② 爱上阅读效率笔记（通用版）[EB/OL].国家图书馆出版社[2022-10-10]. http://www.nlcpress.com/ProductView.aspx?Id=11190.

图 9-17 《爱上阅读效率笔记（通用版）》（2020 年 4 月出版）
与《爱上阅读主题手账 2023》（2022 年 10 月出版）

二、杜邦纸袋 / 帆布袋

宁波图书馆开发设计的"到图书馆去"杜邦纸袋 / 帆布袋，在网络购物平台天猫的"全国图书馆文创联盟旗舰店"销量名列前茅，有消费者留言说，"为宁波图书馆打 CALL"，"非常雅致有创意"①。

图 9-18 宁波图书馆开发设计的"到图书馆去"杜邦纸袋
宁波图书馆陆渊 提供

---

① "到图书馆去"，为宁波图书馆文创打CALL! [EB/OL].搜狐网（2020-06-28）[2022-10-09]. https://www.sohu.com/a/404735248_534424.

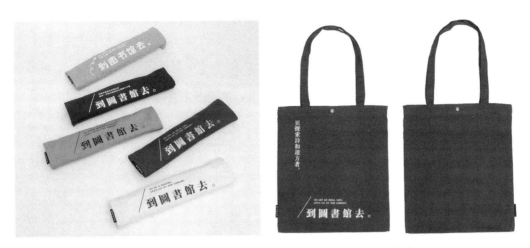

图 9-19　宁波图书馆开发设计的"到图书馆去"帆布袋

宁波图书馆陆渊 提供

三、皮坤包

北京国图创新文化服务有限公司制作的敦煌莲花包，灵感来源于敦煌莫高窟第 17 窟（藏经洞）壁画。包宽 20 厘米。包带长 95—100 厘米。颜色有菩提绿和鸣沙棕两款[①]。

图 9-20　敦煌莲花皮坤包

北京国图创新文化服务有限公司 提供

---

① "国图文创"敦煌莲花包：一梦敦煌，莲花开[EB/OL].摩点网（2021-09-09）[2022-10-09]. https://zhongchou.modian.com/item/75603.html.

四、馆藏章书签

北京国图创新文化服务有限公司制作的"京师图书馆收藏之印"金属书签。材质为不锈钢，亚光喷漆，颜色有黑色、红色。尺寸为 6.2 厘米 ×2.5 厘米，厚 0.5 毫米①。

图 9-21 "京师图书馆收藏之印"亚光喷漆金属书签

北京国图创新文化服务有限公司 提供

五、书角书签

埃齐网店上可以定制雕刻的皮革书角书签。在书签的任何部分可以添加任何姓名、首字母缩写、文字、照片或图像的雕刻。此款皮革书角书签为酒红色，图案用激光雕刻②。

---

① 中国国家图书馆书香典藏喷漆金属书签[EB/OL].天猫[2022-10-09]. https://detail.tmall.com/item.htm?id=602336167457.

② Leather corner bookmark[EB/OL]. Etsy[2022-10-05]. https://www.etsy.com/hk-en/listing/752966648/.下方图片也来自该网址。

图 9-22　皮革书角书签

六、书套

这是埃齐网店的一款刺绣雏菊的 Kindle 书套，材料是棉织物，有木扣、松紧带，手工制作[①]。

图 9-23　刺绣雏菊的 Kindle 书套

---

① Embroidered daisies Kindle sleeve[EB/OL]. Etsy[2022-10-05]. https://www.etsy.com/hk-en/listing/1270751284/. 下方图片也来自该网址。

七、藏书票印章

埃齐网店可以按照客户需求定制**藏书票**印章。这是一枚藏书爱好者喜爱的生命之树藏书票印章（Tree of Life Bookplate），印章手柄用天然白蜡树木材制作，橡胶上的图案用激光雕刻[①]。

图 9-24 生命之树藏书票印章

图 9-25 书籍压花机

八、书籍压花机

埃齐网店可以根据自身需求，定制印有你的名字或私人藏书、图书馆藏书字样的书籍压花机图案。压花机材质为黄铜或钢[②]。

九、吊坠

这款埃齐网店的吊坠的直径为 1.25 英寸，可挂在带龙虾扣的 24 英寸链条上或钥匙圈上。上面的文字是"如果你有一个图书馆和一个花园，你就拥有了一切——西塞罗"。它使用的是具有老旧效果的档案纸和老式打字机字体。

①　Tree of life bookplate[EB/OL]. Etsy[2022-10-05]. https://www.etsy.com/hk-en/listing/734808509/.下方图片也来自该网址。

②　Floral book embosser[EB/OL]. Etsy[2022-10-05]. https://www.etsy.com/hk-en/listing/1034723532/.左侧图片也来自该网址。

客户可以选择自己喜欢的表面颜色，无论是银色、复古黄铜、古董铜色，还是黑色①。

十、书档（书立）

埃齐网店里可爱的金属黑猫书档，所用材料是铁或钢，焊接，黑粉末涂层。宽 5.96 英寸，高 5.96 英寸，深 5.96 英寸②。

图 9-26　名言吊坠

图 9-27　可爱的金属黑猫书档

图书馆文创礼品的发展目前呈现出以下特征：（1）围绕图书馆的自身特质（如馆藏、馆舍、阅读）开发文创产品，形成了图书馆文创产品的独特性，如纽约公共图书馆将其建筑、图书馆卡、图书馆的房间、家具、门口的石狮、图书馆常见问题回答等元素都用到了文创产品中；（2）区分读者群，开发不同读者群所需要的文创产品，如有针对儿童的各种智力玩具，针对游客的各种徽章、明信片、书签等纪念品；（3）满足读者的个性化需要进行定制生产，如可

---

① If you have a library and a garden you have everything you need cicero literary book quote pendant [EB/OL]. Etsy [2022-10-05]. https://www.etsy.com/hk-en/listing/274293970/.右侧图片也来自该网站。

② Cute bookends black cats[EB/OL]. Etsy [2022-10-05]. https://www.etsy.com/hk-en/listing/1309036823/.下方图片也来自该网站。

将读者指定的图案和文字印刷、雕刻到指定的产品上；（4）加强品牌培育，打造系列化文创礼品，如美国国会图书馆将"I can't live without books"（我不能没有书）的名言印制在棒球、帽子、衣服、围巾、杯子、雨伞、书签等多达31种商品上，形成运用同一文化元素的系列产品[①]。

第七节　图书馆员之歌

一、中国图书馆员之歌《我们的事业灿烂辉煌》

这首歌《我们的事业灿烂辉煌》由北京图书馆的姚家华（1957—，笔名"思菲"，时任北京图书馆团委书记、北京图书馆青年合唱团团长）和中国交响乐团作词家王凯传共同作词，中国广播艺术团作曲家张丕基（1937—2021）作曲。1991年10月21日，北京图书馆青年合唱团在北京音乐厅第三届合唱节上演唱此歌。这首歌后来获得了第三届合唱节创作奖[②]。

二、南方科技大学图书馆馆歌《天雨流芳》

这首歌曲《天雨流芳》由南方科技大学图书馆馆员夏雪、田磊作词，南方科技大学艺术中心教授、女中音歌唱家毕宝仪谱曲，南方科技大学师生共同演唱录制。歌名"天雨流芳"是纳西族语的音译，为劝学古训，意为"读书去吧"。现丽江古城木府旁的一座牌坊上还书写着这四个大字。2020年9月3日，南方科技大学图书馆馆歌《天雨流芳》发布后即在网络和自媒体上开始流传。歌曲阐释了图书馆保存人类文明、开展社会教育的立馆宗旨和培养高尚人格、追求科学真理的价值理念[③]。

---

① 纪双龙，马家伟.图书馆文创产品开发的创新思路研究[J].图书馆,2018(11):51-57,98.

② 歌谱来源于1991年12月21日"北京第三届合唱节·北京图书馆青年合唱团节目单"，由姚家华先生提供给国家图书馆出版社。

③ 歌谱来源:田磊,主编.天雨流芳:南方科技大学图书馆十年[M].北京:国家图书馆出版社,2020:290-291.

我们的事业灿烂辉煌

——中国图书馆员之歌

思菲、凯传　词
张丕基　曲

1=C 4/4

抒情、赞美地

（歌词）

静静地伴着太阳，　默默地迎着月亮，　我们用火样的
五千年文化宝藏，　贮存在我们身旁，　全人类智慧的

青　春，　播撒着心灵之光。　　　跨过那大千
钥　匙，　传递在我们手上。　　　我们用炽热的

世　界，　越过那岁月漫长，　我们用灿烂的
脉　络，　编织起信息的金网，　我们用赤诚的

年华，游弋在书的海洋，书的海洋。

执着，架起通往现代化的桥梁。

热情地

我们迎来科学的春天，我们开掘知识的力量，

为着祖国精神文明，为着华夏发达兴旺。

我们迎来科学的春天，我们开掘知识的力量，

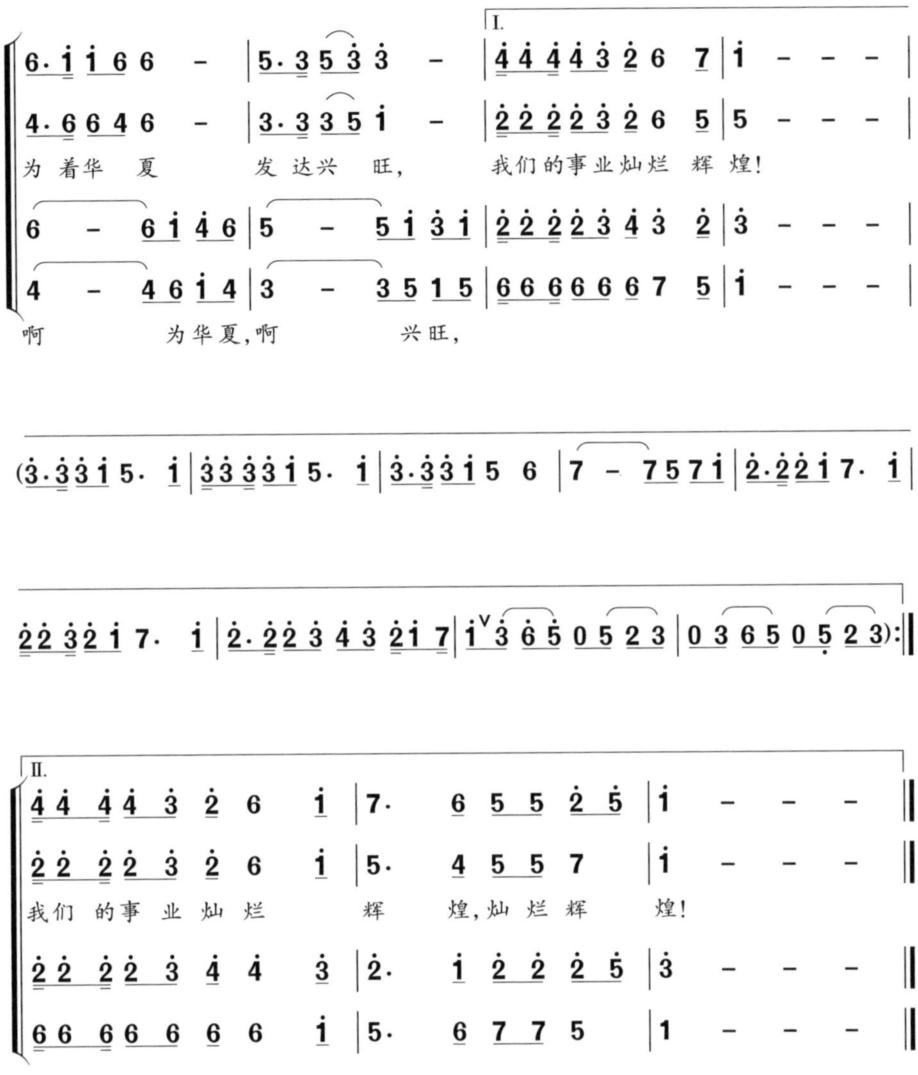
为着华 夏 发达兴 旺， 我们的事业灿烂 辉 煌！
啊 为华夏，啊 兴旺，
我们 的事 业 灿 烂 辉 煌，灿 烂 辉 煌！

天雨流芳

夏雪、田磊 词
毕宝仪 曲

1=♭B 4/4

6̣ 1 233 - | 0 0 0 0 | 1̇6̇ 1̇6̇5̣ 3̇2̇3̇ | 3̇ 0 0 0 | 6̣ 1 6̇6̇. 56̣ |
书卷 似做人，　　　　　我馆 别有 香，　　　胸次 无 点

6̣ - - - | 3̇5̇3̇ 5̣3̇5̇3̇ 56̣1 | 1̇6̣ 56̣6̣ - | 6̣ - - 0 ‖: 0 0 0 0 |
尘，　　　天 雨天雨 永 流　芳。

　　　　　　　　　　　　　　　　　　♭B　　　　Dm　　　　Cm7
0 0 0 0 | 0 0 0 0 5̣ | 3. 3̇3̇2̇3̇5̇ | 56̣ 5̣5̣. 1 | 2 - 2 1̇2̇3̇ |
　　　　　　　　因为　有滴滴点点的累 积，　才让　方寸之间

♭E　　　　Cm7　　　　　F　　　　　♭E　　　　　F
23 2 66̇ - | 0 0 0 0 | 0 0 0 0 | 0 0 0 0 | 0 0 0. 5̣ |
包罗万象，　　　　　　　　　　　　　　　　　　　　　　　　因

0 0 0 5̣ | 4 - - 3 | 2 - - 5̣ | 4 - - 3 | 5 - - 0 |
　　啊　　　　　　　　　　啊

♭E　　　　Cm　　　　　♭E　　　　F　　　　　Cm
2. 2̇2̇3̇2̇1 | 2̇3̇ 22. 1 | 2. 3̇4̇3̇4̇5̇ | 6̇6̇7̇5̇5̇ - | 0 0 0 0 |
为　有日日夜夜的坚 持，　才让　平凡的人生 熠熠生光。

0 0 0 0 | 0 0 0 0 | 0 0 0 0 | 0 0 0 23 | 4 - - 1̇ |
　　　　　　　　　　　　　　　　　　　　　　啊

♭E　　　　　F　　　　　♭E
0 0 0 0 | 0 0 0 0 | 0 0 0 0 | 6̣ 1 1̇1̇1̇2̇2̇ | 6̣ 1 - - |
　　　　　　　　　　　　　　　畅游 在经籍的海 洋 中，
　　　　　　　　　　　　　　　沉浸 在典章的旋 律 里，

7 655 - | 6̇7̇ 1̇2̇. | 5 - - - | 46̣ 6̇6̇6̇6̇ | 46̣ - - |
　啊　　　　　　　　　　畅游 在经籍的海 洋 中，
　　　　　　　　　　　　沉浸 在典章的旋 律 里，

$\flat$B6　　　　　　　　　Cm7　　　　　　　　　　　　　$\flat$E

```
i i i i i 6 5 5 - - - | 6 6 6 6 6 5 · 6 - - 3 5 | 6 5 3 1 6 |
```
打开心灵的门　窗，　　　细品知识的陈　酿，　　　始觉甘醴芬
低吟岁月的风　霜，

```
5 5 5 5 5 5 4 3 3 - - - | 4 4 4 4 4 3 · 4 - - 1 3 | 4 3 1 6 6 |
```
打开心灵的门　窗，　　　细品知识的陈　酿，　　　始觉甘醴芬
低吟岁月的风　霜，

F　　　　　$\flat$E　　　　F　　　　$\flat$B　　　　$\flat$E

```
2 - - | 0 0 0 0 | 0 0 0 3 | 5 5 5 3 5 · | i i i i i 2 3 |
```
芳。　　　　　　　　　　这　神圣 的殿堂　承载文明的印记，

```
7 - - | 0 0 0 0 | 0 0 0 1 | 3 3 3 1 3 · | 6 6 6 6 6 7 i |
```
芳。　　　　　　　　　　这　神圣 的殿堂　承载文明的印记，

Cm　　　　　　$\flat$E　　　　　　　　$\flat$E　　　　$\flat$B

```
3 2 1 2 2 1 | 2 6 - - | 0 0 0 0 | 6 1 i i i i 6 | 5 i - - |
```
还原了历史 的模样，　　　　　这是梦想起航 的地 方，

```
i 6 5 6 6 5 | 6 4 - - | 0 0 0 0 | 4 6 6 6 6 6 4 | 3 5 - - |
```
还原了历史 的模样，　　　　　这是梦想起航 的地 方，

Cm　　　　　　　　　　　　$\flat$B

```
2 2 2 2 2 3 · 2 | 2 5 5 6 i | i i 2 i i - | i - 0 0 :||
```
描绘向往的未　来，指引前进的方　向。

```
6 6 6 6 6 i | 6 | 6 7 7 7 i 3 | 3 3 4 3 3 - | 3 - 0 0 :||
```
描绘向往的未　来，指引前进的方　向。

```
0 0 0 0 | 3 5 6 - | 3 5 6 - | 3 3 3 5 · |
```
脱 俗 谛，　求 真 理，　涵 泳 兴 味

```
3 - - - | 6 1 6 - | 5 6 5 - | 3 3 5 3 5 | 6 - - - ||
```
长，　　开 智 识，　传 薪 火，　天 雨 永 流 芳。

第八节　写给图书馆的读者感言

图书馆经常会收到读者的感谢信。在图书馆的留言本上，或在网站留言板上，以及电子邮箱里，我们会看到许多感人的读者留言。

一、湖北农民工在东莞图书馆留言表上的留言

2020 年 6 月 24 日，一条东莞图书馆员发出的微信在网上流传。该微信贴出的是一名 54 岁湖北农民工返乡前来东莞图书馆退借书卡时在"**东莞图书馆留言表**"上写下的一段话：

> 我来东莞 17 年，其中来图书馆看书有 12 年。书能明理。对人百益无一害的，唯书也。今年疫情让好多产业倒闭，农民工也无事可做了，选择了回乡。想起这些年的生活，最好的地方就是图书馆了。虽万般不舍，然生活所迫。余生永不忘你东莞图书馆。愿你越办越兴旺，识惠东莞，识惠民工。
>
> 湖北农民工 □□□①
>
> 2020 年 6 月 24 日

图书馆员在微信中言："平凡的工作，不平凡的感受。您的言语，对我们温暖而有动力。……东莞图书馆等待着与您重逢的一天。"② 这位农民工真名叫**吴桂春**，他的留言在自媒体上被飞速转载传播，一两天内就形成了一个公共舆论事件。东莞市人社局职业介绍服务中心很快与吴桂春取得联系，替他找到了一份小区绿化养护的工作，希望他能留在东莞。

---

①　馆员为保护读者隐私涂掉了留言者的姓名。

②　张熙廷.给图书馆留言的农民工可以继续读书了！人社部门帮其找到新工作[EB/OL].新京报官微（2020-06-26)[2020-06-26]. https://baijiahao.baidu.com/s?id=16705525142909 95839&wfr=spider&for=pc.

二、美国得州高中读者给学校图书管理员的一封信 ①

2022 年 3 月 31 日，美国得克萨斯州一所高中学校的图书管理员**艾米·米尔斯特德**（Amy Milstead）收到一封女学生送给她的信，信装在信封里，女学生交给她就跑开了。信上写道：

> 我有一个可怕的想法，我想去拥抱每一个跟我擦肩而过的图书管理员，代表那些他们并不知道的他们拯救过的灵魂。
>
> 一个好的图书管理员很难找，找到了便难以割舍，也不可能忘记。
>
> 当你进入这个图书馆，你是科学家，是探索者，是读者，你是重要的，是被爱的，被尊重的。您是我们在这里的原因。
>
> 爱你
>
> 雷吉娜（Reginae）

图 9-28　高中学校图书管理员艾米·米尔斯特德（Amy Milstead）

图片来源：外国网友忽然纷纷对图书管理员表示感恩，一切都源于一封来信 [EB/OL]. 百家号·英国那些事儿（2022-04-05）[2022-04-07]. https://baijiahao.baidu.com/s?id=1729282492704487117&wfr=spider&for=pc.

---

① 本节内容来源：GRINEVČIUSI J, AKAVICKAIĖ A. 30 Heartwarming and sweet librarian stories, shared on this twitter thread[EB/OL]. Bored Panda (2022-04-04)[2022-04-07]. https://www.boredpanda.com/heartwarming-librarian-stories/?cexp_id=50101&cexp_var=91&_f=featured. 译文主要参考：外国网友忽然纷纷对图书管理员表示感恩，一切都源于一封来信[EB/OL].百家号·英国那些事儿（2022-04-05）[2022-04-07]. https://baijiahao.baidu.com/s?id=1729282492704487117&wfr=spider&for=pc.

艾米大受感动，将这封信的内容分享到了推特。没想到，第二天就引来了许多网友留言，他们表达自己对图书馆想说的话，下面是从中选择出来的10则。

1. 网友 MizLNicTearlach–"Lovely Bean"说：

> 我高中时的图书管理员是我的救星。他看到我被霸凌，就把我带进他的图书馆，训练我成为图书馆助手。他对其他被欺负的孩子也同样如此。我在那里交到了至今还保持着联系的朋友。
>
> 毫无疑问，他救了我的命，他让图书馆成为一个安全的空间，他不容忍霸凌。每个孩子都应该有这样一个真正关心他的成年人。我毕业十年了，但我们还是好朋友。

2. 网友 KP 说：

> 我人生的第一次研究经历：那时大概八九岁，我带着一只刚从小溪里发现的巨大的乌龟（大概有15厘米）冲进图书馆，说我要找一本关于乌龟的书。
>
> 那个图书管理员女士让我赶紧把乌龟拿出去了吗？没有，她帮我找到了一本关于乌龟的书。

3. 网友 JB 说：

> 小时候在充满暴力的家庭长大，图书馆就是我的避风港，我可以在里面自由自在地做自己。长大后，我因为疾病无家可归，它还是我的避风港。
>
> 善良的图书管理员，无限美好的世界，如何应对逆境的书……让它们一直免费吧！

4. 网友 Spurfy 说:

> 我就是因为遇到了一个很好的图书管理员,所以我自己决定去读一个图书管理专业。最近给我高中的图书管理员写了信,她在快去世前收到了我的信。她儿子给我回信,告诉我他妈妈看到我的信有多快乐。图书管理员最棒了。

5. 网友 nikko 说:

> 当我们无家可归住在帐篷里的时候,我总是去田野对面的图书馆。图书管理员是我的家人之外第一个叫我名字的人,而且总是让我借走能看一周的书。这只是一件小事,却起了很大的作用。

6. 网友 Naledi 说:

> 多年前,我还是一名正在攻读博士学位的单亲妈妈。我5岁的女儿跟着我在图书馆探索。图书馆允许我带她进去。后来我顺利拿到了学位。如今,我女儿成了一名经济学家,当然还是一名狂热的阅读者和研究者。

7. 网友 Jude 说:

> 小时候,图书馆是我的庇护所和避风港,它让我当时小小的大脑进入一个新的天地,而不用被现实填满。图书馆和图书馆员是超棒的。
>
> 如果没有书,我可能现在不一定还能活着。

8. 网友 A（morphous Blob）说：

> 我的高中图书管理员鼓励我写一篇重要而感性的论文，以提交给学校的征文比赛。我在写作中倾注了自己的心血，并利用了她找到的绝版书里的故事。最终在她的帮助下，我赢得了比赛。
>
> 八年后，我已经得到了文学学位，现在为一家非营利机构写作，回想起那篇文章和那个管理员，是她指引了我的方向，她是我支持系统的重要一环。

9. 网友 Renee Arnett 说：

> 我也有个永远都不会忘记的图书管理员。她对一个身处困境的孤独少年充满了善意。从六年级开始，我在七年内搬了六次家。在这种情况下你根本没办法交朋友。但图书馆是一个圣殿，里面有朋友，有时也有天使。

10. 网友 Wearthedamnmask!!! 说：

> 六十年前，在我很小的时候，我在公共图书馆读遍了儿童区的图书，于是去青少年区，但需要得到许可才能在这里借书。哈尔基迪斯（Halkidis）夫人是我的图书馆天使，她引领我认识了许多了不起的作家，让我每周可以借 7 本书。所有的书都被我如饥似渴地读完了！！现在我已经 69 岁了。

图书馆员通常是默默无闻的，他们用自己的善意不知触碰过多少人的灵魂。虽然没有青史为其留名，但那些得到灵魂触碰的人却会永远将他们记在心里。

第十章　相关法规内容摘选

由于《中华人民共和国公共图书馆法》《公共图书馆馆藏文献信息处置管理办法》等图书馆行业法规文件比较容易获取来阅读，故本章仅收录非图书馆行业领域的法律法规和部门规章，节选其中与图书馆工作相关的条文。本章所收录的法规按内容划分为综合、资源建设、服务、环境设施四个类别，在同一分类下，按照文件的法律效力等级、首次施行时间排列。所有收录文件来源都列出详细出处，以便检索查考。

第一节　综合类

一、中华人民共和国宪法（2018 年修正）

第二十二条　国家发展为人民服务、为社会主义服务的文学艺术事业、新闻广播电视事业、出版发行事业、图书馆博物馆文化馆和其他文化事业，开展群众性的文化活动。

来源：中华人民共和国宪法 [EB/OL]. 中国人大网 (2018-03-22)[2023-09-03]. http://www.npc.gov.cn/npc/c191/c505/201905/t20190521_263492.html.

二、中华人民共和国公共文化服务保障法（2016 年）

第二条　本法所称公共文化服务，是指由政府主导、社会力量参与，以满足公民基本文化需求为主要目的而提供的公共文化设施、文化产品、文化活动以及其他相关服务。

第四条 县级以上人民政府应当将公共文化服务纳入本级国民经济和社会发展规划，按照公益性、基本性、均等性、便利性的要求，加强公共文化设施建设，完善公共文化服务体系，提高公共文化服务效能。

第十三条 国家鼓励和支持公民、法人和其他组织参与公共文化服务。

对在公共文化服务中作出突出贡献的公民、法人和其他组织，依法给予表彰和奖励。

第十四条 本法所称**公共文化设施**是指用于提供公共文化服务的建筑物、场地和设备，主要包括图书馆、博物馆、文化馆（站）、美术馆、科技馆、纪念馆、体育场馆、工人文化宫、青少年宫、妇女儿童活动中心、老年人活动中心、乡镇（街道）和村（社区）基层综合性文化服务中心、农家（职工）书屋、公共阅报栏（屏）、广播电视播出传输覆盖设施、公共数字文化服务点等。

第十七条 公共文化设施的设计和建设，应当符合实用、安全、科学、美观、环保、节约的要求和国家规定的标准，并配置无障碍设施设备。

第二十一条 公共文化设施管理单位应当建立健全管理制度和服务规范，建立公共文化设施资产统计报告制度和公共文化服务开展情况的年报制度。

第二十二条 公共文化设施管理单位应当建立健全安全管理制度，开展公共文化设施及公众活动的安全评价，依法配备安全保护设备和人员，保障公共文化设施和公众活动安全。

第二十四条 国家推动公共图书馆、博物馆、文化馆等公共文化设施管理单位根据其功能定位建立健全法人治理结构，吸收有关方面代表、专业人士和公众参与管理。

第二十五条 国家鼓励和支持公民、法人和其他组织兴建、捐建或者与政府部门合作建设公共文化设施，鼓励公民、法人和其他组织依法参与公共文化设施的运营和管理。

第二十九条 公益性文化单位应当完善服务项目、丰富服务内容，创造条件向公众提供免费或者优惠的文艺演出、陈列展览、电影放映、广播电视节目收听收看、阅读服务、艺术培训等，并为公众开展文化活动提供支持和帮助。

国家鼓励经营性文化单位提供免费或者优惠的公共文化产品和文化活动。

第三十一条 公共文化设施应当根据其功能、特点，按照国家有关规定，向公众免费或者优惠开放。

公共文化设施开放收取费用的，应当每月定期向中小学生免费开放。

公共文化设施开放或者提供培训服务等收取费用的，应当报经县级以上人民政府有关部门批准；收取的费用，应当用于公共文化设施的维护、管理和事业发展，不得挪作他用。

公共文化设施管理单位应当公示服务项目和开放时间；临时停止开放的，应当及时公告。

第四十三条 国家倡导和鼓励公民、法人和其他组织参与文化志愿服务。

第四十九条 国家采取政府购买服务等措施，支持公民、法人和其他组织参与提供公共文化服务。

来源：中华人民共和国公共文化服务保障法 [EB/OL]. 中国人大网 (2016–12–25)[2021–06–03]. http://www.npc.gov.cn/npc/c12435/201612/edd80cb56b844ca3ab27b1e8185bc84a.shtml.

第二节　资源建设类

一、中华人民共和国文物保护法（2017 年修正）

第二条 在中华人民共和国境内，下列文物受国家保护：

（一）具有历史、艺术、科学价值的古文化遗址、古墓葬、古建筑、石窟寺和石刻、壁画；

（二）与重大历史事件、革命运动或者著名人物有关的以及具有重要纪念意义、教育意义或者史料价值的近代现代重要史迹、实物、代表性建筑；

（三）历史上各时代珍贵的艺术品、工艺美术品；

（四）历史上各时代重要的文献资料以及具有历史、艺术、科学价值的手稿和图书资料等；

（五）反映历史上各时代、各民族社会制度、社会生产、社会生活的代表性实物。

第三条 古文化遗址、古墓葬、古建筑、石窟寺、石刻、壁画、近代现代重要史迹和代表性建筑等不可移动文物，根据它们的历史、艺术、科学价值，可以分别确定为全国重点文物保护单位，省级文物保护单位，市、县级文物保护单位。

历史上各时代重要实物、艺术品、文献、手稿、图书资料、代表性实物等可移动文物，分为珍贵文物和一般文物；珍贵文物分为一级文物、二级文物、三级文物。

第三十四条 考古发掘的文物，应当登记造册，妥善保管，按照国家有关规定移交给由省、自治区、直辖市人民政府文物行政部门或者国务院文物行政部门指定的国有博物馆、图书馆或者其他国有收藏文物的单位收藏。经省、自治区、直辖市人民政府文物行政部门批准，从事考古发掘的单位可以保留少量出土文物作为科研标本。

第三十六条 博物馆、图书馆和其他文物收藏单位对收藏的文物，必须区分文物等级，设置藏品档案，建立严格的管理制度，并报主管的文物行政部门备案。

第三十七条 文物收藏单位可以通过下列方式取得文物：

（一）购买；

（二）接受捐赠；

（三）依法交换；

（四）法律、行政法规规定的其他方式。

国有文物收藏单位还可以通过文物行政部门指定保管或者调拨方式取得文物。

第三十八条 文物收藏单位应当根据馆藏文物的保护需要，按照国家有关规定建立、健全管理制度，并报主管的文物行政部门备案。未经批准，任何单位或者个人不得调取馆藏文物。

文物收藏单位的法定代表人对馆藏文物的安全负责。国有文物收藏单位的法定代表人离任时，应当按照馆藏文物档案办理馆藏文物移交手续。

第三十九条 国务院文物行政部门可以调拨全国的国有馆藏文物。省、自治区、直辖市人民政府文物行政部门可以调拨本行政区域内其主管的国有文物收藏单位馆藏文物；调拨国有馆藏一级文物，应当报国务院文物行政部门备案。

国有文物收藏单位可以申请调拨国有馆藏文物。

第四十条　文物收藏单位应当充分发挥馆藏文物的作用，通过举办展览、科学研究等活动，加强对中华民族优秀的历史文化和革命传统的宣传教育。

国有文物收藏单位之间因举办展览、科学研究等需借用馆藏文物的，应当报主管的文物行政部门备案；借用馆藏一级文物的，应当同时报国务院文物行政部门备案。

非国有文物收藏单位和其他单位举办展览需借用国有馆藏文物的，应当报主管的文物行政部门批准；借用国有馆藏一级文物，应当经国务院文物行政部门批准。

文物收藏单位之间借用文物的最长期限不得超过三年。

第四十一条　已经建立馆藏文物档案的国有文物收藏单位，经省、自治区、直辖市人民政府文物行政部门批准，并报国务院文物行政部门备案，其馆藏文物可以在国有文物收藏单位之间交换。

第四十二条　未建立馆藏文物档案的国有文物收藏单位，不得依照本法第四十条、第四十一条的规定处置其馆藏文物。

第四十三条　依法调拨、交换、借用国有馆藏文物，取得文物的文物收藏单位可以对提供文物的文物收藏单位给予合理补偿，具体管理办法由国务院文物行政部门制定。

国有文物收藏单位调拨、交换、出借文物所得的补偿费用，必须用于改善文物的收藏条件和收集新的文物，不得挪作他用；任何单位或者个人不得侵占。

调拨、交换、借用的文物必须严格保管，不得丢失、损毁。

第四十四条　禁止国有文物收藏单位将馆藏文物赠与、出租或者出售给其他单位、个人。

第四十五条　国有文物收藏单位不再收藏的文物的处置办法，由国务院另行制定。

第四十六条　修复馆藏文物，不得改变馆藏文物的原状；复制、拍摄、拓印馆藏文物，不得对馆藏文物造成损害。具体管理办法由国务院制定。

不可移动文物的单体文物的修复、复制、拍摄、拓印，适用前款规定。

第四十七条　博物馆、图书馆和其他收藏文物的单位应当按照国家有关规定配备防火、防盗、防自然损坏的设施，确保馆藏文物的安全。

第四十八条　馆藏一级文物损毁的，应当报国务院文物行政部门核查处理。其他馆藏文物损毁的，应当报省、自治区、直辖市人民政府文物行政部门核查处理；省、自治区、直辖市人民政府文物行政部门应当将核查处理结果报国务院文物行政部门备案。

馆藏文物被盗、被抢或者丢失的，文物收藏单位应当立即向公安机关报案，并同时向主管的文物行政部门报告。

第四十九条　文物行政部门和国有文物收藏单位的工作人员不得借用国有文物，不得非法侵占国有文物。

来源：中华人民共和国文物保护法 [EB/OL]. 国家文物局 (2017–11–28) [2022–11–09]. http://www.ncha.gov.cn/art/2017/11/28/art_2301_42898.html.

二、中华人民共和国档案法（2020 年修订）

第二条　从事档案收集、整理、保护、利用及其监督管理活动，适用本法。

本法所称**档案**，是指过去和现在的机关、团体、企业事业单位和其他组织以及个人从事经济、政治、文化、社会、生态文明、军事、外事、科技等方面活动直接形成的对国家和社会具有保存价值的各种文字、图表、声像等不同形式的历史记录。

第十八条　博物馆、图书馆、纪念馆等单位保存的文物、文献信息同时是档案的，依照有关法律、行政法规的规定，可以由上述单位自行管理。

档案馆与前款所列单位应当在档案的利用方面互相协作，可以相互交换重复件、复制件或者目录，联合举办展览，共同研究、编辑出版有关史料。

来源：中华人民共和国档案法 [EB/OL]. 中国人大网 (2020–06–20)[2021–06–03]. http://www.npc.gov.cn/npc/c30834/202006/14a5f4f6452a420a97ccf2d3217 f6292.shtml.

三、中华人民共和国著作权法（2020 年修正）

第二十四条　在下列情况下使用作品，可以不经著作权人许可，不向其支付报酬，但应当指明作者姓名或者名称、作品名称，并且不得影响该作品的正常使用，也不得不合理地损害著作权人的合法权益：

（一）为个人学习、研究或者欣赏，使用他人已经发表的作品；

（二）为介绍、评论某一作品或者说明某一问题，在作品中适当引用他人已经发表的作品；

（三）为报道新闻，在报纸、期刊、广播电台、电视台等媒体中不可避免地再现或者引用已经发表的作品；

（四）报纸、期刊、广播电台、电视台等媒体刊登或者播放其他报纸、期刊、广播电台、电视台等媒体已经发表的关于政治、经济、宗教问题的时事性文章，但著作权人声明不许刊登、播放的除外；

（五）报纸、期刊、广播电台、电视台等媒体刊登或者播放在公众集会上发表的讲话，但作者声明不许刊登、播放的除外；

（六）为学校课堂教学或者科学研究，翻译、改编、汇编、播放或者少量复制已经发表的作品，供教学或者科研人员使用，但不得出版发行；

（七）国家机关为执行公务在合理范围内使用已经发表的作品；

（八）图书馆、档案馆、纪念馆、博物馆、美术馆、文化馆等为陈列或者保存版本的需要，复制本馆收藏的作品；

（九）免费表演已经发表的作品，该表演未向公众收取费用，也未向表演者支付报酬，且不以营利为目的；

（十）对设置或者陈列在公共场所的艺术作品进行临摹、绘画、摄影、录像；

（十一）将中国公民、法人或者非法人组织已经发表的以国家通用语言文字创作的作品翻译成少数民族语言文字作品在国内出版发行；

（十二）以阅读障碍者能够感知的无障碍方式向其提供已经发表的作品；

（十三）法律、行政法规规定的其他情形。

前款规定适用于对与著作权有关的权利的限制。

来源：中华人民共和国著作权法 [EB/OL]. 中国人大网 (2020-11-19) [2021-06-03]. http://www.npc.gov.cn/npc/c30834/202011/848e73f58d4e4c5b82f69d25d46048c6.shtml.

四、中华人民共和国学位条例暂行实施办法（1981 年）

第二十三条 已经通过的硕士学位和博士学位的论文，应当交存学位授予单位图书馆一份；已经通过的博士学位论文，还应当交存北京图书馆和有关的专业图书馆各一份。

来源：国务院学位委员会.中华人民共和国学位条例暂行实施办法 [EB/OL]. 中国政府网 (2020–12–25)[2021–06–03]. http://www.gov.cn/zhengce/2020–12/25/content_5574063.htm.

五、中华人民共和国文物保护法实施条例（2017 年第四次修订）

第二十七条 从事考古发掘的单位提交考古发掘报告后，经省、自治区、直辖市人民政府文物行政主管部门批准，可以保留少量出土文物作为科研标本，并应当于提交发掘报告之日起 6 个月内将其他出土文物移交给由省、自治区、直辖市人民政府文物行政主管部门指定的国有的博物馆、图书馆或者其他国有文物收藏单位收藏。

第二十八条 文物收藏单位应当建立馆藏文物的接收、鉴定、登记、编目和档案制度，库房管理制度，出入库、注销和统计制度，保养、修复和复制制度。

第三十条 文物收藏单位之间借用馆藏文物，借用人应当对借用的馆藏文物采取必要的保护措施，确保文物的安全。

借用的馆藏文物的灭失、损坏风险，除当事人另有约定外，由借用该馆藏文物的文物收藏单位承担。

第三十一条 国有文物收藏单位未依照文物保护法第三十六条的规定建立馆藏文物档案并将馆藏文物档案报主管的文物行政主管部门备案的，不得交换、借用馆藏文物。

第三十二条 修复、复制、拓印馆藏二级文物和馆藏三级文物的，应当报省、自治区、直辖市人民政府文物行政主管部门批准；修复、复制、拓印馆藏一级文物的，应当报国务院文物行政主管部门批准。

第三十三条 从事馆藏文物修复、复制、拓印的单位，应当具备下列条件：

（一）有取得中级以上文物博物专业技术职务的人员；

（二）有从事馆藏文物修复、复制、拓印所需的场所和技术设备；

（三）法律、行政法规规定的其他条件。

第三十四条　从事馆藏文物修复、复制、拓印，应当向省、自治区、直辖市人民政府文物行政主管部门提出申请。省、自治区、直辖市人民政府文物行政主管部门应当自收到申请之日起 30 个工作日内作出批准或者不批准的决定。决定批准的，发给相应等级的资质证书；决定不批准的，应当书面通知当事人并说明理由。

第三十五条　为制作出版物、音像制品等拍摄馆藏文物的，应当征得文物收藏单位同意，并签署拍摄协议，明确文物保护措施和责任。文物收藏单位应当自拍摄工作完成后 10 个工作日内，将拍摄情况向文物行政主管部门报告。

第三十六条　馆藏文物被盗、被抢或者丢失的，文物收藏单位应当立即向公安机关报案，并同时向主管的文物行政主管部门报告；主管的文物行政主管部门应当在接到文物收藏单位的报告后 24 小时内，将有关情况报告国务院文物行政主管部门。

来源：中华人民共和国文物保护法实施条例 [EB/OL]. 中国政府网 (2020–12–26) [2021–06–03]. http://www.gov.cn/zhengce/2020–12–26/content_5574582. htm.

六、关于征集图书、杂志、报纸样本的办法（1979 年）

第一条　为保存我国出版物，并及时提供有关资料，特制订本办法。

第二条　凡出版社、杂志社和报社编辑、出版的各种图书、杂志、报纸，均应在出版物出版后即向国家出版事业管理局、版本图书馆（包括二库）及北京图书馆缴送出版物样本，缴送样本办法如下：

第三条　关于图书

（一）出版单位出版的图书（包括一般书籍、课本、图片、画册、画像等）凡是公开发行、只限国内发行和内部发行的，均从第一次出版起，每出一版和每印一个印次，按附表所列单位、份数，分别缴送样本。

（二）各地租型印制的图书，按附表缴送国家出版事业管理局、版本图书馆样本各一份。

（三）同一种图书，先后有不同装帧、开本、版式、纸张、字号的版本（包括印刷少量的特装本、展览本等）出版时，为了完整地保存各种不同的版本，上列各种不同版本均应另向版本图书馆及版本图书馆第二书库各缴送样本一份。

（四）机关团体、厂矿、高等院校等单位出版的出版物中，有研究参考及保存价值的图书，有关出版单位应向版本图书馆选送样本，或由版本图书馆主动向有关单位征集。

（五）版本图书馆担负长期保存各种出版物样本的任务，出版单位应选择质量较好的版本缴送，为便于及时汇编新书目录和提供出版情况资料，出版单位应在印刷厂少量印装出样书时即提前向版本图书馆缴送样本。

第四条 关于杂志

（一）出版社、杂志社编辑、出版的定期、不定期或有连续期号的杂志，并通过邮局、书店或自办发行的（包括公开发行、只限国内发行和内部发行）均应按照附表所列单位、份数，分别缴送样本（活页形式的"供领导参考"、"内部资料"、"情况反映"、"情况简报"、"科技情报"及打字、油印和报纸形式的非正式刊物，均不属缴送样本范围）。

（二）机关团体出版有研究、参考、保存价值的刊物，出版单位应向版本图书馆选送样本，或由版本图书馆主动向有关单位征集。

第五条 关于报纸

（一）中央、中央直辖市、省、自治区及省会所在的市一级出版的报纸，报社均应按照附表所列单位份数缴送报纸合订本（包括报纸的缩印本、目录和索引）。

（二）《解放军报》，国务院各部委或省、自治区所属厂矿、企业、学校编辑、出版发行的报纸，均按附表所列单位、份数缴送报纸合订本（包括报纸的目录和索引）。

第六条 本办法自 1979 年 4 月起施行。

来源：国家出版局. 关于征集图书、杂志、报纸样本的办法 [EB/OL]. 北京市广播电视局 (2016–06–16)[2022–11–09]. http://gdj.beijing.gov.cn/zwxx/zcjd/flfghgz1/202001/t20200102_1551406.html.

七、图书出版管理规定（2015 年修订）

第三十四条　图书出版单位在图书出版 30 日内，应当按照国家有关规定向国家图书馆、中国版本图书馆、新闻出版总署免费送交样书。

来源：国家新闻出版广电总局. 图书出版管理规定 [EB/OL]. 国家新闻出版署 [2023-09-09].https://www.nppa.gov.cn/xxgk/fdzdgknr/zcfg_210/bmgz_213/202112/t20211209_442152.html.

八、期刊出版管理规定（2017 年修正）

第四十三条　期刊出版单位须在每期期刊出版 30 日内，分别向新闻出版总署、中国版本图书馆、国家图书馆以及所在地省、自治区、直辖市新闻出版行政部门缴送样刊 3 本。

来源：国家新闻出版广电总局. 期刊出版管理规定 [EB/OL]. 万方数据知识服务平台 (2017-12-11)[2022-11-09]. https://d.wanfangdata.com.cn/claw/Cg9MYXdOZXdTMjAyMjA5MjkSCkcwMDAyNzkxODIaCGhmZ2ExMXlx.

九、报纸出版管理规定（2005 年）

第四十五条　报纸出版单位须按照国家有关规定向国家图书馆、中国版本图书馆和新闻出版总署以及所在地省、自治区、直辖市新闻出版行政部门缴送报纸样本。

来源：报纸出版管理规定 [J]. 中华人民共和国国务院公报，2006(25): 29-34.

十、音像制品管理条例（2020 年第四次修订）

第十二条　音像出版单位应当在其出版的音像制品及其包装的明显位置，标明出版单位的名称、地址和音像制品的版号、出版时间、著作权人等事项；出版进口的音像制品，还应当标明进口批准文号。

音像出版单位应当按照国家有关规定向国家图书馆、中国版本图书馆和国务院出版行政主管部门免费送交样本。

来源：国务院. 音像制品管理条例 [DB/OL]. 国家法律法规数据库（2020-

11–29）[2023–09–09].https://flk.npc.gov.cn.

十一、电子出版物出版管理规定（2015 年修正）

第三十五条　电子出版物发行前，出版单位应当向国家图书馆、中国版本图书馆和新闻出版总署免费送交样品。

来源：国家新闻出版广电总局.电子出版物出版管理规定 [EB/OL].万方数据知识服务平台 (2015–08–28)[2021–06–03]. https://d.wanfangdata.com.cn/claw/Cg9MYXdOZXdTMjAyMjA5MjkSCkcwMDAyNjY0OTQaCHRzazJyOHU1.

第三节　服务类

一、中华人民共和国教育法（2021 年修正）

第五十一条　图书馆、博物馆、科技馆、文化馆、美术馆、体育馆（场）等社会公共文化体育设施，以及历史文化古迹和革命纪念馆（地），应当对教师、学生实行优待，为受教育者接受教育提供便利。

广播、电视台（站）应当开设教育节目，促进受教育者思想品德、文化和科学技术素质的提高。

第五十二条　国家、社会建立和发展对未成年人进行校外教育的设施。

学校及其他教育机构应当同基层群众性自治组织、企业事业组织、社会团体相互配合，加强对未成年人的校外教育工作。

第五十三条　国家鼓励社会团体、社会文化机构及其他社会组织和个人开展有益于受教育者身心健康的社会文化教育活动。

来源：中华人民共和国教育法 [EB/OL].万方数据知识服务平台 (2021–04–29)[2021–11–09]. https://d.wanfangdata.com.cn/claw/Cg9MYXdOZXdTMjAyMjA5MjkSCkcwMDA5OTY3MzIaCG9iZGRoZ2xo.

二、中华人民共和国残疾人保障法（2018 年修正）

第二条　残疾人是指在心理、生理、人体结构上，某种组织、功能丧失或者不正常，全部或者部分丧失以正常方式从事某种活动能力的人。

残疾人包括视力残疾、听力残疾、言语残疾、肢体残疾、智力残疾、精神残疾、多重残疾和其他残疾的人。

残疾标准由国务院规定。

第四十三条　政府和社会采取下列措施，丰富残疾人的精神文化生活：

（一）通过广播、电影、电视、报刊、图书、网络等形式，及时宣传报道残疾人的工作、生活等情况，为残疾人服务；

（二）组织和扶持盲文读物、盲人有声读物及其他残疾人读物的编写和出版，根据盲人的实际需要，在公共图书馆设立盲文读物、盲人有声读物图书室；

（三）开办电视手语节目，开办残疾人专题广播栏目，推进电视栏目、影视作品加配字幕、解说；

（四）组织和扶持残疾人开展群众性文化、体育、娱乐活动，举办特殊艺术演出和残疾人体育运动会，参加国际性比赛和交流；

（五）文化、体育、娱乐和其他公共活动场所，为残疾人提供方便和照顾。有计划地兴办残疾人活动场所。

第五十五条　公共服务机构和公共场所应当创造条件，为残疾人提供语音和文字提示、手语、盲文等信息交流服务，并提供优先服务和辅助性服务。

第五十八条　盲人携带导盲犬出入公共场所，应当遵守国家有关规定。

来源：中华人民共和国残疾人保障法 [EB/OL]. 中国人大网 (2018-11-05) [2021-06-03]. http://www.npc.gov.cn/npc/c12435/201811/5eae4f9c3afa432285f04be42e50fc01.shtml.

三、中华人民共和国未成年人保护法（2020 年修订）

第四十四条　爱国主义教育基地、图书馆、青少年宫、儿童活动中心、儿童之家应当对未成年人免费开放；博物馆、纪念馆、科技馆、展览馆、美术馆、文化馆、社区公益性互联网上网服务场所以及影剧院、体育场馆、动物园、植物园、公园等场所，应当按照有关规定对未成年人免费或者优惠开放。

国家鼓励爱国主义教育基地、博物馆、科技馆、美术馆等公共场馆开设未成年人专场，为未成年人提供有针对性的服务。

国家鼓励国家机关、企业事业单位、部队等开发自身教育资源，设立未成年人开放日，为未成年人主题教育、社会实践、职业体验等提供支持。

国家鼓励科研机构和科技类社会组织对未成年人开展科学普及活动。

第四十六条 国家鼓励大型公共场所、公共交通工具、旅游景区景点等设置母婴室、婴儿护理台以及方便幼儿使用的坐便器、洗手台等卫生设施，为未成年人提供便利。

第四十八条 国家鼓励创作、出版、制作和传播有利于未成年人健康成长的图书、报刊、电影、广播电视节目、舞台艺术作品、音像制品、电子出版物和网络信息等。

第五十条 禁止制作、复制、出版、发布、传播含有宣扬淫秽、色情、暴力、邪教、迷信、赌博、引诱自杀、恐怖主义、分裂主义、极端主义等危害未成年人身心健康内容的图书、报刊、电影、广播电视节目、舞台艺术作品、音像制品、电子出版物和网络信息等。

第五十一条 任何组织或者个人出版、发布、传播的图书、报刊、电影、广播电视节目、舞台艺术作品、音像制品、电子出版物或者网络信息，包含可能影响未成年人身心健康内容的，应当以显著方式作出提示。

第五十二条 禁止制作、复制、发布、传播或者持有有关未成年人的淫秽色情物品和网络信息。

第五十六条 未成年人集中活动的公共场所应当符合国家或者行业安全标准，并采取相应安全保护措施。对可能存在安全风险的设施，应当定期进行维护，在显著位置设置安全警示标志并标明适龄范围和注意事项；必要时应当安排专门人员看管。

大型的商场、超市、医院、图书馆、博物馆、科技馆、游乐场、车站、码头、机场、旅游景区景点等场所运营单位应当设置搜寻走失未成年人的安全警报系统。场所运营单位接到求助后，应当立即启动安全警报系统，组织人员进行搜寻并向公安机关报告。

公共场所发生突发事件时，应当优先救护未成年人。

第六十九条 学校、社区、图书馆、文化馆、青少年宫等场所为未成年人提供的互联网上网服务设施，应当安装未成年人网络保护软件或者采取其他安全保护技术措施。

来源：全国人民代表大会常务委员会．中华人民共和国未成年人保护法 [EB/OL]．中国人大网 (2020–10–17) [2021–06–03]．http://www.npc.gov.cn/npc/c30834/202010/82a8f1b84350432cac03b1e382ee1744.shtml.

四、中华人民共和国妇女权益保障法（2022 年修订）

第三十五条　国家保障妇女享有与男子平等的文化教育权利。

第四十条　国家机关、社会团体和企业事业单位应当执行国家有关规定，保障妇女从事科学、技术、文学、艺术和其他文化活动，享有与男子平等的权利。

来源：中华人民共和国妇女权益保障法 [EB/OL]．中国政府网 (2022–10–30) [2022–11–10]．http://www.gov.cn/xinwen/2022–10/30/content_5722636.htm.

五、中华人民共和国老年人权益保障法（2018 年修正）

第二条　本法所称老年人是指六十周岁以上的公民。

第五十九条　博物馆、美术馆、科技馆、纪念馆、公共图书馆、文化馆、影剧院、体育场馆、公园、旅游景点等场所，应当对老年人免费或者优惠开放。

第七十二条　国家和社会采取措施，开展适合老年人的群众性文化、体育、娱乐活动，丰富老年人的精神文化生活。

来源：中华人民共和国老年人权益保障法 [EB/OL]．中国人大网 (2019–01–07)[2021–06–03]．http://www.npc.gov.cn/npc/c30834/201901/47231a5b9cf94527a4a995bd5ae827f0.shtml.

六、信息网络传播权保护条例（2013 年修订）

第六条　通过信息网络提供他人作品，属于下列情形的，可以不经著作权人许可，不向其支付报酬：

（一）为介绍、评论某一作品或者说明某一问题，在向公众提供的作品中适当引用已经发表的作品；

（二）为报道时事新闻，在向公众提供的作品中不可避免地再现或者引用已经发表的作品；

（三）为学校课堂教学或者科学研究，向少数教学、科研人员提供少量已经发表的作品；

（四）国家机关为执行公务，在合理范围内向公众提供已经发表的作品；

（五）将中国公民、法人或者其他组织已经发表的、以汉语言文字创作的作品翻译成的少数民族语言文字作品，向中国境内少数民族提供；

（六）不以营利为目的，以盲人能够感知的独特方式向盲人提供已经发表的文字作品；

（七）向公众提供在信息网络上已经发表的关于政治、经济问题的时事性文章；

（八）向公众提供在公众集会上发表的讲话。

第七条　图书馆、档案馆、纪念馆、博物馆、美术馆等可以不经著作权人许可，通过信息网络向本馆馆舍内服务对象提供本馆收藏的合法出版的数字作品和依法为陈列或者保存版本的需要以数字化形式复制的作品，不向其支付报酬，但不得直接或者间接获得经济利益。当事人另有约定的除外。

前款规定的为陈列或者保存版本需要以数字化形式复制的作品，应当是已经损毁或者濒临损毁、丢失或者失窃，或者其存储格式已经过时，并且在市场上无法购买或者只能以明显高于标定的价格购买的作品。

来源：国务院.信息网络传播权保护条例 [EB/OL]. 中国政府网 (2020–12–27) [2021–06–03]. http://www.gov.cn/zhengce/2020–12/27/content_5573516.htm.

七、中华人民共和国政府信息公开条例（2019 年修订）

第二条　本条例所称**政府信息**，是指行政机关在履行行政管理职能过程中制作或者获取的，以一定形式记录、保存的信息。

第二十四条　各级人民政府应当加强依托政府门户网站公开政府信息的工作，利用统一的政府信息公开平台集中发布主动公开的政府信息。政府信息公开平台应当具备信息检索、查阅、下载等功能。

第二十五条　各级人民政府应当在国家档案馆、公共图书馆、政务服务场所设置政府信息查阅场所，并配备相应的设施、设备，为公民、法人和其他组织获取政府信息提供便利。

行政机关可以根据需要设立公共查阅室、资料索取点、信息公告栏、电子信息屏等场所、设施，公开政府信息。

行政机关应当及时向国家档案馆、公共图书馆提供主动公开的政府信息。

来源：国务院.中华人民共和国政府信息公开条例 [EB/OL].中国政府网 (2020-12-27)[2021-06-03]. http://www.gov.cn/zhengce/2020-12/27/content_5573650.htm.

第四节　环境设施类

一、公共文化体育设施条例（2003 年）

第二条　本条例所称**公共文化体育设施**，是指由各级人民政府举办或者社会力量举办的，向公众开放用于开展文化体育活动的公益性的图书馆、博物馆、纪念馆、美术馆、文化馆（站）、体育场（馆）、青少年宫、工人文化宫等的建筑物、场地和设备。

本条例所称公共文化体育设施管理单位，是指负责公共文化体育设施的维护，为公众开展文化体育活动提供服务的社会公共文化体育机构。

第三条　公共文化体育设施管理单位必须坚持为人民服务、为社会主义服务的方向，充分利用公共文化体育设施，传播有益于提高民族素质、有益于经济发展和社会进步的科学技术和文化知识，开展文明、健康的文化体育活动。

任何单位和个人不得利用公共文化体育设施从事危害公共利益的活动。

第六条　国家鼓励企业、事业单位、社会团体和个人等社会力量举办公共文化体育设施。

国家鼓励通过自愿捐赠等方式建立公共文化体育设施社会基金，并鼓励依法向人民政府、社会公益性机构或者公共文化体育设施管理单位捐赠财产。捐赠人可以按照税法的有关规定享受优惠。

国家鼓励机关、学校等单位内部的文化体育设施向公众开放。

第十条　公共文化体育设施的数量、种类、规模以及布局，应当根据国民经济和社会发展水平、人口结构、环境条件以及文化体育事业发展的需要，统筹兼顾，优化配置，并符合国家关于城乡公共文化体育设施用地定额指标的规定。

公共文化体育设施用地定额指标，由国务院土地行政主管部门、建设行政主管部门分别会同国务院文化行政主管部门、体育行政主管部门制定。

第十一条 公共文化体育设施的建设选址，应当符合人口集中、交通便利的原则。

第十二条 公共文化体育设施的设计，应当符合实用、安全、科学、美观等要求，并采取无障碍措施，方便残疾人使用。具体设计规范由国务院建设行政主管部门会同国务院文化行政主管部门、体育行政主管部门制定。

第十六条 公共文化体育设施管理单位应当完善服务条件，建立、健全服务规范，开展与公共文化体育设施功能、特点相适应的服务，保障公共文化体育设施用于开展文明、健康的文化体育活动。

第十七条 公共文化体育设施应当根据其功能、特点向公众开放，开放时间应当与当地公众的工作时间、学习时间适当错开。

公共文化体育设施的开放时间，不得少于省、自治区、直辖市规定的最低时限。国家法定节假日和学校寒暑假期间，应当适当延长开放时间。

学校寒暑假期间，公共文化体育设施管理单位应当增设适合学生特点的文化体育活动。

第十八条 公共文化体育设施管理单位应当向公众公示其服务内容和开放时间。公共文化体育设施因维修等原因需要暂时停止开放的，应当提前7日向公众公示。

第十九条 公共文化体育设施管理单位应当在醒目位置标明设施的使用方法和注意事项。

第二十条 公共文化体育设施管理单位提供服务可以适当收取费用，收费项目和标准应当经县级以上人民政府有关部门批准。

第二十一条 需要收取费用的公共文化体育设施管理单位，应当根据设施的功能、特点对学生、老年人、残疾人等免费或者优惠开放，具体办法由省、自治区、直辖市制定。

第二十二条 公共文化设施管理单位可以将设施出租用于举办文物展览、美术展览、艺术培训等文化活动。

第二十三条 公众在使用公共文化体育设施时，应当遵守公共秩序，爱护公共文化体育设施。任何单位或者个人不得损坏公共文化体育设施。

第二十四条　公共文化体育设施管理单位应当将公共文化体育设施的名称、地址、服务项目等内容报所在地县级人民政府文化行政主管部门、体育行政主管部门备案。

县级人民政府文化行政主管部门、体育行政主管部门应当向公众公布公共文化体育设施名录。

第二十五条　公共文化体育设施管理单位应当建立、健全安全管理制度，依法配备安全保护设施、人员，保证公共文化体育设施的完好，确保公众安全。

公共体育设施内设置的专业性强、技术要求高的体育项目，应当符合国家规定的安全服务技术要求。

第二十六条　公共文化体育设施管理单位的各项收入，应当用于公共文化体育设施的维护、管理和事业发展，不得挪作他用。

文化行政主管部门、体育行政主管部门、财政部门和其他有关部门，应当依法加强对公共文化体育设施管理单位收支的监督管理。

第二十七条　因城乡建设确需拆除公共文化体育设施或者改变其功能、用途的，有关地方人民政府在作出决定前，应当组织专家论证，并征得上一级人民政府文化行政主管部门、体育行政主管部门同意，报上一级人民政府批准。

涉及大型公共文化体育设施的，上一级人民政府在批准前，应当举行听证会，听取公众意见。

经批准拆除公共文化体育设施或者改变其功能、用途的，应当依照国家有关法律、行政法规的规定择地重建。重新建设的公共文化体育设施，应当符合规划要求，一般不得小于原有规模。迁建工作应当坚持先建设后拆除或者建设拆除同时进行的原则。迁建所需费用由造成迁建的单位承担。

来源：国务院. 公共文化体育设施条例 [EB/OL]. 中国政府网 (2020-12-26) [2021-06-03]. http://www.gov.cn/zhengce/2020-12-26/content_5574621.htm.

二、无障碍环境建设条例（2012 年）

第二条　本条例所称**无障碍环境建设**，是指为便于残疾人等社会成员自主安全地通行道路、出入相关建筑物、搭乘公共交通工具、交流信息、获得社区服务所进行的建设活动。

第九条 城镇新建、改建、扩建道路、公共建筑、公共交通设施、居住建筑、居住区，应当符合无障碍设施工程建设标准。

乡、村庄的建设和发展，应当逐步达到无障碍设施工程建设标准。

第十条 无障碍设施工程应当与主体工程同步设计、同步施工、同步验收投入使用。新建的无障碍设施应当与周边的无障碍设施相衔接。

第十一条 对城镇已建成的不符合无障碍设施工程建设标准的道路、公共建筑、公共交通设施、居住建筑、居住区，县级以上人民政府应当制定无障碍设施改造计划并组织实施。

无障碍设施改造由所有权人或者管理人负责。

第十二条 县级以上人民政府应当优先推进下列机构、场所的无障碍设施改造：

（一）特殊教育、康复、社会福利等机构；

（二）国家机关的公共服务场所；

（三）文化、体育、医疗卫生等单位的公共服务场所；

（四）交通运输、金融、邮政、商业、旅游等公共服务场所。

第十四条 城市的大中型公共场所的公共停车场和大型居住区的停车场，应当按照无障碍设施工程建设标准设置并标明无障碍停车位。

无障碍停车位为肢体残疾人驾驶或者乘坐的机动车专用。

第十六条 视力残疾人携带导盲犬出入公共场所，应当遵守国家有关规定，公共场所的工作人员应当按照国家有关规定提供无障碍服务。

第十七条 无障碍设施的所有权人和管理人，应当对无障碍设施进行保护，有损毁或者故障及时进行维修，确保无障碍设施正常使用。

第二十二条 设区的市级以上人民政府设立的公共图书馆应当开设视力残疾人阅览室，提供盲文读物、有声读物，其他图书馆应当逐步开设视力残疾人阅览室。

第二十三条 残疾人组织的网站应当达到无障碍网站设计标准，设区的市级以上人民政府网站、政府公益活动网站，应当逐步达到无障碍网站设计标准。

第二十四条 公共服务机构和公共场所应当创造条件为残疾人提供语音和

文字提示、手语、盲文等信息交流服务，并对工作人员进行无障碍服务技能培训。

　　第二十七条　社区公共服务设施应当逐步完善无障碍服务功能，为残疾人等社会成员参与社区生活提供便利。

　　来源：国务院 . 无障碍环境建设条例 [EB/OL]. 中国政府网（2020-12-27)[2021-06-03]. http://www.gov.cn/zhengce/2020-12-27/content_5574480.htm.

后　记

职业手册是人们在职场旅途的行进指南。各种职业都有相关的职业手册，图书馆员职业也不例外。

1980 年 3 月，随着改革开放初期图书馆事业的全面复苏，武汉大学图书馆学系为适应图书馆事业的现代化进程编制出了《**图书馆员手册（征求意见稿）**》，分上下册油印发行，但印量有限。同年 7 月，中国人民解放军洛阳外语学院图书馆江康、杨永荣翻译了英国弗·约翰·彻格温（F. John Chirgwin）和菲莉斯·奥德菲尔德（Phyllis Oldfield）合著的《**图书馆助理员手册**》（*The Library Assistant's Manual*，1978 年）①，铅印内部发行。

1982 年，我国图书馆学界有学者呼吁，我国应编制一部适应广大图书馆员使用的图书馆员手册②。彻格温和奥德菲尔德合著的《图书馆助理员手册》在本年又出了两个中译本。一是辽宁省图书馆学会铅印发行的邓荣先的中译本，书名改为《图书馆员手册》③，省略了第 10 章，仅有 72 页；二是书目文献出版社正式出版的马宝仁等人译本《图书馆助理员手册》④，内容有 10 章，分别为"读者及其需求——公共图书馆""读者及其需求——学校和专业图书馆""组织和行政领导""采购和库藏登记""分类和编目""非书资料""良好的内部管理""借阅程序""咨询和参考资料""办公室事务工作"，共有 299

---

①　[英]彻格温，奥尔德菲尔德.图书馆助理员手册[M].江康，杨永荣，译.洛阳：中国人民解放军洛阳外语学院图书馆，1980.

②　刘迅，王志文.希望编制一本图书馆员工作手册[J].图书馆工作与研究，1982(1):26.

③　[英]彻格温，奥尔德菲尔德.图书馆员手册[M].邓荣先，译.沈阳：辽宁省图书馆学会，1982.

④　[英]彻格温，奥尔德菲尔德.图书馆助理员手册[M].马宝仁，杜中元，张亚光，等译.北京：书目文献出版社，1982.

页，省略了参考文献。书目文献出版社的这个译本起印 4 万册，印量大，影响也最大。该书通俗易懂地介绍了图书馆业务的基本原则和工作程序，并且中英对照，对有英语基础的馆员学习专业英语帮助很大。

1984 年沈阳药学院图书馆舒天霖等翻译了日本图书馆协会的《**图书馆手册**》（図書館ハンドブック）1977 年第 4 版，由辽宁省图书馆学会内部印刷出版，分上下两册[①]。这部手册内容详备，设有总论、职员、管理、资料、整理、服务、设施等七大部分，最后还附有明治以来的日本图书馆事业发展年表，可供查考。1985 年苏联国立列宁图书馆出版了一部《**图书馆员手册**》，详细介绍了图书馆法规与事业概况，各项业务工作的主要内容、方法和要求，馆员培养和待遇，建筑结构、室内装修与设备、技术，行业组织与出版物等。黑龙江省图书馆曾组织人员翻译[②]，遗憾的是最终未能正式出版。如今，日本图书馆协会的《**图书馆手册**》已经于 2016 年出版至第 6 版的补编 2 版，可惜国内图书馆界已经没有以往那种巨大的翻译热情了。

除了翻译异邦图书馆员手册，20 世纪 80 年代中后期国内也出版了几部图书馆员手册，如郭星寿编著的《**图书馆与资料室管理手册**》（1987 年）[③]，适应高校资料室的业务管理；东北地区党校系统图书馆张润生、胡旭东等人主持编写的《**图书情报工作手册**》（1988 年）[④]，将图书馆学、情报学知识点汇总为一书，收录 1300 多个词条，有专科词典的性质，适应了图书情报一体化的发展需求。而锦州市图书馆的王风、赵景侠，与锦州师范学院图书馆的臧铁柱等编写的《**图书馆工作实用手册**》（1989 年，上下册）[⑤]，则将图书馆整个岗位业务所需知识汇集在一起，方便馆员查考。整个 80 年代，东北地区图书馆界能在图书馆员手册的翻译、编纂上有如此多的成果，从另一个侧面折射出改革开放初期东北地区图书馆学研究复苏较早，图书馆业务工作发展较快，广大的图书馆员队伍急需业务指导工具与自学资料。

① 日本图书馆协会,编.图书馆手册[M].舒天霖,等译.沈阳:辽宁省图书馆学会,1984.

② 赵世良.苏联图书馆事业的简明写照:介绍苏联《图书馆员手册》一书[J].黑龙江图书馆,1987 (2):54.

③ 郭星寿,编著.图书馆与资料室管理手册[M].成都:四川科学技术出版社,1987.

④ 张润生,胡旭东,王忠,等主编.图书情报工作手册[M].哈尔滨:黑龙江人民出版社,1988.

⑤ 王风,臧铁柱,赵景侠,等编写.图书馆工作实用手册[M].沈阳:白山出版社,1989.

　　进入 20 世纪 90 年代，由于全国图书馆事业的发展进入低谷，加之图书出版艰难，这一时期的图书馆员手册寥寥无几。实力雄厚的上海图书馆推出的大开本《**图书馆工作手册**》（1990 年）[①] 在全国影响较大。该书由当时上海图书馆名誉馆长顾廷龙先生题写书名，文化部图书馆司司长、北京图书馆常务副馆长杜克先生作序，内容博富，字数超过了百万。优点是涵盖了包括古籍整理等在内的图书馆工作方方面面的业务知识，还吸收了当时最新的相关研究成果，收录了改革开放以来有关图书馆事业的政策文件，以及在有关章节尾部附录了相关资料，如《全国文献资源调查学科表》《全国出版者前缀》《图书馆建筑设计规范》《〈中国古籍善本书目〉分类表》等。该书缺点是没有注明参考文献的出处，使人感到所有内容为摘录众多专业书籍而成但又无法参引。

　　值得注意的是，此时还出现了一些专科图书馆馆员手册。例如，李金池、陈相国编著的《**医院图书馆工作手册**》（1992 年）[②]，田晓娜主编的《**中国学校图书馆（室）工作实用全书**》（1994 年）[③]，后者虽无"手册"之称，但有手册之实，以中小学图书馆员为对象，内容浩繁，字数达 157 万。另外，空军政治学院图档系叶千军主编的《**图书情报业务培训全书**》（1993 年）[④] 专门加入了"军事图书情报事业"的内容，以方便军事图书馆馆员的使用。而侯汉清、王荣授主编的《**图书馆分类工作手册**》（1992 年）[⑤]、吴晞等主编的《**文献资源建设与图书馆藏书工作手册**》（1993 年）[⑥] 则属于图书馆专门业务领域的馆员手册。后者不仅包含了馆藏建设全部内容，还在吸收文献资源普查成果的基础上，列出"全国主要学科文献及特藏文献分布概况"，以及国内外主要研究机构等，成了采访馆员的好帮手。

　　21 世纪以来，我国图书馆事业逐渐解困，与整个国家的快速发展频率相一致而日趋繁荣。但图书馆员手册的数量并未随之增多。比较有影响力的有

---

① 上海图书馆，主编.图书馆工作手册[M].北京:中国国际广播出版社,1990.

② 李金池,陈相国,编著.医院图书馆工作手册[M].北京:中国铁道出版社,1992.

③ 田晓娜,主编.中国学校图书馆（室）工作实用全书[M].北京:国际文化出版公司,1994.

④ 叶千军.图书情报业务培训全书[M].北京:中国科学技术出版社,1993.

⑤ 侯汉清,王荣授,主编.图书馆分类工作手册[M].北京:中国科学技术出版社,1992.

⑥ 吴晞,主编.文献资源建设与图书馆藏书工作手册[M].北京:书目文献出版社,1993.

上海理工大学图书馆王细荣主编的《图书情报工作手册》（2009 年）①，该书不仅提供了图书馆学基本知识、图书馆业务的原理，还涉及图书馆员职业价值与自身的使命等命题；同时将图书情报业务糅合在一起，对新技术应用介绍得比较充分。此外，山东图书馆赵炳武主编的《小型图书馆实用手册》（2002 年）②面向基层图书馆员，内容简练易学；呼伦贝尔学院图书馆刘乃熙、方力主编的《图书馆业务工作知识手册》（2009 年）③，以问答形式编写也有一定特色；东莞图书馆编著的《图书馆规范管理工作手册》（2016 年）④，虽然以东莞图书馆创新经验为主，但其中很多业务管理方法也适用于其他图书馆；北京大学信息管理系刘兹恒主编的《图书馆危机管理手册》（2010 年）⑤开辟了新的领域，可惜学术论著色彩较重。

相对于中国而言，国外的图书馆员手册的编制则历史悠久、数量繁多、类型丰富。如日本图书馆协会的《图书馆手册》自 1952 年出版以来，截至 2016年已修订出版至第 6 版的补编 2 版。美国图书馆协会组织编纂的馆员手册甚多，其 1991 年推出的**乔治·埃伯哈特**（George M. Eberhart, 1950— ）主编的《图书馆完全手册》（*The Whole Library Handbook*），现已经出版至第 5 版。内容与前几版一样，分为 10 大类，涉及专业、运营、技术和宣传等方面，涵盖了从学术图书馆到青少年服务，从编目到版权，从游戏到社交媒体的图书馆事业的所有领域，囊括了图书馆专业人员和各种信息工作者应该知道的知识、技能和资源。甚至还涉及了图书馆求职和招聘技巧、应对经济困难时期的建议、撰写文章和书评的方法，以及著名图书馆员最喜欢的书等，使得手册既具有教育性又具有娱乐性 ⑥。而且还分别针对不同系列图书馆员推出了一些专门的图书馆（员）手册，如希瑟·布斯（Heather Booth）和凯伦·詹森（Karen

① 王细荣,主编.图书情报工作手册[M].上海:上海交通大学出版社,2009.

② 赵炳武,主编.小型图书馆实用手册[M].海口:南海出版公司,2002.

③ 刘乃熙,方力,主编.图书馆业务工作知识手册[M].西安:陕西科学技术出版社,2009.

④ 东莞图书馆,编.图书馆规范管理工作手册[M].北京:国家图书馆出版社,2016.

⑤ 刘兹恒,主编.图书馆危机管理手册[M].北京:国家图书馆出版社,2010.

⑥ The whole library handbook 5: current data, professional advice, and curiosa about libraries and library services[EB/OL]. Amazon[2022-10-11]. https://www.amazon.com/Whole-Library-Handbook-Professional-Libraries/dp/0838910904.

Jensen）编的《**图书馆完全手册：青少年服务**》（*The Whole Library Handbook: Teen Services*, 2014）[①]，为LIS学生和面对青少年服务的图书馆员提供业务指导。

仅以近十年美国图书馆界为例，各类型图书馆的馆员手册就十分丰富，如芝加哥纽伯里图书馆的盖伊·马可（Guy A. Marco）主编的《**美国公共图书馆手册**》（*The American Public Library Handbook*, 2011），该书以专题文章形式介绍了不同主题所涉及领域的术语、历史背景以及当前关注的问题，书中还包含人物传记、设施数据等内容，收集了近千个条目，涉及公共图书馆服务的各个方面[②]。布兰奇·伍尔斯（Blanche Woolls）和大卫·洛彻（David V. Loertscher）编辑的《**学校图书馆完全手册**》（*The Whole School Library Handbook*, 2013），涵盖中小学图书馆员感兴趣的所有内容，包括专业发展和职业指导、有关馆藏发展和学校图书馆资源的信息等[③]。2020年史黛西·布朗（Stacy Brown）的《**学校图书馆员技术手册：激励教师和学习者的创新策略**》（*The School Librarian's Technology Playbook: Innovative Strategies To Inspire Teachers and Learners*），通过实例指导学校图书馆员如何与教师合作，用新技术和新策略创新教学实践，还讨论了如何将学生塑造成扫盲、技术和创新的倡导者等[④]。

至于某个领域、某个主题方面的馆员手册，在美国图书馆界也屡见不鲜。如2017年美国北卡罗来纳大学教堂山分校的玛丽·格蕾丝·弗莱厄蒂（Mary Grace Flaherty, 1960—）编的《**图书馆员发展手册：如何最大限度地利用图书馆最重要的资源**》（*The Library Staff Development Handbook : How to Maximize Your Library's Most Important Resource*），篇幅不长，主要读者对象是图书馆主管，涉及馆员的招聘、入职、发展、继续教育、绩效评估等一系列环节，讲述了组织和部门层面的规划、招聘顶尖人才以促进组织成功、通过激励和持

① The whole library handbook: teen services paperback[EB/OL]. Amazon[2022-10-11]. https://www.amazon.com/Whole-Library-Handbook-Teen-Services/dp/0838912249.

② The American public library handbook 1st edition[EB/OL]. Amazon[2022-10-11]. https://www.amazon.com/American-Public-Library-Handbook/dp/159158910X.

③ The whole school library handbook 2 paperback[EB/OL]. Amazon[2022-10-11]. https://www.amazon.com/Whole-School-Library-Handbook/dp/0838911277.

④ BROWN S. The school librarian's technology playbook: innovative strategies to inspire teachers and learners[M]. Santa Barbara, California: Libraries unlimited, 2020.

续努力吸引员工、培养和评估员工等方面的主题①。蒙大拿州立大学图书馆的斯科特·杨（Scott W. H. Young）和罗斯曼（Doralyn Rossmann）主编的《**使用社交媒体建立图书馆社区：LITA 指南**》（*Using Social Media to Build Library Communities: A LITA Guide*，2017），是一部面向**图书馆与信息技术协会**（Library and Information Technology Association, LITA）成员的社区建设行动手册，探索通过社交媒体建立起包容性和参与性的图书馆读者社区，以及图书馆专业人员社区，为那些希望利用社交媒体的专业人士提供了一个参考工具，并通过社区开展社会公益行动，如将图书馆和社区团体联系起来，建立共同体感并关注重大社会议题等②。

堪萨斯州立大学图书馆乔尔·皮茨（Joelle Pitts）等人编纂的《**图书馆在线读者服务：促进访问、学习和参与的手册**》（*Library Services for Online Patrons: A Manual for Facilitating Access, Learning, and Engagement*,2020），涵盖了一系列的在线服务内容，包括了许多资源和工具，且每章单列主题，各自独立，便于分章阅读。虽然写作者主要来自高校图书馆，但是书中所提到的了解读者、包容性设计、与读者构建关系等方面的原则和方法也适用于公共图书馆③。罗丽丽（Lili Luo）、克里斯汀·R. 布兰科里尼（Kristine R. Brancolini）、玛丽·肯尼迪（Marie R. Kennedy）三人撰写的《**提高图书馆和信息研究技能：高校图书馆员指南**》（*Enhancing Library and Information Research Skills: A Guide for Academic Librarians*,2017），专门为高校图书馆员从事学术研究、掌握论文写作方法而提供指导与帮助。内容涉及怎样选题、提出问题、文献综述、研究设计、收集数据、处理数据、研究支持的获取等，贯穿了整个研究过程④。

———————————

① FLAHERTY M G. The library staff development handbook : how to maximize your library's most important resource[M]. Lanham: Rowman & Littlefield, 2017.

② YOUNG S W H, ROSSMANN D. Using social media to build library communities: a LITA guide[M]. Lanham: Rowman & Littlefield, 2017.

③ PITTS J, BONELLA L, COLEMAN J M, et al. Library Services for online patrons: a manual for facilitating access, learning, and engagement[M]. Santa Barbara, Califomia: Libraries unlimited, 2020.

④ LUO L L, BRANCOLINI K R, KENNEDY M R. Enhancing library and information research skills: a guide for academic librarians[M]. Santa Barbara, California: Libraries unlimited, 2017.

甚至还有内容十分"冷僻"的图书馆员手册，如北卡罗来纳大学教堂山分校玛丽·格蕾丝·弗莱厄蒂教授编的《**图书馆防灾手册**》（*The Disaster Planning Handbook for Libraries*, 2021），向馆员提供面临飓风、龙卷风、火灾、洪水和地震等灾难时，需要选择哪些最必需的自救方法[①]。一家大型的无家可归者收容所的执行董事瑞安·多德（Ryan Dowd）编的《**图书馆员为无家可归者服务指南：以同理心为导向的解决问题、预防冲突和服务每个人的方法**》（*The Librarian's Guide to Homelessness: An Empathy-Driven Approach to Solving Problems, Preventing Conflict, and Serving Everyone*, 2018），内容具有很强的操作性，例如讲到了如何对待熟睡的读者，如何对待读者不良的卫生习惯和冒犯性举止行为，以及怎样要求读者离开的技巧。该手册居然一度登居亚马逊（Amazon）图书馆与信息科学畅销书排行榜的第3名[②]。而且在这个畅销书排行榜上，前50名的专业书籍中，手册性质的书籍就有10种左右。在美国图书馆界，馆员手册所受重视与欢迎程度由此可见一斑。

上述图书馆员手册，仅为目力所及，笔者并未对馆员手册进行过全面普查。浏览这些有限的馆员手册，心中油然生出一种感觉：图书馆员手册是合成专业与职业的一条拉链，它能将图书馆学专业知识与图书馆业务实践紧密纽结起来。图书馆员手册不仅为初入图书馆事业的新成员提供了一个终身学习的进路，同时也为从业多年的图书馆员充任了业务工作的助手，成为随时可以用来翻检、参考的工具。职业手册与专业百科全书、学科分类号、行业伦理规范等一样，也属于职业（专业）建制的一部分，因此是否拥有完善的职业手册也表征着该职业（专业）是否完善与成熟。恰如有人所言："一个真正的职业的非正式标志之一是存在一本扎实的、组织良好的专业知识和实践手册，即存在一

---

① Disaster planning and preparedness for libraries[EB/OL]. ALA websites (2021-10-19)[2022-01-16]. https://www.ala.org/news/member-news/2021/10/disaster-planning-and-preparedness-libraries.

② Amazon best sellers: best sellers in Library & Information Science[EB/OL]. Amazon[2022-10-12]. https://www.amazon.com/gp/bestsellers/books/684271011/ref=pd_zg_hrsr_books.

本'**瓦德·梅库姆**（Vade mecum）[①]'。"[②] 换言之，我们图书馆界广大的馆员是否能拥有一部质量较高的馆员手册，其意义是很不平常的。

比较中外图书馆员手册的发展过程，我们也会发现：首先，从量上来看，国内自编和翻译的图书馆员手册数量尽管较多，但总体上不如国外数量大，尤其进入新世纪以来的二十年间，图书馆员手册逐步凋零。其次，从内容上来看，国内馆员手册综合的多，专门的少。还有，我国已经基本上不再翻译国外的馆员手册来做参考了。然而此时我国的图书馆界，较之以往更加迫切地需要契合时代发展的一部图书馆员手册。

本书的策划人是国家图书馆出版社邓咏秋女史。2019 年 2 月她给我送来美国图书馆协会 2006 年出版的一部《图书馆完全手册》（*The Whole Library Handbook*）第 4 版，并想以其为参考，编写一部中国的图书馆员手册。当时我也觉得这是一件很有价值的工作，也就应承下来，并立愿编一部适合中国图书馆员阅读的手册。没想到因种种原因，一直拖到现在才得以完成。而咏秋一直很包容，从未催促过我。

吸收以往中外图书馆员手册的一些优良传统，同时也表现出对当代中国图书馆员的适用性，这成为本书编写的努力方向。我们希冀本书能成为一本合格的、被我国广大图书馆员所接受的"瓦德·梅库姆"，不仅可以作为图书馆员的参谋助手，也可以作为图书馆学专业学习者的重要参考书。本书的一个重要特点是，所有知识点尽量标注出文献来源，以脚注的方式列在页下，这样可以方便图书馆员们延伸阅读，并作为研究资料进行参考。有些章节的部分内容主要摘编自某些著作、文章，我们也都一一有所注明，以示不敢掠美。

[①] 瓦德·梅库姆（Vade mecum，拉丁语为"跟我走"），长期以来用于指称手册或指南，这些手册或指南比较袖珍，可以放在口袋里。有时也会出现在手册的标题中，如 1629 年的 *Vade Mecum: A Manuall of Essayes Morrall, Theologicall*。起初 Vade mecum 指一个人随身携带的伴随物，例如黄金、药物和记忆智慧的宝典。但如今主要是指那些旨在作为某一特定主题的一站式参考资料或指南的作品，无论这样的作品是否真的可以放在口袋里（在现在，这种作品可以很容易地储存在智能手机的内存中）。见：Vade mecum[EB/OL]. Merriam-Webster [2022-10-11]. https://www.merriam-webster.com/dictionary/vade%20mecum.

[②] The American Public Library handbook: editorial reviews[EB/OL]. Amazon [2022-10-11]. https://www.amazon.com/American-Public-Library-Handbook/dp/159158910X.

在本书的编写中，我的许多学生或帮助查考资料，或参与编写部分内容。其中，孙慧明为第三章第七节提供了许多参考资料；刘绍荣参与了第五章第一节、第六章第四节的编写；张晓芳参与了第六章的编写，完成了第八章第六节的内容；谢运萍完成了第九章第一节的内容；邱奉捷完成了第十章的内容。另外，张歌、尹培丽、王申罡、周亚、徐坤、郜向荣、李易宁在我写作过程中，提供了资料查询、语词翻译方面诸多帮助，特此致谢。感谢北京大学信息管理系顾晓光、北京大学图书馆王波、宁波图书馆刘燕和陆渊、敦煌图书馆馆长方健荣、清华大学图书馆王媛和郭家肃、北京国图创新文化服务有限公司副总经理李楠、上海浦东图书馆卢娅、武汉大学图书馆曾艳等同人及其单位热心地为本书提供照片或图片。还要感谢圕人堂 QQ 群创建者、江苏海洋大学图书馆的王启云，他对本书的写作大纲提出过宝贵意见；感谢国家图书馆资深专家富平、北京大学图书馆研究馆员朱本军分别对第五章和第七章提出修改意见；感谢"海外益周"微信公众号，本书中个别来自国外网络报道的素材，最初线索也是见于"海外益周"公众号；感谢海外图情领域从业多年的徐鸿、罗丽丽女士对我咨询的认真回复；感谢邓咏秋在编辑此书中付出的辛劳，以及出版社图书馆学编辑室同人帮助编制书后索引。最后还要感谢我爱人韩莹承担家务以支持我的写作。总之，没有大家帮助，本书不能顺利完成。

马克斯·韦伯（Max Weber，1864—1920）曾将人类智慧中的合理性成分划分为价值理性与工具理性[①]。**价值理性**是我们在选择目标时体现出来的追求真善美价值的理性，它没有功利性、量化特征；**工具理性**则是在实现目标过程中体现出来的追求效率、获取成就的理性，它有功利性、可量化特征。人类智慧在技术上不断发展，在各领域里不断突破，彰显了工具理性上的能力，也构成了人类的一部令人炫目的技术进步史。但是人类智慧在如何认识我们人类自身，尤其是在如何让社会走向全面的善治，从而实现人生价值的命题上，却几无进展，仿佛陷入了泥沼。这种价值理性上的塞滞，经常会使我们在有限的生命时间里反思不已，渴望寻找新的出路。每种职业都应为人类价值理性的发展做出推进。价值理性在人类职业里最好的歇脚处，就是职业手册。而职业手册只能通过继承传统、不断更新，来发展本职业的价值理

---

① [德]马克斯·韦伯.经济与社会（上卷）[M].林荣远，译.北京:商务印书馆,1997:56.

性，彰显本职业的人文情怀。有鉴于此，我衷心希望今后的中国图书馆界会有更好、更多的职业手册问世。

王子舟

2022 年 12 月 12 日于五道口嘉园

索　引

黑体页码表示该页有该词较详细的讲解。

H

J

K

T

W

Z